Studien zur Christlichen Publizistik
Band 20

3

Studien zur Christlichen Publizistik
Band 20

Herausgegeben von

Johanna Haberer
Friedrich Kraft
Ronald Uden

THOMAS ZEILINGER

netz.macht.kirche

Möglichkeiten institutioneller Kommunikation des Glaubens im Internet

CPV
Christliche Publizistik Verlag

© 2011 by Christliche Publizistik Verlag, Erlangen (CPV)
ISBN: 978-3-933992-21-5
Satz: CSF · ComputerSatz Freiburg GmbH
Druck: Rombach Druck- und Verlagshaus GmbH & Co. KG Freiburg
Printed in Germany

Inhaltsverzeichnis

5

Vorwort

Verändernde, befreiende und rettende Macht zu sein, ist der Anspruch des christlichen Glaubens. In der Kirche findet dieser Anspruch seit zwei Jahrtausenden seine institutionelle Gestalt. Über die Jahrhunderte hat sich – bei aller einer *ecclesia semper reformanda* wohl anstehenden Veränderung – die Kirche als traditionelle gesellschaftliche Institution etabliert. Wie andere Institutionen trifft sie zu Beginn des dritten Jahrtausends christlicher Zählung auf ein neues Medium, das im Begriff ist, die Welt auf seine Weise zu verändern: Das Internet erschüttert lange geltende Gesetze gesellschaftlicher und institutioneller Kommunikation.

Die vorliegende Arbeit sichtet exemplarisch das Spannungsfeld zwischen medialer Revolution und institutioneller Kommunikation. Es erwies sich für das Entstehen dieser Arbeit in mancherlei Hinsicht als Glücksfall, dass die Evangelisch-Lutherische Kirche in Bayern mit dem Projekt „Vernetzte Kirche" zu Beginn des einundzwanzigsten Jahrhunderts ihre Netz-Kommunikation auf den Prüfstand stellte und neu ausrichtete. Die medienwissenschaftliche Begleitung dieses Projekts an der Evangelisch-Theologischen Fakultät der Ludwig-Maximilian-Universität München in den Jahren 2002 bis 2005 bildet den empirischen Kontext dieser Studie. Nach dem frühen Tod von Prof. Dr. Michael Schibilsky war es die Abteilung Christliche Publizistik an der Friedrich-Alexander-Universität Erlangen-Nürnberg, die mir den Rahmen bot, das Werk als Habilitation auszuarbeiten und einzureichen.

Viele haben das Werden dieser Arbeit begleitet.

Ich danke dem Team von Projekt und Arbeitsstelle „Vernetzte Kirche" für allzeit offene Einblicke und gewährte Gastfreundschaft im Rahmen der teilnehmenden Beobachtung. Die Mitarbeitenden an den beteiligten Lehrstühlen in München und Erlangen sowie der Beirat des begleiteten Projekts steuerten wichtige Impulse bei.

Unter der Leitung von Prof. Johanna Haberer garantierte das Fachmentorat mit Prof. Dr. Rüdiger Funiok und Prof. Dr. Hans G. Ulrich interdisziplinäre und ökumenische Weite. Mein Doktorvater, Prof. Dr. Joachim Track, und Prof. Dr. Peter Bubmann steuerten Gutachten bei, der Fachbereich Theologie der Philosophischen Fakultät nahm die Arbeit als Habilitationsleistung an.

Prof. Friedrich Kraft danke ich für die umsichtige Betreuung der Veröffentlichung. Die Evangelische Kirche in Deutschland, die Evangelisch-Lutherische Kirche in Bayern sowie für die Universität Erlangen-Nürnberg die Professor-Bernhard-Klaus-Stiftung und die Dorothea-und-Dr.-Richard-Zantner-Busch-Stiftung unterstützten finanziell das Erscheinen dieses Buches.

Den Kollegen bei *persönlichkeit+ethik, kooperatives Institut für ethische Orientierung im beruflichen Kontext,* danke ich für Verständnis und eröffnete Freiräume. Meine Frau war nicht nur oft die erste Leserin meiner Zeilen, sondern vor allem diejenige, die mich ausdauernd ermutigte, Thema und Text über die Jahre treu zu bleiben.

Ich widme dieses Buch meinen währenddessen verstorbenen publizistischen Mentoren:

Prof. Dr. Gerhard Meier-Reutti (1933-2006)
Prof. Dr. Michael Schibilsky (1946-2005).

Ihr Vermächtnis einer medienbewussten wie medienkundigen Kommunikation des christlichen Glaubens verpflichtet, gerade im Zeitalter des Internets.

Fürstenfeldbruck, im März 2011   *Thomas Zeilinger*

Einleitung: Gegenstand und Methode

„Wer zu bestimmen versucht, was ein Kommunikationsmedium leisten soll, muß aber wissen, was es zu leisten vermag. Sonst läuft er Gefahr, seine theoretischen Kommunikationspostulate mit der praktischen Kommunikationsrealität zu verwechseln."[1] *MANFRED JOSUTTIS'* vor mehr als 30 Jahren mit Blick auf die „Kommunikation im Gottesdienst" formulierte Mahnung verdient es, auch in der seitdem durch die Entwicklung der „Neuen Medien" entscheidend veränderten Kommunikationsrealität des 21. Jahrhunderts für die praktisch-theologische Theoriebildung ernst genommen zu werden.

In mancherlei Zugängen hat man in den vergangenen Jahren auf dem Feld der Theologie versucht, das neue Medium Internet in seinen Chancen und Gefahren für Christsein und Kirche auszuloten. Bei aller mediale Umstellungen stets begleitenden Skepsis hat dabei in der theoretischen Einschätzung der Möglichkeiten des Mediums Internet eine positive Perspektive die Oberhand behalten. Immer wieder wurde und wird dem Medium nachgerade ein *protestantischer Charakter* attestiert.[2]

Nun ist es heute, anders noch als vor zehn oder fünfzehn Jahren, keine Frage mehr, *dass* sich Kirche als Kirche „im Netz" bewegt: Gemeindliche oder landeskirchliche Webseiten *präsentieren* und *informieren,* via E-Mail und Chat *kommunizieren* und *kooperieren* Mitarbeitende und Mitglieder der Kirchen unter- und miteinander, „klassisch religiöse" Formen wie Gottesdienste und Andachten werden im Web *simuliert* und *(re)konstruiert.*[3]

---

1   M. Josuttis, Praxis des Evangeliums zwischen Politik und Religion, 1988, 164. – *Tauchen im Folgenden in Zitaten Kursivierungen auf, so entstammen diese, wenn nicht anders angegeben, dem Original. Kursivierungen im fortlaufenden Text, auch von kurzen Zitatteilen, markieren Hervorhebungen von meiner Seite, längere kursivierte Passagen zeigen zusammenfassende Abschnitte an.*

2   Eine Stimme für viele etwa die von Bernd Haese, programmatisch z. B. in dem Aufsatz „Reformation im Internet": „Das Internet trägt in seinen grundlegenden Strukturen und Intentionen protestantische Züge. Deswegen wäre es geradezu widersinnig, würde sich Reformation und reformatorische Existenz im 21. Jahrhundert nicht auch im Internet abspielen." (B.-M. Haese, Reformation im Internet, 2004, 228).

3   Zu den unterschiedlichen, hier kursivierten Gebrauchsweisen des Internet vgl.

Entsprechend der sich wandelnden *Kommunikationsrealität* braucht sich die praktisch-theologische Theoriebildung dabei heute nicht mehr allein auf programmatische *Kommunikationspostulate* zu beschränken. Inzwischen liegen – insbesondere aus dem angelsächsischen Sprachraum – erste empirische Untersuchungen zur Eigenart religiöser Kommunikation im Netz vor.[4]

Zwar besteht in dieser Hinsicht im deutschen Sprachraum noch ein gewisser Nachholbedarf,[5] doch gibt es dafür hier neben einer Vielzahl einzelner Studien erste systematisch-theologische Gesamtreflexionen der Herausforderungen des Mediums Internet für die Institution Kirche.[6] Die praktisch-theologische Reflexion der *Kommunikationsrealität* „Internet" kann also ihrerseits auf eine nicht unerhebliche Zahl von theologischen *Kommunikationspostulaten* zum Thema zurückgreifen. Josuttis' Mahnung eingedenk wird eine sich als Wahrnehmungswissenschaft verstehende Praktische Theologie aber ihrerseits gut daran tun, die eigene Theorie nicht an der Reflexion derjenigen Erfahrungen vorbei zu bilden, die eine im Medium des Internet handelnde Kirche allererst macht.

Eine der ersten kirchlichen Institutionen des deutschen Protestantismus im World Wide Web war die Evangelisch-Lutherische Kirche in Bayern (ELKB). Im Jahr 1995 ging die landeskirchliche Webpräsenz der bayerischen Landeskirche online.[7] Auch wenn verschiedene andere Lan-

---

z. B. S. Bobert-Stützel, RGG, 2001, 204. Zur – relativ wenig verbreiteten – Form medialer Simulation religiöser Erlebnisse s. insbesondere das Angebot eines „virtuellen Andachtsraums" des Frankfurter Regionalverbands der Evangelischen Kirche Hessen Nassau (www.frankfurtevangelisch.de; Menüpunkt „Interaktiv", Abruf 29.2.2008), aber auch in Kooperation von Rheinischer Kirche und Evangelischer Kirche in Deutschland die Webseite www.webandacht.de (unter www.ekd.de/webandacht/2992.php ist dort das Archiv der Webandachten gut einsehbar, Abruf 29.2.2008).

4   Vgl. dazu v. a. die religions- und kirchenbezogenen Detailstudien aus dem Pew-Internet-Project (www.pewinternet.org; s. Exkurs zu Nordamerika unter II.2. und den Sammelband L. L. Dawson und D. E. Cowan, Religion Online, 2004).

5   Es finden sich freilich durchaus erste Ansätze, z. B. R. Vausewehs in der Erlanger Reihe „Studien zur christlichen Publizistik" erschienene Arbeit zu Online-Lebenshilfe (R. Vauseweh, Onlineseelsorge, 2008).

6   Zeitlich an erster Stelle zu nennen ist hier W. Nethöfel, Christliche Orientierung in einer vernetzten Welt, 2001. Freilich zeigt sich bei Nethöfel, wie zu erkennen sein wird, das von Josuttis beschriebene Problem der Kommunikationspostulate – in systemtheoretischem Gewand.

7   Damals unter der Verantwortung und Domain des Evangelischen Presseverbandes (www.epv.de), seit 1999 dann unter dem Domainnamen www.bayern.evangelisch.de, vgl. II.2.b.i.

deskirchen, die Evangelische Kirche in Deutschland (EKD) und eine Vielzahl von Gemeinden und kirchlichen Initiativen Mitte der neunziger Jahre „ins Netz starteten", war es doch kein Zufall, sondern Folge des frühen bayerischen Engagements, dass die damalige Rundfunkbeauftragte der EKD, Johanna Haberer, fünf Jahre später gemeinsam mit der ELKB unter dem Titel „Kirche und Vernetzte Gesellschaft" eine Studie in Auftrag gab, die der bayerischen Kirchenleitung Empfehlungen für eine Strategie kirchlicher Internet-Nutzung unterbreitete.[8] Hieraus entsprang das Projekt „Vernetzte Kirche", das die bayerische Synode im Jahr 2001 beschloss und in den Jahren 2002 bis 2004 zur Durchführung brachte.[9]

Zum Konzept des dreijährigen Projekts gehörte eine wissenschaftlich-theologische Begleitung. Diese erfolgte von Oktober 2002 bis September 2005 durch die Abteilung für Praktische Theologie der Ludwig-Maximilians-Universität München. Die teilnehmende Beobachtung des landeskirchlichen Projekts „Vernetzte Kirche" durch den Verfasser im Rahmen der wissenschaftlichen Projektbegleitung bildet den wesentlichen empirischen Kontext für die hier vorgelegten Einsichten und die daraus entwickelten Erkenntnisse für die Praktische Theologie.[10]

1. Kommunikation der Institution Kirche: Präzisierungen zum Gegenstand

Auf dem Hintergrund der konkreten Erfahrungen mit dem Aufbau eines landeskirchenweiten Intranets und dem damit einhergehenden Ausbau der institutionellen Internetaktivitäten in diesem Projekt fragt die Studie

---

8   Die abschließenden Empfehlungen der Studie lauteten: „Die evang.-luth. Kirche in Bayern in Verbindung mit der Diakonie und in Kooperation mit anderen Landeskirchen und der EKD sollte die Nutzung des Internet in den nächsten zwei bis drei Jahren signifikant und strategisch ausbauen. Hierzu gehören: Der nutzerorientierte Aufbau einer Gesamtpräsenz mit ihren Kernangeboten und Grundüberzeugungen im Internet. Die Verbesserung und Unterstützung interner Prozesse in Leitung, Verwaltung, Zusammenarbeit und Vorbereitung. Die umfassende Verbreiterung und Vertiefung des gesamten Angebots im Hinblick auf die Nutzung des Internet im Medienverbund. Begleitende Experimente zur Klärung, inwieweit sich das Internet für Leistungen nutzen läßt, die überwiegend oder ausschließlich online erbracht werden." (M. Strecker, Kirche und Vernetzte Gesellschaft, 2001, 77).
9   Zu Projekthistorie und -struktur näher in einem eigenen Abschnitt der Einleitung!
10 Vgl. hierzu auch den nächsten Abschnitt der Einleitung! Dementsprechend bezieht sich diese Studie in den zusätzlich herangezogenen Materialien vorwiegend auf einen Zeitraum bis 2008, um aus Gründen der Vergleichbarkeit und Aus-

in der im Titel anklingenden doppelten Richtung: *Was „macht" „das Netz" mit „der Kirche"?* – Und umgekehrt: *Was „macht" „die Kirche" mit „dem Netz"?*

Von hier aus bestimmt sich denn auch der Horizont, vor dem im Zusammenhang dieser Arbeit von der *„institutionellen Kommunikation des Glaubens im Internet"* die Rede ist: Gefragt wird nach den Bedingungen, Möglichkeiten und Aufgaben kirchlicher Kommunikation im Netz. Die vorliegende Studie unternimmt also keine umfassende Bestandsaufnahme religiöser Kommunikation im Netz. Sie beansprucht deshalb auch nicht, alle für die Kommunikation des Glaubens im Internet relevanten Aspekte und Phänomene zu thematisieren. Wohl aber versucht sie, ausgehend von der Reflexion eines landeskirchlichen Internetprojekts, in praktisch-theologischer Perspektive auf exemplarische Weise Konsequenzen für die kirchliche Kommunikation des Glaubens im Netz zu formulieren.

Dazu zeichnet sie im Folgenden nicht einfach den Prozess teilnehmender Beobachtung nach, wie er in wissenschaftlicher Perspektive die Grundlage der hier vorgelegten Überlegungen bietet, sondern stellt die teilnehmende Beobachtung eines landeskirchlichen Internetprojekts zugleich in mehrere Kontexte, die es erlauben, die erhobenen Beobachtungen kreativ wie methodisch kontrolliert weiter zu entwickeln.

Was „macht" „das Netz" mit „der Kirche"? – Umgekehrt: *Was „macht" „die Kirche" mit „dem Netz"?* Die komplexen Interdependenzen, die hinter den scheinbar schlichten, im Titel dieser Studie anklingenden Fragen stehen, stellen eine besondere Herausforderung an die Herangehensweise dar. Auf seine Weise veranschaulicht dies bereits der im Untertitel gebrauchte Begriff der **Institution.** Er nimmt im Verlauf dieser Studie eine wichtige Stellung ein, wird doch immer wieder von der Institution Kirche, aber auch von der Bedeutung von Institutionen im Internet überhaupt die Rede sein. Deshalb soll der Begriff *Institution* kurz beleuchtet werden, nicht, um ihn abschließend zu definieren, wohl aber, um an ihm einleitend einige Besonderheiten zu markieren.

„Ein allgemeiner Begriff der Institutionen existiert nicht."[11] So oder ähnlich vernimmt, wer sich nach einer Definition des viel gebrauchten Begriffs der Institution umsieht. Immer wieder

---

sagekraft in einem sich rasch wandelnden Umfeld eine relative zeitliche Nähe zu den Projektbestandteilen zu gewährleisten.

11   O. Lepsius, Art. Institution (juristisch), EStL, 2006, 1004.

wird bemerkt, dass sich der Begriff einer genauen Definition entzieht und sich bei seinem Gebrauch in der Alltags-, aber auch der Wissenschaftssprache verschiedene Vorstellungen überlagern.

Vorherrschend dürfte dabei trotz der Vielfalt möglicher Konnotationen heute eine *soziologische Perspektive* sein, nach der „der Begriff der Institution auf allgemein eingespielte Verhaltens- und Beziehungsmuster (verweist), die durch Dauerhaftigkeit und eine oft vergleichsweise diffuse Verbindlichkeit gekennzeichnet sind."[12] Gegenüber Vorstellungen von Institutionen als objektiv vorgegebenen Ordnungen[13] wird in der Gegenwart verstärkt die gruppenhafte Organisation sozialen Handelns in den Mittelpunkt gerückt. Es war insbesondere *HELMUT SCHELSKY,* der von soziologischer Seite darauf hingewiesen hat, dass in der Moderne allen Institutionen die Aufgabe der *Institutionalisierung* als „Dauerreflexion" über ihre eigene Zweckdienlichkeit und Legitimität notwendig mitgestellt ist.[14]

In der *theologischen Diskussion* zum Verständnis von Institution wurden diese Aspekte dahin gehend rezipiert, dass der vermeintliche Gegensatz von (kirchlicher) Institution und (christlicher) Freiheit seine Korrektur darin erfährt, dass Institutionen als *Orte der Freiheit* bestimmt werden. *WOLFGANG HUBER* hat in diesem Zusammenhang auf die notwendig zum Begriff der Institution gehörende zivilisationsgeschichtliche Entwicklung verwiesen: „In erheblichem Umfang verlieren sie (die Institutionen, T. Z.) in diesem Prozeß den Charakter des Fremdzwangs und nehmen den Charakter des Selbstzwanges an. Institutionen gelten nicht mehr bloß auf Grund eines gesellschaftlichen Zwangsmechanismus; sie gelten auch nicht mehr allein auf Grund gesellschaftlicher Überlieferung und Gewöhnung; sondern sie werden zugleich auf Grund einer internalisierten Norm befolgt. . . . Der Übergang von Fremdzwang zu Selbstzwang oder Selbstbestimmung ist aber nun gleichzeitig ein spezifisches Moment am neuzeitlichen Freiheitsbegriff:

---

12 H.-G. Stobbe, Art. Institution, EKL 2, 1989, 695.
13 Z. B. in der rechtsphilosophischen Tradition, aber auch in der Theologie der Ordnungen z. B.; vgl. dazu näher: T. Zeilinger, Zwischen-Räume, 1999, 173ff.
14 Programmatisch in: H. Schelsky, Über die Stabilität von Institutionen, 1949.

Freiheit wird gerade darin wirklich, daß das Subjekt sich aus eigenem Willen dem allgemeinen Gesetz unterwirft. Das ist aber nur möglich, wenn geprüft werden kann, ob dieses Gesetz wirklich als ein allgemeines, als ein für jedermann geltendes Gesetz anerkannt werden kann. . . . Die Freiheit ist der Geltungsgrund der Institutionen; die kritische Reflexion muß prüfen, ob die Institutionen allgemein verbindlich gelten können; denn nur so können sie zu Bedingungen realer Freiheit werden."[15]

Ähnlich wie Huber sieht auch *EILERT HERMS* Institutionen durch eine *„Regelbefolgungszumutung"* einerseits und durch die *„einsichtig freie Übernahme der zugemuteten Regelbefolgung"* gekennzeichnet. Während Huber seine Überlegungen in Auseinandersetzung mit der vorangegangenen Wiederentdeckung der theologischen Rede von Institutionen bei Ernst Wolf u. a. entwickelt, stellt sich Herms mit seinem Konzept der Institution konsequent in ein von Soziologie und Systemtheorie instruiertes Paradigma und überführt das Verständnis von Institution im engeren Sinne in die Rede von *Organisation*. Denn weil ein weiter Begriff von Institution als auf Dauer gestellter Regelmäßigkeit sozialer Interaktionen ihm für – notwendige – Näherbestimmungen zu unscharf erscheint, gibt er mit Blick auf korporative Gebilde wie Staat oder Kirche dem *Organisationsbegriff* erklärtermaßen den Vorzug, wo es um die Bezeichnung *„sozialer Systeme"* geht: Dauerhafte Interaktionsordnungen erkennt Herms in vier *„aufgabenspezifischen Leistungsbereichen"* der Gesellschaft, wie sie auch von der gegenwärtigen Soziologie erkannt seien. Die vier Bereiche ergeben sich aus einer Dreigliederung und einer zusätzlichen Differenzierung: „der politischen Interaktion zur Herstellung von Herrschaft, der wirtschaftlichen Interaktion zur Produktion von Lebensmitteln (im weitesten Sinne) und der kulturellen Interaktion zur Produktion von Wissen. Nun kann man im letztgenannten Gebiet die erfahrungswissenschaftliche Produktion von technisch orientierendem Wissen von der philosophischen bzw. theologischen Bearbeitung von weltan-

---

15 W. Huber, Freiheit und Institution, 1980, 310f. Huber übernimmt ebd. von K. O. Apel die Auffassung, dass dabei die *Sprache* als *Meta-Institution* zu betrachten ist.

schaulich (religiös) begründetem ethisch orientierendem Wissen unterscheiden."[16] „Organisationen" i. e. S. sind für Herms diejenigen dauerhaften Interaktionsordnungen, die in einem dieser vier „Kulturgebiete" spezielle Leistungen erbringen.[17] Im Blick auf die Organisation *Kirche* ist bei Herms dann wieder von *Institutionen* die Rede, wo sich Kirche zur Erfüllung ihres Auftrags bestimmter „auf Dauer gestellter, verläßlich wiederkehrender Formen" bedient."[18]

Gegen diesen Mainstream einer „sozialwissenschaftlich informierte(n) theologischen Ethik der Institutionen"[19] fordern einzelne Stimmen freilich das Festhalten an einem explizit theologischen Begriff der Institution.[20] So versucht etwa *Hans G. Ulrich* den traditionellen Gedanken der Ordnungen für die Institutionentheorie in theologischer Perspektive dahingehend fruchtbar zu machen, dass er von ihnen „als in der Geschichte Gottes beschlossenen *Lebensvorgängen*" spricht, „in denen

---

16 So die (auch andernorts von ihm entfaltete Darstellung) im Aufsatz „Religion und Organisation" in: E. Herms, Erfahrbare Kirche, 1990, 49ff., hier: 56.

17 A.a.O., 57: „Beispiele für Organisationen in diesem Sinne sind: Parteien, Regierungen, Behörden, Parlamente, Gerichte (aus dem politischen Bereich); Unternehmen und Verbände (aus dem Bereich Wirtschaft); Schulen, Universitäten (aus dem Bildungsbereich); Forschungseinrichtungen (speziell aus dem Teilbereich der Produktion technisch orientierenden Wissens); Kirchen und andere Religionsgemeinschaften (aus dem Teilbereich der Entwicklung ethisch orientierender Überzeugung)." Hier nur angemerkt sei die Entsprechung der vier Teilbereiche zu den vier Sphären der Gemeinschaftsbildung bei D.F.E. Schleiermacher (vgl. ausführlich bei R. Preul, Kirchentheorie, 1997, 143ff., s. u. III.4.a).

18 A.a.O., 73.; vgl. die Rede von „Traditionsinstitutionen", 78, und von „Bildungsinstitutionen" (die Institutionen des chr. Gottesdienstes), 212; siehe dazu unten in III.4!

19 So H.-R. Reuter, Institution (theologisch), 2006, 1012. Reuter fährt ebd. fort: „Institutionen sind – wie die Gesellschaftsordnung als Ganze – vergegenständlichte menschliche Tätigkeit, Ergebnis ständiger menschlicher Produktion. Das Faktum von Institutionen erfordert eine Theorie der Institutionalisierung, der der interaktionistische Ansatz (P. Berger/T. Luckmann) Rechnung trägt."

20 Erkennbar ist das Bemühen hierum bei H.-E. Tödt, Art. Institution, TRE 16, 1987, wenn er auf anthropologische Grundwidersprüche zwischen Systemtheorie und dem christlichen Glaubens- und Gewissensverständnis hinweist (219). Bewusst am Begriff der Institution hält in praktisch-theologischer Hinsicht Reiner Preul fest, der den Begriff für die Kirchentheorie fruchtbar zu machen versucht (R. Preul, Kirchentheorie, 1997, 129ff.). – Freilich tut Preul dies in einer zu Herms' Konzept analogen Weise. Wir werden darauf im Zusammenhang der Überlegungen des dritten Teils zum Bildungsauftrag zu sprechen kommen, plädiert Preul doch für ein Verständnis der Kirche als „Bildungsinstitution".

sich Leben als geschöpfliches vollzieht."[21] In einer hier im einzelnen nicht darzustellenden Kritik neuzeitlicher Subjektivitäts- und Freiheitssemantiken erkennt Ulrich gerade in der theologischen Tradition der Institution als einer Stiftung Gottes ein kritisches Potenzial gegenüber der neuzeitlichen Auslieferung des Menschen an die Folgen seines eigenen Handelns. Eine „Ethik des geschöpflichen Lebens" ermöglicht im Festhalten an widersprüchlichen Semantiken Aufklärung und Befreiung. Deshalb dürfe der Begriff der Institution nicht durch den der Organisation (oder den des Systems) ersetzt werden. Denn wo dies geschieht, werde die Selbstbezüglichkeit menschlichen Handelns nur verstärkt, nicht aber kritisch unterbrochen: Weil zum Organisationsbegriff wesentlich die Vorstellung zielbezogener Koordination von Leistungen der Organisationsmitglieder gehört, verhindert der Gebrauch dieses Begriffs (bzw. eine dazu äquivoke Rede von Institution), dass das kritische Potenzial der theologischen Rede von Institution im Sinne der *cooperatio dei cum homine* zur Sprache kommt.[22]

Auf das hier mit dem Verweis auf Hans G. Ulrichs Überlegungen kurz angesprochene explizit theologische Verständnis von Institution wird im weiteren Fortgang dieser Studie immer wieder zurückzukommen sein, wenn und weil diese Perspektive, wie sich zeigen wird, für eine „realistische" Interpretation der teilnehmend beobachteten Phänomene wesentlich ist. Bewusst wird also im Folgenden immer wieder von „institutioneller Kommunikation" und von der Kirche als Institution in diesem spezifisch theologischen Sinn die Rede sein, um Kirche in ihrer immer auch gegebenen Unverfügbarkeit gegenüber allem menschlichen Handeln in Blick zu nehmen.

Daneben trage ich in der weiteren Arbeit aber auch einem eher umgangssprachlichen Gebrauch der Rede von Institution Rechnung, dem entsprechend in soziologischer Perspektive von Kirche äquivok als *Organisation* die Rede ist. In dieser Perspektive geht es darum, Kirche an denjenigen formalen Kennzeichen auszuzeichnen, die gemeinhin Orga-

---

21 H. G. Ulrich, Wie Geschöpfe leben, 2005, 101.

22 A.a.O., 100ff. – Vgl. zur Figur der *Cooperatio* und ihrer Anwendung auf die drei Institutionen von *ecclesia, oeconomia und politia:* 442ff. Zu meiner eigenen Interpretation von Luthers Rede im Kontext einer Theologie der Mächte und Gewalten siehe: T. Zeilinger, Zwischen-Räume, 1999, v. a. 179ff.

nisationen und Institutionen attribuiert (bzw. mit diesen assoziiert) werden: Stabilität, Dauerhaftigkeit, Zweckorientierung, hierarchische Gliederung, Abgrenzung zur Umwelt, Einheitlichkeit/Uniformität, Beharrung, Planmäßigkeit, Solidität, Verbindlichkeit, u. a. m. Von der Kirche explizit als Organisation wird dort die Rede sein, wo das planende, gestaltende und verfügende menschliche Handeln im Vordergrund steht.

Auch wenn ich also im Begriff der Institution durchaus bestimmte Aspekte unterscheide, verzichte ich darauf, ausschließlich *einen* Begriff der Institution zugrunde zu legen, sondern werde die anhand der Definitionen und Positionen sichtbar gewordene Unschärfe immer wieder durchscheinen lassen.[23] Der Verlauf der Studie wird zeigen, wie diese Unschärfe weiter bearbeitet wird. Meinen primären Ausgangspunkt für die Rede von der Institution und von institutionellen Charakteristika bildet zunächst „schlicht und einfach" die Tatsache, dass das beobachtete Projekt „Vernetzte Kirche" als landeskirchliches Projekt im organisatorischen Kontext der Institution Kirche steht und in diesem zu betrachten ist.

Die kirchlich-institutionelle Kommunikation des Glaubens im Internet nehme ich dabei in drei Schritten in den Blick:

Ein erster Teil fragt nach den *Bedingungen institutioneller Kommunikation im Netz,* wie sie für die Kirche, aber auch für andere Organisationen und Institutionen gelten. Der zweite Teil untersucht am Beispiel des Projekts „Vernetzte Kirche" Möglichkeiten und Grenzen der *kirchlichen Kommunikation des Glaubens* im Netz, während der dritte Teil in potenzialorientierter Perspektive Beiträge der Kirche zur *ethischen Bildung* im Internet zu erkunden sucht.

In allen drei Teilen spielen dabei die Stichworte des Titels eine wichtige Rolle, wenn auch in unterschiedlicher Akzentuierung: Der Frage der *Macht* gilt im ersten Teil besonderes Augenmerk. Hierbei wird die mediale Dynamik in der Entwicklung des Internet auch im Horizont einer Theologie der Mächte und Gewalten interpretiert werden. Auf den Bei-

---

23 Indem ich die Unschärfe zulasse, deute ich implizit an, dass sie mir ein wesentliches Charakteristikum der Rede von Institution selbst zu sein scheint. In philosophischer Hinsicht ist hierzu das von W. Berger und P. Heintel formulierte Programm des Widerspruchs instruktiv: „Institutionen sind Einrichtungen, die auf unlösbare Widersprüche dauerhafte Antworten zu geben versuchen. Daß dies einerseits unmöglich ist, beschreibt die Endlichkeit ihrer Autorität, daß dies aber zugleich notwendig und keine Illusionsbildung ist, verleiht ihnen jeweils eine überhistorische Gestalt." (P. Heintel und W. Berger, Art. Institution, II. Sozialwissenschaftlich, RGG4 4, 2001, 177).

trag des Netzes zum Kirchesein der *Kirche* fokussiert der zweite Teil. Die Ergebnisse des Projekts „Vernetzte Kirche" werden dabei mit einer Reflexion des Kommunikationsbegriffs verknüpft, um die Chancen zu sichten, die das Netz der Kirche für den Auftrag der Kommunikation des Evangeliums eröffnet. In umgekehrter Perspektive versucht der dritte Teil am Beispiel eigener kirchlicher Bildungsorte im Intranet exemplarisch zu zeigen, dass und wie das *Netz* für seine eigene Entwicklung auf andere Institutionen verwiesen ist und bleibt. In allen drei Teilen gehe ich aus von einer phänomenologischen Analyse des jeweiligen Gegenstandes und entfalte von dort anschließend zugehörige theoretische Horizonte wie praktische Anregungen.

Den Zusammenhang der drei Teile bilden dabei nicht nur der praktische Bezug auf den empirischen Hintergrund im Projekt „Vernetzte Kirche" und dessen teilnehmende Beobachtung durch den Verfasser. Vielmehr verfolgen alle Teile das Interesse, die inmitten der medialen Umformungen sichtbar werdenden neuen Ansätze und Chancen für Kirchentheorie und Praktische Theologie aufzuspüren. Hierzu bediene ich mich einer aufgrund der Komplexität und Dynamik des Gegenstands notwendig vielfältig verschränkten Metaphorik. Sie hat ihren Grund darin, dass den in dieser Studie zu beschreibenden Phänomenen sachgemäß nicht anders entsprochen werden kann, als in einer *multiperspektivischen* und *mehrdimensionalen* Betrachtung. Ihr trägt bereits der Titel Rechnung, insofern er auf seine Weise anzudeuten versucht, dass mehrere Perspektiven nötig sind, um das Phänomen der „Kirche im Netz" zu beschreiben.[24]

Weshalb und wie eine Vielfalt von Perspektiven und der bewusste Wechsel zwischen unterschiedlichen Perspektiven zu einer phänomengerechten Beschreibung Sinn machen, wird sich im Detail erst in der Durchführung zeigen und bewähren müssen. Vorab sei hier nur thetisch angedeutet, dass eine realistische Darstellung des Zusammenhangs von Institution Kirche und medialer Kommunikation im Internet davon profitiert, ganz unterschiedliche Theoriekontexte zur Interpretation der in Frage und unter Beobachtung stehenden Phänomene heran zu ziehen. Eine solchermaßen *polykontextural* angelegte Betrachtung begreift die – mitunter verwirrende – Vielfalt der Interpretationsperspektiven als

---

24 Eine multiperspektivische Betrachtungsweise des Gegenstands entspricht auf ihre Weise auch der im zugrunde liegenden Forschungsprojekt verwendeten Methodik von „participant observation" und „grounded theory", vgl. dazu den nächsten Abschnitt.

Chance, in einem per se mehrdimensionalen Beobachtungsfeld von Fall zu Fall *Durchblicke* zu eröffnen. Gerade weil die mediale Dynamik der gegenwärtigen Netzentwicklung und ihre Bedeutung für die kirchliche Praxis keinesfalls abschließend oder im Überblick zu beurteilen sind, plädiert die vorliegende Studie dafür, die *Kommunikation* unterschiedlicher Perspektiven und das Einspielen bewusster *Perspektivwechsel* als produktive Möglichkeit für ein phänomengerechtes Verstehen und daraus resultierende Handlungsoptionen zu sehen.[25]

> Realistisch versuchen die folgenden Beobachtungen und Interpretationen auch darin zu sein, dass sie in mehrfacher Hinsicht mit der *Gleichzeitigkeit des Ungleichzeitigen* rechnen: In *alltagspraktischer* Perspektive ist hierbei an die sehr unterschiedliche Verbreitung und Nutzung internetbasierter Kommunikationstechniken in der Kirche (und darüber hinaus) zu denken, die bei der Bewertung der Möglichkeiten des Internet für (kirchliche) Kommunikation berücksichtigt sein will. Aber auch eine spezifisch *theologische* Unterscheidung der Zeiten will beachtet sein, wie sie in der lutherischen Theologie mit der charakteristischen Struktur des *simul* von Schöpfung und Fall herausgearbeitet wurde:[26] Auch in dieser Hinsicht ist eine mitunter verwirrende Gleichzeitigkeit von Phänomenen (und deren Interpretation) zu gewärtigen. Wie also auch die zeitliche Mehrdimensionalität für eine angemessene Verhältnisbestimmung von Medium Internet und Institution Kirche fruchtbar gemacht werden kann, wird in den einzelnen Teilen zu zeigen sein.

Es entspricht der relativen Neuheit des Mediums Internet und der sich mit ihm verbindenden Kommunikationstechniken, dass die hier vorgelegte Überprüfung mannigfacher *Kommunikationspostulate* an der *Kommunikationsrealität* eines landeskirchlichen Internetprojekts ihrerseits bestenfalls *exemplarisch und erkundend* sein kann. Exemplarisch ist sie im Blick auf die Thematik der Kommunikation des Glaubens in ihrer Fokussierung auf die institutionellen Aspekte. Wie schon erwähnt, nimmt die

---

25 In bestimmter Weise versucht die vorliegende Arbeit damit ihren Beitrag zu leisten zu der von E. Hauschildt geforderten „graduellen Theologie"; vgl. E. Hauschildt, Praktische Theologie – neugierig, graduell und konstruktiv, 2002, 95ff.

26 Vgl. hierzu etwa W. Joest, Gesetz und Freiheit, 1951.

vorliegende Studie damit keineswegs in Anspruch, die praktisch-theologische Relevanz der medialen Veränderungen hinreichend zu erfassen. Gleichwohl beansprucht sie, sich aus der Reflexion der Realität mit sachlich notwendigen Postulaten in die fortdauernde *Exploration* der mannigfachen Kontexte des Themas „Kirche und Internet" einzumischen.

2. Teilnehmende Beobachtung –
Einige Bemerkungen zur Methodik

Mit dem Hinweis auf meine *teilnehmende Beobachtung* des Projekts „Vernetzte Kirche" habe ich ein Stichwort gewählt, das eine in der Kulturanthropologie („cultural anthropology") „klassische" Form der Feldforschung benennt. „Die Idee ist denkbar einfach: Will man etwas über andere Menschen herausfinden, geht man einfach zu ihnen hin, bleibt eine Weile, macht das mit, was diese Menschen dort normalerweise treiben, und lernt sie so durch eigene Erfahrung besser kennen."[27] Die Anfänge systematischer ethnologischer Feldforschung im 19. Jahrhundert, etwa bei Franz Boas, wurden von Bronislaw Malinowski zu Beginn des zwanzigsten Jahrhunderts programmatisch verdichtet. In seinem Programm der Ethnographie als einer empirischen Wissenschaft wurde die *teilnehmende Beobachtung* mit Kamera, Notizblock und Stift zu einem zentralen Element des methodischen Instrumentariums zur Erforschung fremder Kulturen erhoben.[28]

Von der Ethnologie aus hat die Methode der teilnehmenden Beobachtung in soziologischen Studien und in einen Teilbereich der Erziehungswissenschaften Eingang gefunden und gilt als eine anerkannte Methode qualitativer Sozial- und Organisationsforschung.[29] Blickt man auf die soziologische Diskussion, fällt freilich auf, dass in der allgemeinen Plausibilität der persönlichen Teilnahme des oder der Erforschenden an der Praxis derjenigen, die er oder sie erforschen will, zugleich eine konstitutive Unschärfe in der Methodik verborgen liegt. Denn teilnehmende Beobachtung ist eine nur beschränkt formalisierbare Methode, deren Vorgehen sich schwer in schematische Schritte aufteilen lässt. Gerade wegen der hohen Bedeutung, die sie der Beobachterposition im For-

---

27 Götz Bachmann, Qualitative Methoden der Organisationsforschung: Teilnehmende Beobachtung, http://www.qualitative-research.net/organizations/or-tb-d.htm (Abruf 27.2.2008).

28 Vgl. zur Geschichte der Methodik ebd.

29 Vgl. den Artikel von C. Lüders, Teilnehmende Beobachtung, 2003.

24

schungsprozess einräumt, kann sie – im Unterschied etwa zu statistischen Verfahren – kaum dergestalt überprüfbare Ergebnisse generieren, dass sie durch Wiederholung unter denselben Bedingungen verifizierbar bzw. falsifizierbar wären.[30]

Eine besonders intensive Diskussion ethnologischer Methoden bietet die Kulturanthropologie selbst, die sich v. a. in den USA sehr selbstkritisch den impliziten erkenntnistheoretischen Fragen gestellt und dabei insbesondere die Rolle des Erforschenden und den Status und die Literarizität des resultierenden Textes in den Blick genommen hat. Ohne die verzweigte Methodendiskussion hier im Einzelnen nachzuzeichnen, sei auf die seit den siebziger Jahren bedeutsame **Debatte um das Werk von CLIFFORD GEERTZ** hingewiesen. Gegenüber einem szientistisch-positivistischen Verständnis von Kultur und Anthropologie entwickelt Geertz ein symbolisches Verständnis: Es gehe darum, unter konkonstruktiver Aufnahme der interpretativen Anteile eine bedeutungsreiche Beschreibung zu entwickeln (von ihm in Aufnahme eines Begriffs von Gilbert Ryle „dichte Beschreibung" genannt). „Der Kulturbegriff, den ich vertrete (. . .), ist wesentlich ein semiotischer. Ich meine mit Max Weber, daß der Mensch ein Wesen ist, das in selbstgesponnene Bedeutungsgewebe verstrickt ist, wobei ich Kultur als dieses Gewebe ansehe. Ihre Untersuchung ist daher keine experimentelle Wissenschaft, die nach Gesetzen sucht, sondern eine interpretierende, die nach Bedeutungen sucht."[31] Mit Geertz rücken also die interpretative Leistung des Beobachters und die als Text vorliegende Interpretation in den Mittelpunkt der methodischen Reflexion. Allerdings wird Geertz im Fortgang der Diskussion dafür kritisiert, dass er zwar das Postulat aufstelle, die Fremdheit des beobachteten Feldes anzuerkennen, doch dies in seinen Texten nicht realisiere, die Fremdheit des Fremden werde faktisch zugunsten einer universellen Deutung unterschlagen (vgl. die „Writing-Culture"-Debatte).[32] Bei aller Kritik bleibt es aber das Verdienst von

---

30   Zur Diskussion vgl. neben dem unter Anm. 27 genannten Artikel auch: Christopher P. Scholtz, Teilnehmende Beobachtung, S. 214–225 in: A. Dinter u. a. (Hrsg.), Einführung in die Empirische Theologie, 2007.
31   C. Geertz, Dichte Beschreibung, 1987, 9.
32   Vgl. dazu E. Berg/M. Fuchs (Hrsg.), Kultur, Soziale Praxis, Text, 1993.

Geertz, mit seinem Hinweis auf den Aspekt der Interpretation gegenüber allzu „realistischen" Postulaten für das konstruktivistische Moment sensibilisiert zu haben, das jeder teilnehmenden Beobachtung innewohnt. Die zwischenzeitlich entwickelten Ansätze einer „narrativen Ethnologie" versuchen die Situiertheit der Interpretation deutlich zu machen und so die Subjektivität auf Seiten des Erforschenden wie der Erforschten nicht zu ignorieren.[33]

In diesem Sinne wird eine sich als Wahrnehmungswissenschaft verstehende Praktische Theologie die Methodik der *teilnehmenden Beobachtung* und ihre nähere Spezifizierung in Geertz' Begriff der *dichten Beschreibung* nutzen, ohne sich von ihrer Anwendung eine Objektivität zu versprechen, die die teilnehmende Beobachtung als qualitative Forschungsmethode per se nicht bieten kann. Dabei wird sie versuchen, die eigene Perspektive nachvollziehbar auszuweisen und sie damit nicht nur theoretisch, sondern auch an den Phänomenen diskutierbar zu machen, im Bewusstsein der im hermeneutischen Prozess nicht hintergehbaren interpretativen und konstruktiven Anteile.[34]

Die in dieser Studie vorgelegte Reflexion auf die Ergebnisse der teilnehmenden Beobachtung eines kirchlichen Innovationsprojekts versucht damit, auf ihre Weise ein Postulat praktisch-theologischer Forschung einzulösen, wie es etwa WOLF-ECKART FAILING und HANS-GÜNTER HEIMBROCK in ihren Überlegungen zur Wahrnehmung gelebter Religion formuliert haben. Im Kontext ihres Plädoyers für eine „*phänomenologische Orientierung der Praktischen Theologie*" fordern sie „*Feldforschung als engagierte Teilnahme*" ein.[35] Gerade weil der Prozess der Wahrnehmung „nicht als ‚Aneignung', sondern eher als Sich-Aussetzen zu begreifen und zu methodisieren" ist,[36] legt es sich nahe, auch die

---

33 Vgl. a.a.O., 69ff. Zur Anwendung der Methodik in der Praktischen Theologie siehe die Hinweise von Achim Knecht, Dichte Beschreibung, S. 226–241 in: A. Dinter u. a. (Hrsg.) Einführung in die Empirische Theologie, 2007.

34 Anstelle einer weiteren methodologischen Diskussion des Zusammenhangs zwischen der von mir grundlegend favorisierten phänomenologischen Perspektive und den angewandten Methoden verweise ich für den Kontext der Praktischen Theologie auf die einschlägigen Beiträge von H.-G. Heimbrock, z. B. in A. Dinter u. a. (Hrsg.), Einführung in die Empirische Theologie, 2007.

35 W.-E. Failing und H.-G. Heimbrock, Gelebte Religion wahrnehmen, 1998, 291 („Ausblick: Von der Handlungstheorie zur Wahrnehmungstheorie und zurück").

36 A.a.O., 282. Dies ist auch kritisch gegenüber Geertz' Vorgehen bemerkt worden, vgl. E. Berg/M. Fuchs, Kultur, Soziale Praxis, Text, 1993, 69ff.

Reflexion zu den Wirkungen medialer Veränderungen hinsichtlich der institutionellen Gestalt gelebter Religion nicht zuerst auf die distanzierte Beschreibung, sondern auf die teilnehmende Beobachtung zu stützen. Was Failing und Heimbrock für Lebens- und Forschungspraxis allgemein konstatieren, gilt auch für die Erfahrungen, die ich in der wissenschaftlichen Begleitung eines landeskirchlichen Internetprojekts machen konnte: „Wir sind im Drama des Lebens bekanntlich Zuschauer und Mitspieler zugleich. . . . Theoretische Reflexion und Lebensweltteilhabe zum gleichen Gegenstand finden dabei eine Einheit im Subjekt, im durch Zeitversetztheit möglichen Wechsel zwischen lebenspraktischer und theoretischer Perspektive."[37]

Zwar unterscheidet sich die Lebenswelt eines landeskirchlichen Internetprojekts in mancherlei Hinsicht von den klassischerweise an der „gelebten Religion" orientierten Untersuchungsgegenständen praktisch-theologischer Empirie.[38] Dennoch eröffnet auch hier die Methodik teilnehmender Beobachtung ein produktives wie kontrolliertes Forschungsdesign, kann sie doch gerade in der Organisationsforschung „besonders dichte, kontextuell eingebettete Daten sowohl über außergewöhnliche Ereignisse als auch über alltägliche Routinen generieren."[39] Die Ergebnisse aus der wissenschaftlichen Begleitung des Projekts „Vernetzte Kirche" sind nicht zu denken ohne meine aktive Teilnahme im Projektteam und auf verschiedenen weiteren Ebenen der im Anschluss gleich näher zu beschreibenden Projektstruktur. Erst die durch diese Teilnahme an der „Lebenswelt" des Projekts ermöglichten Beobachtungen führten mich zu der hier vorliegenden theoretischen Reflexion der sich durch das Internet dramatisch wandelnden „Kommunikationsrealität" von Religion in Kirche und Gesellschaft.[40]

Umgekehrt waren die Beobachtungen im Zusammenhang des Projekts ihrerseits darauf angewiesen, in einem strukturierten Setting bearbeitet

---

37 A.a.O., 292.

38 Vgl. die Beispiele aus dem Band von A. Dinter u. a. (Hrsg.), Einführung in die Empirische Theologie, 2007, 101ff.

39 Götz Bachmann, Qualitative Methoden der Organisationsforschung: Teilnehmende Beobachtung, http://www.qualitative-research.net/organizations/or-tb-d.htm (Abruf 27.2.2008).

40 Dies gilt auch und gerade in solchen Zusammenhängen, in denen der Verweis auf Beobachtungen im Projekt nur angedeutet ist. Das Phänomen der hier vom Beobachter aus politischen oder persönlichen Gründen zu übenden Zurückhaltung in der Benennung von Belegen wird in der Reflexion auf die Methodik auch andernorts öfters bemerkt, vgl. z. B. bei G. Bachmann, a.a.O.

und kontrolliert zu werden, um für die Theoriegenerierung fruchtbar zu werden. Dazu stand von Beginn an mit und neben der Methodik der teilnehmenden Beobachtung eine weitere sozialwissenschaftliche Theorie Pate, die in letzter Zeit auch in der Praktischen Theologie verstärkt Beachtung findet: die von den amerikanischen Soziologen BARNEY G. GLASER und ANSELM L. STRAUSS erarbeitete *Grounded Theory*.[41] „Sie macht die Subjektivität der forschenden Person zu einer wesentlichen Komponente der Theoriebildung, sie sieht vor, dass die Lebendigkeit (der) Menschen und ihre subjektiven Sinnbezüge in der Theorie zur Geltung kommen, und sie zielt einen Nutzen der Theorie für die Praxis an."[42]

Ohne sich als sozialwissenschaftliche Arbeit zu verstehen nimmt die vorliegende Studie bei der Grundstrategie und beim *methodischen Instrumentarium* der Grounded Theory mancherlei Anleihen. Auf welche Weise dies im Lauf des Forschungsprozesses erfolgt ist, wird die anschließende biographische Reflexion zu den einzelnen Prozessschritten kurz erläutern. Allgemein lässt sich die Leistung der Grounded Theory für die Beschreibung sozialer Phänomene – auch für den praktisch-theologischen Kontext – mit Stephanie Klein in folgenden sieben Punkten zusammenfassen:[43]

- Die Grounded Theory ist darauf ausgelegt, „*neue Entdeckungen* in der Sozialwelt zu machen und auch soziale Phänomene, die bislang nicht beschrieben worden sind, oder für die es keine wissenschaftlichen Begriffe und Theorien gibt, theoretisch zu fassen und zu benennen."

---

41 Das gemeinsame Grundlagenwerk: B. G. Glaser und A. L. Strauss, Grounded Theory, 2005. Für die nähere Beschäftigung ist zu beachten, dass sich die Grounded Theory seit längerem in eine Richtung nach Glaser und eine andere nach Strauss aufgespalten hat. Vgl. zur Geschichte auch die kurze, gleichwohl präzise Darstellung bei I. Mädler, Ein Weg zur gegenstandsbegründeten Theoriebildung: Grounded Theory, S. 242–254 in: A. Dinter u. a. (Hrsg.), Einführung in die Empirische Theologie, 2007.

42 S. Klein, Erkenntnis und Methode in der Praktischen Theologie, 2005, 240. Die katholische Theologin hat es in ihrer Habilitationsschrift unternommen, die Grounded Theory als Grundstrategie des methodischen Vorgehens sozialwissenschaftlicher Theoriebildung für die Theorie der Praktischen Theologie fruchtbar zu machen. Praktische Anwendungen der Grounded Theory finden sich im Kreis der Schülerinnen und Schüler von M. Schibilsky; vgl. M. Lachmann, Gelebtes Ethos in der Krankenpflege. Eine praktisch-theologische Studie biographischer Interviews, 2005, 63ff., und T. Roser, Spiritual Care, 2007, 81ff.

43 S. Klein, Erkenntnis und Methode in der Praktischen Theologie, 2005, 261f. Alle Zitate der Aufzählung ebd., Kursivierungen teilw. v. Verf.

- Der Forschungsprozess ist durch *Offenheit* gekennzeichnet, d. h. dass Theorien und Hypothesen in seinem Verlauf gewonnen werden und nicht schon ab ovo festliegen.
- Datensammlung und Interpretation erfolgen *zirkulär.* Bereits während der Erhebung des Materials (z. B. durch teilnehmende Beobachtung) erfolgt die Bildung erster Hypothesen, die ihrerseits auf die Sammlung (in Gestalt der teilnehmenden Beobachtung) zurückwirkt.
- Der erarbeitete Interpretationsrahmen soll *nachvollziehbar* und *von den Beteiligten* in Zustimmung und Kritik *kommunikativ validiert* werden können.
- Die Forschung zielt pragmatisch auf ihren *Nutzen für die Praxis* in verschiedenen Bereichen der Alltags- und Berufswelt.
- „Die *Subjektivität der forschenden Person* wird als eine reiche Quelle der theoretischen Erkenntnis betrachtet und hat einen systematischen Stellenwert in der Methode."
- Die *Einzigartigkeit und Lebendigkeit der Menschen im Untersuchungsfeld* wird nicht im Widerspruch zur Generierung einer wissenschaftlichen Theorie gesehen, sondern vielmehr als deren notwendige Voraussetzung.

Ausgehend von der *teilnehmenden Beobachtung* des landeskirchlichen Innovationsprojekts „Vernetzte Kirche" verdanken sich die vorliegenden wissenschaftlichen Erkenntnisse einem Prozess, der sich methodisch von den Anregungen der Grounded Theory inspiriert weiß. Eine knappe *biographische Reflexion auf den Forschungsprozess* vermag dies zu illustrieren:

Als ich im Sommer 2002 von MICHAEL SCHIBILSKY für die wissenschaftliche Projektbegleitung im Umfang einer – von der Landeskirche finanzierten, für die Dauer von drei Jahren an der Ludwig-Maximilian-Universität in München (LMU) angesiedelten Stelle – angefragt wurde, verbanden mich mit dem Thema der kirchlichen Nutzung moderner Informationstechnologien wenig mehr als (m)ein allgemeines Interesse und meine Vorkenntnisse aus der Arbeit in einem für die interne wie für die externe Kommunikation das Internet nutzenden großstädtischen Gemeindepfarramt. So war der Beginn meiner Tätigkeit im Oktober 2002 von einer großen Offenheit gegenüber möglichen Themen geprägt, die sich aus der Beobachtung des Gegenstands aufdrängen würden.

Die Begegnung mit den sozialwissenschaftlichen Theorien und dem methodischen Instrumentarium von teilnehmender Beobachtung und Grounded Theory am Lehrstuhl von M. Schibilsky half mir, das forschungsproduktive Potenzial zu sehen und in ein methodisch kontrolliertes Setting zu überführen. „Am Anfang steht nicht eine Theorie, die anschließend bewiesen werden soll. Am Anfang steht vielmehr ein Untersuchungsbereich – was in diesem Bereich relevant ist, wird sich erst im Forschungsprozess herausstellen."[44]

Da von landeskirchlicher Seite, dokumentiert auch durch die räumliche Bereitstellung eines Vor-Ort-Büros, die Erwartung formuliert war, dass ich als Teil meiner wissenschaftlichen Begleitung im „Alltagsgeschäft" des projektkoordinierenden „Kernteams" (vgl. unten) mitarbeite, legte es sich nahe, die Möglichkeiten der *teilnehmenden Beobachtung* für das eigene wissenschaftliche Arbeiten zu nutzen. Die Projektnähe ermöglichte es mir so, den methodischen Forderungen von „natural setting" und „key instrument" zu entsprechen.[45]

Wie sich im Verlauf dieser Arbeit an verschiedenen Stellen zeigen wird, bezieht diese sich in ihren Ergebnissen immer wieder zurück auf Beobachtungen, die von mir in einem Projektjournal während der Projektzeit begleitend festgehalten wurden. In diesem Beobachtungsprotokoll notierte ich während des Projektverlaufs sowohl „äußere Daten" im Sinne der „Feldnotizen" als auch die meine Beobachtung begleitenden Fragen und Einfälle.

Für die Generierung erster Hypothesen und deren Überprüfung erwies es sich als sehr hilfreich, dass mir über die gesamte Projektzeit mehrere Reflexionsorte zur inhaltlichen wie methodischen Überprüfung zur Verfügung standen:

- Im Oberseminar am Lehrstuhl von Michael Schibilsky an der LMU konnte ich einschlägige methodische Fragen teilnehmender Beobachtung und der Grounded Theory von Beginn an intensiv in einem Expertenkreis, auch im interdisziplinären Austausch mit der Soziologie (Lehrstuhl Armin Nassehi), diskutieren.
- Ein regelmäßiges gemeinsames medienethisches Oberseminar von M. Schibilsky (LMU) und Johanna Haberer von der Friedrich-Alexander-Universität Erlangen-Nürnberg sorgte für eine inhaltlich kompetente Diskussion der im Projektverlauf aufgestellten Hypothesen, wie sie in dieser Arbeit ihren Niederschlag finden.

---

44   A. L. Strauss und J. M. Corbin, Grounded Theory: Grundlagen Qualitativer Sozialforschung, 1996, 8.

45   „Qualitative research has the natural setting as the direct source of data and the researcher is the key instrument" (R. Bogdan und S. K. Biklen, Qualitative Research for Education, 1982, 27).

• Ein eigens für das Projekt eingerichteter Beirat (mit Vertretern der LMU, der FAU und der Augustana Hochschule Neuendettelsau) bildete nicht nur ein wichtiges Scharnier zwischen Wissenschaft und Kirche, Universität und Synode, sondern entlastete mich als teilnehmenden Beobachter auch von einer ansonsten problematischen Rollenüberforderung und garantierte mit seinen Beiträgen und Rückmeldungen die für den Forschungsprozess nötige Offenheit für die weitere Hypothesenbildung.

Da von Anfang an im landeskirchlichen Projekt die Erwartung bestand, dass die wissenschaftliche Begleitung eigene theologische Impulse in das Projekt und seine Steuerung einbringen soll, ergaben sich auch hier rasch Gelegenheiten, aus der anfänglichen Beobachtung des Projektalltags heraus erste Theorieansätze zu generieren, um in der Verknüpfung von Lebensweltteilnahme und Beobachterdistanz „Einfälle" auf ihre Produktivität hin zu erproben.

Im Blick auf die mit der wissenschaftlichen Begleitung verbundene Aufgabe der Projektevaluation wurden die Instrumente teilnehmender Beobachtung im Lauf der Zeit mehr und mehr auch durch andere quantitative und qualitative Methoden ergänzt, zumal der Landeskirchenrat den mit der Begleitung beauftragten Lehrstuhl im Jahr 2004 noch um eine zusätzliche „Zwischenevaluation" des Projekts bat.[46] In diesem Zusammenhang fanden verschiedene Experteninterviews, Gruppendiskussionen und Vergleichsstudien, aber auch Nutzerbefragungen Anwendung, deren Ergebnisse in die hier vorliegende Studie einfließen.

In der Sozialforschung hat sich der aus der Landvermessung und der Seefahrt entlehnte Begriff der *Triangulation* eingebürgert, um die systematische Kombination verschiedener quantitativer und qualitativer Methoden zu beschreiben. Dabei ist die methodische Triangulation i. e. S. nur eine von vier möglichen Formen der Triangulation: Von ihr wird die Daten-Triangulation (die Einbeziehung verschiedener Datenquellen), die Investigator-Triangulation (der Einsatz verschiedener Be-

---

46 Der Auftrag erfolgte vor dem Hintergrund der Notwendigkeit, bereits vor Projektende über den Etat des Folgejahrens für das von 2002 bis 2004 befristete Projekt zu entscheiden. Die Schlussevaluation des Projekts wurde dann im Herbst 2005 mit einem Bericht des geschäftsführenden Vorsitzenden des Projektbeirats, Joachim Track, vor der Synode der ELKB vorgestellt. (vgl. Verhandlungen der Landessynode der ELKB, Synodalperiode 2002/2008, 8. ord. Tagung (115), Weißenburg/Bay 20.–24.11.2005, 183ff.).

obachter/Interviewer) und die Theorien-Triangulation unterschieden.[47] Interessant zu sehen ist, dass sich in den methodischen Überlegungen, aber auch in den ersten praktischen Untersuchungen der *Grounded Theory* bereits „Realisierungen dessen . . ., was in der späteren Diskussion als Triangulation bezeichnet wird", erkennen lassen.[48] Ob also der Begriff der Triangulation explizit verwendet wird, oder nicht: es gibt im Bereich der Sozialwissenschaften immer schon die faktische Kombination verschiedener Methodiken zur Generierung von Theorien.

Die angelsächsisch-pragmatische Ausrichtung des Verfahrens kann sowohl bei der Grounded Theory als auch bei der teilnehmenden Beobachtung als Schwäche und Stärke zugleich gesehen werden. Der Stärke des innovativen Zugangs zu Phänomenen der sozialen Lebenswelt und einer sich verstärkt an der *Wahrnehmung* orientierenden Theoriebildung korrespondiert die Schwäche der schwierigen Vergleichbarkeit der Ergebnisse. Die vorliegende Studie zieht deshalb im Sinne der Triangulation bewusst auch andere Methoden, wie quantitative Daten und standardisierte Erhebungen, unterstützend heran. Für die Produktivität des Forschungsweges entscheidend bleibt aber die oben beschriebene *Zirkularität* in der Hypothesenbildung. Sie gewährleistet das Ineinander von praktischer Reflexion und reflektierter Praxis und damit auf ihre Weise die gebührende Demut gegenüber dem Gegenstand: „Theologisch gesprochen bewahrte dieses Verfahren (der Grounded Theory, TZ) die Forschenden vor Hybris, indem es das Eigenrecht dessen wahrt, was zu seiner je eigenen Form der Erscheinung drängt. Respekt vor der Welt der Phänomene in ihren jeweiligen Erscheinungsweisen und dem ihr inhärenten Mehrwert als das, was auch das wissenschaftliche Verstehen beständig überschreitet, zeichnet diesen Stil des Forschens aus."[49]

Wie bereits gesagt ist es mir mit der Einbeziehung sozialwissenschaftlicher Methoden dabei keineswegs um eine sozialwissenschaftliche Ar-

---

47   Vgl. U. Flick, Triangulation, 2004, 13ff. in Aufnahme einer von Norman Denzin 1970 eingeführten Unterscheidung.

48   A.a.O., 9. Welche Rolle die Triangulation im Heimatfeld der Methodik der teilnehmenden Beobachtung spielt, beschreibt Flick in einem eigenen Kapitel „Triangulation in der Ethnographie" (51ff.).

49   I. Mädler, Ein Weg zur gegenstandsbegründeten Theoriebildung: Grounded Theory, S. 242–254 in: A. Dinter u. a. (Hrsg.), Einführung in die Empirische Theologie, 2007, 253.

beit zu tun, sondern um einen praktisch-theologischen Beitrag zu einer theologisch inspirierten wie wissenschaftlich kontrollierten Reflexion kirchlicher und medialer Praxis. Darin fließt sinnvoll und notwendig zusammen, was in dem von Michael Schibilsky in seinem Buch *Trauerwege* beschriebenen „Dreieck humanen Lernens" zusammengehört: die drei Grunddimensionen *Biographie, Praxis* und *Sinn/Theorie.*[50]

Ehe ich die Ergebnisse – besser: die zirkulär auf weitere Bewährung angelegten Hypothesen – vorlege, die sich mir in diesem Lerndreieck bei der Beobachtung kirchlicher und medialer Praxis erschlossen haben, sei zum besseren Verständnis des Folgenden der beobachtete Gegenstand in seiner Geschichte und Struktur kurz im Zusammenhang skizziert. Ich beschränke mich dabei auf die wesentlichen Eckpunkte zur Form und zum kirchlichen Kontext des Projekts, detailliert werden die inhaltlichen Aspekte des Projekts in den materialen Teilen dieser Studie entfaltet.

3. Der Gegenstand teilnehmender Beobachtung: Das Projekt „Vernetzte Kirche" der Evangelisch-Lutherischen Kirche in Bayern

a. Die Vorgeschichte des Projekts

Nicht erst der Beschluss der Synode der Evangelisch-Lutherischen Kirche in Bayern im Herbst 2001 in Erlangen sorgte dafür, dass „Vernetzte Kirche" als landeskirchliches Innovationsprojekt mit dem Jahr 2002 ins Leben und auf die kirchliche Bühne trat. Bereits seit Mitte der neunziger Jahre war in der bayerischen Landeskirche das Bewusstsein dafür gewachsen, dass sich die Landeskirche den Herausforderungen der modernen Informations- und Kommunikationstechnologien stellen muss. Von Beginn an stand dabei eine doppelte Richtungsangabe vor Augen:

- Zum einen galt es, die Landeskirche in der neuerwachsenden Öffentlichkeit des World Wide Web in geeigneter Weise zu präsentieren und abzubilden.
- Zum anderen wurden die neuen Techniken auch in der Kirche zunehmend als Herausforderung wie als Chance begriffen, die internen Kommunikationsabläufe zu verbessern.

---

50 M. Schibilsky, Trauerwege, 1996, 18ff. In Weiterführung der Anregungen von Michael Schibilsky und unter Aufnahme von Gedanken Don S. Brownings bemerkenswert sind in diesem Zusammenhang die Überlegungen von Traugott Roser zu einer Praktischen Theologie als Deutekunst im Zueinander von Wahrnehmung, Reflexion und Gestaltung, vgl. T. Roser, Spiritual Care, 2007, 14ff.

Beiden Aufgabenstellungen wusste sich das Projekt „Vernetzte Kirche" mit seinem synodalen Auftrag verpflichtet. Noch vor den synodalen Zielangaben lagen allerdings die vorbereitenden Impulse, die dem Projekt den Weg bereiteten. An erster Stelle ist hier die bereits erwähnte Studie *„Kirche und Vernetzte Gesellschaft"* aus dem Jahr 2000 zu nennen. Sie wurde von der ELKB und der (damaligen) Rundfunkbeauftragten der EKD, Johanna Haberer, in Auftrag gegeben und schlug für die Ebene der bayerischen Landeskirche dieser vor, in fünf Kernbereichen verstärkt die Möglichkeiten des Mediums Internet zu nutzen:[51]

Technik	*Focus: Gemeinden ans Netz*
Befähigung	*Focus: Schulung, Fortbildung*
Nutzerorientierung	*Focus: Angebotsbündelung*
Einbindung	*Focus: Eigenverantwortung*
Inhalte	*Focus: Archiv (multimediale Inhalte)*

Neben der Studie ist als zweiter Entstehungsimpuls des Projektes ein *landeskirchliches Pilotprojekt Intranet* wesentlich. In der Landeskirche hatte sich seit 1999 ein *„Koordinierungsausschuss Elektronische Kommunikation"* gebildet, der nach Möglichkeiten suchte, die modernen Informations- und Kommunikationstechnologien zur Verbesserung der landeskirchlichen Verwaltung zu nutzen. Auf diese Weise war die Thematik im bayerischen Landeskirchenrat bereits präsent, als dort im Dezember 2000 die Studie „Kirche und Vernetzte Gesellschaft" mit ihren Empfehlungen vorgestellt wurde. In der Folge erhielt der *landeskirchliche Planungsreferent* den Auftrag, einen Vorschlag zu erarbeiten, um die Thematik in der Landeskirche voranzutreiben. Im Januar 2001 fanden sich dann in den *Beschlussvorlagen des Landeskirchenrates* jene drei Punkte wieder, die als strategische Grundlagen zu den *Ecksäulen des Projekts* werden sollten:

- Möglichst rascher Auf- und Ausbau eines Intranets. Damit wird eine Hard- und Software-Infrastruktur entwickelt, die dann auch für Internetauftritte der ELKB selbst und aller ihrer parochialen und überparochialen Dienste zur Verfügung stehen.

---

51   Unter dem Copyright des Bereichs „Presse- und Öffentlichkeitsarbeit/Publizistik" der ELKB gab Marius Strecker (damals Institut TTN) die von Rieke Harmsen, Christoph von Braun, Herbert Lindner und Wolfgang Renninger verfasste knapp hundert Seiten starke Studie heraus (M. Strecker, Kirche und Vernetzte Gesellschaft, 2001), die folgende Tabelle ebd. 74.

- Zeitgleich: Unterstützung von und Werbung für lokale Internet-Einzel-Projekte, die geeignet sind, Pilotfunktionen zu übernehmen. Hier erscheint ein Wettbewerb in Zusammenarbeit mit der evangelischen Jugendarbeit in Bayern als sinnvolles Mittel, die bereits vorhandenen Qualifikationen und Kompetenzen aufzuspüren und fruchtbar zu machen.
- Parallel dazu: Entwicklung und Vertiefung von ekklesiologischen und ethischen Gesichtspunkten des Themas:
  - Welche Konsequenzen ergeben sich möglicherweise aus der den neuen Kommunikationsmöglichkeiten, die nicht nur eine quantitative Ausweitung der Kommunikation, sondern auch eine qualitative Veränderung von Beziehungen zur Folge haben?
  - Was bedeutet das für die Kommunikation des Evangeliums?
  - Was bedeutet dies für die Kommunikation unter den Spielregeln des Evangeliums (Binnenkommunikation in der Kirche)
  - Welche neuen Chancen eröffnen sich?
  - Welche Risiken ergeben sich?
  - Welche Fragen müssen vom Evangelium her an die neuen Möglichkeiten gestellt werden?
  - Welche Orientierungshilfen bietet unsere Tradition angesichts der vorläufig ungeordneten Informationsflut und neuen Informationswege?[52]

Der Landeskirchenrat beauftragte das Institut Technik-Theologie-Naturwissenschaften (TTN) damit, ausgehend von den beschriebenen Eckpunkten in einer Studie Strategie und Projektstruktur für den Bereich der ELKB auszuarbeiten. Als „Eckdaten" dieser *Projektskizze* finden sich bereits im Januar 2001 die Formulierungen für die drei Projektziele, wie sie im Herbst die Synode beschließen sollte (s. u.). Anstelle einer förmlichen Studie erarbeitete man anschließend die nötigen Rahmenbedingungen für die Durchführung des Projekts. Unter dem Titel „Projekt ‚Vernetzte Kirche'. Eine Strategie für die konzertierte Reaktion der ELKB auf die Herausforderungen der neuen Informations- und Kommunikationstechnologien" wurde der Synode im November 2001 das Projekt mit Strategie und Zielen vorgestellt. Die Synode beschloss das Projekt, wie es in den vorgelegten Eckpunkten skizziert worden war und stattete es für eine dreijährige Laufzeit mit einem Projektetat von 2,14 Mio. € aus. Der Landeskirchenrat ernannte daraufhin Pfarrer Marius

---

52   A.a.O., Anhang, S. VIII.

Strecker zum Projektmanager, und beauftragte ihn, vom 1. Januar 2002 bis zum 31. Dezember 2004 die Geschäfte des Projekts „Vernetzte Kirche" zu führen.

b. Gegenstand und Ziele des Projekts

Die Erlanger Synode im Herbst 2001 bekräftigte in ihrem Beschluss die bis dahin erarbeiteten Ziele des Projekts „Vernetzte Kirche":

- Der Einsatz elektronischer Kommunikationstechnologien soll die Kommunikation der Landeskirche nach innen und nach außen deutlich verbessern.
- Die Evangelisch-Lutherische Kirche in Bayern hat bis Ende 2004 eine funktionierende und akzeptierte Infrastruktur für die interne elektronische Kommunikation, ein sogenanntes „Intranet".
- Möglichst alle parochialen und überparochialen Dienste der Evangelisch-Lutherischen Kirche sind bis Ende 2004 unter einem wiedererkennbaren gemeinsamen Dach eigenverantwortet im Internet präsent.[53]

Eine gewisse Verschiebung der Ziele und Inhalte gegenüber den Ausgangsüberlegungen der Studie „Kirche und Vernetzte Gesellschaft" ist beim dritten Projektziel zu beobachten: Während zuvor das beabsichtigte Projekt im Bereich Internet *lokale* Pilotprojekte, v. a. im Bereich der Jugendarbeit, inszenieren sollte, wird seit Januar 2001 an dieser Stelle der Fokus auf eigenverantwortete Internetpräsenzen unter einem gemeinsamen Dach gelegt. Die drei Zielsetzungen machen in jedem Fall deutlich: Mit einem klaren Schwerpunkt bei der Informations- und Kommunikationstechnologie ist das Projekt „Vernetzte Kirche" in der bayerischen Landeskirche als dezidiertes Innovationsprojekt angetreten.

Zwei Impulse begleiteten dabei von Anfang an das Projekt: Zum einen ging es darum, *Vorhandenes besser zu machen,* d. h. die Qualität der kirchlichen Arbeit zu verbessern. Zum anderen stand das Projekt in der Erwartung, dass auch *Neues geschaffen* werden kann. Vor allem war hierbei an die Möglichkeiten des Netzes zur Glaubensvermittlung gedacht, in besonderer Weise bei jungen Menschen. Neben erhofften Einspar-, Effizienz- und Optimierungsaspekten durch die Nutzung zeitgemäße und moderne Informations- und Kommunikationstechnologie war also immer auch eine qualitative Verbesserung beabsichtigt. Das erste

---

53 Zitiert nach dem Protokollband zur Tagung der Landessynode der ELKB in Erlangen vom 25.–30.11.2001, 48.

von der Synode formulierte Ziel zeigt dabei, dass der Begriff der *Kommunikation* die Brücke zwischen der inhaltlichen und der formal-medialen Seite schlagen sollte. Er wird deshalb im zweiten Teil dieser Studie besondere Beachtung finden.

c. Projektstruktur

Als wichtiger Bereich des Projekts wurde von Beginn an neben der Schaffung einer angemessenen technischen Infrastruktur und der Aufgabe der Bildung und Qualifizierung die Notwendigkeit der Projektorganisation gesehen.[54] Der Punkt wurde von Anfang an deshalb besonders betont, weil offensichtlich war, wie sehr das Projekt ein *„Querschnittprojekt"* gegenüber Handlungsfeldern und sonstigen landeskirchlichen Strukturen bildet. Die Bündelung vorhandener Kompetenzen und Angebote sollte dadurch gewährleistet werden, dass auf der operativen Ebene der Projektarbeit ein *Projektteam* und auf der strategischen Ebene ein *Steuerungsgremium* die verschiedenen Arbeits- und Entscheidungsfelder repräsentieren, die im Projekt zusammenwirken (müssen).

Das Zueinander von strategisch orientiertem *Steuerungsgremium* (besetzt aus Leitern landeskirchlicher Fachabteilungen und Repräsentanten der kirchenleitenden Organe) und umsetzungsorientiertem *Projektteam* wurde in der Praxis mit dem sog. *Kernteam* um eine entscheidende operative Ebene ergänzt. Die (Ideal-) Vorstellung eines aus unterschiedlichen Fachbereichen zusammengesetzten und faktisch operativen Projektteams scheiterte im Ergebnis daran, dass den Mitgliedern des Projektteams von ihren Abteilungen für die Projektarbeit kaum zusätzliche Ressourcen eingeräumt wurden, um operative Tätigkeiten im Projekt auszuüben. Die Arbeit im Projektteam musste sich deshalb im wesentlichen auf die Besprechung wichtiger Aktivitäten und Planungen beschränken, die operative Arbeit der Umsetzung und Durchführung dieser Aktivitäten wurde meist durch das vom Projektmanager bis August 2002 allmählich komplettierte fünfköpfige Kernteam geleistet. Von Projektmanager und Kernteam initiiert, wurden dabei zu einzelnen Teilprojekten immer wieder spezielle Fach-Arbeitsgruppen gebildet. Die theologische Begleitung war dem Kernteam zugeordnet und steuerte neben der beschriebenen teilnehmenden Beobachtung durch die Arbeit des wissenschaftlichen Beirats und die Erstellung einer Projektevaluation eigene Impulse zur Arbeit des Projekts bei.

---

54   Vgl. ebd.

d. Ein kurzer Seitenblick auf ähnliche Projekte in anderen Landeskirchen

Während das bayerische Projekt „Vernetzte Kirche" von seinen Zielsetzungen her die gesamte Breite internetbasierter Kommunikation einer Landeskirche im Auge hatte, beschränkten sich ähnliche Projekte anderer Landeskirchen vorwiegend darauf, *einen* Aspekt aus diesem Spektrum kirchlicher Kommunikation zu bearbeiten.

So galt und gilt etwa das Augenmerk des im vergleichbaren Zeitraums angetretenen Badischen Projekts „Vernetzung in der Landeskirche" der internen Kommunikation im *Intranet*.[55] Mitarbeitende in der kirchlichen Verwaltung, vom Pfarramt bis zum Oberkirchenrat sollen motiviert und befähigt werden, vernetzt zu arbeiten. Im Mittelpunkt steht deshalb auch eine einheitliche Softwarelösung für die Organisation von Terminen und Dokumenten.[56]

Das digitale Informations- und Kommunikationskonzept der Evangelischen Kirche in Hessen und Nassau (EKHN) verfolgte seinerseits zwar schon seit den neunziger Jahren ein viel beachtetes, ebenfalls mehrere Aspekte kirchlicher Kommunikation umfassendes Konzept, doch wurde das von einer ehrenamtlichen Jugendinitiative der Evangelischen Friedensgemeinde Mühlheim getragene Projekt im Jahr 2006 eingestellt.[57] In Hessen beschränkt sich das landeskirchenweite Projekt der EKHN seitdem auf den Bereich Verwaltungs- und Infrastruktur.[58]

Das älteste etablierte „Kirchennetz" im Bereich der EKD existiert in der Evangelisch-Lutherischen Landeskirche Hannovers. Bereits 1991 wurde hier mit der Einrichtung eines „Benutzerservicezentrums" be-

---

55   Vgl. Projekt „Vernetzung in der Landeskirche": www.ekiba.de/vernetzung (Abruf 29.2.3008).

56   Vgl. ebd. und den unter www.ekiba.de/vernetzung/images/Intranet_Infobroschuere.pdf abrufbaren Projektflyer vom 17.2.2004.

57   www.dike.de, Vgl. dort den Eintrag: „Zum 1. Juli 2006 endete unser ehrenamtliches gemeindliches Jugendprojekt, das mit und im Internet das protestantische Prinzip der Teilhabe an der öffentlichen (kirchlichen) Kommunikation im Sinne einer Priesterschaft aller Gläubigen mitgestaltet hat und sich als Projekt der ersten Stunde immer Kommunikations- und Zugangsgerechtigkeit verpflichtet wusste. Wir danken Ihnen allen, die Sie dieses Projekt durch Ihre Teilnahme in den vergangenen 10 Jahren mitgetragen haben und hoffen, dass wir Ihnen verlässliche und im Sinne unseres Ansatzes auch kreative Partner sein konnten.? Ihr DIKE-Team." (Abruf 29.2.2008).

58   Vgl. www.ekhn.de/intranet. Zur Geschichte in der EKHN auch H. Rumpeltes: Für gerechte und freie Kommunikation, S. 117–123 in: W. Nethöfel und M. Schnell, Cyberchurch? Kirche im Internet, 1998.

gonnen, die Kirchenkreisämter elektronisch zu vernetzen.[59] In den Folgejahren wurde dort auch die landeskirchliche Internetarbeit Hannovers (www.evlka.de) angesiedelt, ehe mit der Gründung eines „Kooperativen Kirchennetzes der evangelischen Kirche" Ende der neunziger Jahre eine besonders an Sicherheitsaspekten orientierte Vernetzung der Kirchengemeinden begonnen wurde. Die Ausweitung der überwiegend technisch und verwaltungsseitig ausgerichteten Geschäftsfelder führte im Herbst 2003 zur Gründung der KONDEK GmbH, im Herbst 2007 zur Gründung einer eigenen AG als Holding.[60]

Im Detail wäre durchaus noch auf weitere Projekte anderer Landeskirchen, sowie auf parallele Bemühungen im katholischen Bereich und in der weiteren Ökumene zu verweisen,[61] doch mögen die kurzen Hinweise genügen um zu verdeutlichen, dass das hier beobachtete Projekt pars pro toto auch für ähnliche institutionelle Bemühungen in anderen Landeskirchen betrachtet werden kann, das Internet für die kirchliche Kommunikation intensiver zu nutzen. – Wobei das bayerische Projekt wie gesehen darin eine weite Perspektive zeigte, als die Verbesserung der *internen* wie der *externen* Kommunikation gleichermaßen im Fokus waren. Die beschriebenen Vorarbeiten zum Projekt, auf die auch die folgenden Überlegungen des öfteren zurückkommen werden, haben hier zu einem breiten Projektrahmen beigetragen, der ein Widerlager zur institutionell-organisatorischen Tendenz der Selbstbeschäftigung (im Rahmen interner Kommunikation) bilden konnte. Wie insbesondere im zweiten Teil dieser Studie zu sehen sein wird, konnten so im Projekt „vor ihrer Zeit" auch Aspekte thematisch werden, die 2007 im Impulspapier

---

59 Hieran wird der zunächst ausschließlich technische Aspekt erkennbar, unter dem in Hannover die Vernetzung betrieben wurde: Es ging um den sicheren Datenaustausch im Rahmen kirchlicher Verwaltung, vgl. dazu auch den einleitenden Exkurs im Teil II dieser Studie!

60 S. www.kondek.de und www.comramo.de. In der Holding-Struktur von 2007 wurde neben Kondek auch die seit 1974 bestehende „KID" (Kirchliche Gesellschaft für Informationsdienstleistungen GmbH; www.kid-gmbh.de) integriert. Aus der Begleitung des Projekts „Vernetzte Kirche" liegt ein ausführlicher Gesprächsbericht zum Vergleich zwischen Hannover und Bayern vor.

61 Unter dem Aspekt der *organisatorischen Verwaltungsverbesserung* könnte auch noch ein Vergleich zu öffentlichen IT-Projekten gezogen werden. Dabei fällt auf, dass IT-Projekte wie „BUNDOnline" aus dem Jahr 2000 und das E-Government-Projekt der Bayerischen Staatsregierung von 1994 von vornherein größere Zeiträume für Ihre Ziele beanspruchten als das landeskirchliche Vernetzungsprojekt der bayerischen Landeskirche. Ein Vergleich mit der öffentlichen Verwaltung (z. B. dem bayerischen Behördennetz) wurde im Rahmen der Zwischenevaluation des Projekts erarbeitet.

der Evangelischen Kirche Deutschlands im Blick auf die mediale Wahrnehmung der Kirche und die Thematik kirchlicher „Online-Gemeinden" eigens angesprochen wurden.[62]

e. Projektende bzw. -fortführung

Der weite Fokus des Projektauftrags brachte es mit sich, dass von einem „Abschluss" des Projekts am 31.12.2004 nur in formaler Hinsicht die Rede sein konnte, insofern das von der Synode beschlossene Projektbudget auf diesen Zeitpunkt ausgerichtet war und deshalb auch die Berichterstattung vor der Synode sich auf diesen Zeitraum zu beziehen hatte. Noch im Herbst 2004 stellte die Synode der ELKB mit einem Sonderhaushalt für die Jahre 2005 und 2006 (dann wieder für die Zeit von 2006 bis 2009) die Weichen für eine Fortsetzung der im Projekt begonnenen Arbeiten. Der im Herbst 2005 der Synode vorgelegte Abschlussbericht des wissenschaftlichen Beirats wies seinerseits auf die vielen im Projekt begonnenen, aber im Projektzeitraum noch nicht zum Abschluss gekommenen Initiativen zur Verbesserung der kirchlichen Kommunikation durch die Nutzung des Mediums Internet hin.

In Aufnahme von Anregungen aus der 2004 erfolgten Zwischenevaluation wurde inzwischen eine dem Landeskirchenamt der ELKB zugeordnete „Arbeitsstelle Vernetzte Kirche" eingerichtet, um unterschiedliche Felder der landeskirchlichen Internetkommunikation zu bearbeiten. Die teilnehmende Beobachtung des Projekts durch den Verfasser im Rahmen der erwähnten wissenschaftlichen Projektbegleitung endete im September 2005, wenn auch nicht die Auswertung und weitere theologische Reflexion der Impulse aus den Wahrnehmungen im Projekt. Sie soll nun in den angekündigten drei Teilen entfaltet werden.

Dabei zieht der erste Teil ausgehend von einigen Überlegungen aus der Vorgeschichte des bayerischen Projekts bewusst einen weiten Rahmen, um unter der Überschrift *Vibrationen medialer Dynamiken* der Bedingungen und Phänomene ansichtig zu werden, denen sich eine Institution, wie z. B. die bayerische Landeskirche, gegenüber sieht, wenn und wo sie sich „ins Netz" gegenwärtiger Internetkommunikation begibt.

Erst nachdem in diesem Teil gesellschaftliche und organisatorische Kontexte und deren philosophische und theologische Interpretation ver-

---

62   Vgl. Kirchenamt der EKD (Hrsg.), Kirche der Freiheit. Perspektiven für die Evangelische Kirche im 21. Jahrhundert, 2006, 56 zur Thematik der „Mediengemeinden" und 98 zur „ortlosen Internetgemeinde". S.u. II.4.b.iii.

gegenwärtigt und analysiert worden sind, unternimmt es der zweite Teil dieser Studie, anhand einer Gesamtbetrachtung der inhaltlichen Aspekte des Projekts „Vernetzte Kirche" (als zweitem Phänomenbereich) die Möglichkeiten kirchlicher Kommunikation des Glaubens im Netz näher zu beschreiben. Die Kommunikation der kirchlichen Organisation („Form"), aber auch die Kommunikation des Evangeliums („Inhalt") werden dabei auf den Beitrag des Netzes zum Kirche-Sein der Kirche hin befragt werden.

Der dritte Teil nimmt seinerseits die gesellschaftliche Aufgabe der Kirche in den Blick. Sie wird ausgehend von einem Verständnis der Kirche als Bildungsinstitution näherhin als ethische Netzbildung bestimmt, für deren Realisierung sich von den Beobachtungen im Umfeld des Projekts „Vernetzte Kirche" her die Inszenierung eigener Bildungsorte als institutioneller Beitrag der Kirche zur weiteren Entwicklung des Internet empfiehlt.

I. Teil: Vibrationen medialer Dynamiken – Bedingungen institutioneller Kommunikation im Netz

Mit der Studie „Kirche und Vernetzte Gesellschaft" reagierte die bayerische Landeskirche auf die in den neunziger Jahren des zwanzigsten Jahrhunderts intensiv diskutierten gesellschaftlichen Veränderungen, die sich mit der Ausbreitung des Internet abzeichneten: „Das Internet verändert wie kein anderes Kommunikationsmedium zuvor das Informationsverhalten von Gesellschaft, von Organisationen und Einzelpersonen. Informationen versprechen, zu beliebiger Zeit, in beliebiger Menge und an beliebigem Ort zu keinen oder geringen Kosten zur Verfügung zu stehen. Darüber hinaus ändern sich grundlegende Muster der Informationsverteilung: Informationen kommen nicht mehr exklusiv von wenigen Informations‚großanbietern' (von Massenmedien, von oben nach unten in jeder Organisation, von Katheder und Kanzel), sondern werden zunehmend innerhalb eines Netzwerkes zwischen den Beteiligten unmittelbar ausgetauscht."[63]

Die dem teilnehmenden Beobachter bei Aufnahme seiner Tätigkeit umgehend als „Grundlage" für das Projekt „Vernetzte Kirche" präsentierte Studie benennt die mit der Einführung der Internettechnik einhergehenden Deregulierungs- und Beschleunigungsprozesse[64] und erkennt

---

[63] „Kirche und Vernetzte Gesellschaft", Manuskript, hrsgg. v. M. Strecker, Kirche und Vernetzte Gesellschaft, 2001, (i. F. kurz: KVG), 6; vgl. zum Zusammenhang von Studie und Projekt oben in der Einleitung.

[64] „Das Internet umfaßt heute praktisch die ganze Welt . . . Die Informationstechnik entwickelt sich weit schneller als frühere Technologien . . . Das Internet hat schneller als andere Medien eine kritische Masse erreicht . . . Das Internet beschleunigt sich selbst." (KVG, 10–14).
Zur Frage der Geschwindigkeit der Ausbreitung des Internet weist KVG eigens auf die wirtschaftlichen Faktoren hin: „Bei diesem Wachstum wirken eine Reihe von Faktoren zusammen. Mit weiter verbesserter Technik, gesteigerter Nutzungsfreundlichkeit und zunehmenden Nutzerzahlen, wird die Wirtschaftlichkeit des Internet und der damit verbundenen Investitionen immer attraktiver. Es entstehen neue Nutzerschichten in der Bevölkerung und damit auch neue Nutzungsformen. Gleichzeitig verbreiten sich auch die etablierten Nutzungsformen immer mehr und werden im Sinne der normativen Kraft des Faktischen zum allgemeinen Standard. Die Verbreitungsgeschwindigkeit wird durch die Effekte, die das Internet auf die Gestaltung von Geschäftsmodellen und – prozessen sowie auf das Zusammenwirken der Märkte durch Erhöhung der Markttransparenz und

in ihnen eine Vielzahl – überwiegend positiv bewerteter – Eigenschaften. Exemplarisch seien zwei solcher Eigenschaftsreihen („Deskriptoren" genannt), hier nebeneinander wiedergegeben: [65]

• basisdemokratisch • bottom-up	• Stützt Eigenverantwortung in Freiheit
• ungeregelt/chaotisch • vielgesichtig	• Befähigt den Einzelnen
• zeitunabhängig • regelungsscheu	• Vernetzt rasch, billig und ent- fernungsunabhängig
• vielfältige Ausformungen • nicht monetär	• Unterstützt räumlich, funktional oder organisatorisch disparate Mitglieder
• kommunikationsintensiv • gemeinschaftsbildend	• Verstärkt Präsenz in der modernen Lebensumwelt
• überall anzutreffen • herausfordernd	• Gestattet gezieltes aufgaben- spezifisches Informationsangebot
• virtuell/immateriell • Lernaufwand erforderlich	• Transparenz von Institutionen
• ortsunabhängig • selbstregulierend	• Weltumspannendes Netz
• traditionsfrei • schnell veränderlich	

einer weiteren Ausdehnung der weltweiten Globalisierung hat, dabei eher noch zunehmen." (KVG, 14).
65   KVG, 22f.

„Kirche und Vernetzte Gesellschaft" beschreibt die Eigenart des Internet auch deshalb mit genau diesen Begriffen und Beschreibungen näher, weil die Autorinnen und Autoren hierin in besonderer Weise Bezüge zur (evangelischen) Kirche erkennen. Wie sehr und wie weit hier Entsprechungen von kirchlichem Auftrag und medialer Form zu konstatieren sind, soll zunächst noch dahingestellt bleiben. Denn die explizite Diskussion der in „Kirche und Vernetzte Gesellschaft" wie andernorts formulierten „starken" Wertungen des Mediums aus protestantischer Perspektive wird im Zusammenhang der Untersuchung der kommunikativen Leistungen des Projekts „Vernetzte Kirche" im zweiten Teil dieser Arbeit hinsichtlich ihrer praktischen Bewährung erfolgen müssen.

Im ersten Teil der vorliegenden Studie soll es vielmehr darum gehen, einleitend in grundlegender Perspektive diejenigen gesellschaftlichen, organisatorischen und kulturellen Veränderungen näher zu beschreiben, die mit der im Internet erfolgenden Vernetzung von Personalcomputern einhergehen: Welche spezifischen Formatierungen bringt hier das neue Medium Internet mit sich?[66] Von der hier zu erarbeitenden Analyse der medialen Dynamik des Internet aus sollen *Rahmenbedingungen institutioneller Kommunikation im Netz* formuliert werden.

Ein erstes Kapitel beschreibt ausgehend von einigen statistischen Daten in einer ersten Annäherung einige gesellschaftliche Trends und Tendenzen, die als *internet-typisch* und für das Netz wesentlich gelten können. Ein zweites Kapitel ergänzt die Feldbeschreibung im Blick auf den institutionell-organisatorischen Kontext, während der folgende Abschnitt an einigen ausgewählten Beispielen des beobachteten Projekts „Vernetzte Kirche" charakteristische Veränderungen beschreibt.

Stets geht es bei der Beobachtung gesellschaftlicher wie institutioneller Veränderungen immer auch um deren *Interpretation*. Im vierten Kapitel werden einige wichtige wie prominente Beiträge zur Deutung

---

66   Der allgemeinere Rahmen des ersten Teils stellt dabei nur scheinbar einen Widerspruch zur einleitend beschriebenen Methode der *teilnehmenden Beobachtung* dar (vgl. oben). Wie im Verlauf der Darstellung immer wieder sichtbar werden wird, waren vielmehr just die durch den Beobachter teilnehmend wahrgenommenen Phänomene aus der Empirie des Projekts Grund und Anlass zur Erarbeitung des hier vorgelegten Rahmens. Dass und wie in der Analyse bestimmender Formatierungen *Subjektivität der forschenden Person* und *bewährte Theoriehorizonte* zusammenfinden, bleibe dabei in hermeneutischer Hinsicht bewusst auch dem Urteil des Lesers bzw. der Leserin anheim gestellt.

nicht nur der Veränderungen, sondern der ihnen insgesamt innewohnenden Dynamik vorgestellt. Sie werden auch erkennen lassen, dass nicht jede der zu beobachtenden Veränderungen auf eine internetspezifische Eigendynamik zurückzuführen ist, sondern die Dynamik des Mediums Internet vielfach verschränkt ist mit der vorausgehenden Entwicklung und Einführung älterer elektronischer Informations- und Kommunikationstechniken im zwanzigsten Jahrhundert (– und den gesellschaftlichen und sozioökonomischen Kontexten ihrer Entstehung).

Die sich in dieser Bemerkung schon andeutende Zurückhaltung gegenüber einer monokausalen Deutung verdichtet das folgende Kapitel zu einem Plädoyer für eine konstitutiv *mehrdimensionale Interpretation*. Eine explizit theologische Deutungsdimension medialer Dynamik entfaltet das sechste Kapitel, ehe der siebte und letzte Abschnitt die Herausforderungen des Mediums für die Institution Kirche in einer Zwischenbilanz zusammenfasst und so die medienspezifischen Formatierungen benennt, denen kirchliche Kommunikation als Form institutioneller Kommunikation im Internet unterliegt.

Die Überschrift *„Vibrationen medialer Dynamiken"* unterstreicht auf ihre Weise die Annahme, dass es zu Wechselwirkungen und Resonanzen zwischen „Medium" und „Institution" kommt. Insofern orientiert sich die Beschreibung der medialen Dynamiken implizit immer schon an dem im zweiten Teil dieser Studie dann explizit zu verhandelnden Gegenstand: der institutionellen Kommunikation des Glaubens im Netz am Beispiel des Projekts „Vernetzte Kirche".

1. Das neue Medium und sein gesellschaftlicher Kontext

a. Einige statistische Daten zum „Massenmedium" Internet

„Kein anderes Medium hat sich schneller verbreitet als das Internet."[67] In diesem Satz fasst die ARD/ZDF-Online Studie im Jahr 2007 die Dynamik medialer und technologischer Entwicklung zusammen, die in den vergangenen Jahren keineswegs nur in Deutschland, sondern weltweit Leben und Arbeiten einschneidend verändert hat. Auch wenn die Phase

---

[67] Erster Satz der Pressemitteilung zur Veröffentlichung der ARD/ZDF-Online-Studie 2007. (www.ard-zdf-onlinestudie.de, Abruf am 14.5.2008; ebd. finden sich auch die einzelnen Artikel der Studie, wie sie in der Fachzeitschrift „MediaPerspektiven" veröffentlicht wurden).

größter wirtschaftlicher Erwartungen an das World Wide Web am Anfang des dritten Jahrtausends in sich zusammengebrochen war, geht das Wachstum des Internet fast ungebremst weiter. Eine nordamerikanische Studie „Surveying the Digital Future" konstatierte 2003 für Nordamerika, was in Europa auch fünf Jahre später nicht minder gilt: „Die Rolle, die das Internet im Leben von Millionen von Menschen spielt, ist größer denn je."[68]

Entwicklung der Onlinenutzung
in Deutschland, 1997 - 2006

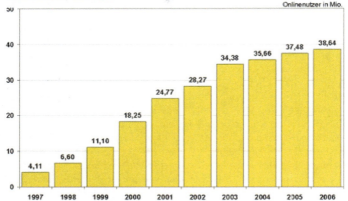

Onlinenutzer in Mio.

Basis: Erwachsene ab 14 Jahren in Deutschland
Quellen: ARD-Online-Studie 1997, ARD-/ZDF-Online-Studien 1998–2006

68   The UCLA Internet Report, Surveying the Digital Future, Year Three. Center for Communication Policy, January 2003, 79. („While the dot-com bust may have deflated some improbable business expectations, the role that the Internet plays in the lives of millions of people is stronger than ever. Not only did the Internet survive the bust of 2000 and 2001, it is regarded by increasing percentages of users as valuable, interesting, and important." Abruf am 14.5.2008 unter www. digitalcenter.org/pdf/InternetReportYearThree.pdf).

Binnen fünfzehn Jahren seit seiner Einführung im April 1993 ist das Internet zu einem Massenmedium geworden, an das derzeit in den industrialisierten Ländern zwischen 50 und 75 % der Bevölkerung angeschlossen sind.[69] In Deutschland hat sich die Zahl der NutzerInnen des Internet von 1997 bis 2007 fast verzehnfacht: 40,8 Millionen, also 62,7 % der Bevölkerung über 14 Jahre nutzten im Sommer 2007 mindestens gelegentlich einen Internetzugang. Seit 1997 erhebt die ARD/ZDF-Online-Studie jährlich ihre Daten, so dass hier über einen inzwischen mehr als zehnjährigen Zeitraum aussagekräftiges Material zu Verbreitung und Nutzungsgewohnheiten rund ums Internet vorliegt.[70]

Dabei zeigt dieses Material, dass „Kommunikation und Information . . . auch im neuen Jahrtausend die beiden wichtigsten Pfeiler der Online-Anwendungen" bleiben.[71] Nach wie vor ist die E-Mail-Kommunikation die „Killer-Applikation" für das Netz, die am häufigsten gebrauchte Anwendung des Internet, die inzwischen fest in den Alltag vieler Menschen integriert ist. Obwohl gerade in den Jahren seit 2002 die interaktiven Möglichkeiten des Internet unter dem Schlagwort „Web 2.0" ihrerseits viel Aufmerksamkeit erhalten, zeigt sich im längerfristigen Vergleich, dass trotz des „Hypes" um das soziale „Mitmachnetz" die Breite der Anwender im Jahr 2006 ein eingeschränkteres Angebotsspektrum nutzt als die „Pioniere" des Internet zehn Jahre zuvor: „Mit Ausnahme des Homebankings, der Online-Auktionen und des Online-Shoppings üben alle Optionen jenseits der E-Mail und Informationsfunktion einen geringeren Reiz aus als noch vor einigen Jahren. Dies zeigt sich besonders bei den interaktiven Möglichkeiten des Internet. Der Anteil derjenigen, die Gesprächsforen, Newsgroups und Chats besuchen, ist rückläufig – das gleiche gilt für Computerspiele."[72]

---

69 Der eben zitierte Bericht nennt für die USA eine Zahl von „drei Viertel" der Bevölkerung mit Internetzugang; die aktuelle ARD/ZDF-Online-Studie 2007 erhebt in Deutschland eine Zahl von 62,7 % (vgl. vorletzte Anm.!).

70 Unter dem Titel „Internet zwischen Hype, Ernüchterung und Aufbruch" erschien im Mai 2007 eine Zwischenbilanz „10 Jahre ARD-ZDF-Onlinestudie" (Abruf am 14.5.2008 unter http://www.ard-zdf-onlinestudie.de/fileadmin/Fachtagung/ARD_ZDF_Onlinebrosch_re_040507.pdf; ebd. auch die obige Grafik).

71 10 Jahre ARD-ZDF-Onlinestudie, a.a.O., 16.

72 A.a.O, 17; ebd. auch die im Anschluss abgebildete Tabelle „Onlineanwendungen".

⑦ Onlineanwendungen 1999 bis 2006
mindestens einmal wöchentlich, in %

	1999	2000	2001	2002	2003	2004	2005	2006
Versenden/empfangen von E-Mails	77	82	80	81	73	76	78	78
Gesprächsforen, Newsgroups, Chats	22	24	18	23	18	16	16	20
Download von Dateien	40	44	34	35	29	19	23	21
einfach so im Internet surfen	49	55	51	54	51	45	50	45
Computerspiele	19	23	11	15	11	11	11	12
zielgerichtet bestimmte Angebote suchen	–	–	59	55	52	51	53	50
Homebanking	34	40	31	32	32	37	37	35
Buch-/CD-Bestellungen	4	8	5	7	6	5	6	8
Onlineshopping	8	12	5	6	8	10	12	12
Onlineauktionen, Versteigerungen	–	10	6	13	16	18	19	18
Videos ansehen	–	–	–	–	10	7	6	7
Audiodateien anhören	–	–	–	–	17	11	11	12
live im Internet Radio hören	–	–	–	–	7	6	6	11
live im Internet fernsehen	–	–	–	–	2	1	2	2
Kartenservice	–	17	–	–	3	3	5	4
Gewinnspiele	–	7	–	–	4	3	4	3
Kontakt-/Partnerbörsen nutzen	–	–	–	–	–	2	5	3
Suchmaschinen nutzen	–	–	–	–	–	–	–	75

Basis: Onlinenutzer ab 14 Jahre in Deutschland
(2006: n = 1084, 2005: n = 1075, 2004: n = 1002, 2003: n = 1046,
2002: n = 1011, 2001: n = 1001, 2000: n = 1005, 1999: n = 1002)

Quelle: ARD/ZDF-Online-Studien 1999–2006.

Die Reihenfolge zeigt dabei zugleich die Nutzungspriorität.[73] Die *Prominenz der Informationssuche* im Netz zeigt sich in der Bedeutung, die Suchmaschinen wie z. B. *Google* in den vergangenen Jahren entwickelt haben.

Während so einerseits zwar zutrifft, dass der prozentuale Anteil interaktiver Kommunikation im Netz nicht weiter wächst, darf deshalb jedoch auf der anderen Seite nicht übersehen werden, dass aufgrund der erheblich gestiegenen Gesamtzahl von Nutzerinnen und Nutzern auch erhebliche Zuwachsraten in der Nutzung der interaktiven Plattformen des Internet zu konstatieren sind. Der ARD/ZDF-Jubiläumsvergleich des Jahres 2007 stellt entsprechend unter Verweis auf das Stichwort *E-Commerce* die zunehmende Bedeutung des Internet als „virtueller Marktplatz" fest: „User gehen ins Netz, um sich über Produkte zu informieren, einzukaufen und an Auktionen teilzunehmen. Diese Optionen macht das Internet auch für neue Anwendergruppen attraktiv. 1998 hat sich nicht einmal jeder achte User am Online-Shopping beteiligt. 2006 dagegen bestellten bereits 53 Prozent aller Nutzer Bücher oder CDs per Internet und ersteigerten Waren auf Online-Auktionen. Insgesamt 63 Prozent haben bereits irgendwelche Einkäufe im Netz getätigt."[74]

Die unter dem Stichwort *Web 2.0* zusammengefassten Möglichkeiten, mit Hilfe von „Social Software" (inter)aktiv im Medium Inhalte zu gestalten, werden zwar mit großem Interesse wahrgenommen, oft jedoch ohne dass die Möglichkeiten der Partizipation tatsächlich auch genutzt werden: „Wikipedia, Weblogs und zahlreiche andere Angebote bieten viel Raum für Eigeninitiativen der User. Diese Optionen fordern einen Onliner, der das World Wide Web nicht länger als reines Abrufmedium begreift, sondern gestaltend daran teilnimmt – in Foren- oder Blog-Einträgen, in Beiträgen für Online-Enzyklopädien, in Chats und Web-Fotogalerien. Mitmachen heißt die Devise. Ihr folgen aktuell jedoch nur die Wenigsten. Die Nutzer nehmen dem Internet gegenüber eher eine

---

73 Vgl. auch die breit angelegte nordamerikanische Studie „America's Online Pursuits" vom 22.12.2003 (.pdf unter www.pewinternet.org).

74 Ebd. Auch die „Forschungsgruppe Wahlen" in Mannheim erhebt regelmäßig auf statistischer Basis Strukturdaten zur Internetnutzung, siehe: www.forschungs gruppe.de/Studien/Internet-Strukturdaten/ und beleuchtet dabei einzelne Aspekte näher, z. B. im ersten Quartal 2008 das Thema „Reisebuchung durchs Internet". (www.forschungsgruppe.de/Studien/Internet-Strukturdaten/web_I_08.pdf, Abruf am 15.5.08).

‚Lean-Back'-Haltung ein – so wie sie es von den klassischen Medien gewohnt sind."[75]

Ob sich aus der insgesamt abnehmenden Dynamik der Zuwachsraten eine gewisse „Marktsättigung" bei der absoluten Zahl der Nutzerinnen und Nutzer *zwischen zwei Drittel und drei Viertel* der Gesamtbevölkerung einstellen wird, kann für Deutschland und Europa wie für Nordamerika zwar mit Gründen vermutet werden,[76] doch lassen gerade die Analysen der Jahre 2005–2007 Vorsicht vor zu schnellen Schlüssen geraten sein. Denn die Abschwächung der Zugangsraten im Großen und Ganzen geht – wie just die Statistiken der letzten Jahre zeigen – einher mit signifikanten Nutzungszuwächsen bei älteren und nicht-berufstätigen Personen: Nicht nur für Deutschland, sondern auch für Europa konstatieren die Studien der letzten Jahre, dass der nach wie vor festzustellende Zuwachs bei der Zahl der Internetuser vor allem von Frauen und von den sog. „Silver-Agers" über 60 Jahren ausgeht.[77]

Nicht minder wichtig zu sehen ist, dass zugleich ein erheblicher Teil der (bundesdeutschen) Bevölkerung weiterhin ohne Internetzugang ist (nach der ARD/ZDF-Studie 2007 noch 37,3 % der Bevölkerung ab 14). Schwerpunkte in dieser Gruppe bilden die Rentnerinnen und Rentner sowie Nicht-Berufstätige.[78]

---

75 ARD/ZDF-Onlinestudie, a.a.O., 27, vgl. hierzu ebd. auch die Tabellen auf S. 18.

76 In 2003 fragte der bereits ewähnte UCLA-Internet-Report: „Has Internet use peaked? Will the United States become a society in which about three-quarters of its citizens use a powerful interactive communications tool, while one-quarter does not?" (www.digitalcenter.org/pdf/InternetReportYearThree.pdf, 80, Abruf am 15.5.08).

77 Für Deutschland die auf einer repräsentativen Befragung von 1820 Erwachsenen im April 2007 beruhende ARD/ZDF-Onlinestudie von 2007: „57 Prozent der weiblichen Bevölkerung sind online (2006: 52,4 Prozent). Unter den Über-60-Jährigen nutzt inzwischen jeder Vierte (25,1 Prozent; 2006: 20,3 Prozent) das Netz. Das höchste Wachstum wird auch zukünftig von den Älteren ausgehen. Bereits heute sind mit 5,1 Millionen Über-60-Jährigen mehr „Silver Surfer" im Netz als 14- bis 19-Jährige (4,9 Millionen)." (www.ard-zdf-onlinestudie.de, Abruf am 15.5.08). Für Europa die auf einer Telefonbefragung von über 7000 Personen im September 2007 beruhende Studie der European Interactive Advertising Association vom November 2007: „The continued popularity of the internet amongst silver surfers and digital women has also been a key factor in driving the growth of online. Since 2006, there has been a 12 % rise in the number of 55+ year olds using the internet each week and an 8 % increase amongst women." (www.eiaa.net/news/eiaa-articles-details.asp?lang=1&id=154, Abruf am 15.5.08).

78 Vgl. den zur Studie gehörenden Artikel „Offliner 2007: Zunehmend distanzierter, aber gelassener Blick aufs Internet" von Maria Gerhards und Annette Mende

Wie schon die bisher wiedergegebenen Zahlen zeigen, muss die selbstverständliche Rolle, die das Internet für viele Menschen spielt, in einer genaueren Analyse nach der unterschiedlichen Art von *Nutzertypen, Zugangsarten* und *genutzten Anwendungen* unterschieden werden.

- Dabei ist der *demographische Aspekt* nicht zu unterschätzen. Wer das Netz wie gebraucht ist stark vom *Alter* abhängig und damit von dem unterschiedlichen Grad an Selbstverständlichkeit, den das Internet im eigenen Alltag spielt(e). Allerdings ist damit zu rechnen, dass über die Jahre mit der älter werdenden Bevölkerung zugleich auch die Vertrautheit mit dem Internet wächst.[79]

- In Zusammenhang mit dem Alter, aber nicht allein darauf bezogen, unterscheidet die ARD/ZDF-Online Studie seit mehren Jahren sechs unterschiedliche *Nutzertypen:* Randnutzer (2007: 29,5 %), Selektivnutzer (20,9 %), Junge Flaneure (6,5 %), routinierte Infonutzer (21,2), E-Consumer (9 %) und junge Hyperaktive (12,9 %).[80]

(www.ard-zdf-onlinestudie.de/fileadmin/Online07/Online07_Offline.pdf, die genauen Zahlen dort 380). Zu ähnlichen Zahlen kommt der (N)Onliner-Atlas der Initiative D21, der ebenfalls jährlich auf der Basis repräsentativer Befragungen erstellt wird; Hier sind die Zahlen für 2007: 60,2 % der über 14-Jährigen sind „Onliner", 34,1 % „Offliner", hinzu kommen noch 5,7 % „Nutzungsplaner", die eine zukünftige Nutzung beabsichtigen. (der (N)Onliner-Atlas für 2007 im pdf-Format unter: www.initiatived21.de/fileadmin/files/NOA_Umzug/NOA_Atlanten/NONLINER-Atlas2007.pdf; Abruf am 15.5.08).

79 Dazu bedarf es perspektivisch gar nicht notwendig spezifischer „Best-Ager-Programme" (vgl. z. B. den Sonderteil „Best-Ager-PC: Altersgerecht ins Internet" des (N)Onliner-Atlas, s. vorige Anm.). Vielmehr werden in nicht allzu ferner Zukunft ohnehin die heutigen Internet-Nutzer zwischen 40 und 55 die „Alterskohorten" bilden!

80 Vgl. B. van Eimeren/B. Frees, Internetnutzung zwischen Pragmatismus und YouTube-Euphorie, Media-Perspektiven 8/2007, 362–378; online unter: www.ard-zdf-onlinestudie.de/fileadmin/Online07/Online07_ Nutzung.pdf. „Wichtig dabei ist, dass die Trenn- und Trendlinien nicht mehr einfach zwischen Jung und Alt, zwischen Gebildeten und Ungebildeten verlaufen. Die nähere typologische Analyse zeigt, dass innerhalb der Generationen erheblich unterschiedliche Modalitäten der Rezeption und Kommunikation erkennbar sind, die eine pauschale Betrachtung der Mediennutzung verbieten. Als genereller Trend wird jedoch sichtbar, dass Jüngere sich wesentlich stärker von den klassischen Medien lösen oder Distanz zu ihnen aufbauen als Ältere. Hier spielen sehr stark medientechnisch mitgeprägte Sozialisationseffekte eine wichtige Rolle." (E. Oehmichen/ C. Schröter, Zur typologischen Struktur medienübergreifender Nutzungsmuster, media-perspektiven 8/2007, 406–421, 421; online unter www.ard-zdf-online studie.de/fileadmin/Online07/Online 07_ONT.pdf; Abruf am 15.5.08). Eine nähere Betrachtung dieser Thematik müsste auch ausführliche US-amerikanische Untersuchungen einbeziehen. Hingewiesen sei hier nur auf eine bereits 2000

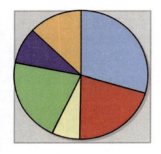

- Die zunehmende Segmentierung verschiedener Nutzergruppen vom Unerfahrenen bis zum Freak schlägt sich auch in der *unterschiedlichen Art der Zugänge zum Netz* nieder:
  - Eine wesentliche Differenz besteht hier zwischen denjenigen Nutzerinnen und Nutzern, die nur am Arbeitsplatz über einen Internetzugang verfügen, zu denjenigen, die auch zuhause auf das Web zugreifen (können).
  - Einen weiteren Unterschied markiert die Art des Zugangs: Modem, ISDN oder DSL-Breitband. Hier hat sich in den letzten fünf Jahren die Entwicklung in technischer Hinsicht am meisten beschleunigt: 2007 griffen bereits 59 % der Online-Nutzer per Breitband/DSL auf das Internet zu, während dies 2003 noch nicht einmal ein Viertel der User tat.[81]
- Das Thema *„Digital Divide"*, die Kluft zwischen den NetznutzerInnen und den NichtnutzerInnen, erhält also dadurch zusätzliche Facetten, als neben der *Zugangskluft* verstärkt erhebliche *Nutzungsklüfte* zu beobachten sind. Dabei zeigt sich, dass auch im Blick auf die Nutzung des Internet *Bildung* und *Einkommen* differenzierende Faktoren sind.[82]

---

von der Forrester Research Group vorgelegte Studie: M. Modahl, Now or Never. How Companies Must Change Today to Win the Battle for Internet Consumers, 2000. Dort werden xxiii f. *zehn* technographische Segmente der Gesellschaft unterschieden.

81 Chr. Gscheidle und M. Fisch, Onliner 2007: „Das Mitmach-Netz im Breitbandzeitalter", Media-Perspektiven 8/2007, 393–405; online unter: www.ard-zdf-onlinestudie.de/fileadmin/Online07/Online07_ Multimedia.pdf; Abruf am 15.5.08).

82 Vgl. M. Marr, Wer hat Angst vor der digitalen Spaltung?, 2004. Dass auch geografische Faktoren eine Rolle spielen, wird von verschiedenen Studien ebf. unterstrichen.

- Zur Nutzung der verschiedenen *Anwendungen* im Internet sind weiter oben schon wesentliche Akzente erwähnt worden. Es wird dabei sehr interessant sein zu verfolgen, welche Entwicklung das bereits erwähnte „soziale Mitmach-Netz" der Web 2.0-Technologien nimmt. Die Studie der European Interactive Advertising Association (EIAA) vom November 2007 sieht die Nutzung von „social networking sites" bereits als dritthäufigste Anwendungsform hinter Informationssuche und E-Mail.[83] Der eben beschriebene Ausbau von Breitbandzugängen ermöglicht hier auch für den Bereich multimedialer, bild- und tongestützter Anwendungen erhebliche weitere EntwicklungsPotenziale.
- Einen immer wichtigeren Bereich der Internetnutzung stellen die *mobilen Plattformen* (Handys, Pocket-PCs etc.) dar. Sie zeigen auf ihre Weise ein besonderes Merkmal der Internetnutzung: Mit ihm „nimmt für viele Nutzer weniger die Zahl der Informationen und Inhalte zu, sondern vielmehr die Anzahl der Zugangswege zu diesen Inhalten (insbesondere durch die mobilen Dienste). Hier besitzt das Internet gegenüber den klassischen Medien den zentralen Vorteil, dass diese Informationen umfangreicher zur Verfügung gestellt werden."[84]

Im *Vergleich zu anderen Medien* kann zusammenfassend festgehalten werden, dass das Internet seinen Stellenwert in den vergangenen Jahren rasant entwickelt hat und weiter ausbaut. Dabei zeigt die Studie der EIAA, dass in der Gruppe der 16- bis 24-Jährigen 2007 die regelmäßige Internetnutzung erstmals die TV-Nutzung überwog und das Internet allmählich dem TV den Rang als meistgenutztes Medium abzulaufen beginnt: „The internet is rapidly becoming a hub for all media with internet users increasingly consuming media such as magazines, newspapers, radio and TV digitally."[85]

---

83   42 % nutzten solche Seiten: www.eiaa.net/news/eiaa-articles-details.asp?lang=1&id=154; Abruf am 15.5.08.

84   B. van Eimeren/H. Gerhard/B. Frees, Internetverbreitung in Deutschland: Potenzial vorerst ausgeschöpft, S. 350–370 in: media perspektiven 8/2004, 370; online unter: www.br-online.de/br-intern/medienforschung/onlinenutzung/pdf/Eimeren 2004.pdf; Abruf am 13.1.05.

85   „For the first time ever, 16–24 year olds are now accessing the internet more frequently than they are watching TV – 82 % of this younger demographic use the internet between 5 and 7 days each week while only 77 % watch TV as regularly (a decrease of 5 % since last year). 16–24 year olds also spend 10 % more time surfing the internet than sat in front of the television and almost half (48 %) claim their TV consumption has dropped off as a direct result of the internet." (www.eiaa.net/news/eiaa-articles-details.asp? lang=1&id=154; Abruf

Auswirkungen der Onlinenutzung auf die Nutzung anderer Medien 1997 bis 2007 in %

	1997	1998	1999	2000	2001	2002	2003	2004	2005	2006	2007
sehe weniger fern	34	35	28	34	25	25	31	30	29	31	29
lese weniger Zeitungen oder Zeitschriften	16	15	14	21	16	22	25	26	25	23	23
höre weniger Radio	11	11	9	15	12	17	23	20	21	20	22

Basis: Onlinenutzer ab 14 Jahre in Deutschland (2007: n = 1142, 2006: n = 1084, 2005: n = 1075, 2004: n = 1002, 2003: n = 1046, 2002: n = 1011, 2001: n = 1101, 2000: n = 1005, 1999: n = 1002, 1998: n = 1006, 1997: n = 1003); Teilgruppe: Befragte, die zuhause online sind (2007: n = 1 036).

Quellen: ARD-Online-Studie 1997, ARD/ZDF-Online-Studien 1998–2007.

Das Internet hat sich also in den Jahren seit seiner Einführung im April 1993 fest als „Leitmedium in Politik, Gesellschaft und Wirtschaft" etabliert, wie dies die Studie „Kirche und Vernetzte Gesellschaft" im Jahr 2000 angekündigt hatte.[86] Dabei bleibt freilich festzuhalten, dass bei allen Wachstumsraten der Internetnutzung in (massen-) medialer Hinsicht – noch – der passive Konsum von Unterhaltung und Information analog zu Fernsehen und Hörfunk den Medienkonsum dominiert. So wird in Deutschland auch der politische Diskurs nach wie vor vorwiegend über das Fernsehen geführt, auch wenn die Parteien ihre Internetaktivitäten in den vergangenen Jahren stark ausgebaut haben.[87]

---

am 15.5.08; die Pressemeldung steht unter der bezeichnenden Überschrift „Shifting Traditions: Internet Rivalling TV in Media Consumption Stakes).

86 Vgl. für die 10 Jahre, die die zitierte ARD/ZDF-Onlinestudie statistisch erfasst: „In den letzten zehn Jahren hat die Einbettung des Internet in den Alltag deutlich zugenommen. War ein durchschnittlicher User 1997 ‚nur' an 3,3 Tagen der Woche online, wählte er sich 2006 an 4,8 Tagen ins Netz ein. Gleichzeitig stieg auch die Verweildauer deutlich an. Verbrachte ein Onliner in den Anfangstagen im Schnitt noch 76 Minuten täglich im Internet, sind es heute bereits 119 Minuten." (A.a.O., 25; www.ard-zdf-onlinestudie.de/fileadmin/Fachtagung/ARD_ZDF_Onlinebrosch_re_040507.pdf, Abruf am 14.5.2008).

87 Zu den Möglichkeiten des Netzes für den politischen Diskurs vgl. z. B. www. politik-digital.de. Die Entwicklungsrichtung freilich erkennt man wohl auch im Feld des politischen Diskurses eher in den USA: Der Vorwahlkampf zur Präsidentschaft in 2007 und 2008 wurde medial zu einem wesentlichen Teil im Internet geführt, nicht zuletzt die ökonomische Bedeutung des Internet als

b. Netztypische soziologische Tendenzen

Vor dem Hintergrund der beschriebenen Zahlen und Entwicklungen lassen sich in Aufnahme verschiedener soziologischer Beschreibungen stichpunktartig die folgenden fünf Tendenzen als „netztypisch" benennen:

i. Individualisierung

Die erste auch in der Studie „Kirche und Vernetzte Gesellschaft" prominent anklingende Tendenz des Internet kann mit einem Stichwort bezeichnet werden, das häufig zur Kennzeichnung neuzeitlich-moderner Gesellschaft überhaupt Verwendung findet. Abgesehen von seinen weiteren (soziologischen) Konnotationen[88] bezeichnet der Begriff der Individualisierung auf das Medium Internet bezogen v. a. die De(kon)struktion der Zentralität und die Einführung radikal dezentraler Strukturen in Medienproduktion, -distribution und -rezeption. *HANS GESER* hat bereits 1997 darauf hingewiesen, dass das Internet als einzige Technologie es ermöglicht, die folgenden Kommunikationsformen beliebig zu kombinieren:

a) radial-zentrifugale Kommunikationen (von einem zu vielen),
b) radial-zentripetale Kommunikationen (von vielen zu einem),
c) multilaterale Kommunikationen (von vielen zu vielen),
d) bilaterale Kommunikationen (vom einem zum andern).[89]

Da die Nutzung dieser verschiedenen Kommunikationsmöglichkeiten im Netz (weitgehend) unabhängig von räumlichen und zeitlichen Beschränkungen geschehen kann, ermöglicht sie in hohem Maße eine zunehmende Individualisierung medialer Kommunikationsprozesse. Beispiele hierfür sind etwa die Veränderung der Hörgewohnheiten von spartenbezogenen Hörfunkprogrammen zu selbstgewählten und kombinierten sog. „Podcasts" oder die massenhafte Distribution selbstproduzierter Bilder oder Videos durch entsprechende Portalseiten im Netz. Ihre prominente crossmediale „Taufe" fand die dem Internet zugeschriebene Individualisierungstendenz 2006 in der Wahl der „Person of the Year" im Time-

---

Spendenplattform zur Finanzierung der Wahlkämpfe von Barack Obama und Hillary Clinton unterstreicht dies!

88 Vgl. zu den soziologischen Aspekten: U. Beck, Risikogesellschaft, 1986, und T. Kron, Individualisierung und soziologische Theorie, 2000.

89 H. Geser, Die Zukunft der Kirchen im Kräftefeld sozio-kultureller Entwicklungen, 1997.

Magazin. Gewählt wurde „You" mit dem Bild eines Computers: „Yes you. You control the Information Age. Welcome to your world."[90]

Nicht wenige Medienbeobachter halten freilich die beschriebene Individualisierungstendenz für *nur scheinbar* radikal. Nach ihrer Ansicht entkommen auch die individualisierten Strukturen des Internet nicht dem „Nadelöhr" der „Zentrale", sei es, dass dieses seine monopolistische *Marktmacht* nun als Suchmaschine oder als Softwareanbieter ausbildet.[91]

ii. Anonymisierung

Ein zweites – mit der Tendenz zu radikaler Individualisierung einerseits einhergehendes und dann andererseits doch wieder genau dazu paradox widersprüchliches Kennzeichen des Internet ist die Anonymität, die das Netz für eine Vielzahl von Kommunikationsformen eröffnet. Aus kirchlicher Sicht am deutlichsten zeigt sich dies im Hinblick auf Beratung und Seelsorge: Wie sonst allenfalls im Rahmen der bundesweiten Telefonseelsorge ermöglicht es das Internet dem Klienten bzw. der Klientin, ohne Preisgabe der eigenen Identität Rat zu suchen.

Die Tendenz zur Anonymisierung gilt jedoch keineswegs nur für den umgrenzten Bereich von Ratsuche und Lebenshilfe im Netz.[92] Jegliche Form der Informationssuche und -beschaffung im Netz, ob es sich dabei um eine Literaturrecherche oder eine Bilddatenbank handelt, erfolgt in der Regel ohne Namensnennung.[93] Für viele Nutzungsarten des Internet gehört die Anonymität explizit zum Konzept: In den meisten „Chat-Rooms" loggt man sich mit einem selbst gewählten Pseudonym ein, und für den Bereich der Online-Spiele wählt man meist einen „Avatar" als Repräsentanten der eigenen Person, als eine künstliche grafische Ab-

---

90   Titelblatt des Time Magazins vom 25.12.2006. Der prominenteste Beleg für das „You" war (und ist) das Videoportal www.youtube.com. Daneben sind aber auch Bildportale wie www.flickr.com oder soziale Netzwerke wie www.myspace.com zu nennen. Im Bereich der „Schreibgewohnheiten" wäre hier auf das Phänomen des Blogging hinzuweisen, wobei gerade die Beispiele Podcast und „Vodcast" (= Video-Cast) zeigen, dass das Schreiben nicht mehr notwendig die privilegierte Form medialer Vermittlung zu sein braucht.

91   Vgl. als prominente Beispiele die entsprechenden Diskussionen um Google und Microsoft.

92   Vgl. hierzu jetzt: R. Vauseweh, Onlineseelsorge, 2008.

93   Freilich werden mittels verschiedener technischer Verfahren (z. B. sog. „Cookies") die individuellen Nutzergewohnheiten u.U. penibel genau erfasst und sind dank individueller „TCP/IP-Adressen" möglicherweise „hausnummerngenau" dem Nutzer/der Nutzerin zuzuordnen. Vgl. dazu weiter unten im Abschnitt!

bildung.[94] Wer „tatsächlich" als Mitspieler/in am anderen Ende der Datenleitung sitzt, bleibt im Zweifelsfall offen. Da im Netz keine leibliche Kopräsenz gegeben ist, lädt es dazu ein, auch andere Rollen einzunehmen, aus der „Frühgeschichte" des Internet bekannt wurde etwa der zur Legende gewordene (und in verschiedensten Fassungen berichtete) Fall eines New Yorker Psychologen, der sich als junge Frau einer Chatgemeinde präsentierte, wie überhaupt das Ausprobieren einer anderen als der leibkörperlichen Geschlechterrolle für viele einen besonderen Reiz des Netzes auszumachen scheint.[95] Das Internet eröffnet also mit seiner anonymen Struktur einen Möglichkeitsspielraum, um – gerade in dieser Anonymität – virtuelle Identitäten zu erschaffen.[96]

Die Abwicklung von elektronischen Handelsbeziehungen im Internet scheint noch am wenigsten von der Tendenz zur Anonymisierung betroffen zu sein, sind doch die über verschlüsselte Datenverbindungen übertragenen Angaben zu Adressen und Kreditkartendaten per se alles andere als anonym. Freilich hat das Internet gerade in der Beschleunigung der globalen Finanzströme zu einer inzwischen in der Wirtschaftsethik intensiv diskutierten Anonymisierung unternehmerischer Verantwortlichkeiten geführt.[97]

---

94   Das aus dem Sanskrit abgeleitete Wort (im Hinduismus wird der Begriff hauptsächlich für Inkarnationen der Gottheit Vishnu verwendet) wurde 1992 von N. Stephenson im Science-Fiction-Roman „Snow Crash" auf virtuelle grafische Repräsentanzen übertragen, vgl. Art. Avatar (Internet) aus http://de.wikipedia. org, abgerufen am 11.9.2006.

95   Vgl. dazu als seinerseits bereits legendäres „Standardwerk": S. Turkle, Leben im Netz. Identität in Zeiten des Internet, 1999. Eine Rekonstruktion der Berichte zum New Yorker Beispiel dort 228ff (engl. Fassung). In feministisch-theologischer Perspektive weiterführend der Artikel von V. Schlör, Cyborgs: Feministische Annäherungen an die Cyberwelt, 2005: „Das Ziel der Dekonstruktion der Geschlechter(-rollen) und damit der Befreiung von essentialistischen Festlegungen ist vor allem auch mit der Figur des/der Cyborg verbunden worden." (47).

96   Vgl. auch die Diskussion um den „Cyborg", den aus der Weltraumforschung stammenden Traum der Verknüpfung von biologischem Organismus und technischer Maschine. Allerdings sollte bei aller Begeisterung über neue Möglichkeiten der Identitätserprobung im Internet nicht übersehen werden, dass die menschliche Fantasie dafür auch in anderen Medien durchaus plastische Ausdrucksformen immer schon entwickeln konnte; s. Jens Jessen, „Als die Fantasie rechnen lernte. Hat der Computer eine neue Ästhetik hervorgebracht? Eine vorsichtige Bilanz nach zehn Jahren hysterischer Zukunftserwartung", DIE ZEIT Nr. 54/04 vom 5. Januar 2005.

97   Siehe dazu beispielsweise das Themenheft „Ethik im Internet" des *Forums Wirtschaftsethik*, 1/2002.

Ein anderer klassischerweise „personalisierter" Kommunikationsbereich erfährt im Internet eine Veränderung seiner „Produktionsbedingungen", die in diesen Zusammenhang gehört: Am Beispiel der Online-Enzyklopädie *Wikipedia* zeigen sich exemplarisch die Auswirkungen der mit dem Internet einhergehenden Anonymisierungstendenz auf die Entstehung von Texten. Hier wird deutlich, dass mit der Anonymisierung sich auch Fragen der *Autorschaft* und mithin der *Authentizität* in neuer Weise stellen.[98] Die durch das Netz ermöglichte Individualisierung erlaubt es auch dem nicht mit (und durch den) eigenen Namen *bekannten* Autor, einen qualitativen Beitrag zu leisten. In dieser Hinsicht ist auch die – weiter unten noch zu erörternde -Tendenz zu „Weblogs" zu sehen, deren publizistische Bedeutung v. a. im Zusammenhang der Kriegsberichterstattung hervorgehoben wurde.[99]

Wo die Tendenz des Internet zur Anonymisierung der Kommunikation bezeichnet wird, darf freilich nicht unerwähnt bleiben, dass die bei der praktischen Nutzung vom Anwender oder der Anwenderin gelegentlich gemutmaßte Anonymität im Internet in mancherlei Hinsicht nur vermeintlich ist. „Bei Aktivitäten im Internet fühlen sich viele Benutzer anonym. Diese Anonymität ist jedoch trügerisch. Ohne Schutzmaßnahmen erfährt die Gegenseite bei der Kommunikation die IP-Adresse des Benutzers. Doch auch Cookies, Browserinformationen oder zuletzt besuchte Seiten können ohne Wissen des Anwenders weitergegeben werden."[100] Die Sorge, was mit den beim Surfen im Internet hinterlegten Datenspuren geschehen kann, gehört nicht erst seit Bekanntwerden der nach den Ereignissen des 11. September 2001 erfolgten massiven geheimdienstlichen Kontrolle internationaler Finanztransaktionen zur Reflexion der kommunikativen Eigenart des Netzes dazu. Gerade die in den letzten Jahren populär gewordenen sozialen Netzwerke wie Facebook oder StudiVZ werden von Datenschutzexperten kritisch betrachtet, aktuell wird auch die Gesetzgebung in verschiedenen Ländern hierzu aktiv.[101]

---

98 Hierher gehört die gerade auch am Beispiel von http://de.wikipedia.org im Jahre 2006 aus Anlass der Aufdeckung einiger unzutreffender Artikel geführte Diskussion um journalistische Qualitätskriterien.; vgl. z. B. das Dossier „Die anarchische Wiki-Welt" von Kerstin Kohlenberg, DIE ZEIT Nr. 37 vom 7.9.2006.

99 Sonst für die Öffentlichkeit stumm bleibende Stimmen können auf diese Weise zu Wort kommen, vgl. den Exkurs „Christian Weblogs" in Teil II.2.c.ii.

100 Art. „Anonymität im Internet", http://de.wikipedia.org, abgerufen am 11.9.2006.

101 Vgl. z. B. den Artikel „Sicher surfen in StudiVZ & Co" der Netzeitung (www.netzeitung.de/internet/1016697.html, Abruf am 13.5.2008. Zu denken

iii. Globalisierung

Die Studie „Kirche und Vernetzte Gesellschaft" erwähnt die weltumspannende und ortsunabhängige Struktur des Internet als eines seiner Kennzeichen. Die mit dem Netz einhergehende Tendenz der Globalisierung ist als eines seiner wesentlichen Merkmale immer wieder bemerkt worden. So konstatiert etwa die Verlautbarung „Ethik im Internet" des päpstlichen Rates für die sozialen Kommunikationsmittel im Jahr 2002: „Die neue Technologie treibt und unterstützt die Globalisierung in hohem Maße und schafft dadurch eine Situation, in der ‚Handel und die Kommunikation nicht mehr an Grenzen gebunden sind'. Dies hat Folgen von enormer Tragweite."[102]

Die mit der Struktur des Netzes mitgegebene *Deregulierung* dekonstruiert zugleich die Bedeutung von Lokalität und Anwesenheit: So kann nicht nur in verschiedensten beruflichen Kontexten bei der Herstellung von Industrie- und Dienstleistungsangeboten zwischen New York über London, Bombay und Tokyo Tag und Nacht gemeinsam auf dem jeweils aktuellen Stand gearbeitet und angeschlossen werden. Auch für den privaten „User" steht das weltweit im Netz verfügbare Wissen jederzeit zum Abruf bereit. Zugleich ist eben auch jederzeit Kooperation und Kollaboration zwischen München, Johannesburg und Detroit möglich, wenn ich mich mit Kolleginnen oder Freunden per Chat, E-Mail oder Blog austausche.

Das Netz verändert auf diese Weise tradierte Vorstellungen von Anwesenheit und Abwesenheit, aber auch von Raum und Lokalität. Roland Robertson hat deshalb in der Mitte der neunziger Jahre den Begriff der *Glokalisierung* in die Diskussion eingebracht, um die Durchdringung von Verortung im Nahbereich wie im Globalen zu beschreiben.[103] ULRICH

---

wäre aber hier auch – wieder näher an der Kirche – an die Fragen um Anonymität und Vertrauen im Zusammenhang von E-Learning-Kursen. Unter dem Stichwort „Cybermobbing" befasst sich neuerdings die Gesetzgebung, vgl. zum US-Bundesstaat Missouri z. B. http://www.spiegel.de/netzwelt/web/0,1518,563115,00. html (Abruf am 3.7.2008), aber auch aktuelle Gesetzgebungsverfahren in deutschen Ländern.

102   Päpstlicher Rat, Ethik im Internet. – Kirche im Internet, 2002, S. 3, das Zitat im Zitat ist einer Ansprache von Johannes Paul II. vom April 2001 entnommen (vgl. zum Kontext näher unten im zweiten Teil der Studie).

103   R. Robertson, Glocalization, Time-Space and Homogeneity-Heterogeneity, 1995. Inzwischen ist der Begriff dank E. Hauschildt auch in der Praktischen Theologie angekommen, vgl. E. Hauschildt, Praktische Theologie – neugierig, graduell und konstruktiv, 2002, 83.

BECK griff diesen Begriff auf, um damit auch auf den Unterschied zwischen Globalisierung und Globalismus hinzuweisen, den er in soziologischer Perspektive wahrnimmt: „Digitales Denken, Computer-Spiele und ein Internet-Anschluß erzeugen noch keinen Weltbürger. Das Gegenteil ist wahrscheinlich: Alle bauen ihr eigenes Schneckenhaus-Leben – in der Hoffnung, der Taifun der Globalisierung möge sie verschonen und nur die Grundlagen und Gewissheiten, auf denen der Nachbar sein Haus errichtet hat, durch die Luft wirbeln."[104]

Neben der – von Beck beschriebenen – Rückzugsbewegung überforderter Individuen in die eigenen Nischen innerhalb des globalen Netzes verknüpft sich mit der Globalisierungstendenz des Internet noch ein weiterer viel diskutierter und oft beschriebener Widerspruch. Unter dem Stichwort *Digital Divide* wird die mit dem Internet einhergehende Spaltung in „Informationsreiche" und „Informationsarme" diskutiert.[105] Diese wird im globalen Maßstab *zwischen* Ländern und Kontinenten beobachtet, zunehmend aber auch *innerhalb* einzelner Länder eingehender untersucht und adressiert.[106]

iv. Beschleunigung

Mit dem Internet verbinden sich nicht nur im räumlichen Horizont Veränderungen *(Entgrenzungen)*. Unter den Stichworten *Dynamisierung* bzw. *Beschleunigung* sind immer wieder auch die zeitlichen Veränderungen beobachtet worden, die das Netz mit sich bringt. Ähnlich wie die anderen Tendenzen ist auch die der Beschleunigung keineswegs exklusiv dem Internet vorbehalten oder gar erst von diesem ausgelöst worden. Die Entwicklung der Medien, insbesondere der modernen Massenmedien, hat eine Beschleunigung bewirkt, die als *Beschleunigung der*

---

104 U. Beck, Perspektiven der Weltgesellschaft, 1998, 10; vgl. auch U. Beck, Was ist Globalisierung? – Irrtümer des Globalismus – Antworten auf Globalisierung, 1997.

105 Unter dem Titel „Digital Divide" hat Pippa Norris im Jahr 2001 eine vergleichende Untersuchung zu 179 Ländern vorgelegt und damit auch die politischen Kontexte des Internet eingehend beleuchtet (P. Norris, Digital Divide, 2001).

106 Vgl. für die weltweite Ebene z. B. die Aktivitäten der UNESCO, dazu z. B. R. Capurro, Ethik im Netz, 2003 86ff. u. passim. Auf der nationalen Ebene ist hier beispielsweise an den im vorigen Abschnitt erwähnten (N)Onliner-Atlas und seine Analysen zu den „Offlinern" zu denken.

Beschleunigung ihrerseits zum Wesenszug des Medienzeitalters erklärt werden kann.[107]

Die Geschwindigkeit, die der digitale Zugriff per Computernetzwerk ermöglicht, intensiviert die ohnehin bestehende mediale Beschleunigungstendenz noch einmal drastisch: Die Fern-Interaktion in Echtzeit wird nun, eine genügend schnelle „Breitband-Verbindung" vorausgesetzt, für eine große Zahl von Nutzerinnen möglich. – Und die Nutzer treiben die Beschleunigungsspirale voran, indem sie bereits geringfügige Wartezeiten für digitale Leistungen nicht oder kaum mehr hinzunehmen bereit sind.

Im „Business-To-Business-Bereich" wurde durch die via Internet gesteuerte Verzahnung von Produktionsketten, z. B. in der Automobilzulieferindustrie, die „Just-In-Time-Produktion" und der damit einhergehende Abbau von Lagerbeständen zu einer eng mit der medialen Beschleunigung gekoppelten Realität. Die einhergehende mentale Umstellung von „Gut Ding will Weile haben" zu einem echtzeitorientierten „Schnell, Schnell" und ihre arbeitspsychologischen Folgen sind ebenfalls zahlreich beschrieben.[108] Mit Blick auf die erzeugten Produkte wird immer öfter diskutiert, ob dabei der *qualitative* bzw. der *kreative* Aspekt möglicherweise auf der Strecke bleibt und sich somit die Beschleunigungseffekte im Ergebnis wieder verlieren.[109]

Eine weitere Folge medialer Beschleunigung, die im WorldWideWeb ihre Kulmination findet, ist der medienethisch immer wieder bemerkte „Kampf um Aufmerksamkeit",[110] der mit der Tendenz der Beschleunigung insofern eng verknüpft ist, als sich das kostbare Gut medialer Aufmerksamkeit in der der Beschleunigung eigenen Figur des Steige-

---

107 Besonders Paul Virilio hat in seinem Denken die medialen Beschleunigungsphänomene zu reflektieren gesucht, vgl. Virilio, 1992. Zu medienethischen Aspekten in Verbindung mit den Ereignissen des 11.9.2001 vgl. M. Schibilsky, Medienethik – Vorlesungsreihe in der Münchner Universität, 2003, 7ff. S. Böntert, Gottesdienste im Internet, 2005, 99 stellt die zeitlichen und die räumlichen Aspekte im Stichwort „Mobilität" der „Individualisierung" zur Seite: „Moderne Gesellschaften zeichnen sich durch eine nachhaltige Verflüssigung und Entgrenzung sozialer Strukturen aus – ein Prozess, der auch in einer untrennbaren Verbindung mit den Medien abläuft und als *Individualisierung* und *Mobilisierung* gleichermaßen beschrieben werden kann."

108 Z. B. A. Büssing, u. a., Telearbeit und Qualität des Arbeitslebens, 2002.

109 Vgl. dazu schon Virilio und den Titel seines Werkes von 1992.

110 Siehe dazu G. Thomas, Umkämpfte Aufmerksamkeit, 2003.

rungsspiels zeigt.[111] Ihr korrespondiert in charakteristischer Weise dasjenige Maß an Aufmerksamkeit, das im computertechnischen Zusammenhang die „Beobachtung des Beobachters" kostet: Die versprochenen „Zeitgewinne" durch vernetztes Arbeiten werden oft von der Technik „aufgefressen", die diese Zeitgewinne verspricht.

v. Wiederholbarkeit und Flüchtigkeit

Im Unterschied zu analogen Aufzeichnungstechniken ermöglicht es die digitale Speicherung, eine digital aufgezeichnete Information ohne Qualitätsverlust beliebig oft wiederzugeben. Die technische Entwicklung der Speichermedien führt zudem zu einer immer weiteren Verbilligung des benötigten Speicherplatzes. So stehen der (medialen) *Wiederholbarkeit* von Ereignissen im Netz kaum Grenzen entgegen.

Der beliebigen Reproduzierbarkeit korrespondiert allerdings auch eine charakteristische *Flüchtigkeit:* Sobald die der digitalen Technik zugrunde liegenden Spannungsunterschiede des elektrischen Stroms ausfallen, entfallen auch sämtliche Möglichkeiten netzbasierter Kommunikation. Neben dieser Flüchtigkeit lässt sich noch ein anderer Aspekt der Flüchtigkeit der computerbasierten Oberfläche als Folge der technischen Entwicklung markieren: Die Komplexität moderner Computerprogramme, wie sie sich aktuell in der Entwicklung neuester Internet-Browser zeigt, kombiniert die verfügbaren Informationen in einer Weise, die relativ unabhängig von konkreter menschlicher Steuerung ist. „Cookies", Software-Agenten und Browser-Protokolle gestalten die Seite – nach vom User weitgehend unbemerkt ablaufender Analyse der Nutzergewohnheiten – „im Hintergrund", ohne dass ein „ordnendes" menschliches Subjekt „die Fäden zieht".

Die Frage der im Netz dargestellten bzw. sich einstellenden „Realität" stellt sich in besonderer Weise dort, wo unter den Stichworten *Simulation* und *Virtualität* die wirklichkeitserzeugenden Dimensionen des Netzes thematisch werden.[112] Auch hier gehört die Spannung von Flüchtigkeit und Wiederholbarkeit zu den besonderen Kennzeichen des Netzes. Ich mag eine zufällige Kommunikation im virtuellen Chat-Room als sehr flüchtig erleben und rasch vergessen, doch der Server, der dem Chat die

---

111   Vgl. G. Schulze, Die beste aller Welten, 2003; P. Virilio, Rasender Stillstand, 1992, s. u. Abschn. 4.c.

112   Vgl. dazu ausführlicher im Verlauf der Arbeit, zum Begriff der Simulation z. B. Abschn. 3.a.

technische Plattform bietet, speichert jedes Detail des Dialogs ab, so dass es prinzipiell jederzeit wieder aufgerufen werden kann. – Und aktuell kann mein Kommunikationspartner durchaus auch auf seinem Rechner unseren Chat „mitgeschnitten" und abgespeichert haben.

2. Die Wirkungen des Internet auf organisatorische Kontexte

a. Informations- und Kommunikationstechnologien am Arbeitsplatz

Die Rolle des Internet in der Wirtschaft, d. h. für die meisten Menschen am Arbeitsplatz, verdient eine gesonderte, wenngleich aus Gründen der Darstellung nur kurze Betrachtung. Dass Internet wie moderne Informations- und Kommunikationstechnologien die Arbeitswelt tiefgreifend verändert haben, ist allseits hinlänglich bekannt. Unter dem Aspekt der in dieser Studie näher betrachteten institutionellen Kommunikation interessieren besonders drei Bereiche: [113]

- Die Etablierung firmeninterner Informations- und Kommunikationsnetze, sog. *Intranets:* Viele Firmen haben die Internet-Technik für sich entdeckt, um die interne Kommunikation zu verbessern. Gerade für Unternehmen mit mehreren Bereichen, Standorten (national und international) oder Tätigkeitsfeldern bietet diese Technik eine Reihe von Vorteilen, weil Informationen und Interaktionsmöglichkeiten effizient und aktuell vorgehalten und verwaltet werden können.[114]
- Als geschäftliche Plattform im Internet allgemein am bekanntesten dürfte der „B2C"-Bereich sein *(Business-to-Customer):* die geschäftlichen Transaktionen zwischen Unternehmen und privaten Endverbrauchern samt der dazugehörigen Kommunikation zwischen Unternehmen und Kunden. Man bezeichnet diese Variante des elektronischen Handels auch als E-Commerce.

---

113 Zur ausführlichen Darstellung der mit dem Internet einhergehenden organisatorischen Veränderungen in Wirtschaft und Gesellschaft vgl. z. B. P. Evans und T. S. Wurster, Blown to Bits, 2000.

114 Ergänzt werden Intranets dabei gelegentlich um eine weitere Komponente, das sog. *Extranet:* Gemeint ist damit der Informationsaustausch von Unternehmen mit anderen (Partner-)Firmen und Kunden, ohne dass die Öffentlichkeit des Internet einen allgemeinen Zugriff hat. Die Begriffe erscheinen insofern etwas verwirrend, als Intranets (und Extranets) auf den gleichen Techniken und Protokollen wie das Internet basieren, von der öffentlichen Zugänglichkeit aber hard- und/oder softwareseitig abgeschirmt sind (vgl. zur genaueren Information die einschlägigen Artikel zu *Intranet, Extranet und Internet* auf de.wikipedia.org).

- Umsatzstärker als der Bereich des E-Commerce ist inzwischen allerdings der mit „B2B" gekennzeichnete Bereich der elektronischen Transaktionen zwischen Firmen *(Business-to-Business)*. An dieser Stelle der elektronischen Kommunikation und Geschäftsabwicklung zwischen Unternehmen liegen für Unternehmen große Herausforderungen, mit Marktentwicklungen und der Geschwindigkeit der Veränderungen Schritt zu halten.

Neben dem Bereich der Wirtschaft spielen Informations- und Kommunikationstechnologien auch bei den *öffentlichen Verwaltungen* eine bedeutende Rolle. Auch in diesem Bereich zeigt sich die in Wirtschaftsunternehmen erkennbare komplexe Struktur der Nutzung der Internettechnologie für unterschiedliche und gleichwohl zusammenhängende Kommunikationszwecke.

Mit dem Stichwort *E-Government* ist dabei der Bereich der Beziehungen zwischen Behörden und Privatpersonen angesprochen.[115] Vielfach beschränkte sich die Nutzung des Internet durch Verwaltungen zunächst weitgehend auf die Funktion eines elektronischen Schaufensters: Grundlegende Informationen über den Verwaltungsaufbau, die verschiedenen Aufgabenbereiche, eventuell noch Öffnungszeiten und Ansprechpartner für die unterschiedlichen Belange sowie Pressemitteilungen waren im Internet abrufbar. Inzwischen finden sich in deutschen Kommunen und Behörden zahlreiche Beispiele dafür, wie das Dienstleistungsangebot der Verwaltungen mit Hilfe des Netzes entscheidend verbessert werden kann. Hiermit einher geht der Versuch, dringend notwendige Kosteneinsparungen zu erreichen. Vielfach wurden die elektronischen Schaukästen zu echten Portalen weiterentwickelt, die Bürgerinnen und Bürgern einen systematischen Zugang zu den Leistungsangeboten der Verwaltung für Wirtschaft und Bürger ermöglichen, selbstverständlich einschließlich des direkten Kontaktes zu zuständigen Personen per E-Mail. Immer mehr Dienstleistungsangebote der öffentlichen Verwaltung können von Bürgerinnen und Bürgern in virtuellen Bürgerläden oder Bürgerservices in Anspruch genommen werden.

---

115 In Bayern z. B. wurde der Grundstein für E-Government von der Staatsregierung im Jahr 1994 im Rahmen der BayernOnline-Initiative gelegt, aus der bereits damals zahlreiche E-Government-Projekte hervorgingen, wie z. B. die elektronische Grundbuchführung. Dank einer Diplomarbeit an der LMU München liegen seit 2003 Ergebnisse einer Umfrage zu „kommunalem eGovernment und internetgestütztem Bürgerservice in Bayern" vor (Abruf der Ergebnisse unter www.egovernment-umfrage.de/ergebnisse/index. htm; zuletzt abgerufen am 15.5.08).

Zugleich sind Behörden und Kommunen in ihrer *internen Organisation* kaum noch ohne die behördlichen Intranets zu denken. Hinter dem Schutz der sog. „Firewall" und anderer technischer Vorkehrungen erfolgen die internen Kommunikationsabläufe und Informationsabgleiche am Bildschirmarbeitsplatz. Aber auch diverseste Datenverarbeitungsanwendungen finden auf dieser Plattform ihren Platz. Anwenderinnen und Anwender bekommen davon an ihrem jeweiligen Arbeitsplatz nur die Oberfläche/Maske zur Dateneingabe zu sehen. – Und mittels der Schnittstellen des Intranets zum offenen Internet erhalten die Bürgerinnen und Bürger ebenso Zugriff auf einen Teil dieser Daten wie sie vice versa Daten an den entsprechenden Stellen selbst eingeben können.[116]

b. Folgen und Formatierungen für Institutionen und Organisationen

Der epochale Wandel durch die modernen Informations- und Kommunikationstechniken verändert Rahmenbedingungen nicht nur für Individuen, sondern auch und gerade für Institutionen. In welche Richtung weisen diese Veränderungen? Ohne an dieser Stelle die Ausdrücke Organisation und Institution über das einleitend Gesagte hinaus näher zu bestimmen, seien einige allgemeine Rahmenbedingungen benannt, denen sich Institutionen ausgesetzt sehen, wenn sie sich ins Netz begeben bzw. sich dort vorfinden. Diese Rahmenbedingungen ergeben sich im Wesentlichen aus den eben beschriebenen Entwicklungstendenzen des Internet.

i. Grenzüberschreitung und Kontrollverlust

Das Internet verschärft und radikalisiert eine Grundspannung der Moderne: Einerseits erweitert sich der Möglichkeitsspielraum der Einzelnen (Subjektivität/Individualisierung), andererseits wird der bekannte Rahmen des Allgemeinen immer größer (Universalisierung/Globalisierung). Dies hat zur Folge, dass sich institutionelle Grenzziehungen in Zeiten des

---

116 Die organisationsinternen Intranets finden auch in der ARD/ZDF-Online-Studie 2005 Beachtung (s. o.). W. Faulstich, Mediengeschichte von 1700 bis ins 3. Jahrtausend, 2006, 173, verweist darauf, dass nach allgemeiner Schätzung nur 10 % der Netzinformationen im WWW für alle zugänglich sind, der Rest entfällt auf passwortgeschützte Intranets (bzw. „Extranets" als deren Variante für die Einbindung „Externer" in organisationsinterne Abläufe). Man spricht hier auch von „Deep Web" oder „Invisible Web".

Internet nur noch schwer „vermitteln" lassen. Die Hypertextstruktur ermöglicht Kombinationen, die nicht von der jeweiligen Institution zu kontrollieren sind: Wer das Netz zur Informationssuche oder zur Kommunikation nutzt, findet in der Hypertextstruktur des Netzes jedenfalls mehr Anlass, die Grenzen einer Institution zu überschreiten, als sich an diesen Grenzen zu orientieren. Gegenüber institutionellen Grenzen zeigt das Medium Internet eine *inklusive* Tendenz.

ii. Vernetzung statt Hierarchie

Diese inklusive Tendenz des Mediums zeigt sich keineswegs nur an der „Außenseite" einer Institution. Die mit dem Internet eröffneten Kommunikationsformen befördern gerade in der Kombination der genannten Tendenzen zu Individualisierung, Anonymisierung und Beschleunigung die Abkehr von einer *hierarchischen* Ordnung zu einer *vernetzten Organisationsstruktur.* Dezentrale Kommunikationswege stellen tradierte Oben-Unten-Hierarchien in Frage und fordern dazu heraus, die eigene Institution im Bild des Netzes zu begreifen.[117]

iii. Pluralität statt Einheitlichkeit

Im Zusammenhang der mit der vernetzten Kommunikation einhergehenden Individualisierungstendenz sehen sich Institutionen den Folgen einer weitreichenden *Pluralisierung* ausgesetzt. Besonders gegenüber traditionellen Institutionen werden Selbständigkeit und Emanzipation gestärkt.[118] Schon immer standen Institutionen vor der Aufgabe, die Entfaltung menschlicher Möglichkeiten und Meinungen zu „kanalisieren". Mit dem Netzzeitalter ist es nun erheblich schwieriger geworden, einheitliche Meinungen nach innen und außen zu kommunizieren.[119] – Denn meist stehen auch abweichenden Meinungen in kurzer Zeit Kommunikationskanäle mit großer Reichweite offen.[120]

---

117 Vgl. M. Modahl, Now or Never. How Companies Must Change Today to Win the Battle for Internet Consumers, 2000, v. a. 147ff.

118 Ein Beispiel hierfür bilden Arbeitsbereiche innerhalb traditioneller Institutionen. In einem Seminar an der LMU München im Jahr 2005 untersuchten wir dies am Beispiel der Gehörlosenarbeit: Das Internet bietet gehörlosen Menschen neue Möglichkeiten der Selbstorganisation ihrer Interessen, gerade auch gegenüber den etablierten Einrichtungen kirchlicher Gehörlosenarbeit.

119 Sind dafür vielleicht umgekehrt bessere Bedingungen entstanden, um einheitliche Meinungen *zu organisieren?*

120 Am deutlichsten ist dies wohl im Bereich staatlicher „Propaganda" zu bemerken. Selbst wenn totalitäre Regime ihren Gegnern die Kommunikation abweichender

iv. Oberfläche und Wissensfülle

Die mit dem Internet verbundene Globalisierung bedeutet nicht nur eine Pluralisierung der Meinungen (und der zur Verfügung stehenden Kommunikationswege). Sie erweitert zudem in erheblichem Umfang das Wissen, das Institutionen für die eigene Arbeit und die eigenen Entscheidungen zur Verfügung steht. Dabei gilt freilich auch hier die schon angedeutete Problematik, dass die Verfügbarkeit von mehr Wissen nicht notwendig die Qualität der Entscheidungen (oder des Arbeitens) verbessert. Vielmehr verstärkt die Fülle des zur Verfügung stehenden Wissens in Verbindung mit der dem Netz immanenten Tendenz zur Beschleunigung die Neigung, statt gründlicher und vertiefter Reflexion an der Oberfläche zu bleiben. Darin spiegelt sich auch die unter a) erwähnte Hypertextstruktur wieder. Sie erleichtert die horizontal-transversale, erschwert aber tendenziell die vertikal-kausale, in die Tiefe weisende Verknüpfung.[121]

v. Geschwindigkeit und Veränderungsdynamik

Die Tendenz zur Oberfläche hängt unmittelbar mit der Veränderungsdynamik des Internet zusammen. Sie ist eben nicht nur ein Kennzeichen des Mediums selbst, sondern prägt sich unvermeidlich auch den Institutionen auf, die sich ins Netz begeben (müssen). Die für ihre sprichwörtlich gewordene Gründlichkeit berühmt-berüchtigten institutionellen Bürokratien sehen sich (nicht nur, aber verstärkt auch) durch das Internet einem erheblichen Druck zu Tempo und Geschwindigkeit ausgesetzt. Dieser erreicht nicht nur die institutionellen Arbeitsvollzüge, sondern auch die institutionelle Organisationsstruktur selbst. Die Institution steht nicht zuletzt durch das Internet vor der Herausforderung, sich beständig zu verändern und zu reformieren.[122]

Meinungen auch im Internet erheblich erschweren können, ganz vermögen sie diese mit erheblicher Reichweite verbundene Kommunikation nicht auszuschalten. Auch Wirtschaftsunternehmen sehen sich zunehmend mit (selbst-)kritischer Kommunikation in Weblogs von Mitarbeitenden etc. konfrontiert. Gefragt werden muss freilich, wieweit die Erhöhung der „Reichweite" auf Kosten der Inhaltsqualität geht („Reichtum"). Vgl. zur Korrelation von „Richness" und „Reach": P. Evans und T. S. Wurster, Blown to Bits, 2000, 23ff.

121   Vgl. die Wirkung von „Hyperlinks", aber auch die Wirkung der Bildschirmoberfläche des Netzes, deren visuelle Struktur tendenziell eher zu simultanen Aktivitäten denn zu vertiefter Reflexion einlädt.

122   Hierher gehört auch das Stichwort der „virtuellen Organisation", vgl. für den

3. Begleitende Beobachtungen aus dem Projekt „Vernetzte Kirche"

Welchen Bedingungen sieht sich institutionelle Kommunikation im Netz ausgesetzt? Aus dem im zweiten Teil ausführlicher darzustellenden Projekt „Vernetzte Kirche" füge ich den bisherigen Beobachtungen einige Beispiele hinzu, an denen sich mediale Dynamiken im institutionellen Kontext landeskirchlichen Arbeitens charakteristisch abbilden. Die mitzuteilenden Beispiele entnehme ich meinem Protokolltagebuch aus der teilnehmenden Beobachtung des Projekts. Sie sollen einerseits an dieser Stelle die bisherigen allgemeinen Beobachtungen bewusst assoziativ illustrieren und damit zugleich die in den folgenden Kapiteln anstehenden Interpretationen vorbereiten. Ich betrachte also einige im Projektverlauf zutage getretene *„Vibrationen"*, d. h. einige leichtere Erschütterungen, deren Schwingungen auch der teilnehmende Beobachter teilhaftig wurde. Zeichentheoretisch gesprochen ließen sich solche Vibrationen zwischen Medium Internet und Institution Kirche für mich in *syntagmatischer, syntaktischer* und *semiotischer* Hinsicht beobachten.

a. Syntagmatische Konflikte

Vor dem Weihnachtsfest des Jahres 2003 erhalte ich den Brief eines bayerischen Pfarrers an das Projekt „Vernetzte Kirche" zur Kenntnis. Er bittet darin erneut darum, ihm für die *dienstliche E-Mail-Adresse* statt des Standardeintrags „pfarramt.ort@elkb.de" die Adresse „pfarrbuero.ort@elkb.de" zuzuweisen. Das Projektteam hatte seine Bitte bereits einmal mit dem Hinweis auf die „einheitliche Syntax" abgelehnt. Im zweiten Brief weist er nun auf individuelle theologische Vorbehalte gegenüber der („obrigkeitlich geprägten") Bezeichnung „Pfarramt" und auf seine eigene, inzwischen zehnjährige Benennung desselben als „Pfarrbüro" vor Ort hin. In diesem Zusammenhang bittet er auch die wissenschaftliche Begleitung des Projekts um eine Stellungnahme.

Im Kontext der Frage dieses Teiles nach medienspezifischen Formatierungen finde ich diese Episode nicht so sehr wegen der darin enthaltenen ekklesiologischen Fragen interessant (sie bildeten den Schwerpunkt meiner Antwort), sondern wegen der darin aufscheinenden Spannung von Freiheitsversprechen und systemnotwendiger Präformierung:

Bereich der öffentlichen Verwaltungen etwa D. Brosch und H. Mehlich, E-Government und virtuelle Organisation, 2005.

Das „Versprechen" einer persönlichen E-Mail-Adresse weckt die Erwartung, diese Adresse nach den individuellen (Geschmacks-)Präferenzen gestalten zu können. Umso größer ist die Enttäuschung, wenn festgestellt wird, dass auch die E-Mail-Syntax des Intranets in ein normierendes Prokrustesbett zwingt.

Eine andere kleine Episode zur Illustration dieser Dynamik: Das Projekt „Vernetzte Kirche" hat einen elektronischen, webbasierten „Veranstaltungskalender" entwickelt.[123] Er steht bayernweit Dekanaten und Gemeinden zur Verfügung, um ihre Veranstaltungsdaten über dieses Medium ein- und auszugeben. Nun haben viele Stadtgemeinden ihre eigenen Formate, um von ihren PCs ihre Daten gedruckt für Aushänge etc. auszugeben. Der Veranstaltungskalender des Projekts sieht für diese Verwendung die Möglichkeit vor, die online eingegebenen Daten lokal zur Weiterverarbeitung ausgeben zu können. Im Dekanat München wurde dieser Veranstaltungskalender inzwischen eingeführt und Pfarramtssekretärinnen dafür eine Schulung angeboten. Aus einer innerstädtischen Gemeinde nahm die Sekretärin an einer solchen Schulung teil. Die Möglichkeiten der Online-Eingabe und der stadtweiten Werbung für die Veranstaltungen der eigenen Gemeinde leuchteten ihr sofort ein. Doch als es daran ging, auch die gewohnte Tipparbeit am eigenen Wochenzettel-Ausdruck so umzustellen, dass sie dazu die Daten in der beschriebenen Weise vom zentralen Veranstaltungskalender übertrug, quittierte sie ihre ersten Erfahrungen mit den Worten: „Da tippe ich doch lieber den Text weiter wie bisher, auch wenn es dann zweimal ist. Die Rubriken der Eingabemaske des Kalenders passen eh nicht genau zu dem, wie es bei uns bisher immer war!"[124] Auch hier ist es mir nicht um die Bewertung des Verhaltens und der Fähigkeiten dieser Sekretärin zu tun. Was ich beobachte, ist wiederum der Konflikt zwischen der vorgegebenen „Syntax" des zentralen Kalenders und der „individuell" vor Ort gepflegten „Syntax".

Aber stören hier wirklich die Arbeitslogiken der Netztechniken die eingefahrenen Routinen vor Ort – oder brechen sich in diesen Beispielen nicht lediglich dem Netz-Medium immer schon vorgängige Konflikte Bahn? Auf die Thematik der E-Mail-Adresse bezogen: Die Spannung von „Einheit" und „Vielfalt" liegt historisch der medienspezifischen

---

123   www.evangelische-termine.de. Zur Einbindung in die erwähnte Dekanatsseite
       vgl. www.muenchen-evangelisch.de/kalender/termine.php (l. Abruf am 15.5.08;
       vgl. genauer zum Veranstaltungskalender im Teil II).
124   Mündlich gegenüber Verf. im Jahr 2003, Eintrag in meinem Projektjournal.

Syntaxlogik doch voraus und bildet immer schon ein Grundproblem für die Ekklesiologie, in der protestantischen Kirche zumal. Zu fragen bleibt allerdings auch an diesem Beispiel, ob nicht dem Medium Internet eine spezifische Dynamik eignet, die ihrerseits Anlass gibt, die ekklesiologisch immer schon virulente Grundfrage neu zu thematisieren.[125] Ich vermute, die oben unter dem Stichwort „Individualisierung" beschriebene Charakteristik des Mediums Internet wird im Ergebnis zu einer Verschärfung bzw. Neuthematisierung des dem Medium bereits vorausliegenden Konflikts von „Einheit" und „Vielfalt" führen, gerade wenn es in der Institution Kirche mit der oben beschriebenen Tendenz zur Pluralisierung intensiver in Anspruch genommen wird.

Auf der anderen Seite machen beide geschilderten Beispiele deutlich, dass die Einführung eines landeskirchlichen Intranets neue und andere Verknüpfungen und Abläufe als die bisher gewohnten nötig macht. Hierin kommt das „technische" Moment im Internet zum Tragen: *Eine neue Technologie setzt ihre eigenen Anforderungen aus sich heraus.* – An dieser Stelle besteht zunächst einmal kein Unterschied zwischen der Einführung der Schreibmaschine und der Einführung des PCs in einem Pfarramt: Sowohl die Schreibmaschine wie der PC haben das eigene Arbeiten (der Sekretärin) in spezifischer Weise in der Vergangenheit neu orientiert und arrangiert. Aber dabei konnte doch (subjektiv) stets der Eindruck aufrechterhalten werden, dass die „örtliche Syntax" (im Beispiel der Nomenklatur für die Verwaltungseinheit bzw. des Layouts für den Veranstaltungskalender) selbstbestimmt ist. Ein landeskirchliches Intranet bringt an dieser Stelle nun m. E. eben doch eine bestimmte Weise des Orientiert-Werdens „von außen" mit sich, die die syntagmatischen Konflikte gerade wegen der mit dem Medium Internet einhergehenden Dezentralitäts- und Freiheitsversprechen neu zuspitzt: Konnte sich die Arbeit mit einem Textverarbeitungsprogramm bei einer „konservativen Nutzung" bisher immer noch am Schreibmaschinenmodell (zu) orientieren (suchen), so erfordern spätestens Datenfenster und -masken ein erkennbar anderes Arbeiten nach Mustern und Syntagmen, die eben nicht lokal vor Ort, sondern „zentral" generiert und programmiert werden.[126]

---

125 In meiner Antwort an den Pfarrer fragte ich ihn, weshalb er die Anfrage an den landeskirchenweit eingeführten Begriff des „Pfarramts" gerade an dieser Stelle zum Thema macht.

126 Natürlich ist diese „zentrale Programmierung" keineswegs eine neue Dynamik, sondern ein Muster technischer Massenprodukte und -prozesse überhaupt. Auch die „QWERTY-Tastatur" implizierte auf ihre Weise eine solche „Programmierung", die freilich heute kaum noch bewusst wahrgenommen werden dürfte.

b. Semantische Umstellungen

Eingabemöglichkeiten stellt das Intranet der Evangelisch-Lutherischen Kirche in Bayern noch an vielen weiteren Stellen bereit. Während der Projektlaufzeit stieß dabei besonders die *elektronische Erfassung der „Statistik des kirchlichen Lebens"* frühzeitig auf Resonanz. Gab bereits im ersten Jahr ein Viertel der bayerischen Kirchengemeinden die statistischen Daten per Intranet ein, so waren es nach Projektablauf im Frühjahr 2005 bereits mehr als die Hälfte.[127] Diese Entwicklung hat ihrerseits eine Tendenz beschleunigt, die zwar der Statistik als solcher bereits innewohnt, aber dennoch nun verstärkt abgefragt wird: Mit der Online-Eingabe der eigenen statistischen Daten wächst das Interesse an vergleichenden Auswertungen dieser Daten. Die einzelnen Gemeinden wollen vor Ort möglichst die gesamten Auswertungs- und Vergleichsmöglichkeiten zur Verfügung haben, die sich aus der informationstechnischen Struktur ergeben, und fordern entsprechend Möglichkeiten der Auswertungen auch auf Gemeinde(vergleichs-)ebene ein.

Nun muss diese Beobachtung derzeit sicher auch vor dem Hintergrund knapper finanzieller Ressourcen und der damit verbundenen Verteilungsprobleme wahrgenommen werden. Die gegenwärtige Situation legt deshalb solche Auswertungen und Vergleiche recht unmittelbar nahe. Insofern wäre es vorschnell, die verstärkte Nachfrage solcher Abfragen unmittelbar und ausschließlich dem Medium Internet bzw. der Einführung des landeskirchlichen Intranets zuzurechnen. Dennoch ist zu fragen, ob nicht das (in der Folge noch weiter zu bedenkende) Phänomen der *Digitalisierung* an dieser Stelle darin seinen Widerhall findet, dass die Universalmünze des Binärcodes ihrerseits einer quantitativen Logik folgt. Muss man also mutmaßen, dass die binäre Logik des Computers ihren spezifischen Beitrag dazu leisten wird, dass die Inhalte der kirchlichen Arbeit zukünftig noch stärker an *quantitativen* und *quantifizierbaren* Kriterien ausgerichtet werden?[128]

127 Die Angaben aus dem Projektteam „Vernetzte Kirche", notiert im Projektjournal des teilnehmenden Beobachters. Die „Statistik des kirchlichen Lebens" wird EKDweit erhoben, die bayerische Erhebung beinhaltet darüber hinaus noch einige landeskirchliche Ergänzungsabfragen.

128 Angemerkt sei freilich die These von Gerhard Schulze, dass in, mit und unter dem fortgesetzten „Steigerungsspiel" des Könnens-Paradigmas das Paradigma des „Seins" vor seiner sich abzeichnenden Renaissance steht. Vgl. G. Schulze, Die beste aller Welten, 2003, s. u. Abschn. 4.c.

c. Semiotische Zwänge

Erwähnung finden sollen hier auch die organisationalen Sprengkräfte des Mediums Internet, die besonders in der ersten Hälfte des Projekts „Vernetzte Kirche" gegenüber bisher etablierten Zuständigkeiten und Abläufen in der Organisation des Landeskirchenamts sichtbar geworden sind. Wenn man so will, könnte man darin den Machtcharakter des „Zeichens" Internet gegenüber dem „Zeichen" der Institution Landeskirche sehen. Eines der Beispiele hierfür bildet die vom wissenschaftlichen Beirat des Projekts „Vernetzte Kirche" betrachtete Frage der landeskirchlichen *Zuständigkeiten für den Bereich „Internet".*[129] Analoge Spannungen traten zutage in der Organisation des landeskirchlichen Datenmanagements. Als Beispiel seien hier nur die Schwierigkeiten angedeutet, auf die der Vorschlag der dezentralen Pflege der *landeskirchlichen Personaldaten* via des (im Projekt als Gegenstand betrachteten) *landeskirchlichen Intranets* stößt: rechtliche Bedenken, praktische Hinweise usw. führten dazu, dass im Ergebnis nun ein „selbstverwaltetes" Intranet-Adressbuch neben einem zentral verwalteten Personalinformationssystem steht und man auf die (möglichen) Synergieeffekte eines konzertierten Vorgehens verzichten muss. Beiden Beispielen wird im zweiten Teil im Kontext organisationaler Kommunikation noch weiter nachzugehen sein.

Dabei sind auch an dieser Stelle keinesfalls die organisationalen Spannungen gering zu schätzen, die immer dann entstehen, wenn ein Projekt etablierte Strukturen in Stab und Linie infrage stellt. Hier sind Dynamiken wirksam, die auch ohne den Gegenstand „Internet" höchst virulent wären.[130] Allerdings geben die oben im zweiten Kapitel angedeuteten Erfahrungen aus anderen Unternehmen und Behörden hinreichend Anlass zu der Vermutung, dass gerade das Internet in solchen Veränderungsprozessen eine spezifische Dynamik mit sich transportiert, die isolierte

---

129   Dabei in besonderer Weise die zwischen Bischofsbüro, Fachabteilung und Projekt „Vernetzte Kirche" zunächst offene Frage der künftigen organisatorischen Zuständigkeit für die landeskirchliche Website www.bayern-evangelisch.de. Vgl. dazu: T. Zeilinger, Markenzeichen im Netz, 2004, und ausführlicher unten im Teil II., 2.b.

130   Vgl. dazu z. B. J. Brouer, Leiten statt verwalten, 2003. Auch die Frage, ob ein landeskirchliches Personalinformationssystem *zentral* oder *dezentral* verwaltet wird, hängt nicht per se an der Tatsache eines landeskirchlichen *Intranets,* wie im Vergleich zu Bayern das rheinische Beispiel zeigt: Im Rheinland werden die Personaldaten auf Ebene des Kirchenkreises für die Verwaltung gepflegt (mdl. Auskunft KR M. Strecker, 30.10.2006); vgl. unten im Teil II, 1.d.

Blickpunkte auflöst und zuvor starr erscheinende Systemgrenzen über-
windet. Wie ist also diese Dynamik des Mediums Internet näher zu
beschreiben?

4. Interpretationen der medialen Dynamik

Nicht erst im letzten Kapitel wurde exemplarisch sichtbar, dass im Blick
auf das Medium Internet durchaus von einer besonderen *Dynamik* gesprochen werden kann. Offenbar ist diese Dynamik nicht nur *von außen,*
also durch *außerhalb* des Mediums gelegene Größen wie z. B. politische
oder ökonomische Entwicklungen bestimmt, sondern kann „irgendwie"
auch als dem Medium selbst *immanent* verstanden werden. Dies klang
bisher bereits überall dort an, wo von den sich mit dem Internet verbindenden Beschleunigungs- und Steigerungsphänomenen die Rede war.
Handelt es sich dabei um eine mediale *Eigendynamik,* oder sind vielleicht mehrere *unterschiedliche Dynamiken* im Medium wirksam, wie
sie sich ihrerseits in den bisher beschriebenen Trends und Tendenzen
niederschlagen?

In diesem Zusammenhang ist es interessant, welche Interpretationen
dieser *in, mit und unter* dem Netz wirksamen medialen Dynamik bisher
zuteil wurden. Meine Auswahl aus der (unüberschaubaren) Fülle der
Deutungen orientiert sich zunächst an den Begriffen *Technik* und *Medium,* die beide auf ihre Weise nicht nur für das Internet, sondern auch für
das untersuchte Projekt „Vernetzte Kirche" wesentlich sind. Anschließend werden einige prominente Gesamtdeutungen zum Begriff des *Leitmediums* skizziert.

a. Das Internet im technischen Horizont:
realisierte Simulation und simulierte Realität

„Das Projekt ‚Vernetzte Kirche' ist nicht nur ein Technikprojekt."[131] So
war im Umfeld des Projekts immer wieder zu hören. Umgekehrt gelesen
bedeutet das zugleich: Das Projekt ist eben auch – und ganz wesentlich –
ein *Technikprojekt.* Der Ausbau der landeskirchlichen Internetpräsenz

---

131 So M. Strecker, Die Kirche in der Informationsgesellschaft stärken, 2002. Bei der
     Einbringung des Projekts vor der Synode 2001 war davon die Rede, wie wichtig
     es sei, das Projekt „nicht nur als technisches Unternehmen zu begreifen" (Pro-
     tokollband zur Tagung der Landessynode der ELKB in Erlangen vom
     25.–30.11.2002, 48).

und der Aufbau eines Intranets sind deshalb ohne den Begriff der Technik nicht angemessen zu reflektieren.[132]

Bei aller Schwierigkeit einer handhabbaren sozialwissenschaftlichen Definition des Technikbegriffs lässt sich doch festhalten, dass heute das instrumentelle Verständnis der Technik weitgehend einer systemorientierten Betrachtung Platz gemacht hat. Traditionell wurde Technik als Mittel zum Zweck bestimmt, als *Organon* vom Werkzeuggebrauch her definiert. Seine Fortsetzung fand und findet dieses Verständnis bis heute in einem „anthropomorphen" Technikmodell, „dessen Pointe darin bestand, technische Instrumente im Horizont einer prothesenhaften Verstärkung und Ersetzung menschlicher Sinnes-, Bewegungs- und Denkorgane zu deuten."[133] Demgegenüber weisen alle systemtheoretischen Ansätze, so unterschiedlich sie im Einzelnen auch konzipiert sind, auf die der Technik *inhärente Dynamik* als ihr wesentliches Charakteristikum. Die von Jacques Ellul mit den Begriffen „Notwendigkeit" und „Effektivität" umschriebene (und auch von Max Weber bereits kritisch wahrgenommene) Selbstzwecklichkeit der neuzeitlichen Technik wurde dabei wohl am pragmatischsten von Niklas Luhmann formuliert: „Was funktioniert, das funktioniert."[134]

Vor dem Hintergrund der Reflexion moderner Technik hat der Würzburger Philosoph DETLEV LANGENEGGER folgende charakteristische Dialektik postuliert: „Die Sachverhalte moderner Technik sind weder Automata, Eigenbeweger, noch Organa, Werkzeuge. Sie sind Analoga, spezifische Als-ob-Realisierungen, die uns zu weiteren Als-ob-Handlungen herausfordern. Sie sind Übertragungen und Zwischenschritte. Maschinen, Automaten, technische Systeme stehen und laufen nicht von selbst. Man muß sie von selbst stehen und laufen lassen. Man muß so tun, als ob sie von selbst liefen, also simulativ planen, ausführen, verwenden. Die Systeme sind dann realisierte Simulation, und simulierte Realität in einem."[135]

---

132 Wobei anzumerken ist, dass mit dem Einsatz der terminologischen Klärungen beim Begriff der Technik keineswegs ein inhaltliches Plädoyer verbunden ist, die technische Seite des Internet in einer kommunikationsorientierten Betrachtung besonders voranzustellen!

133 S. Krämer, Medien-Computer-Realität, 1998, 9, mit Verweis auf Tholen 1994.

134 N. Luhmann, Die Gesellschaft der Gesellschaft, 1998, 523ff.

135 D. Langenegger, Gesamtdeutungen moderner Technik, 1990, 251.

b. Das Internet –
Ein Medium zur Integration anderer Medien

Mit dem von Langenegger hier gebrauchten Begriff der Simulation tritt die mediale Dimension in ihrer modernen Gestalt unübersehbar auf den Plan. Denn ein Kennzeichen des (post)modernen Computerzeitalters ist die Simulation von Text-, Bild, und Tonmedien mittels der im World Wide Web vernetzten PCs. Der Computer und das Internet können nicht nur als Technik, sondern müssen zugleich als Medium interpretiert werden. Dass der Computer *(und das Internet)* sich dabei als eine Art „Metamedium" etabliert (hat), das seinerseits die anderen Medien integriert hat/zu integrieren im Begriff ist, zeigt nicht nur die Ankündigung eines neuen Geräts zur Verknüpfung von TV und PC durch Bill Gates am 8. Januar 2004,[136] sondern nachhaltiger noch die Tatsache, dass das Internet sich immer mehr zu dem Ort entwickelt, an dem die anderen Medien aufgefunden werden. *„Was als Medium nicht ins Netz geht, ist als Medium verloren, direkt oder indirekt."*[137]

Umso wichtiger scheint es dann, sich die spezifischen Umstellungen zu vergegenwärtigen, die der vernetzte Computer für die Theorie der Medien mit sich bringt. SYBILLE KRÄMER hat aus philosophischer Perspektive dazu überblicksmäßig drei „Knotenpunkte des Mediendiskurses" umrissen, um die spezifischen Phänomene des Mediums Computer darauf abbilden zu können.[138] Diese Knotenpunkte beschreibt sie zusammenfassend als „literarische Medien", „technische Medien" und „Massenmedien". Im Zusammenhang des Diskurses um Oralität und Literalität ist es die *Digitalisierung,* die im Binärcode eine neue „Universalmünze" prägt, in die andere Zeichensysteme transkribiert werden. Im Kontext der Technisierung der Information durch auditive und bilderzeugende Apparate wächst über die Zeit die symbolische Verfügung über nicht-anwesende Räume und Zeiten. Durch die Hypertextstruktur des Internet und die Entstehung virtueller Realitäten gewinnt dabei die direkte Wechselwirkung mit solchen symbolischen Strukturen Gestalt. *Virtualisierung* verändert den Diskurs um „technische Medien" so

---

136 Vgl. Der Spiegel vom 8.1.2004 (www.spiegel.de/netzwelt/technologie/0,1518, 280939,00.html; Abruf 5.4.2005).

137 M. Rath, Das Internet – die Mutter aller Medien, 2003, 3 (Hervorhebung TZ). M. Seel spricht vom Computer als einem „außerordentlich inklusivem Medium" in: S. Krämer, Medien-Computer-Realität, 1998, 258.

138 S. Krämer, Medien-Computer-Realität, 1998, 10ff.

ebenso, wie *Interaktivität* den massenmedialen Diskurs (scheinbar?) um die Perspektive der Individualisierung erweitert.[139]

„Digitalisierung, Virtualisierung und Interaktivität sind also diejenigen Phänomene, die wir zu untersuchen haben, wenn wir den Computer in der Perspektive betrachten, ein Medium zu sein. Der Medienbegriff, der eine solche Perspektive zu akzentuieren erlaubt, rückt ab von der Vorstellung, dass Medien der bloßen Übermittlung von Botschaften dienen. . . . Medien übertragen nicht einfach Botschaften, sondern entfalten eine Wirkkraft, welche die Modalitäten unseres Denkens, Wahrnehmens, Erfahrens, Erinnerns und Kommunizierens prägt.“[140] Vor Jahren schon hat der philosophische Medienkritiker GÜNTHER ANDERS diesen Sachverhalt zugespitzt in den Satz gefasst: „Jedes Gerät ist bereits seine Verwendung.“[141]

Was in der Erfassung und Beschreibung medialer Eigendynamik(en) „erschwerend“ hinzukommt, ist die Tatsache, dass sich diese Eigendynamik zwar im Konflikt mit menschlichen Intentionen zeigen kann (dann ist sie relativ leicht zu erfassen), dass sie sich aber – womöglich öfter – so vermittelt, dass sie menschlichen Intentionen folgt bzw. mit diesen parallel geht. Der Medienwissenschaftler GÖDART PALM formuliert deshalb: „Medieninstrumentalismus und mediale Selbststeuerung schließen sich mithin nicht aus, sondern bedingen einander. Just dieser Mechanismus läßt uns auf Medien so ambivalent reagieren, weil sie sich selbst vermitteln können, ohne scheinbar menschliche Zwecksetzungen zu hintertreiben.“[142]

---

139 Krämer bemerkt in diesem Zusammenhang kritisch: „Die Frage drängt sich hier auf, ob die am mündlichen Gespräch orientierte Interaktion, verstanden als eine reziproke Wechselbeziehung zwischen Personen, überhaupt das Vorbild abgeben kann für das, was in der Interaktion in elektronischen Netzen geschieht.“ (a.a.O., 14).

140 Ebd. – M. Seel entfaltet in seinem Beitrag „Medien der Realität und Realität der Medien“ die Figur der *Unterscheidung* als mediale Grundstruktur, in: S. Krämer, Medien-Computer-Realität, 1998, 244–268.

141 G. Anders, Die Antiquiertheit des Menschen, 1980, S. 217.

142 G. Palm, Zur Kritik der medialen Vernunft, Teil 6: Mediale Selbstgespräche, 2001. „Tautologisch gesprochen sind kommunikative Medieneffekte dieser Art die Wirkungen, die ein Medium auf Grund seiner Gebrauchsweisen entwickelt. . . . Fatal ist daran aber, daß diese Eigendynamik sich zugleich als menschlichen Intentionen folgend vermittelt. In dieser Ambivalenz reagieren *Medientheorien* höchst unterschiedlich: Die Optionen reichen von der These des naiven Medieninstrumentalismus über den spätaufklärerischen Medienumgang bis hin zu unversöhnlicher Medienfeindlichkeit.“ Vgl. zum Phänomenbereich auch G. Picht, Über das Böse, 1981, 498f.

c. Die „Lust des Orientiertseins" – oder:
Die Logik des Steigerungsspiels

Wenn tatsächlich von einer doppelten Erfahrung aus Medieninstrumentalismus *(das Medium dient dem Menschen als „Werkzeug")* und medialer Selbststeuerung *(das Medium steuert seinerseits den Menschen)*
auszugehen ist, so müssen für die weitere Interpretation diejenigen Positionen von besonderem Interesse sein, die in der Verschränkung *zumindest* zweier Perspektiven einen Ansatz suchen.[143] Mit dem Verweis
auf „Zweidimensionalität" hat etwa GERHARD SCHULZE in seinem Buch
„Die beste aller Welten" aus der Sicht der verstehenden Soziologie ein
eindringliches Plädoyer für die Ergänzung der in der Neuzeit sich selbst
verabsolutierenden Dimension des „Könnens" (mit dem Paradigma der
Steigerung) um die Dimension des „Seins" (mit dem Paradigma der
Ankunft) vorgelegt.[144]

Schulze legt darin eine faszinierende Fülle einzelner Beobachtungen
vor. Sie sind m. E. dort am eindrücklichsten, wo er das der Dimension des
Könnens zuzuordnende „Steigerungsspiel" in seinen distinkten Varianten
beschreibt. So zeigt er beispielsweise, wie sich gerade der *Computer* der
menschlichen „Lust am Orientiertsein" bemächtigt: „Der Computer ist
eine Maschine der Selbstvergessenheit durch Fokussierung. Man muss
sich ganz auf ihn einstellen. . . . Von Schritt zu Schritt spürt man dabei die
Erfahrung des Orientiertseins. Weiterzukommen heißt: Bescheid zu wissen in einem prinzipiell beherrschbar scheinenden System. Die Lust des
Orientiertseins änderte im Verlauf der Technik- und Softwaregeschichte
lediglich ihren Bezugsrahmen. Ging es zu Beginn um die Beherrschung
des Geräts, geht es nun um die Beherrschung der Inhalte. Doch Beherrschen und Beherrschtwerden gehen Hand in Hand. Man wird zum Ge-
steuerten im Moment des Steuerns. Das Gerät gibt einem nur dann etwas,
wenn man sich anpasst. Dabei entsteht das Gefühl des Orientiertseins.
Eine Anthropologie des Computers müsste von der Lust des Orientiertseins handeln."[145]

---

143   Bei aller Radikalität seiner Techniksicht ist hier auch Jacques Ellul zu nennen, der
       eben nicht nur die fatalen „Notwendigkeiten" zu benennen versteht, sondern auch
       die Dimension der Freiheit (freilich paradox über den christlichen Glauben
       vermittelt) eigenständig entfaltet (vgl. z. B. J. Ellul, Ethique de la Liberté, 1973).
144   G. Schulze, Die beste aller Welten, 2003.
145   G. Schulze, Die beste aller Welten, 2003,139. Hierzu passen viele Beobachtungen
       aus dem computer-netz-medialen Alltag, vgl. z. B. nur eine Meldung im Intranet-
       Newsticker der ELKB vom 4.1.2005: 25 % der Internetuser sind tendenziell
       „unersättlich" in ihrem Web-Genuss.

Die von Schulze postulierte Anthropologie des Computers ließe sich freilich durchaus auch von einem anderen Begriff als dem des Orientiertseins aus entwickeln, z. B. dem des Spiels.[146] SYBILLE KRÄMER hat diesen Begriff ihrerseits auf der Suche nach der spezifischen Kommunikationsqualität des Internet ins Spiel gebracht: „Wenn ‚Kommunizieren' bedeutet, dass ‚Reden' oder ‚Schreiben' eine Form von Handeln ist, so begegnen wir in den Gesprächsforen des Internet einer Kommunikationsform, bei der von diesen illokutionären Aspekten, von den moralischen, politischen und rechtlichen Verankerungen unserer Kommunikation als soziale Handlung gerade abzusehen ist: Die telematische Kommunikation beruht – jedenfalls im Prinzip – auf der Außerkraftsetzung der mit Personalität und Autorschaft verbundenen parakommunikativen Dimensionen unseres symbolischen Handelns. Das schließt nun die Entstehung neuer Regeln für diese Art von Kommunikation nicht aus. Doch diese Regeln haben den Charakter von Spielregeln: Ihre Verletzung kann nur symbolisch geahndet werden, eben als ein Ausschluß vom Spiel."[147] Die von Schulze beobachtete eigentümliche „Lust des Orientiertseins" wäre dann als Orientierung in einem eigenen Handlungsrahmen zu verstehen, dem des alltagsweltentlasteten Spiels. Das Modell des Spiels enthält hier einen Hinweis auf eine Dimension, die freilich nicht nur dem Computer und dem Internet, sondern tendenziell jedem Technikgebrauch innewohnt.[148]

---

146 Vgl. dazu in theologischer Perspektive auch A. Grözinger, Praktische Theologie und Ästhetik, 1987.

147 S. Krämer, Medien-Computer-Realität, 1998, 88f. Krämer verweist auf Gregory Batesons Definition des Spiels als einer eigenen Interaktionsform, die gerade dadurch gekennzeichnet ist, dass die extrasymbolischen Bezüge (lebensweltliche Geltungsansprüche und alltägliche Handlungs(anschluss)gewohnheiten außen vor bleiben (vgl. G. Bateson, Ökologie des Geistes, 1985, 241ff).

148 Krämer, a.a.O., 88, fragt, ob der Spielbegriff dazu taugt, neben dem Begriff der „Arbeit" und der „Kommunikation" als eine Kategorie profiliert zu werden, die sich zur Beschreibung von Vollzügen der Interaktion eignet.

d. Leitmedium „Elektronische Medien"

In der medientheoretischen Diskussion wurde verschiedentlich vorge-schlagen, die Dynamik des Internet darin zu finden, dass sich mit ihm (bzw. mit den elektronischen Medien insgesamt, die im Internet ihre Integration fänden) eine eigene Qualität verbindet. Nicht nur, aber auch in der Theologie fand dabei besonders die These des Literaturwissen-schaftlers JOCHEN HÖRISCH Beachtung, dass mit den elektronischen Medien ein neues *Leitmedium* in die Geschichte Einzug gehalten hat.

Hörisch erkennt in der (abendländisch-christlichen) Geschichte eine Abfolge von drei Leitmedien: Abendmahl, Geld und elektronische Me-dien, bildlich gesprochen: Hostie, Münze und CD.[149] In historischer Abfolge versprechen das Sakrament von Brot und Wein, die Währung des Geldes und die Welt der neuen Medien Sinn im Dasein zu stiften. War die Kommunion als Ziel der Kommunikation zunächst in den Elementen von Brot und Wein „real" gegenwärtig, so wandert sie in der Neuzeit in das Medium des Geldes ein. Dabei erfolgt freilich keine *substantielle* Korrelation von Gütern und Zeichen mehr (wie beim Verzehr von Brot und Wein im Abendmahl), sondern eine *funktionale,* auf Tauschbezie-hungen beruhende. Im 20. Jahrhundert wurde die Dominanz des Geldes durch ein neues *Leitmedium* abgelöst: Nun stiften die elektronischen Medien den gesellschaftlichen Sinn – und damit den gesellschaftlichen Zusammenhalt, also diejenige gemeinschaftliche Kommunion, die zuvor durch das Geld bzw. durch das Abendmahl hergestellt worden war.[150]

Alle drei historischen Leitmedien, Abendmahl, Geld und elektro-nische Telemedien genügen nach Hörisch den Kriterien, die an eine sinnvolle Definition von Medien zu richten seien:

a) Sie ermöglichen die *Speicherung,* die *Übertragung* und die *Be-arbeitung* von Daten.

b) Sie koordinieren *Interaktionen* (vereinen Menschen im gemeinsamen Handeln).

---

149 Hörisch hat seine These in den neunziger Jahren in drei separaten Bänden entwickelt. Zusammengefasst findet sie sich z. B. in seiner 2001 erschienen Mediengeschichte „Der Sinn und die Sinne" (als Taschenbuch: J. Hörisch, Eine Geschichte der Medien, 2004) und seiner Aufsatzsammlung „Gott, Geld, Medien" (J. Hörisch, Gott, Geld, Medien, 2004).

150 Hörisch differenziert die These der historischen Abfolge dahingehend, dass die sich entwickelnde Dominanz des Mediums Geld bereits in der römischen Antike vorhanden war, jedoch durch die christliche Kultur bis zum Beginn der Neu-zeit im Medium des Sakraments der Eucharistie sistiert werden konnte. Vgl. J. Hörisch, Gott, Geld, Medien, 2004, 18f.

c) Sie verstärken die Möglichkeit des *Eintritts von Unwahrschein-*
lichem.

d) Sie verstärken die Reichweite des eigenen Körpers, d. h. ermöglichen *Körperextensionen.*

e) Sie beruhen auf spezifischen *Beglaubigungsstrategien,* sind also auf „Kredit" angewiesen.[151]

Der gemeinsamen Funktionserfüllung entspricht es, dass der Übergang vom einen zum anderen Leitmedium nicht einfach den Untergang des vorherigen Mediums bedeutet. Vielmehr findet eine Umformatierung des „alten" im „neuen" Leitmedium statt: „An die Stelle religiöser Umorientierungen treten monetäre Orientierungen, und monetäre Orientierungen werden späterhin in informationstechnologische umformatiert. Das System Religion konvertiert und wird ökonomisch, die Ökonomie konvertiert und wird Informationstechnologie."[152]

In der „Konversion" in das neue Leitmedium Informationstechnologie, die für ihn mit Hörfunk, Fernsehen und Telefon beginnt und in PC und Internet eine entscheidende Fortschreibung erfährt, entdeckt Hörisch einige charakteristische Tendenzen, wie sie bereits zu Beginn dieses Kapitels geschildert wurden. In der fortschreitenden *Individualisierung* von Information erkennt er dabei genauso wie die Studie „Kirche und Vernetzte Gesellschaft" einen *protestantischen* Grundzug der neuen Medien, freilich nicht ohne dessen Ambivalenzen zu benennen.[153] Eine weitere religiöse Dimension entdeckt er im *„Kult der Simultaneität",* der mit der Aufladung der Gegenwart gegenüber den Dimensionen von Vergangenheit und Zukunft einhergeht. Erlösung werde in den neuen Medien durch den Augenblick und in der Gleichzeitigkeit versprochen, die Kommunikation vergegenwärtigt die im religiösen Kult eschatologisch orientierte Kommunion.[154]

---

151 So z. B. J. Hörisch, Gott, Geld, Medien, 2004, 20ff.

152 J. Hörisch, Gott, Geld, Medien, 2004, 27.

153 „Seitdem konservative Regierungen alles getan haben, um vergleichsweise geistreichen zentralen und alleinseligmachenden Sendeanstalten zugunsten von Schrei- und Stöhnsendungen den Garaus zu machen, gab es nicht nur zwei Konfessionen (ARD und ZDF), sondern alsbald 30 und mehr Sekten. Damit war auch in Deutschland eine in God's own Country schon lange gültige Individualisierung von Information, Kommunikation und Kommunion eingeleitet, die in den extrem individualisierten Technologien des WWW und der E-mail ihre Erfüllung gefunden haben. Sie kennen kein Zentrum, keinen Kanon, keine Kirche mehr, sondern sind gleich unmittelbar zu allen Göttern und Teufeln." (J. Hörisch, Gott, Geld, Medien, 2004, 168f.).

154 J. Hörisch, Gott, Geld, Medien, 2004, 169, vgl. ebd.: „Das Heilsversprechen der

e. Das Ende der Gutenberg-Galaxis

Bereits vor Hörischs Überlegungen zur Leitmedienfolge erfuhr NORBERT BOLZ' Verkündigung vom *Ende der Gutenberg-Galaxis* einige Aufmerksamkeit.[155] Bolz konstatiert in seinem gleichnamigen Werk, dass das Buch als Leitmedium in der Gegenwart vom Computer abgelöst wird. Mit „Gutenberg-Galaxy" nimmt er dabei einen Terminus auf, den Marshall McLuhan geprägt hat, um die vom Medium des Buchs geprägte (Medien-)Welt zu bezeichnen.[156]

Bolz ist überzeugt, dass diese Welt des Buchs mit dem Computer zwar nicht einfach bedeutungslos wird, aber doch innerhalb eines gänzlich verschiedenen Wirklichkeitsverständnisses zu stehen kommt. Während die Funktionen des *Speicherns* und *Übertragens* „klassischerweise" mit Medien verbunden sind, liegt die Zäsur des Computerzeitalters darin, dass diese Funktionen aus der Welt der „alten" Medien nun auf *Rechnen* umgestellt werden. Die darin sich ereignende *Digitalisierung* stellt einen *Paradigmenwechsel* dar, der mit der technisch induzierten Veränderung der menschlichen Kommunikation Wissenschaftsverständnis wie Politik einschneidend umstellen wird.

Diese Umstellung sieht Bolz darin, dass anstelle von *Linearität, Kausalität und Klassifikation* nach dem Ende des Gutenbergschen Zeitalters *Konfiguration, Rekursivität und Mustererkennung* treten. Anstelle eines sich zweidimensional nach dem Muster von Subjekt und Objekt entwerfenden Denkens einer bürgerlichen Öffentlichkeit tritt im *Global Village* das *Netzwerk* eines dreidimensionalen Datenraums, der sich hypertextuell und multimedial als *Medienverbund* präsentiert.

Wegen der (vorläufigen oder strukturellen?!) Überforderung des Menschen werde auch das Buch als Medium, freilich nicht mehr als Leitmedium, (s)eine wichtige Funktion behalten: Aufgrund seiner *(vorne wie hinten)* abgegrenzten und linear verfassten Struktur vermag es weiterhin in ausgezeichneter Weise das menschliche Bedürfnis nach einer überschaubaren Welt zu stillen.

---

neuen Medien (so meine vierte These) lautet nicht länger, daß wir in ferner oder näherer Zukunft dieser oder jener Erlösungserfahrung teilhaftig werden können – sondern vielmehr, daß eben hier und jetzt eine Kommunikation statthat, die die Grenze zur Kommunion überschreitet."

155 Vgl. zum Folgenden: N. Bolz, Am Ende der Gutenberg-Galaxis, 1993, passim. Für eine Kurzfassung siehe auch seinen Beitrag „Blindflug ins 21. Jahrhundert" in: B. Stiftung, Was kommt nach der Informationsgesellschaft? 11 Antworten, 2002, 196–220.

156 S. M. McLuhan, The Gutenberg Galaxy. The Making of Typographic Man, 1962.

f. Das neue Leitmedium „Vernetzte IuK-Technik"

Wie bereits angedeutet wurde vor allem Hörischs These vom neuen Leitmedium „elektronische Medien" in der (evangelischen) Theologie immer wieder aufgegriffen. Insbesondere in der Praktischen Theologie findet sie im Bemühen um eine der *Mediengesellschaft* gerecht werdende Ausrichtung der eigenen Disziplin nicht wenig Beachtung und Zustimmung.[157] Innerhalb der theologischen Zunft hatte den Begriff des Leitmediums freilich durchaus schon länger und eigenständig in systematischer Perspektive WOLFGANG NETHÖFEL aufgegriffen und ihn in der Ausarbeitung seiner Überlegungen für den kirchlichen Umgang mit den Informations- und Kommunikationstechniken fruchtbar zu machen versucht.[158]

Für Nethöfel sind Leitmedien als „Hauptspeicher- und Reproduktionsmedien des für die Kultur entscheidenden Orientierungswissens" stets eng mit der „jeweilige(n) kulturelle(n) Gestalt des Gesellschaftssystems", also den jeweiligen gesellschaftlichen „Leitbildern", verbunden.[159] In Anlehnung an die Medientheorie der Schule von Toronto unterscheidet er in geschichtlicher Abfolge vier Konstellationen gesellschaftlicher Funktionssysteme mit entsprechendem Leitmedium:

a) *traditionale Kulturen* mit Speicherung und Reproduktion im *Körpermedium (gestisch, Stimme);*

b) *semiliterale und literale Schriftkulturen* mit *handwerklichen* Speicher- und Reproduktionsverfahren *(manuell, Schrift);*

c) *neuzeitliche und moderne Kulturen,* die sich durch *mechanische Vervielfältigung* und *Normierung durch Messinstrumente* auszeichnen *(mechanisch, Print);*

---

157 Dies durchaus in positionell unterschiedlichen Kontexten, z. B. bei W. Gräb, Sinn fürs Unendliche, 2002 (der zudem ausführlich auch auf W. Faulstichs Geschichte der Medien eingeht), aber auch bei C. Grethlein, Kommunikation des Evangeliums in der Mediengesellschaft, 2003 und R. Schmidt-Rost, Christophorus? – Anfragen an das Medienverständnis der christlichen Publizistik, 2004. Kritik an Hörischs These deutet an: M. Meyer-Blanck, Religion mit Substanz!, 2003.

158 Programmatisch auf das Internet bezogen bereits in seinem Beitrag zum gemeinsam mit Matthias Schnell herausgegebenen Sammelband W. Nethöfel und M. Schnell, Cyberchurch? Kirche im Internet, 1998 (S. 75–96), als Studie ausgeführt in W. Nethöfel, Christliche Orientierung in einer vernetzten Welt, 2001, passim. – Wie überhaupt W. Nethöfel einer der ersten Theologen im deutschen Sprachraum war, der die elektronischen Medien als Thema der christlichen Theologie gesehen hat; vgl. z. B. W. Nethöfel, Vom Mythos zu den Medien. Christliche Identität im konsensuellen Wandel, 1988, 327.

159 W. Nethöfel, Christliche Orientierung in einer vernetzten Welt, 2001, 30f.

d) und die gegenwärtige *postmoderne Kultur,* „mit dem Leitmedium vernetzte IuK-Technik, für deren Ökonomie die im Prinzip globale Vernetzung der Märkte kennzeichnend ist" *(elektronisch, Information und Kommunikation).* [160]

Dabei sieht Nethöfel den sich vollziehenden *Paradigmenwechsel* in drei Bereichen gleichzeitig (und sich wechselseitig verstärkend) wirksam: dem der *Öffentlichkeit* in Gestalt der *Medien,* dem der *Wirtschaft* in Funktion der *Technik* und dem der *Religion* in Form von *Leitbildern.* [161] Ihm ist es also aus theologischer Perspektive wesentlich um den Zusammenhang von Medienentwicklung und gesellschaftlicher Evolution zu tun. Dabei legt er (als Linkshegelianer) immer wieder besonderes Augenmerk auf die materialen Prozesse. In der Analyse der gegenwärtigen Veränderungen zeigt sich dies darin, dass er die *technischen Veränderungen* zum Ausgangspunkt macht. Mentale (Bewusstseins-) Veränderungen folgen in seiner Sicht den technologischen Innovationen. [162]

So fordert in Nethöfels Sicht die sich im Internet verdichtende Informations- und Kommunikationstechnik als wirkmächtige Vernetzung die Kirche(n) besonders heraus: „Das Internet ist als Netz der Netze nicht lediglich ‚ein Medium mehr'. Als Realsymbol des Leitmedienwechsels unserer Gesellschaft ist es vergleichbar mit der Einführung der Schrift und des Buchdrucks. Die Einführung der Schrift war das Ende traditionaler Gesellschaften; die jüdische und die christliche Religion entstanden als Konsequenz der literalen Revolution. Die Medienrevolution des Drucks prägte an der Neuzeitschwelle mit der Gesellschaft auch die christlichen Kirchen. Für den Protestantismus ebenso wie für den als Reaktionsbildung konfessionell gewordenen modernen Katholizismus ist Öffentlichkeit als Resonanzboden ihrer Botschaft konstitutiv. Gegenwärtig leitet eine erneute Revolution des Mediensystems einen weiteren

---

160 Siehe W. Nethöfel, Christliche Orientierung in einer vernetzten Welt, 2001, 31f.; vgl. aber auch schon W. Nethöfel, Theologische Hermeneutik, 1992, 265ff.

161 Nethöfel sieht dabei die drei gesellschaftlichen Bereiche in Verbindung mit den drei (von N. Luhmann, Die Gesellschaft der Gesellschaft, 1998, Bd. 1, 190 so bezeichneten) „Komponenten des Kommunikationsprozesses": Mitteilung (Medien) – Information (Technik) – Verstehen (Religion); W. Nethöfel, Christliche Orientierung in einer vernetzten Welt, 2001, 32.

162 Dies zeigt sich immer dann, wenn Nethöfel auf den „harten Kern der Transformationsprozesse" zu sprechen kommt, stets hat dieser nämlich mit dem Stichwort „Technik" zu tun; vgl. z. B. W. Nethöfel, Christliche Orientierung in einer vernetzten Welt, 2001, 34.

epochalen gesellschaftlichen Wandel ein. Er stellt die kirchlichen Organisationen gerade dann vor dramatische Steuerungsprobleme, wenn sie
ihre Identität bewahren und ihre Aufgaben weiterhin erfüllen wollen."[163]
Auch wenn es ob seiner Begeisterung für das neue Leitmedium gelegentlich so klingen mag: Auch Nethöfel sieht die bisherigen Medien
keineswegs als erledigt an: „Ein Mediensystem löst das alte nicht ab,
sondern überlagert es, und das will verstanden sein."[164] Zu diesem Verstehen gehört es für die Kirche, aufmerksam zu sein dafür, wie die Karten
neu gemischt werden.

Stärker als andere Vertreter der These vom Leitmedienwandel
legt Nethöfel dabei das Augenmerk auf die institutionellen und
organisatorischen Aspekte möglicher Veränderungen. So
mahnt er die Folgen medialer Vernetzung für kirchliche Strukturen als Aufgabe kirchlicher Organisationsentwicklung an:
„IuK-Technik entkoppelt die Volkskirche zunächst von der
Notwendigkeit, sich als Behörde, die Mitgliedschaft verwaltet,
organisieren zu müssen. Ihre Grundoperation müssen keine
Verwaltungsakte mehr sein. Für die Entkopplung der kirchlichen Grundoperationen von Verwaltungsakten zeichnet sich
dabei ein neuer Fokus ab: Kirche funktioniert, arbeitet, besteht
aus Informationsdienstleistungen in Kundenkontakten, und
zwar in ihren externen wie in ihren internen Beziehungen. Die
Intra-/Internet-Differenzierung dieser Dienstleistungen prägt
ihre Form – als Orientierungsgestalt wirkt sie bereits so."[165]

5. Die Notwendigkeit mehrdimensionalen
Verstehens der medialen Dynamik

In Kritik an der Position Niklas Luhmanns fordert Wolfgang Nethöfel
eine „Zweikomponententheorie", um die geschichtlichen Prägekräfte
sozialer Systeme in ihrer Kontingenz zu ihrem Recht kommen zu lassen.[166] Damit erinnert auf seine Weise auch Nethöfel an die bereits zu

---

163 W. Nethöfel und M. Schnell, Cyberchurch? Kirche im Internet, 1998, 82.
164 W. Nethöfel, Christliche Orientierung in einer vernetzten Welt, 2001, 36.
165 W. Nethöfel und M. Schnell, Cyberchurch? Kirche im Internet, 1998, 85.
166 W. Nethöfel, Christliche Orientierung in einer vernetzten Welt, 2001, 31. Er
     wendet seine Überlegung ebd. zugleich kritisch gegen „die Hermeneutik", die
     umgekehrt ausblende, wie sehr die sozialen – und technischen – Systeme die
     mentalen Konstellationen bestimmten.

Beginn des vorigen Kapitels angedeutete Forderung nach einer mehrperspektivischen bzw. mehrdimensionalen Betrachtung der gegenwärtig zu beobachtenden medialen Veränderungen.[167]

Vor dem Hintergrund der bisher gesichteten medientheoretischen Ansätze greife ich das *Postulat mehrdimensionaler Perspektivierung* auf und versuche, es für die Beschreibung der *spezifischen medialen Dynamik des Internet* fruchtbar zu machen. Fragt man nach der Eigenart der medialen Dynamik im Netz, so stellen sich in der Interpretation der stattfindenden Veränderungen die folgenden drei Fragen:

1) Handelt es sich um *eine, im Singular auszuzeichnende* spezifische Dynamik, oder ist die Veränderung angemessener *im Plural,* als ein Geflecht von unterschiedlichen *Dynamiken* zu beschreiben?

2) Ist die Veränderung bzw. sind die Dynamiken dem Medium *implizit,* also i. e. S. *medienspezifisch*? Oder spiegeln sich im neuen Medium lediglich Dynamiken wieder, die *andernorts* ihren Ursprung haben?

3) Handelt es sich bei der Dynamik des Mediums Internet um einen *qualitativen Sprung* oder um eine *quantitative Steigerung* gegenüber vorausgehenden Medien(technologien)? Die Rede von einem *neuen Leitmedium* scheint ja durchaus ersteres nahe zu legen.

Bisher schon hatte ich mir aus Luthers Abendmahlstheologie die Redeweise geborgt, dass *in, mit und unter* dem Netz eine mediale (Eigen-) dynamik wirksam sei. Die These der mehrdimensionalen Perspektivierung aufgreifend, entleihe ich mir noch eine weitere von Luthers Denkfiguren, um sie auf unsere Thematik anzuwenden: Aus meiner Sicht ist es nicht möglich, und noch weniger sinnvoll, die drei Fragen ausschließlich nach der einen *oder* der anderen Seite zu beantworten. Vielmehr gilt in allen drei Fragehorizonten ein entschiedenes *simul:* Sowohl die eine, als auch die andere Alternative beschreiben jeweils in ihrer Perspektive zutreffend die mit dem Medium Internet verbundene(n) Veränderung(en).

Dabei ergeben sich je nach gewählter Beschreibungsperspektive durchaus *unterschiedliche Schwerpunkte:* Wenn wir versuchen, die Veränderungen *begrifflich, d. h. definierend und differenzierend,* zu beschreiben, liegt es m. E. nahe, von einem *Plural* verschiedener, auch andernorts wirksamer Dynamiken zu reden, die eher evolutiv denn revo-

---

167   Ob Nethöfel selbst dies allerdings durchhält, steht noch einmal auf einem anderen Blatt; zur konstruktiven Kritik vgl. H.-U. Gehring, Seelsorge in der Mediengesellschaft, 2002, 193ff. und M. Petzoldt, Die Theologie des Wortes im Zeitalter der neuen Medien, 2001, 66ff.

lutionär zu verstehen sind. Eine dem Internet spezifisch und proprietär eigene Dynamik zu postulieren, erscheint mir für eine begriffliche Beschreibung wenig aussichtsreich. Begrifflich-definitorisch lassen sich m. E. die „in, mit und unter" dem Medium Internet begegnenden Widerspiegelungen verschiedener Dynamiken sachgemäß besser im Plural beschreiben.

Die *singularische* Rede einer dem neuen Medium inhärenten qualitativ neuen *Eigendynamik* bringt demgegenüber die Erfahrung der *spezifischen Mächtigkeit* des Internet zum Ausdruck. Diese „machtbewusste" Perspektive auf die *mediale Dynamik* des Netzes erfordert ihrerseits eine „symbolische" Redeweise. Hierfür eignet sich nun die begriffliche Klärung denkbar wenig, umso mehr entspricht ihr allerdings die *Benennung im Namen*.[168] So verstanden ist die Rede von der spezifischen Eigendynamik des neuen Leitmediums Internet im Grunde der Versuch, der Erfahrung der Mächtigkeit des Internet *einen Namen zu geben*. Wird dieselbe Erfahrung nicht aus der Perspektive der *Benennung* ihrer Macht, sondern aus der der begrifflich-definitorischen *Bezeichnung* ihres Verstehenszusammenhangs beschrieben, legt sich demgegenüber in allen drei o. g. Fragehorizonten die zweite Alternative nahe.

Auch wenn in *dieser* begrifflich-erklärenden Perspektive festzuhalten ist, dass weder dem Internet noch dem Computer exklusiv und privilegiert eine unverwechselbar nur hier und nirgends anders anzutreffende Dynamik attestiert werden kann,[169] so ist es für eine sachgemäße Beschreibung der Bedingungen institutioneller Kommunikation gerade in theologischer Perspektive wesentlich, die angedeutete Mehrdimensionalität nicht aus den Augen zu verlieren.

Wenn ich also in begrifflich-beschreibender Perspektive der (pluralisch-inklusiven) Rede von *medialen Dynamiken im Netz* den Vorzug gegenüber der (singularisch-exklusiven) Rede von der *Eigendynamik des Leitmediums Internet* gebe, so impliziert dies – wie das folgende Kapitel zeigen wird – keineswegs die Ausblendung oder Abwertung der symbolisch benennenden Perspektive.

Wohl aber drückt sich darin eine gewisse Skepsis gegenüber all jenen theoriesprachlichen Zugängen aus, die die beschriebenen bzw. zu erfas-

---

168 Vgl. hierzu mit Bezug auf G. Picht, Kunst und Mythos: T. Zeilinger, Zwischen-Räume, 1999, 241f. u.ö.

169 Sowohl die von G. Schulze beschriebene „Lust des Orientiertseins" als auch S. Krämers Hinweis auf das Modell des „Spiels" verweisen über das Internet hinaus auf weitere Phänomenbereiche.

senden Phänomene tendenziell „eindimensional", also nur in einer Perspektive wahrnehmen. Gerade weil mehrere Beschreibungen möglich sein müssen, ist es wichtig, die *Definition* der dem Netz eigenen Dynamik(en) nicht vorschnell dadurch einzuengen, dass man sie selbstreferentiell aus einer impliziten Eigendynamik erklärt.[170] Auf dem Weg einer pluralisch verschränkten Beschreibung kann sich zeigen, wie das Medium sowohl bestehende Dynamiken spezifisch rearrangiert als auch in der charakteristischen Kombination seinerseits eine neue Dynamik auslöst.[171]

Das „Neue" bildet sich nicht in der Auflösung des „Alten" heraus, sondern gerade in der Fort- und Umbildung (auch „anderswo") vorhandener Tendenzen. Die Geschichte der Medien ist genau hierfür ein Beispiel. So hat *WERNER FAULSTICH* die Mediengeschichte überblickend beobachtet, „daß bislang noch kein Medium von einem anderen überflüssig gemacht oder verdrängt worden wäre. Allerdings hat jedes der neu entstehenden Medien einen Funktionswandel bei bereits bestehenden Medien zur Folge gehabt."[172] Um die Veränderungen institutioneller Kommunikation durch geänderte mediale Bedingungen angemessen beschreiben zu können, braucht es im Sinn der bisherigen Überlegungen also *nicht so sehr die eine Großtheorie vom neuen Leitmedium Internet, als vielmehr eine Offenheit für unterschiedliche Beschreibungsperspektiven.* Insofern sind auch die im vorigen Kapitel dargestellten Theorien zu einem neuen Leitmedium „nach der Gutenberg-Galaxis" nur bedingt hilfreich. Sie beschreiben zwar Trends, interpretieren diese zugleich aber nicht selten einliniger und euphorischer, als dies bei nüchterner Betrachtung vertretbar erscheint.[173]

Die Notwendigkeit einer mehrdimensionalen Beschreibung gründet in einer praxisorientierten Perspektive vor allem darin, dass gerade inmitten medialer Umstellungen massiv mit der *Gleichzeitigkeit des Ungleichzeitigen zu rechnen* ist. Das Projekt „Vernetzte Kirche" hat gerade an dieser Stelle eine Menge Lehrgeld bezahlt. Während die sog. „Early Adopters" bereits in Foren fortgeschrittene Softwarelösungen und Netzfunktionalitäten anmahnten, galt es zur gleichen Zeit, mit traditionellen

---

170 Vgl. nochmals z. B. Nethöfels Kritik an N. Luhmann, s. o.
171 Vgl. dazu die Ausführungen oben im dritten Kapitel zu den illustrierenden Beispielen des landeskirchlichen Projekts „Vernetzte Kirche".
172 W. Faulstich, Grundwissen Medien, 1994, 29.
173 Vgl. hierzu auch die an den tatsächlichen Nutzungsgewohnheiten orientierte Kritik an einer zu vorschnellen Ausrufung des Internet als Leitmedium von C. Grethlein, Mediengesellschaft, 2003, 33.

Printmedien Überzeugungsarbeit für ein kirchliches Intranet bei jenen zu betreiben, die bisher nur dann zu PC und Internet griffen, wenn es sich überhaupt nicht vermeiden ließ.[174]

Diesen *aktuellen* wie *strukturellen* Ungleichzeitigkeiten wird eine Beschreibung *näherungsweise* nur dann gerecht, wenn sie in mehreren Perspektiven und Zugängen verfährt, wie dies auch dieser Teil in seinen Kapiteln unternimmt, um die Bedingungen institutioneller Kommunikation angesichts der medialen Dynamiken im Netz in unterschiedlichen Hinsichten zu beleuchten. Im nächsten Kapitel wird hierzu die eben nur angedeutete, den *Machtcharakter* des Mediums Internet *(Dynamis!)* beschreibende *symbolsprachliche Perspektive* auf dem Hintergrund der theologischen Rede von Mächten und Gewalten aufgegriffen und weiter entfaltet.

6. Wahrnehmung und Wirkung von Medien als Mächten

a. Die Rede von Vibrationen

Von „Vibrationen" habe ich im Titel dieses Kapitels gesprochen – und mich bereits bei der Schilderung einiger Beispiele aus dem teilnehmend beobachteten Projekt dieser Metapher bedient, um meine Eindrücke zur Dynamik zwischen Medium und Institution zu beschreiben. Ich greife damit eine Metaphorik auf, in der GEORG PICHT den Machtcharakter, das „Vermögen", zu fassen suchte, das geschichtlichen Kräften innewohnt.[175] Picht greift deshalb zu diesem Wort, weil mit dem Wortfeld des Hörens (präziser wäre vielleicht bei „Vibrationen" sogar von einem ganzheitlichen Spüren zu handeln) eine sinnliche Wahrnehmung bezeichnet ist, die „innen" und „außen" umgreift. Gegenüber einer am Wortfeld des Sehens orientierten und dort im Bild „stillgestellten" Anschauung spiegelt die Rede von „Vibrationen" eindrücklicher die umgreifende Dynamik wider, die überindividuell machtvollen wie individuell mächtigen Phänomenen eignet. Es scheint mir verheißungsvoll, die Dynamik des „Leitmediums" Internet versuchsweise nicht primär in der – zunächst *(WhatYouSeeIsWhatYouGet* – WYSIWYG!) naheliegenden –

---

174 Dies nur als ein Beispiel für diverse *Ungleichzeitigkeiten,* die im Projektverlauf zutage traten und im zweiten Teil dieser Studie noch eingehend Betrachtung finden werden.

175 G. Picht, Kunst und Mythos, 1986, 413ff.

Leitmetapher des Sehens, sondern in der am Leitbild ganzkörperlichen Hörens orientierten Rede von „Vibrationen" näher zu beschreiben.

Ich sehe hierfür drei Gründe:

a) Wie im vorigen Abschnitt bereits angedeutet lässt sich die dem Internet inhärente Dynamik in ihrer Gestalt und Bewegung – jedenfalls im Singular – kaum „objektivierend" beschreiben. Gegenüber der im Bild stillgestellten Anschauung vermag das in der Rede von Vibrationen eröffnete Wortfeld des Hörens besser die umgreifende Mächtigkeit des Mediums in ihrer Einheit einzufangen.

b) Die sinnliche Wahrnehmung des Hörens trennt anders als das Bild nicht in *innen* und *außen*. So dürfte das Hören sich besser als das Sehen eignen, um die oben unter dem Stichwort „Lust des Orientiertseins" geschilderte Korrespondenz von Eigenlogik des Mediums und subjektiver menschlicher Intention zu beschreiben.

c) Das Medium Internet integriert wie ebenfalls beobachtet zunehmend die anderen (Massen-)Medien und wird dadurch selbst immer mehr zu einem *multimedialen Medium*. Insofern beschränkt sich die sinnliche Erfahrung des Internet keineswegs mehr auf die bildliche WYSIWYG-Oberfläche des Computerbildschirms. Die fortschreitende Integration von Ton und Bewegtbild (in manchen Computerspielen darüber hinaus auch noch motorisch-haptische Steuerelemente oder sogar noch ein „Datenhelm") macht die Wahrnehmung des Mediums Internet zunehmend *synästhetisch*.[176]

b. Mythische Bearbeitung des Mythos „Internet" als theologische Aufgabe

Ich habe schon gelegentlich meine Skepsis gegenüber „eindimensionalen" Interpretationen deutlich gemacht. Indem ich im Plural von „Vibrationen medialer Dynamiken" spreche, hat diese Skepsis Eingang in

---

176 Einerseits passt dazu die fortschreitende Integration des Digitalen als prägendes Element des Lebensstils („Digital Lifestyle"): Die Computerindustrie versucht zunehmend, das Internet „im Wohnzimmer" zu etablieren. Während die Distribution von Musik via Internet sich bereits länger schon etabliert hat, steht im Mai 2008 mit der Integration von Spielfilmen (und TV) ins Netz und seine Vertriebskanäle der nächste Schritt an. Andererseits ermöglicht die von Nintendo entwickelte und seit Ende 2006 vertriebene – und auch über das Internet einsetzbare – Spielkonsole „Wii" erstmals die Interaktion von komplexen körperlichen Bewegungen und medialer Darstellung in Echtzeit (vgl. z. B. Art. „Wii" unter http://de.wikipedia.org, Abruf am 16.5.08).

den Titel dieses Kapitels gefunden. An dieser Stelle greife ich das Stichwort nochmals in dem Zusammenhang auf, der oben in Anlehnung an Detlev Langenegger entwickelt worden war, um die Frage der Dynamik im Sinne der Macht weiter zu verfolgen. Mit „eindimensional" möchte ich in dieser Hinsicht zusammenfassend diejenigen Ansätze kennzeichnen, die gegenüber dem medialen Komplex vernetzter Computer entweder „naiv-instrumentalistisch" die Macht des Menschen (PC und Internet als „Werkzeug" oder „radikal-fatalistisch" dessen Ohnmacht (PC und Internet als „Automat") betonen.[177] Auch wenn meine Sympathien durchaus ungleich verteilt sind, gilt meine Skepsis dabei den kulturkritischen Stimmen[178] nicht minder als den kulturoptimistischen Interpretationen.[179]

In einem explizit theologischen Bezugsrahmen schlage ich vor, die erforderliche „doppelte Positionierung" der medialen Dynamiken im Rahmen einer „Theologie der Mächte und Gewalten" vorzunehmen. Das von Gerhard Schulze am Beispiel des Computers luzid beschriebene Ineinander von „Beherrschen und Beherrschtwerden" verlangt für die theologische (Medien-)Ethik hier m. E. mehr als eine bloß handlungstheoretische Perspektive (im Sinne eines instrumentelles Medien- und Technikverständnisses: als käme es letztlich und im Grunde nur auf das menschliche Handeln und die Wahrnehmung individueller Verantwortung an). Die theologische Ethik wird sich umgekehrt aber auch nicht einfach mit der systemtheoretischen Beschreibung (vom menschlichen Handeln völlig unabhängiger) unhintergehbarer Eigenrationalitäten zufrieden geben können. Denn bei aller Übermächtigkeit gegenüber individuell-menschlichem Handeln bleiben die technischen und medialen Wel-

---

177 Aus der Reihe der Techniktheorien wäre für ersteres bei aller systemtheoretischen Entfaltung wohl doch die Position G. Ropohls als Beleg zu sehen (vgl. D. Langenegger, Gesamtdeutungen moderner Technik, 1990). Umgekehrt wäre für die „Automaten-These" M. Heidegger sicher der fundamentalste Gewährsmann, vgl. ebd. In theologischem Gewand findet man das erstgenannte Verständnis wieder bei E. Herms, auf der Linie Heideggers bewegt sich demgegenüber M. Trowitzsch; vgl. M. Trowitzsch, Technokratie und Geist der Zeit, 1988.
178 Vgl. dafür exemplarisch G. Anders (v. a. G. Anders, Die Antiquiertheit des Menschen, 1980).
179 Vgl. z. B. S. Turkle, Leben im Netz. Identität in Zeiten des Internet, 1999. S. Turkle findet insbesondere in den MUDs des Cyberspace („Multi-User-Dungeons", Rollenspiele von mehren Benutzern über einen zentralen Server) den Beleg für die von der Postmoderne anvisierte „dezentrierte" Subjektivität: Hier werde die identitätslogische Subjektivität durch das Springen zwischen verschiedenen Identitäten und Geschlechtern verabschiedet.

ten doch stets zugleich auf menschliches Handeln bezogen und werden durch menschliches Handeln mit konstituiert. Theologisch sind hierbei zwei weitere Aspekte zu bedenken: Zum einen trügen die Medien uns nicht nur, sondern sie tragen uns auch: Sie gehören nicht nur zur gefallenen Schöpfung, sondern sind zugleich („weiter") im Dienst des erhaltenden Schöpferhandelns Gottes. Zum anderen ist ihre Macht (ihr eigener Möglichkeitsraum) in eschatologischer Perspektive nicht unbegrenzt (und also „unhintergehbar"), sondern von der befreienden Macht Christi umgriffen.

Eine Betrachtung der medialen Dynamiken im Horizont der biblischen Rede von Mächten und Gewalten nimmt die ambivalenten Erfahrungen ernst, die wir mit dem neuen Leitmedium Internet machen: den Bann, in dem wir stehen, aber auch die kommunikativen Möglichkeiten, die sich neu bieten.

Nun kann – und muss – man an dieser Stelle freilich fragen: Die Eigendynamik des Internet mit der Rede von Mächten und Gewalten zu bezeichnen, kleide ich hiermit nicht den ohnehin schon mythologisch aufgeladenen „Computer" bzw. den „Mythos Internet" in einen neuen Mythos? Füge ich so nicht nur den vorhandenen Medien-Mythen einen weiteren Mythos hinzu? Der Medienwissenschaftler Bernhard Debatin hat darauf hingewiesen, dass das Internet sich als Projektionsfläche für eine ganze Fülle von „Metaphern und Mythen" anbietet und dafür sowohl von optimistisch-hoffnungsvollen wie pessimistisch-angstbesetzten Erwartungen zahlreich in Anspruch genommen wird.[180]

Muss man es in dieser Situation dann nicht bei der Feststellung der Ambivalenz belassen? Oder gar radikal pluralistisch ansetzen und auf eine integrierende Metatheorie verzichten, wie Goedart Palm nahe legt: „Noch ist dem keine Metatheorie beigekommen, weil alle Ansätze auf eine jeweilige Medienpraxis verweisen können, ohne die disparaten Phänomene in einen übergreifenden Verständnishorizont zu integrieren."[181]

Die vorausgehenden Überlegungen zur Notwendigkeit einer mehrdimensionalen Interpretation der Phänomene rund um die mediale Dynamik des Internet unterstreichen in diesem Zusammenhang, dass ich mein Plädoyer für eine dezidiert theologische Perspektive nicht als umfassende *Erklärungs*theorie verstehe.

---

180 B. Debatin, Metaphern und Mythen des Internet, 1997.
181 G. Palm, Zur Kritik der medialen Vernunft, Teil 6: Mediale Selbstgespräche, 2001.

Die „in, mit und unter" dem Internet wirkenden Eigendynamiken mithilfe der biblischen Rede von Mächten und Gewalten zu interpretieren, versetzt gerade nicht in eine distanzierte, einen zeitlosen Überblick verschaffende Metaperspektive, sondern versucht, die Zeitlichkeit auszudrücken, die im Wort „Dynamik" anklingt: Die Wahrnehmung von Mächten entkommt der mythischen Redeweise nicht, weil sie nur so und nicht anders die Zeitlichkeit der Phänomene ernst nimmt, derer sie ansichtig wird. In diesem Sinne beanspruchen diese Überlegungen durchaus eine hermeneutische Qualität. Es kann m. E. bei der Beschreibung der Wahrnehmung und der Wirkung von Medien als Mächten nicht darum gehen, einen allgemeingültigen Überblick zu erhalten, sondern darum, von Fall zu Fall *Durchblicke* auf diese nicht stillzustellende Dynamik zu gewinnen. Auch bei der Beschreibung der Eigendynamik des Internet und eines landeskirchlichen Intranets samt den damit verbundenen Projekten geht es um *„die Vibration der Erscheinungen, die die Wiege der Dinge ist."*[182] (Und die ihrerseits nicht dem „Kampf der Mythen" entrinnen kann.)[183]

7. Herausforderungen an die Institution Kirche – Eine Zwischenbilanz

a. Mythoskritik: Kritik der Institution durch das Medium (und vice versa)

Blickt man aus mächtebewusster theologischer Perspektive auf das Medium Internet, so kommt man also nicht umhin, die mediale Dynamik zu bemerken, an der der Mensch zwar gestaltend beteiligt ist, die ihn freilich zugleich ihrerseits gestaltend bestimmt.

Die Dialektik von menschlichem Gestalten und (überindividuellem) Gestaltet-Werden gilt allerdings nicht nur im Blick auf die mediale Dynamik (des Internet). Genauso kennzeichnet diese Dialektik die Macht und Gestalt jeder Institution.[184] Insofern darf vermutet werden,

---

182   M. Merleau-Ponty, Der Zweifel Cezannes, in: G. Böhm, Was ist ein Bild?, 1995, 39–59, 50. Vgl. zum hier zugrunde liegenden Verständnis von Symbol und Mythos: T. Zeilinger, Zwischen-Räume, 1999, 115–158. Vor diesem Hintergrund legt sich die Vermutung nahe, dass auch der oben am Beispiel von Hörisch, Bolz und Nethöfel skizzierten These eines neuen Leitmediums ihrerseits eine solche mythische Qualität eignet.

183   Vgl. A. N. Wilder, Jesus' Parables and the War of Myths, 1982.

184   Vgl. dazu meine Überlegungen in T. Zeilinger, Zwischen-Räume, 1999, 173ff, aber auch oben im Exkurs zu „Institution".

dass mediale und institutionale Macht sich durchaus konfliktuös begegnen *müssen,* weil sie beide nicht umhin können, ihrer auf den eigenen
Selbsterhalt bezogenen „Logik" zu folgen. Der Konflikt ist dabei umso
wahrscheinlicher, als die auf Veränderung drängende Dynamis eines
„neuen" Mediums durchaus in eine andere Richtung zielt als die Behar-
rungskräfte einer „alten" Institution.[185]

In der symbolsprachlichen Perspektive einer „mythischen Mythos-
kritik"[186] können wir also einen Konflikt zwischen der Eigendynamik
des Mediums Internet und der Eigendynamik der Institution Kirche
benennen. Er kann im Sinn der hier nur knapp angedeuteten Überlegungen durchaus als wechselseitige Infragestellung selbstverständ-
licher Gewohnheiten bzw. Eigenrationalitäten auf der je anderen Seite
verstanden werden – und das ist gut so. Denn der eigene „Mythos" des
Internet ermöglicht die Infragestellung mancher „Mythen" der Institution
Kirche. Umgekehrt hilft der eigene „Mythos" der Institution (evangelische) Kirche dabei, einige „Mythen" des Mediums Internet ihrer
Verkleidung zu berauben und ans Licht zu bringen. Weil es eine „fremde"
Macht „außerhalb" braucht, um die verblendende Macht des jeweiligen
Mythos zu brechen, kann die – wie zu vermuten – konfliktreiche Be-
gegnung zwischen kirchlicher Institution und medialer Dynamik durch-
aus in beide Richtungen produktives medien- wie institutionenkritisches
Potenzial entfalten.

In dieser Hinsicht *stellt die Dynamik des Mediums Internet die Institution Kirche vor die Herausforderung, ihre institutionelle Eigendynamik sowohl in Frage stellen zu lassen als auch kraft ihrer institutionellen Eigendynamik die mediale Dynamik des Internet kritisch
zu unterbrechen.*[187]

Auch hier gilt es freilich, realistisch mit der Ungleichzeitigkeit des
Gleichzeitigen zu rechnen, d. h. eine durchaus *unübersichtliche Gemen-*

---

185   Die hier von einer *Theologie der Mächte und Gewalten* aus angedeutete Per-
       spektive lässt sich in Hinsicht auf die Eigenlogik und Eigenrationalität von
       Teilsystemen durchaus auch im Sinne der Systemtheorie N. Luhmanns
       begreifen. Freilich liegt Luhmanns Konzept der *strukturellen Kopplungen* ein
       weniger konfliktorientiertes „Leitbild" zugrunde als der skizzierten *symbolisch-
       mythischen* Rede in Aufnahme der Überlegungen G. Pichts und anderer. – Ein
       weiterer Unterschied liegt in der in der im vorigen Kapitel benannten Per-
       spektivität (einzelne „Durchblicke", nicht der systematisierende „Überblick").
186   Oder nochmals mit A. Wilder gesprochen: des „war of myths" (a.a.O.).
187   Im zweiten und dritten Teil wird von daher auch zu untersuchen sein, in welcher
       Weise Glauben (II.) und Ethik (III.) von der wechselseitigen Begegnung der
       beiden Dynamiken von „neuem" Medium und „alter" Institution berührt werden.

gelage an berechtigten wie unberechtigten gegenseitigen Infragestellungen und Vorbehalten zu erwarten. Die Zeitlichkeit der Phänomene ernst zu nehmen impliziert eben auch das Bewusstsein, sich letztlich nicht auf eine externe Beobachterperspektive zurückziehen zu können, sondern selbst als teilnehmender Beobachter allenfalls wie angedeutet von Fall zu Fall Durchblicke gewinnen zu können.

Auf diesen Punkt wird im zweiten Teil unter dem Stichwort *Polykontexturalität* zurückzukommen sein. Zunächst allerdings nehme ich vorläufig Abschied von der Perspektive mythisch-symbolischer Rede (und ihrer Reflexion) und wende mich wieder einer differenziert-distanzierten Beschreibungsperspektive anderer Ordnung zu. [88]

b. Medientheoretische Einsicht: Funktionswandel bisheriger Medien

Anders als manche Versprechen, wie z. B. das vom „papierlosen Büro", vermuten ließen, ist bei der Etablierung eines neuen Mediums keineswegs mit der Abschaffung „bisheriger" Medien zu rechnen. Wohl aber ist der von Faulstich u. a. an der Mediengeschichte beobachtete *Funktionswandel* bisher bereits bestehender Medien durch ein geschichtlich neues Medium [189] auch und gerade für die gegenwärtig stattfindende Integration „klassischer" Medien durch die im Internet vernetzte computerbasierte Kommunikation in vielerlei Hinsicht wirksam.

Für die hier besonders interessierende institutionell-organisatorische Kommunikation der Kirche ist also zu vermuten, dass – sowohl intern wie extern – die bisher üblichen Formen medialer Kommunikation weiter in Gebrauch bleiben, sich allerdings ihre Funktion wandeln wird.

Im zweiten Kapitel ist von daher Augenmerk auch darauf zu richten, ob und wieweit sich in der Praxis einer Landeskirche durch das Projekt „Vernetzte Kirche" Momente eines solchen Funktionswandels bisheriger Medien erkennen lassen.

---

188 Wobei auch von dieser Perspektive durchaus keine allgemeingültigen Überblicke zu erwarten sind, auch wenn sie aufgrund ihrer begrifflichen Verfassung solches vermuten lassen könnte!

189 Vgl. oben unter 5. den Hinweis auf W. Faulstichs Beobachtung im Überblick der Mediengeschichte insgesamt. Auch in dieser Tatsache zeigt sich übrigens die auf Selbsterhalt zielende Eigenlogik der Medien, wie sie im vorigen Abschnitt Thema war.

c. Techniktheoretisches Postulat:
Kongruenz von Innen- und Außenseite

Es war Wolfgang Nethöfel, der pointiert formuliert hat, dass die global vernetzte IuK-Technik die Kirche vor die Herausforderung stellt, die Strukturen der Information und Kommunikation *nach innen* und *nach außen* in Entsprechung zu halten, er nannte diese Forderung „Homologiegebot".[190] Die technische Dynamik der fortschreitenden Vernetzung sei so stark, dass sich die Glaubwürdigkeit der Kirche daran entscheiden werde, ob es ihr gelingt, sowohl ihre interne Struktur als auch die ihrer Kommunikation nach außen *vernetzt* zu organisieren.

Auch wenn gefragt werden kann (und im zweiten Teil überprüft werden wird), ob Nethöfels Vorstellung eines nach dem „Matruschka-Prinzip" organisierten Ineinanders von Internet- und Intranetlösungen einer (Landes-)Kirche nicht doch mehr an (struktureller) Uniformität annimmt, als sie dem Gedanken des Netzes entspricht, nehme ich hier seine Forderung in folgender Hinsicht auf: Die beschriebene Dynamik der modernen im Medium des Internet vernetzten Informations- und Kommunikationstechnik kann allein schon in technischer Hinsicht nicht auf die Binnenstruktur *oder* die externe Kommunikation beschränkt bleiben, es sei denn, jeder Arbeitsplatz würde mit zwei voneinander unabhängigen „Rechnern" ausgestattet.

Es gehört deshalb in der Tat zu den Bedingungen institutioneller Kommunikation im Internet, die Strukturen der Kommunikation *ad intra* wie *ad extra* auf den „Prüfstand" des neuen Mediums zu stellen. Wo und wie sich hier die von Nethöfel angemahnte „Glaubwürdigkeit" entscheidet, muss sich noch zeigen. Auf der von ihm angedeuteten Linie ist dabei durchaus zu vermuten, dass gerade an dieser Stelle eine nicht ganz einfache Hürde für institutionelle Kommunikation unter den Bedingungen des Netzes besteht.

d. Konsequenz Kontrollverlust

Ist die Voraussetzung des Zugangs zum Internet (vgl. oben zum Problem „digital divide") einmal gegeben, so sind aus „User-Sicht" die Grenzen der Informationsbeschaffung allenfalls in den Algorithmen der Such-

---

190 W. Nethöfel und M. Schnell, Cyberchurch? Kirche im Internet, 1998, 87, dort auch der folgende Verweis auf das Bild der ineinander geschachtelten russischen Puppe(n).

maschinen zu finden. Dies bedeutet im Umkehrschluss für jede kirchliche Organisation, dass sie weder den Zugang zu Informationen über sie noch die im Netz über sie verbreiteten Inhalte selbst vollständig kontrollieren kann. Gerade weil nicht nur die Rezeption, sondern auch die Produktion und Emission von Information durch das Netz *im Prinzip* radikal individualisiert wird, können von der Institution selbst nicht kontrollierbare Informationen über die jeweilige Institution wesentlich leichter mit höherer Reichweite verbreitet werden, als dies vor dem Internet möglich war.

Dies bedeutet auch, dass eine Kirche die medial „verbreiteten"[191] Informationen zu Themen des christlichen Glaubens und der kirchlichen Moral weit weniger „unter Kontrolle" hat, als dies noch in Zeiten des Buchdrucks der Fall war. In welcher Nachbarschaft die „eigene" Seite bei einer Suchmaschinenabfrage oder in einem Hyperlink-Zusammenhang steht, kann man sich (auch) als institutioneller Anbieter nicht aussuchen. BRENDA BRASHER hat in ihrer Studie „Give Me That Online Religion" darüber hinaus darauf hingewiesen, dass diese Veränderung auch das Schriftverständnis berührt: In dem Maß, in dem religiöse Texte unbegrenzt digital vervielfältigbar und bearbeitbar wird, wird ihre Qualität als „heilige", unverfügbare Schriften geschwächt.[192]

Der „*antiautoritäre*" Zug der medialen Kommunikation im Netz kann dabei sowohl in radikal protestantischer als auch in marktradikaler Version interpretiert und rezipiert werden: Endlich komme die Bevormundung in Glaubensdingen zu einem Ende und die Mündigkeit des einzelnen Christenmenschen zu ihrem auch medial nun einzulösenden Ziel, oder: Auch auf dem religiösen Markt zählt nun nicht mehr das (institutionell verwaltete) Angebot, sondern die (individuell betriebene) Nachfrage.[193]

Waren im TV-Zeitalter (zumindest der ersten, öffentlich-rechtlichen Generation in Deutschland!) noch einige wenige zentrale Sender und Sendemasten für die Informationsverbreitung zuständig, so hat die Vernetzung von PCs im Internet die Sender-Empfänger-Relation mit der (in der Theorie ohnehin schon länger in Frage gestellten) Privilegierung des Senders einschneidend verändert. Dabei sieht sich die Kirche freilich

---

191 Sofern dieses Wort nicht selbst noch zu sehr im überholten „Sender-Empfänger-Schema" denkt!

192 B. E. Brasher, Give Me That Online Religion, 2004, 42.

193 Beide Argumente sind erkennbar sympathisierend angedeutet bei W. Gräb, Sinn fürs Unendliche, 2002, 238ff; vgl. unten II.2.c.iii.

(wie auch andere Institutionen und Organisationen) nicht nur den schon beschriebenen Herausforderungen gegenüber, sondern zudem vor erhebliche *datenschutzrechtliche Anforderungen und Problemstellungen* gestellt, die sich (in dieser Hinsicht!) aus der institutionellen Verpflichtung zur Kontrolle ergeben.[194]

e. Abschied von alten Machtzentren – neue Gemeinschaftsformen

Während das Sender-Empfänger-Modell (zumindest in seiner massenmedialen Fassung) ein hierarchisches Gefälle zwischen zentraler Sendeinstanz und peripherer Empfängermenge hatte, kommt das Modell des Netzes technisch ohne Zentrum aus. Dies führt dazu, dass formelle Hierarchien etablierter und institutionalisierter Religion durch den gewissermaßen *basisdemokratischen* Ansatz des Mediums strukturell in Frage gestellt bzw. übergangen werden.[195] Allerdings wird, wie oben bereits zu Suchmaschinen und Softwareexperten angedeutet, kritisch anzunehmen sein, dass auch unter den technischen Bedingungen des Netzes die Macht nicht einfach verschwindet, sondern sich vielmehr verschiebt. Insofern wird in traditionellen (kirchlichen) Organisationsstrukturen bei wachsendem Einsatz von moderner IuK-Technik mit neuen, informationstechnisch geprägten „Machtzirkeln" mit entsprechendem Expertenwissen zu rechnen sein.

Dass die traditionell auf ein Zentrum hin fließende institutionelle Kommunikation durch das Medium Internet (sc. auch in Gestalt organisationsinterner Intranets!) eher *dezentral* zur Peripherie hin orientiert wird, lässt insgesamt erhebliche Auswirkungen auf die Organisationsstruktur erwarten. Wieweit dabei das Prinzip der Vernetzung die Organisation einer Landeskirche oder die Institution evangelische Kirche insgesamt in ihrem *Gemeinschaftsverständnis* verändern wird, kann zum jetzigen Zeitpunkt allenfalls an einzelnen Beispielen erhellt denn umfassend behauptet werden. Hier wird es darauf ankommen, die sich entwickelnden neuen Sozialitätsformen und -prozesse im Netz weiter zu verfolgen.[196]

---

194 Vgl. zur Illustration nur die Beispiele, die der Datenschutzbeauftragte der Nordelbischen Evangelisch-Lutherischen Kirche im Jahr 2008 auf der Seite www.datenschutz-nordelbien.de/index.html angibt (Abruf 17.5.08).

195 Vgl. ähnlich auch B. E. Brasher, Give Me That Online Religion, 2004, 42.

196 Für die katholische Kirche nimmt Nathan Mitchell an, dass „kaum zu bezweifeln (ist), dass durch die moderne Informationstechnologie ... sich ein neuer Ge-

f. Pluralität des religiösen Marktes und die kirchliche Einheit

Gerade weil die Entwicklung des WorldWideWeb und der über das Web verknüpften Internet-Technologien weg von zentralen redaktionellen Vorgaben hin zu weitreichenden individuellen Personalisierungsmöglichkeiten weist,[197] müssen die kirchlichen Institutionen mit der schon unter d) bemerkten Ausweitung des religiösen Marktes rechnen. Brenda Brasher folgert aus ihren Online-Studien im angelsächsischen Sprachraum: „In cyberspace, online religion resembles nothing so much as an electronic souk of the soul."[198]

Wird also der religiöse Markt tatsächlich durch das Internet als Katalysator einer fortschreitenden radikalen Individualisierung weiter *pluralisiert,* so stehen volkskirchliche Institutionen wie die bayerische Landeskirche vor der Herausforderung, ob und wie sie auch unter geänderten medialen Bedingungen ihre *Einheit* erhalten und darstellen können. Institutionelle Zugehörigkeiten, Kirchen- oder Gemeindemitgliedschaften könnten sich unter dem Einfluss des im Internet eröffneten religiösen Marktes durchaus verändern.

Wie im dritten Kapitel das Beispiel der E-Mail-Syntax gezeigt hat, sorgt die mediale Dynamik des Netzes dafür, dass sich diese Frage auch *„nach innen"* stellt. Die mit zunehmender Verbreitung und Entwicklung

---

meinschaftsbegriff gebildet hat, und genau dieser Vorgang wird die traditionelle Struktur der Kirche in ihren Grundlagen erschüttern" (N. D. Mitchell, Rituale und die neuen Medien, 2005, 78). Jedenfalls ändern sich im und durch das Web, insbesondere mit den Möglichkeiten des sog. Web 2.0 allgemein erkennbar Formen des sozialen Handelns und Prozesse der Sozialität (vgl. als ein Indiz ein Ergebnis aus der Befragung des kalifornischen Digitalcenters zum Thema Online-Communities: „A large and growing percentage of members – now 55 percent – say they feel as strongly about their online communities as they do about their real-world communities" (www.digitalcenter.org/pdf/2008-Digital-Future-Report-Final-Release.pdf, Abruf 16.5.2008).

197 Vgl. wiederum die Entwicklungen im Umfeld der Web 2.0-Techniken. Zwar nutzt erst ein kleiner Prozentsatz diese Personalisierungstechniken (RSS-Feeds etc.). Doch sollte wie im ersten Kapitel einleitend dargestellt, die Entwicklungsdynamik nicht unterschätzt werden. Das 1994 erst von 2 % der deutschen Bevölkerung genutzte Internet wird elf Jahre später, 2005, bereits von 60 % der Bevölkerung genutzt. Wenn also 2006 erst 2 % der US-amerikanischen Berufstätigen RSS-Feeds nutzen, sagt das noch nichts darüber aus, wie viele es in zehn Jahren sein werden (vgl. www.mediabuyerplanner.com/2006/08/09/study_most_us_workers_ask_what_/ (abgerufen am 27.9.2006).

198 B. E. Brasher, Give Me That Online Religion, 2004, 43 *(Souk* lässt sich mit *Basar* übersetzen).

des Mediums Internet für die „interne" wie „externe" Kommunikation einhergehenden Pluralisierungseffekte werden also eine Landeskirche vermutlich verstärkt dazu herausfordern, ihre Einheit (und organisatorische Einheitlichkeit) zum Thema zu machen – und diese ggf. plural zu gestalten.

g. Körperlose Diaspora

Während die vorangehenden drei Stichworte Pluralität, Dezentralität und Autoritätsabbau auch aus einer institutionskritischen evangelisch-„protestantischen" Perspektive gut rezipiert werden könnten, dürfte dies für die beiden letzten hier zu nennenden Aspekte schwerer fallen. Denn der mit der Entwicklung des Internet als universalem Integrationsmedium einhergehende Trend zur *Oberfläche* (und zur Dauerbeschleunigung, vgl. nächster Abschnitt), gehört für gewöhnlich nicht zum Kanon der (protestantischen) Institutionenkritik. Allenfalls in der kritischen Negation hat er dort seinen Platz. Doch das Web fördert mit seiner charakteristischen *Informationsfülle* eben gerade nicht Tiefe und Konzentration, sondern Oberfläche und Zerstreuung. Die in traditionellen Religionen und den sie verkörpernden Institutionen gesammelte integrative Weisheit verträgt sich wohl kaum besonders mit der immer weiterverweisenden Wissensfülle des Netzes.[199]

Die im Netz verfügbare Information wird für Individuum und Institution wie schon gelegentlich bemerkt, zwar die Wissensmenge erhöhen, aber nicht notwendig die Qualität des individuellen bzw. institutionellen Wissens oder organisatorischer Entscheidungen verbessern. Ob dies auch damit zusammenhängt, dass die leiblich-körperliche Erfahrung durch Bildschirm und vernetztes Arbeiten zurückgedrängt wird?

Zumindest lassen einige Beobachtungen vermuten, dass die Institution Kirche unter den Bedingungen des Mediums Internet auch deshalb in Gefahr steht, Aufmerksamkeit zu verlieren, weil das Medium eben diese Aufmerksamkeit von primären Körpererfahrungen weg zu lenken scheint, die traditionell mit religiösem Leben (und seiner institutionellen Gestalt) verbunden sind. So hat Nathan Mitchell darauf hingewiesen, dass die „klassische" Sonntagspflicht des Katholizismus wesentlich über

---

199   Zu diesem Schluss kommt auch B. Brasher: „An oversaturated information place, cyberspace adapts best to specialized, niche knowledge distinctly at odds with the integrated wisdom that religion promotes" (B. E. Brasher, Give Me That Online Religion, 2004, 43).

ein Körperritual vermittelt war, das durch das Medium Internet via „virtueller Gemeinschaften" und „Chatrooms" noch mehr aufgelöst werden könnte als dies ohnehin schon der Fall ist.[200]

h. Tempo! Überall!

Schließlich ist noch einmal an die *Beschleunigung* zu erinnern, die ja inzwischen auch als Phänomen der Mediengeschichte entdeckt ist. Wer E-Mails beantwortet, nicht beantwortet oder auf eine Antwort wartet, weiß etwas davon (oder bekommt es zu spüren), dass Geschwindigkeit zählt im Netz. Dabei belohnt das Medium Kürze, nicht nur im elektronischen Postverkehr, sondern auch bei der Präsentation auf Webseiten oder im interaktiven Chat-Austausch. Somit bestraft es aber zugleich jene ausführliche Form der Reflexion, die traditionell charakteristisch für institutionell gebundene Religion ist.[201]

Ein anderer Bereich, in dem sich die für die neueste Mediengeschichte charakteristische Beschleunigungstendenz in geänderten institutionellen Arbeitsbedingungen niederschlägt, ist die zunehmende *Aufhebung der Trennung von Arbeit und Freizeit.* Was der einen als individueller Vorteil erscheint: „Ich kann zu Hause am Bildschirmarbeitsplatz tätig sein und so Familie und Beruf besser vereinbaren!" – ist für den anderen der Fluch ständiger Erreichbarkeit: „Handy und E-Mail, wenn ich doch nur mal abschalten könnte!" Das Netz scheint die für die Industriegesellschaft charakteristische Trennung von Arbeit und Freizeit wieder rückgängig zu machen. Wie das Mobiltelefon so führt nun auch der internetverknüpfte Computer alles zusammen, wobei die Entwicklung wohl ohnehin dahin tendiert, Telefon und Internetcomputer zusammenzuführen.[202]

Besonders für religiöse Institutionen muss von Interesse sein, dass die mediale Dynamik im Internet in ähnlicher Hinsicht auch die Unterscheidung von *öffentlich* und *privat* ad absurdum zu führen scheint. „Öffentlich und privat – diese Unterscheidung darf man im Internet getrost

---

200 N. D. Mitchell, Rituale und die neuen Medien, 2005, 79. In anderer Weise passt hier auch B. Brashers Hinweis: „A fantasy universe that stimulates the imagination but ignores the rest of the body, cyberspace is a nonenvironment that sucks attention away from immediate surroundings in which most traditional religious life occurs." (B. E. Brasher, Give Me That Online Religion, 2004, 42).

201 Man denke nur an „Konsenspapiere" oder „Gemeinsame Erklärungen" – oder an dieses Buch!

202 Im Büro und zu Hause wird das Telefon via „Voice-Over-IP" in den Computer integriert werden, unterwegs wird der Computer in das Handy integriert sein.

vergessen", meint Nathan Mitchell und verweist auf die Datenspuren, die man beim vermeintlich „privaten" Surfen im „öffentlichen" Raum des Internet hinterlässt.[203] Wie sehr die Web 2.0-Technologien mit Blogs, Podcasts, Videoportalen und sozialen Netzwerken hier zur Aufhebung der Unterscheidung von öffentlich und privat tendieren, wurde oben bereits bemerkt.

Der Gang durch das Feld statistischer Daten, soziologischer Analysen, medientheoretischer und theologischer Interpretationen hat in einem ersten Anlauf Bedingungen sichtbar werden lassen, „in, mit und unter" denen sich Kirche als Institution und Organisation wiederfindet, wenn und wo sie sich des Mediums Internet bedient. Dabei wurde bereits deutlich, dass in einer (theologisch m. E. unaufgebbaren) mächtebewussten Hinsicht die „Indienstnahme" insofern dialektisch ist, als sich Kirche nicht nur eines neuen Mediums bedienen kann (und muss), sondern die medialen Dynamiken ihrerseits in spezifischer Weise formatierend wirken, sprich: auch ihrerseits in Dienst nehmen.

In welcher Weise sie dies näherhin tun, haben die Analysen dieses Teils zumindest in Umrissen herauszuarbeiten versucht. Vor diesem Hintergrund kann und soll nun im folgenden zweiten Teil zukunftsorientiert nach den Möglichkeiten gefragt werden, die sich der Institution Kirche im Blick auf die eigene Organisation wie im Blick auf ihren Auftrag der Kommunikation des Evangeliums eröffnen, wenn und wo sie sich im Netz vorfindet. Hierzu wird der Kommunikationsbegriff mit den konkreten Projektergebnissen ins Gespräch zu bringen sein.

---

203 N. D. Mitchell, Rituale und die neuen Medien, 2005, 80. Mitchell fügt dem ebd. hinzu: „Natürlich wirft diese Tatsache für eine religiöse Tradition gewaltige Probleme auf, eine Tradition zumal, die über zwei Jahrtausende hindurch das ‚innere Heiligtum des Gewissens' als letzte moralische Instanz betrachtet und das ‚Beichtsiegel' als sakrosankt hingestellt hat."

II. Teil: Kirchliche Kommunikation des Glaubens im Netz

Der Kommunikationsbegriff – Eine Brücke zwischen der Institution Kirche und dem Medium Internet

Dürfte ich das Unwort des Zeitalters bestimmen, so käme nur eines infrage: kommunizieren. Ein Autor kommuniziert nicht mit seinem Leser. Er sucht ihn zu verführen, zu amüsieren, zu provozieren, zu beleben. Welch einen Reichtum an (noch lebendigen) inneren Bewegungen und entsprechenden Ausdrücken verschlingt ein solch brutales Müllschluckerwort! Mann und Frau kommunizieren nicht miteinander. Die vielfältigen Rätsel, die sie einander aufgeben, fänden ihre schalste Lösung, sobald dieser nichtige Begriff zwischen sie tritt. Ein Katholik, der meint, er kommuniziere mit Gott, gehört auf der Stelle exkommuniziert. Zu Gott betet man, und man unterhält nicht, sondern man empfängt die Heilige Kommunion. All unsere glücklichen und vergeblichen Versuche, uns mit der Welt zu verständigen, uns zu berühren und zu beeinflussen, die ganze Artenvielfalt unserer Erregungen und Absichten fallen der Ödnis und der Monotonie eines soziotechnischen Kurzbegriffs zum Opfer. Damit leisten wir dem Nichtssagenden Vorschub, das unsere Sprache mit großem Appetit auffrißt (BOTHO STRAUSS). [204]

Der erste Satz der von der Synode der Evang.-Luth. Kirche in Bayern im Jahr 2001 beschlossenen Zielvorgabe für das Projekt „Vernetzte Kirche" lautete: „Durch den Einsatz elektronischer Kommunikationstechnologien wird die Kommunikation der ELKB nach innen und nach außen deutlich verbessert." [205] Diese Formulierung fokussiert auf den Begriff

---

204 B. Strauß, Der Untenstehende auf Zehenspitzen, 2004, 41.
205 Diesem Oberziel ordneten sich die beiden weiteren Ziele des Projekts zu (zit. nach Protokollband zur Tagung der Landessynode der ELKB in Erlangen vom 25.–30.11.2001, 48).

der *Kommunikation*. Er wird nicht zufällig als Bindeglied zwischen den „technischen" und den „inhaltlichen" Aspekten gewählt, um die es im Projekt gehen sollte. Bereits in der dem Projekt vorausgegangenen Studie „Kirche und Vernetzte Gesellschaft" kam diesem Begriff – neben dem der Information – prominente Bedeutung zu: „Kommunikation" eignet dem Medium Internet wie der Institution Kirche in besonderer Weise.[206] Der Begriff der *Kommunikation* schlägt hier die Brücke zwischen der inhaltlichen und der formal-medialen Seite.

In der Tat bietet sich das „Unwort Kommunikation" (s. o. B. Strauß) an, um eine Brücke zwischen Medium, Institution und Inhalt bzw. Auftrag zu schlagen. Zwar ist das Wortfeld erst in den siebziger Jahren (u. a. mit den Veröffentlichungen Paul Watzlawicks) im deutschen Sprachraum populär geworden, doch schaffte es das Wort „Kommunikation" – alphabetisch zwischen den Worten „Klimakatastrophe" und „Konzentrationslager" – immerhin in die 1999 veröffentlichte Liste der „100 Wörter des Jahrhunderts".[207] Inzwischen ist das Wort in der Rede von „Informations- und Kommunikationstechniken" ebenso „selbstverständlich" anzutreffen wie in der Definition der kirchlichen Aufgabe als „Kommunikation des Evangeliums".[208] Von „Kommunikation" ist im technischen Zusammenhang ebenso wie im sozialen Kontext die Rede, Form und Inhalt werden in diesem Begriff verbunden.[209]

- Die Evangelisch-Lutherische Kirche in Bayern hat bis Ende 2004 eine funktionierende und akzeptierte Infrastruktur für die interne elektronische Kommunikation, ein sogenanntes „Intranet".
- Möglichst alle parochialen und überparochialen Dienste der Evangelisch-Lutherischen Kirche sind bis Ende 2004 unter einem wiedererkennbaren gemeinsamen Dach eigenverantwortet im Internet präsent.

206 Vgl. dazu in „Kirche und Vernetzte Gesellschaft" v. a. die Seiten 6–8 (Internet) und 24–26 (Kirche).

207 W. Schneider, Die 100 Wörter des Jahrhunderts, 1999 (Gemeinschaftsprojekt von 3sat, Suhrkamp Verlag, Süddeutscher Zeitung, Gesellschaft für deutsche Sprache e.V. und DeutschlandRadio Berlin).

208 So zuerst programmatisch Ernst E. Lange, Kirche für die Welt, 1981, 101; mit Bezug auf die „Mediengesellschaft" neuerdings: Christian C. Grethlein, Kommunikation des Evangeliums in der Mediengesellschaft, 2003.

209 Freilich gilt es gerade hier, B. Strauß' Warnung vor der „Monotonie eines soziotechnischen Kurzbegriffs" zu beachten! Die gewisse „Monotonie" des Kommunikationsbegriffes macht allerdings auch seine Leistungsfähigkeit aus: So ermöglicht er es, *direkte* und *indirekte, gegenseitige* und *einseitige, öffentliche* und *private* Kommunikationsformen zu unterscheiden und doch aufeinander zu beziehen, vgl. J. M. H. J. Hemels, Kommunikation 1.–4., 1989, 1344.

Der Bogen dieses Teils verknüpft deshalb die Frage nach den Leistungen des Projekts Vernetzte Kirche für die Verbesserung der Arbeit einer Landeskirche mit einer eingehenden Reflexion des Kommunikationsbegriffs.

Diese erfolgt in mehreren Abschnitten: Zunächst wird im ersten Kapitel in mehreren Perspektiven die institutionelle Kommunikation der Kirche als *Kommunikation der Organisation* untersucht. Hierzu werden aus den Erfahrungen des Projekts Vernetzte Kirche vor allem solche Beispiele herangezogen, die in der *internen* Kommunikation der Institution eine Rolle spiel(t)en.[210] Die Zielangabe des Projekts war hier, in Bayern binnen drei Jahren eine funktionierende und akzeptierte Infrastruktur für die interne elektronische Kommunikation, ein so genanntes „Intranet" bereitzustellen.

Im zweiten Kapitel wird die Frage der *Kommunikation des Glaubens bzw. des Evangeliums* explizit in den Blick genommen. Mit dem Projekt „Vernetzte Kirche" ging (und in dessen Folge geht) es der Evangelisch-Lutherischen Kirche in Bayern darum, zeitgemäße und moderne Informations- und Kommunikationstechnologie zur Verbesserung ihrer Arbeit zu nutzen. Dabei ist neben erhofften Einspar-, Effizienz- und Optimierungsaspekten immer auch an eine qualitative Verbesserung gedacht. Somit stellt sich die Frage nach den inhaltlichen Kriterien, an denen sich eine solche Verbesserung misst. Sie werden vor allem an solchen Beispielen des Projekts Vernetzte Kirche diskutiert werden, die der *externen* kirchlichen Kommunikation zugerechnet wurden. Ziel war hier der „eigenverantwortete" Ausbau der unterschiedlichen landeskirchlichen Internetaktivitäten und seine Strukturierung „unter einem wiedererkennbaren gemeinsamen Dach".[211]

Das dritte Kapitel stellt dem Kommunikationsbegriff das Verständnis von *Kirche als Communio* zur Seite. Die leitenden theologischen Vorstellungen werden reflektiert und für eine medienbewusste Kirchentheorie fruchtbar zu machen versucht. Auch auf Einsichten und Fragen aus dem ersten Teil der Studie wird dabei zurückzugreifen sein.

---

210 Diese Thematik als erste zu behandeln, entspricht insofern der Genese des Projekts, als *zunächst* verwaltungsinterne Interessen und eine stark organisationstheoretische Sichtweise der Vorarbeiten dominierten. Erst in den Überlegungen des landeskirchenamtlichen Planungsreferats zu einer „3-Säulen-Strategie" wird dann die Verknüpfung zur Formulierung „Kommunikation des Evangeliums" explizit hergestellt, vgl. „Kirche und Vernetzte Gesellschaft", Anhang, S. VIII.

211 Vgl. zur genauen Zielformulierung die zweite Anmerkung dieses Teils!

Das abschließende vierte Kapitel dieses Teils bezieht *Medium und Institution* nochmals aufeinander, indem es den möglichen *Beitrag des Netzes zum Kirchesein der Kirche* zusammenfasst. Hierzu werden vor dem Hintergrund der Ergebnisse des bayerischen Projekts zentrale Fragen von Medialität, Körperlichkeit und Leiblichkeit christlicher Kommunikation(sgemeinschaft) bedacht.

1. Die Kommunikation der Organisation

Exkurs: Das Internet als Medium kirchlicher Arbeit
außerhalb Bayerns

Ein knapper Blick über den Bereich der bayerischen Landeskirche hinaus auf die kirchliche Landschaft Deutschlands zeigt, dass und wie sehr die modernen Informations- und Kommunikationstechnologien seit inzwischen mehr als zehn Jahren die interne und die externe Kommunikation der Kirche mitbestimmen.[212] Nicht allein die *Webpräsenz* der Evangelischen Kirche in Deutschland (www.ekd.de) und der katholischen Kirche (www.dbk.de, Deutsche Bischofskonferenz) können als Beispiele dafür dienen, dass Nachrichten und Informationen inzwischen von vielen selbstverständlich im Netz abgefragt werden. Immer mehr Landeskirchen und Kirchengemeinden haben bundesweit in den vergangenen Jahren nicht nur Webpräsenzen aufgebaut und entwickelt, sondern halten diese inzwischen nicht selten durch ausgefeilte interne Verwaltungs- und Informationsmanagementsysteme aktuell.[213] Viele unterschiedliche kirchliche Aktivitäten im Web belegen, dass bei der sog. *externen Nutzung* des Internet mittlerweile nicht nur die Funktionen der Information und der Präsentation, sondern zunehmend auch die interaktiven und kooperativen, ja neuerdings auch die simulativen Möglichkeiten des WorldWideWeb genutzt werden. Beispiele hierfür sollen im dritten Kapitel ausführlich beleuchtet werden.

---

212 *„Über den Bereich der bayerischen Landeskirche hinaus"* hier deshalb, um zu verdeutlichen, dass die im Folgenden am bayerischen Projekt erarbeiteten Überlegungen auch über Bayern hinaus von Interesse und Belang sind. Vgl. auch den entsprechenden „Seitenblick" in der Einleitung!

213 In der Fachsprache sind dies sog. „Content-Management-Systeme", die es erlauben, eine Webpräsenz durch eine ganze Reihe unterschiedlicher Personen und Zuständigkeiten zu „pflegen" (vgl. dazu unten II.1.d.ii).

Für die *interne Nutzung von Informations- und Kommunikationstechnologien* spielten in den einzelnen Landeskirchen und Bistümern die jeweiligen *Rechenzentren* eine entscheidende Rolle. So hat es sich etwa die Hannoversche Landeskirche bereits 1991 mit der Gründung eines „Benutzerserservicezentrums" zur Aufgabe gemacht, die Informationstechnik in der Landeskirche zu koordinieren und dafür zu sorgen, dass zentrale IT-Systeme benutzerorientiert zur Verfügung gestellt werden.[214] Während in der Evangelisch-Lutherischen Kirche Hannover dann in den folgenden Jahren mit dem „Kooperativen Kirchennetz der evangelischen Kirche" der erste Prototyp eines landeskirchlichen Verwaltungsnetzes gegründet wurde, sind inzwischen alle evangelischen Landeskirchen mehr oder weniger intensiv mit dem internen wie externen Auf- und Ausbau ihrer Kirche als „vernetzte Kirche" beschäftigt.[215] Dabei spielen stets die Interessen an einem sicheren und vertraulichen internen Austausch (z. B. von Personal- und Finanzdaten) und einer schnellen und effektiven Kommunikation im Bereich der jeweiligen Intranets wie im öffentlichen Bereich des WorldWideWeb eine zentrale Rolle. Dass die Kirche als eine traditionelle Institution dabei zeitgemäßen und modernen Kommunikationstechniken mit größeren Vorbehalten begegnet, wie dies manchmal vermutet wird, kann ein erster oberflächlicher Blick auf die zwischenzeitlich erreichte Nutzung des Mediums für die kirchliche Kommunikation jedenfalls durchaus nicht bestätigen.

Immerhin fällt auf, dass in Zeiten des Sparens und der Rufe nach Effizienz und Effektivität auf organisatorischer Ebene zumindest in den evangelischen Landeskirchen Deutschlands eine ganze Reihe von Suchbewegungen parallel im Gange sind, um durch die Nutzung zeitgenössischer Informations-

---

214 Quelle: Gespräch d. Verf. mit dem Leiter des Benutzerservicezentrums, Dr. Chr. Hartmann, Hannover, am 15.7.2004; vgl. auch Chr. Hartmann, Kostengünstig und kundenorientiert, S. 108–116 in: W. Nethöfel und M. Schnell, Cyberchurch? Kirche im Internet, 1998.

215 Vgl. das Intranetprojekt der Badischen Landeskirche (www.ekiba.de/vernetzung, Aufruf am 12.10.06) und das Intranet der Hessen-Nassauischen Kirche (vgl. www.ekhn.de/intranet, Aufruf am 12.10.06), siehe dazu oben den „Seitenblick" in der Einleitung.

und Kommunikationstechnologien sowohl dem Ziel von Einsparungen als auch dem Anspruch der Verbesserung der Kommunikation „nach innen" wie „nach außen" näher zu kommen.

a. Kommunikation informationstechnisch: Übertragung von Zeichen

Botho Strauß kann für seine Warnung vor der Ödnis und Monotonie eines soziotechnischen Kurzbegriffs zumindest auf die Ursprünge des modernen Kommunikationsbegriffes verweisen. Sie liegen durchaus im technischen Bereich, wie dies auch in der Rede von „Informations- und Kommunikationstechniken" anklingt. Es war der Mathematiker und Elektrotechniker CLAUDE ELWOOD SHANNON, der im Jahr 1948 unter dem Titel „A Mathematical Theory of Communication" einen für die Entwicklung des Kommunikationsbegriffes bahnbrechenden Aufsatz veröffentlichte. Ein Jahr später erschien der Aufsatz gemeinsam mit einer Studie des Mathematikers WARREN WEAVER in Buchform.[216]

Shannons und Weavers berühmt gewordenes Schema eines „allgemeinen Kommunikationssystems" beschreibt Kommunikation als den Vorgang des Informationsaustauschs zwischen Sender und Empfänger mittels bestimmter Übertragung: Die von der Informationsquelle *(information source)* hervorgebrachte Botschaft *(message)* wird von einem (technischen) Übertragungssystem *(transmitter)* in übertragungsfähige Signale *(signals)* gewandelt. Diese werden via eines Kanals *(channel)* zu einem (technischen) Empfänger *(receiver)* übertragen, der die Signale für den Bestimmungsort *(destination)* in die zu übermittelnde Botschaft *(message)* zurückverwandelt.

Vergegenwärtigt man sich den Kontext der Entwicklung des Telefons und anderer Fernübertragungstechniken, so wird deutlich, wo dieses Modell ursprünglich seinen „Sitz im Leben" hatte: Es ging mit Shannons und Weavers Fassung der Kommunikationstheorie vor allem darum, Ungewissheit zu reduzieren, die deshalb wesentlich zur Information dazugehört, weil die Signalübertragung immer von Störungen *(noise source)* begleitet ist. Aufgabe des informationstheoretischen Kommunikationsmodells war es also, die Bedingungen näher zu bestimmen, unter denen ein dem jeweiligen Medium angemessener *Code* die Unterschei-

---

216 Das Buch: C. E. Shannon und W. Weaver, The Mathematical Theory of Communication, 1972, der Aufsatz: C. E. Shannon, A Mathematical Theory of Communication, 1948.

dung zwischen unerwünschten Störgeräuschen und übermitteltem Informationsgehalt ermöglicht. Dabei repräsentiert das Prinzip der *Redundanz* die Möglichkeit des Verstehens durch Wiedererkennen von Bekanntem, umgekehrt steht der Begriff der *Information* für das Moment des Unbekannten und Neuen, ohne das es keinen Kommunikationsprozess gibt. „Kurz, die Shannonsche Kommunikationstheorie ist eine Theorie der elektrotechnischen Übertragung von als Signale kodierten Botschaften, nicht mehr und nicht weniger."[217]

Dass sie viel weiter reichende Bedeutung gewinnen konnte, hängt vielleicht mit einer anderen, ebenfalls 1948 vorgelegten, Kommunikationstheorie zusammen, die mit den Namen von *HAROLD LASSWELL* verbunden ist: *„Wer – sagt was – in welchem Kanal – zu wem – mit welcher Wirkung?"*[218] Lasswell hat seine als „Lasswellsche Formel" klassisch gewordene Beschreibung der Elemente des Kommunikationsbegriffs als Soziologe vorgelegt, um das Funktionieren von Massenkommunikation und Propaganda näher zu beschreiben. Wenn seine Theorie hier ebenfalls unter dem „technischen" Paradigma erfasst wird, so geschieht dies in Hinsicht auf das auch bei ihm unschwer zu erkennende *instrumentelle Übertragungsmodell:* Kommunikation wird als Werkzeug gebraucht, um eine bestimmte Intention zum Erfolg zu führen. Die fünf Elemente von Kommunikation (Kommunikator, Botschaft, Medium, Rezipient, Wirkung) stehen in einer linearen Reihenfolge, um die vom Kommunikator intendierte Wirkung beim Rezipienten zu erzeugen. Kommunikation wird so verstanden als Frage bzw. Aufgabe der Übermittlung von Information von einem „Sender" an einen „Empfänger". Die Vorstellung des Senders wird in Worte bzw. Zeichen/Signale „verpackt" übermittelt und der Empfänger entnimmt dem Päckchen die vom Sender versandte Vorstellung.[219]

---

217   R. Capurro, Ethik im Netz, 2003, 107. Eine ausführlichere Würdigung des Ansatzes von Shannon und Weaver hätte einerseits die in der Folge ihres Modells wichtig gewordenen Überlegungen zu „semantischen Störgeräuschen" *(semantic noise)* und zur in ihrem Modell offen bleibenden Frage, wie die Transformation von „Message" in „Signal" bzw. aus dem „Signal" erfolgt und was diese mit der semantischen Ebene *(meaning)* macht. (Vgl. dazu neben Capurros Überlegungen zur „Theorie der Botschaft", ebd.; auch: www.cultsock.ndirect.co.uk/MUHome/cshtml/introductory/sw.html, abgerufen am 16.10.2006.)

218   Die sog. Lasswellsche Formel, hier zitiert nach E. Arens, Was kann Kommunikation?, 2002, 412.

219   Vgl. zur Kritik der sog. „Conduit-Metapher" der Kommunikation: M. J. Reddy, The Conduit Metaphor: a case of frame conflict in our language about language, 1979.

Das technische Modell hat sich bei der Analyse menschlicher (massenmedialer) Kommunikation in den vergangenen Jahrzehnten als äußerst einflussreich erwiesen. Das „Sender-Transmitter-Receiver"-Schema ist offenbar elementar und im Kontext des naturwissenschaftlich-technischen Zeitalters eingängig genug, nicht nur die technische Realisierung von (massenmedialer) Kommunikation, „sondern auch die Interaktions-Logik so gut wie aller Kommunikationseinrichtungen und in gewissem Maße selbst den Diskurs über Kommunikation" zu prägen.[220]

b. Vernetzte Kirche – ein Technikprojekt

Auch das Projekt „Vernetzte Kirche" lässt in seinem Verständnis von Kommunikation durchaus den technischen Ursprung erkennen, und dies nicht nur in der Rede von „Informations- und Kommunikationstechniken".[221] Die dem Projekt vorausgegangene Studie „Kirche und Vernetzte Gesellschaft" formuliert als ersten von fünf „Empfehlungsbereichen" nicht zufällig die Dimension „Technik". Geht es doch – so die Studie – darum, Gemeinden überhaupt „ans Netz" und ins Netz zu bringen.[222] Hierfür die technischen Voraussetzungen zu erbringen, war eine der Hauptaufgaben des Projekts, die kirchliche Organisation (der ELKB) sollte ja im Medium Internet kommunikationsfähig werden. Mithin galt es, insbesondere im Bereich der *internen Kommunikation* überhaupt erst die Grundlagen zu einer *funktionierenden und akzeptierten Infrastruktur* für die vernetzte elektronische Kommunikation zu schaffen, wie es die synodale Zielbestimmung formulierte.

Gerade weil an dieser Stelle unter den gegebenen Umständen und Voraussetzungen ein gewisser technischer Schwerpunkt des Projekts Vernetzte Kirche zweckmäßig und unumgänglich war, wird es umso wichtiger sein, anschließend auch kritisch zurückzufragen, ob die dem technischen Zugang innewohnende instrumentelle Tendenz das Gesamtprojekt möglicherweise implizit stärker bestimmt hat, als dies von den

---

220 J. A. Simon, Ansätze zu einem Speziellen Modell vernetzter Kommunikation 1997, 2.

221 Wie überhaupt ein tendenziell instrumentell-technisches Kommunikationsverständnis für die kirchlich-theologische Einschätzung und Beurteilung moderner Medien vorherrschend erscheint, vgl. z. B. aus dem katholischen Bereich die Stellungnahme zum Internet, Päpstlicher Rat, Ethik im Internet. – Kirche im Internet, 2002.

222 „Kirche und Vernetzte Gesellschaft", 69f.

expliziten Absichten her vorgesehen war.[223] Zunächst aber soll die Darstellung der beiden technischen Schwerpunkte des Projekts ihren Platz bekommen: die Einrichtung eines „sicheren Kirchennetzes" und eines „landeskirchlichen Intranets". Hiermit sollten ja – im informationstheoretischen Paradigma gesprochen – die „Kanäle" etabliert werden, mit deren Hilfe die kirchlichen Botschaften (intern wie extern) zu übermitteln waren.

i. Kanalbau I: „Sicheres Kirchennetz"

Von Beginn an verfolgte das Projekt den Auftrag, seinen Beitrag zum Aufbau eines „sicheren Kirchennetzes" zu leisten. Insbesondere durch die Einrichtung dezentraler verschlüsselter Zugänge mittels der sog. VPN-Einwahl wurde versucht, die Voraussetzungen für einen „sicheren" innerkirchlichen Datenverkehr auf elektronischem Wege zu schaffen.[224] Damit verband sich der Aufbau einer Benutzerverwaltung für den Zugang zum landeskirchlichen Intranet und für „sichere" Mail-Adressen zum dienstlichen E-Mail-Austausch von „@elkb.de" zu „@elkb.de".

Betrachtet man die statistischen Zahlen zu diesem Teilprojekt für sich, so klingen sie keineswegs spektakulär: Zum Projektende am 31.12.2004 gab es im Bereich der Landeskirche 376 „sichere" VPN-Zugänge und 613 „sichere" E-Mail-Konten (d. h. „@elkb.de"-Adressen). Für eine Landeskirche mit über 1500 Gemeinden ist hier in der Fläche noch großer Nachholbedarf. Allerdings hatte das Projekt in seiner ersten Phase auch bewusst darauf verzichtet, Gemeinden für „VPN"-Zugänge zu bewerben, weil der zunächst gewählte Telefonprovider gerade die Versorgung in der Fläche der Landeskirche nicht befriedigend sicherstellen konnte. Erst im Sommer 2005 ist es mit einem neuen Telefonprovider möglich geworden, einen breiteren Rollout des sicheren Kirchennetzes in Angriff zu nehmen. Dieser erfolgte im Bereich „User-Helpdesk" in Kooperation mit der Kondek GmbH, einer Ausgründung der Hannoverschen Landeskirche.[225]

---

223 Vgl. nur den programmatischen Vorsatz „Vernetzte Kirche ist nicht nur ein Technikprojekt." (s. o. I.4.a).

224 Anzumerken ist, dass präziserweise allenfalls komparativisch von einem „sichereren" Netz die Rede sein kann, ein schlechthin „sicheres" Netz ist mit Blick auf mit krimineller Energie betriebene technische Missbrauchsmethoden („Hacker" etc.) auch in einem „Virtual Private Network" (VPN) nicht zu erreichen.

225 Vgl. Meldung auf www.kondek.de vom 08.06.2005: „(ch) Die KONDEK GmbH stellt ab Anfang Juni 2005 einen User Help Desk für über 1.200 Kirchengemeinden der Ev.-Luth. Kirche in Bayern bereit. Ein entsprechender Vertrag

Das Bewusstsein für die Bedeutung des Themas „Sicheres Kirchennetz" in der Breite der Landeskirche muss in Analogie zum erst allmählich wachsenden gesellschaftlichen Bewusstsein für die Sicherheitsaspekte des Internet und der damit verbundenen Technologien gesehen werden. Während in der zentralen landeskirchlichen Verwaltung an dieser Stelle durch die Einführung der Datenschutzrichtlinien eine breitere Sensibilisierung konstatiert werden kann, ist diese im Bereich der Gemeinden, Werke und Dienste weithin noch Desiderat. Mit der „Verordnung über den Einsatz von Informations- und Kommunikationstechnik in der ELKB" ist seit 1.7.2003 eine verbindliche rechtliche Grundlage in Kraft.[226] Während die rechtlichen und technischen Voraussetzungen im Rahmen des Projekts geschaffen bzw. (im Fall des flächendeckenden Kirchennetzes) vorbereitend grundgelegt werden konnten, hat sich die Arbeit an der Akzeptanz in der Breite der Landeskirche als ein Thema herauskristallisiert, für dessen umfassende Bearbeitung der Rahmen von drei Jahren zu eng gesteckt ist, und das auch nach fünf Jahren, zum Ende des Jahres 2006, noch nicht vollständig erreicht war.[227]

ii. Kanalbau II:
Die Etablierung eines landeskirchlichen Intranets

Wie weit das Projekt im Bereich der Akzeptanz in den drei zur Verfügung stehenden Jahren seinerseits gekommen ist, verdeutlicht in besonderer Weise der Bereich des landeskirchlichen Intranets (https://www.elkb.de;

---

wurde zwischen der Arbeitsstelle Vernetzte Kirche in München und der KONDEK am 27.5. abgeschlossen. Hintergrund dieses Kooperationsvertrages ist die Einführung eines landeskirchenweiten VPN-Netzes und die Einrichtungen und Kirchengemeinden der bayrischen Landeskirche. KONDEK übernimmt dabei den 1st-Level Support, der 2nd-Level Support wird von der IT-Organisation im Landeskirchenamt in München übernommen" (abgerufen am 4.7.05). Zu Geschichte und Organisation der Kondek GmbH vgl. auch oben!

226 Die Verordnung im Intranet: https://www.elkb.de/anwendungen/rechtssamm lung/download/IuKV.pdf. In operativer Hinsicht ist der Vollständigkeit halber hier auch noch an die Einrichtung eines „Projektkoordinierungsausschusses" für die Durchführung von EDV-Projekten im Landeskirchenamt zu erinnern.

227 Zum 5.4.2006 wurde im Rahmen einer Zwischenevaluation der „Arbeitsstelle Vernetzte Kirche" eine Zahl von 591 Zugängen und 1079 E-Mail-Konten festgestellt. Die Kurve zeigt also nach oben, ist aber bei über 1500 Gemeinden und mehr als 5000 hauptamtlich Mitarbeitenden noch weit von der Annäherung an die Zielgerade entfernt. Die Zahlen zeigen immerhin deutlich das Vorankommen, gab es Ende 2006 doch bereits 1163 VPN-Zugänge und 1647 E-Mail-Konten (Statistikabfrage durch den Webmaster von Vernetzte Kirche, Januar 2007).

nur mit Kennung zugänglich). Hier ist es in den drei Projektjahren gelungen, der Zielsetzung gemäß ein funktionierendes und in der Breite der Landeskirche weithin akzeptiertes Intranet als Kommunikationsmedium für den landeskirchlichen Informationsaustausch zu etablieren.

Zum Erfolg hat dabei entscheidend auch die relative Offenheit der technischen Standards für den Zugang zum Intranet beigetragen. Denn der Intranetzugang ist nicht davon abhängig, dass der User oder die Userin über eine @elkb.de-Mailadresse oder über eine VPN-Verbindung mit dem „Sicheren Kirchennetz" verfügt. Es genügt ein Standard-Webbrowser, der verschlüsselte SSL-Verbindungen im Internet ermöglicht. Dass diese niedrige technische Hürde richtig gewählt war, unterstreicht auf seine Weise die Entwicklung der Seitenanfragen an die Domain elkb.de im Projektzeitraum:

Gegenüber einer Zahl von 5.927 Seitenaufrufen des landeskirchlichen Intranets zu Beginn des Projekts im Januar 2002 stellt die Dezemberzahl des Jahres 2004 von 100.544 Seitenaufrufen eine Steigerung um den Faktor 17 dar.[228]

Im Juli 2004 wurde der bis dato weithin übliche „Demo-Zugang" zum landeskirchlichen Intranet abgeschaltet und (in Verbindung mit dem Ausbau der Benutzerverwaltung) auf individuell personalisierte Zugänge umgestellt. Zum Projektende waren 8.750 personalisierte Zugänge angelegt, hiervon nutzten den Intranetzugang insgesamt 4.459 aktiv. Von diesen wiederum waren es ca. 2.100, die im Adressbuch des Intranets ihre persönlichen Daten selbst ergänzten.[229]

---

228 Quelle für diese und die folgenden Zahlen und Tabellen sind die „Logfiles", die dem Verf. in der Auswertung des Projekts zur Verfügung gestellt wurden. Im *Dezember 2006* wurden 247135 Seitenaufrufe gezählt, im März 2008 waren es mehr als eine halbe Million (543.441).

229 Auch hier einige Zahlen zur weiteren Entwicklung: Innerhalb eines Monats gab es im *März 2006* mehr als 3.000 Personen, die sich in das Intranet eingeloggt hatten, insgesamt waren es in 2006 7539 Zugänge, die genutzt wurden. Einge-

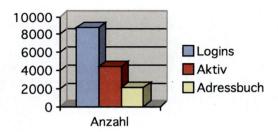

Auch nach Projektende wurde und wird im Rahmen der landeskirchlichen „Arbeitsstelle Vernetzte Kirche" daran gearbeitet, dass die technischen Voraussetzungen für effizientes vernetztes Arbeiten gegeben sind.[230] Mit Blick auf die technische Ausstattung ist zu konstatieren, dass das Projekt mit der Plattform „www.elkb.de" ein funktionierendes Intranet im Bereich der bayerischen Landeskirche etablieren konnte. Für die eingangs bereits summarisch positiv beantwortete Frage der Akzeptanz sind nun auch die Inhalte näher zu betrachten.

iii. Inhalte I: Der Aufbau eines landeskirchenweiten elektronischen Informationssystems

Dies geschieht in einem ersten Schritt zunächst ebenfalls noch unter der Überschrift „Technikprojekt". Denn zumindest in einer Hinsicht entspricht das Intranet auch inhaltlich dem technisch-instrumentellen Verständnis von Kommunikation: Das Intranet soll dazu dienen, in der kirchlichen Organisation benötigte Informationen aktuell und zeitnah zur Verfügung zu stellen. Aus Empfängersicht ist das Medium dazu da, kirchlichen Mitarbeitenden die für die eigene Arbeit erforderlichen Informationen zu liefern. – Und in der Perspektive derjenigen, die Informationen in der Kirche senden wollen (oder qua Amt müssen), stellt ein

---

richtet waren zum 31.12.2006 die Zugänge von fast 10.000 Hauptamtlichen, fast 2000 Ehrenamtlichen und für über 1500 Institutionen. Ganz ähnliche Zahlen waren auch zum 30.6.2008 festzustellen, eingeloggt waren im ersten Halbjahr 2008 7.144 „User", von denen 5.325 aktiv ihre Daten im Adressbuch überprüft haben.

230 Ich verzichte hier auf eine nähere Beschreibung der technischen Details (Content-Management-System, LDAP-Verzeichnisdienst, . . .). Teilweise werden sie bei den Inhalten im Folgenden noch Beachtung finden, wo dies den Kontext erhellt.

114

landeskirchenweites Intranet einen Verbreitungs- und Übertragungskanal dar, um die Botschaften aktuell und ressourcensparend versenden zu können.

Für die Inhalte wurde im bayerischen Projekt eine zentrale Intranet-Redaktion eingerichtet, deren Aufgabe es war, den Auf- und Ausbau der Intranetinhalte voranzubringen und zu strukturieren. Der statistische Blick auf die Zahl der am Projektende nach drei Jahren vorhandenen Seiten weist ca. 650 Inhaltsseiten und ca. 2200 zum Download verfügbare Dokumente aus.

Interessant zu sehen ist, wie sich die Gesamtsumme der Seitenaufrufe zu Projektende am 31.12.2004 auf die inhaltlichen Bereiche von www.elkb.de verteilt:

Die Verteilung zeigt, welche Bereiche am meisten genutzt werden: Sieht man von dem Bereich der Portale (zu hier nicht näher spezifizierten Themenbereichen) ab, so sind die Anwendungen und Informationen die am intensivsten genutzten Bereiche. Dies deckt sich weitgehend mit den Erkenntnissen einer im Sommer 2004 durchgeführten NutzerInnenbefragung unter 150 Intranetusern.[231] Neben den Bereichen Information und Anwendungen (unterschiedliche Datenbanken des Intranets) ist es dort v. a. der Bereich der Arbeitshilfen, der als häufig genutzt benannt wurde (z. B. Formularvorlagen, Rahmenverträge, aber auch Lesepredigten).

Dies belegt, dass das Internet auch faktisch primär als *Informationsquelle* genutzt wurde – und wird. Seine Stärke besteht in dieser Hinsicht vor allem in seiner *Aktualität* und der raschen Erreichbarkeit gewünschter Informationen. Ob es sich nun um Vorschläge für einen Bittgottesdienst aus Anlass einer Katastrophe handelt,[232] oder um Formularvor-

---

231 Vgl. zu den Ergebnissen dort die sog. „Zwischenevaluation" des Projekts Vernetzte Kirche durch eine gemeinsame Arbeitsgruppe von LMU München und Mummert Consulting, MS 16.9.2004.

232 Z. B. waren Ende 2004 angesichts der Tsunami-Katastrophe im Indischen Ozean solche Vorlagen bayernweit abrufbar.

drucke für unterschiedliche Verwaltungsvorgänge (z. B. Fahrtkosten-abrechnung): Erreichbarkeit und Aktualität der Information sind ent-scheidende Kriterien für die Nutzung und die Akzeptanz eines landes-kirchlichen Intranets. Der wie oben gesehen für den informationstech-nischen Kommunikations- bzw. genauer: Informationsbegriff wesentli-che Neuigkeitswert paart sich hier mit der im ersten Teil beschriebenen medialen Dynamik zur Beschleunigung: Schon kurz nach der Eröffnung des Intranets häuften sich die Anfragen nach noch nicht vorhandenen Informationsmaterialien und die Klagen über mangelnde Auffindbarkeit einzelner Informationen im landeskirchlichen Netz. In der Konsequenz führte dies nicht nur zum quantitativen Wachsen des bayerischen Intra-nets hinsichtlich Seitenumfang und Zahl der Downloaddokumente. Ebenso wurden seit Projektbeginn kontinuierlich bis heute die Such-möglichkeiten und -wege erweitert, um möglichst vielen verschiedenen Suchstrategien Rechnung zu tragen. Und im Jahr 2005 wurde die Rück-meldemöglichkeit zu nicht aktuellen Seiteninhalten in den für alle Seiten zur Verfügung stehenden Seitenrahmen einbezogen.[233]

Nicht nur im „internen" Bereich des landeskirchlichen Intranets stand das Bedürfnis nach aktueller und erreichbarer *Information* zunächst im Vordergrund des kommunikativen Interesses derjenigen, die damit ar-beiteten. Auch beim Blick auf die „externe" Kommunikation im nächsten Kapitel wird sich zeigen, dass die Bereitstellung von Information einen wichtigen Teil der kirchlichen Kommunikationsbemühungen im Projekt „Vernetzte Kirche" ausmachte und in dessen Folge ausmacht.[234] Zugleich wird aber bei der Betrachtung der Inhalte wie der Technik der durch das Projekt angestoßenen kirchlichen Kommunikation deutlich, dass sie in verschiedener Hinsicht über das hinausgreifen, was sich im informations-theoretischen Grundmodell der signalgestützten Übertragung vom Sen-der zum Empfänger beschreiben lässt. Im Intranet wird dies daran sicht-bar, dass die Kommunikation keineswegs *linear* von einem Sender zu einem (oder massenmedial: vielen) Empfängern verläuft. Vielmehr wer-den Botschaften tendenziell auf allen Seiten in Signale codiert *und*

---

233   Sie wurde nach mündlicher Auskunft des Webmasters vom 24.10.2006 bis zu diesem Datum im Jahr 2006 ca. 825 mal genutzt. Hauptsächlich bezogen sich die Aktualisierungswünsche auf Angaben zu gemeindlichen Daten.

234   Ein von Anfang an akzeptiertes und nachgefragtes Beispiel hierfür ist der Ver-anstaltungskalender www.evangelische-termine.de, in den zum 31.12.2004 40.090 Veranstaltungen eingetragen waren, die im Dezember 228.326 mal auf-gerufen worden waren. Vgl. unten 3.a.

decodiert: Jeder ist – in unterschiedlichen Relationen – sowohl Sender als auch Empfänger von Botschaften im Intranet.

Dass das – gelegentlich als „Kanonenschussmodell" bezeichnete – instrumentelle Sender-Empfängermodell der Kommunikation nicht hinreicht, zeigt sich freilich nicht nur praktisch an einem Beispiel wie der Intranetkommunikation, sondern wurde auch in der Theorie der Kommunikation bedacht, insbesondere im systemtheoretischen Zusammenhang.

c. Kommunikation systemtheoretisch: Kopplungen und Irritationen

Botho Strauß' Verdikt über den Kommunikationsbegriff könnte auch dessen soziologische Formulierung in der Systemtheorie im Blick haben. Denn die „allgemeine Systemtheorie" knüpft in ihren kybernetischen Überlegungen an den informationstechnisch geprägten Kommunikationsbegriff an, wenn sie versucht, die Strukturen menschlicher Kommunikation aus der *Beobachterperspektive* zu beschreiben und zu analysieren. In Ergänzung zu dem am Beispiel von Shannon/Weaver und Lasswell vorgestellten Übertragungsmodell hat die allgemeine Systemtheorie insbesondere den „Rückkanal" ergänzt und das systemische Prinzip der *Rückkopplung* in die Theoriebildung eingebracht. Die auf dem Hintergrund der Systemtheorie erfolgten Weiterentwicklungen des Kommunikationsbegriffs können als *kybernetische Modelle* durchaus als Varianten des informationstechnischen Kommunikationsbegriffs betrachtet werden.[235]

Einen gegenüber dem informationstheoretischen Modell radikal neuen Ansatz im systemtheoretischen Verständnis von Kommunikation bietet erst NIKLAS LUHMANN mit seiner Theorie Sozialer Systeme. In seiner Gesellschaftstheorie verabschiedet Luhmann explizit die Vorstellung von Kommunikation als *Übertragung*. „Kommunikationen bilden . . . eine emergente Realität sui generis. Nicht der Mensch kann kommunizieren, nur die Kommunikation kann kommunizieren."[236] Kommunikation ist für ihn eine genuin soziale Operation, die Grundoperation der Gesellschaft als Ganzes, zu der sie sich in einem zirkulären Verhältnis befindet:

---

235   Vgl. so z. B. auch C. Bäumler, Art. Kommunikation/Kommunikationswissenschaft, TRE 19, 1990, 386. Bäumler unterscheidet vom kybernetischen Modell der Kommunikation allerdings nochmals eigens die *pragmatische Kommunikationstheorie,* die er am Beispiel von P. Watzlawick illustriert.

236   N. Luhmann, Die Gesellschaft der Gesellschaft, 1998, 105.

„Gesellschaft ist nicht ohne Kommunikation zu denken, aber auch Kommunikation nicht ohne Gesellschaft." Systemtheoretisch konsequent sind gegenüber dem Kommunikationssystem Gesellschaft „alle weiteren physikalischen, chemischen, organischen, neurophysiologischen und mentalen Bedingungen ... Umweltbedingungen."[237]

Anstelle der Vorstellung der Übertragung von Information von einem Lebewesen oder einem Bewusstsein auf ein anderes tritt die beobachterabhängige Unterscheidung von *Medium* und *Form*. Nur in der Differenz von *lose* und *strikt* gekoppelten Elementen ist Kommunikation möglich. Luhmann illustriert dies an *Wahrnehmungsprozessen* (an denen Fritz Heider in den zwanziger Jahren die von Luhmann aufgegriffene Unterscheidung entwickelt hatte): Die lose Kopplung von Elementen im Medium (z. B. Licht oder Luft) braucht die strikte Kopplung in der Form (der Dinge), um zur Anschauung zu kommen. Mutatis mutandis gilt dies auch für die Kommunikation als „soziale Operation": „Die lose gekoppelten Worte werden zu Sätzen verbunden und gewinnen dadurch eine in der Kommunikation temporäre, das Wortmaterial nicht verbrauchende, sondern reproduzierende Form. ... Das System operiert in der Weise, daß es das eigene Medium zu eigenen Formen bindet, ohne das Medium dabei zu verbrauchen (so wenig wie das Licht durch das Sehen von Dingen verbraucht wird)."[238]

Innerhalb der gesellschaftlichen Kommunikation unterscheidet Luhmann *Verbreitungsmedien* von Erfolgsmedien. Erstere erweitern die Reichweite von Kommunikation, sei es durch ein Megaphon, die Druckpresse oder das Fernsehen. Insbesondere die modernen Massenmedien beziehen aus der charakteristisch wachsenden sozialen Redundanz ihre eigene Legitimation als Lieferanten von laufend neuer Information. *Erfolgsmedien* nennt Luhmann auch *symbolisch generalisierte Kommunikationsmedien*. Sie sind der Kitt, der ausdifferenzierte Gesellschaften überhaupt erst zusammenhält. Ob in Form der Geldwirtschaft oder der politischen Macht: Erfolgsmedien zeichnen sich dadurch aus, dass sie Selektionen koordinieren, die sich nicht ohne weiteres verknüpfen lassen, sie ermöglichen also den Erfolg von Kommunikation gerade dort, wo ihr Erfolg sonst unwahrscheinlich wäre.[239]

---

237 Beide Zitate a.a.O., 13.
238 A.a.O., 197.
239 Vgl. a.a.O., 202ff. und 316ff. – Systematisch betrachtet reagieren symbolisch generalisierte Kommunikationsmedien „auf das Problem, daß mehr Information normalerweise weniger Akzeptanz bedeutet" (a.a.O., 316).

Der Erfolg von Kommunikation definiert sich für Luhmann funktional in der Ermöglichung des Anschlusses weiterer Kommunikation. Dies wiederum liegt in der dreistelligen Struktur von Kommunikation selbst begründet: „Kommunikation kommt aber nur dadurch zustande, dass zwischen *Mitteilung* und *Information* unterschieden und der Unterschied *verstanden* wird. Alle weitere Kommunikation kann sich dann entweder auf die Mitteilung oder auf die Information beziehen; aber dies nur durch eine Anschlusskommunikation, die ihrerseits wieder die Differenz von Mitteilung und Information reproduziert."[240]

d. Vernetzte Kirche – ein Organisationsentwicklungsprojekt

Luhmanns Systemtheorie fragt nach dem Funktionieren von Organisationen als eigenständigen Systemen. Von ihr fällt auch auf das Projekt „Vernetzte Kirche" noch einmal ein besonderes Licht. Die mit dem Projekt intendierte Kommunikationsentwicklung der Kirche ist in dieser Hinsicht als eine Entwicklung der Institution Kirche als organisatorischer Entität zu verstehen, „Vernetzte Kirche" leistet insofern einen Beitrag zur kirchlichen Kommunikation, als sich mit dem Projekt die kirchliche Organisation weiterentwickelt.

In dieser Perspektive rücken die als Sender und Empfänger Agierenden in den Hintergrund. In den Vordergrund tritt die Frage nach dem Beitrag, den das Projekt in organisatorischer Sicht zum Funktionieren des Systems „Landeskirche" leistet. Auch wenn im Folgenden hierzu sicher nicht nur funktional zu fragen sein wird, steht dabei zunächst die Vorstellung der Optimierung des organisationalen Funktionierens im Mittelpunkt.

Auch dieser Aspekt findet von Beginn an in den das Projekt begleitenden Überlegungen und Diskussionen seinen Niederschlag. Beispielsweise in der immer wieder ausgedrückten Hoffnung, mit dem Projekt könnten mittel- bis langfristig Einsparpotenziale realisiert und

---

240 A.a.O., 97. Ebd. auch der für den Gesamtzusammenhang wichtige Hinweis, dass auf diese Weise die Kommunikation im operativen Vollzug (dem „Dass" ihres Geschehens) die *Geschlossenheit* des Systems reproduziert, während sie durch die Art ihrer Beobachtungsweise (dem „Wie" in der Unterscheidung von Mitteilung und Information) die *Differenz von Geschlossenheit und Offenheit* reproduziert: „Und so entsteht ein System, das auf Grund seiner Geschlossenheit umweltoffen operiert, weil seine basale Operation auf Beobachtung eingestellt ist." Zur näheren Präzisierung der Differenz von Mitteilung und Information vgl. a.a.O., 85f.

Kommunikationshindernisse innerhalb der Organisation verringert werden. Die Institution Kirche sieht sich als Organisation durch die neuen Technologien herausgefordert. [241]

Bildete in der vorausgehenden informationstechnischen Betrachtung des Projekts das Bild des *Kanals* als Frage nach den – in linearer Perspektive betrachteten – Übermittlungsvorgängen (vor dem Hintergrund der Unterscheidung von Form und Inhalt) die Leitvorstellung, so im Folgenden in Aufnahme der systemtheoretischen Perspektive (vor dem Hintergrund der Differenz von System und Umwelt) die Vorstellung von *Rückkopplungen,* das Denken in *Kreisläufen* und *Rekursivitätsschleifen:* Nicht dem instrumentell-zielorientierten Verpacken und Vermitteln von Inhalten, sondern dem funktional auf Anschlussfähigkeit und Selbsterhalt orientierten Verbreiten und Verbreitern der eigenen organisatorischen Basis gilt daher im Folgenden das Augenmerk.

i. Inhalte II: „Anwendungen"

Bei der ersten Betrachtung zu den Inhalten des landeskirchlichen Intranets hatten wir bereits bemerkt, dass die Organisation der Informationen im Netz nicht nur im linearen Sender-Empfänger-Schema abgebildet werden kann. Dies zeigt sich vielleicht am eindrücklichsten in demjenigen Bereich der binnenkirchlichen Kommunikation, der im bayerischen Intranet seit Beginn des Projekts unter der etwas rätselhaft anmutenden Rubrik „Anwendungen" zu finden ist. Dabei handelt es sich durchaus nicht um Links zu Massagen oder Fangopackungen. Vielmehr sind unter dieser Rubrik diejenigen Informationen erfasst, die in Form einer „von mehreren Seiten zugänglichen" Datenbank aufbereitet sind. Was es damit näherhin auf sich hat, erschließt sich am Beispiel.

Fortbildungsdatenbank

Innerhalb der bayerischen Landeskirche gab es für haupt-, neben- und ehrenamtlich Mitarbeitende seit vielen Jahren einem vom landeskirchlichen Fortbildungsreferat jährlich herausgegebenen „Fortbildungskatalog". Zunächst im Wesentlichen um Druck- und Versandkosten zu sparen, wurde mit dem Aufbau des Intranets damit begonnen, diesen Katalog „online" zu stellen. Sehr schnell wurde den Verantwortlichen al-

---

241   Vgl. z. B. den Text der Einbringungsrede zum Projekt vor der Synode der ELKB 2001 (Protokollband zur Tagung der Landessynode der ELKB in Erlangen vom 25.–30.11.2001, 47f.).

lerdings klar, dass die im Intranet dafür einzurichtende Datenbank sehr viel mehr Möglichkeiten für die Organisation des Prozesses der Katalogerstellung bot als nur das (im „Sender-Empfänger-Modell" gedachte) Zur-Verfügung-Stellen der Information am Bildschirm statt als zu blätterndes, haptisch greifbares Druckerzeugnis. Denn das Intranet als netzbasierte Kommunikationsplattform ermöglicht nicht nur den (im „massenmedialen Paradigma" einschlägigen) Abruf von Information, sondern zugleich die *dezentrale* Bereitstellung von Information. So war es ein kurzer Schritt von der Online-Ausgabe des Fortbildungskatalogs zur alsbald im Intranet ermöglichten Vor-Ort-Eingabe der zuvor per Post oder Fax der Münchner „Zentrale" zugeschickten Angaben der Fortbildungsveranstalter. Die zentrale Funktion der Fortbildungskoordination und -kontrolle bleibt dadurch erhalten, dass für die nach einer Fortbildung suchende Person nur diejenigen Angebote einsehbar sind, die von den Verantwortlichen im Landeskirchenamt „freigegeben" wurden.

Kirchliches Leben in Zahlen

Bei der Verwaltungsaufgabe der Erstellung einer Statistik „Kirchliches Leben in Zahlen" setzten die Einsparinteressen auf der Seite der Datenerfassung und nicht der Datenausgabe an. Innerhalb eines halben Jahres wurde hier im ersten Projektjahr die Grundlage dafür gelegt, dass Gemeinden und kirchliche Dienststellen bereits im Jahr 2003 die Möglichkeit hatten, die aktuellen statistischen Angaben nicht mehr in Papierform an das Landeskirchenamt weiterzugeben, damit sie dann dort per Hand im PC erfasst und weiterverarbeitet würden. Durch die Unterstützung einiger großer Dekanate nahm ca. ein Drittel der Gemeinden das Angebot an, die Daten online selbst einzugeben. Im Folgejahr waren es dann über 50 % der Einrichtungen, die die Daten selbst im Intranet einpflegten. Allein im Landeskirchenamt wurde durch diese Innovation im Jahr 2003 ein Betrag von ca. 5000 € eingespart.[242] Von der Ebene der Gemeinde in der Rhön bis zur zentralen Verwaltung im Landeskirchenamt in München bietet das Intranet hier der kirchlichen Organisation – in Bezug auf statistische Daten – eine effektive Plattform der gemeinsamen Selbst-

---

242 Die Einsparsumme wurde für die Zwischenevaluation im Sept. 2004 erhoben. Die Janusköpfigkeit solcher Einsparungen zeigt sich freilich auch an dieser Stelle: Informations- und Kommunikationstechnologie spart Ressourcen ein – und damit eben auch menschliche Arbeitszeit! Im konkreten Fall war eine Stellenkürzung aus allgemeinen Einsparungserwägungen heraus bereits beschlossen, der Einsatz der Technik ermöglichte die Kompensation der gestrichenen Stelle.

organisation.[243] Diese Plattform bringt es mit sich, dass sich der Informationsfluss und das Informationsinteresse umkehren. Bereits im ersten Kapitel wurde an diesem Beispiel darauf hingewiesen, dass mit der Online-Eingabe der eigenen statistischen Daten das Interesse an vergleichenden Auswertungen dieser Daten wächst. So stellt das Intranet auch in diesem Zusammenhang zunehmend mehr Auswertungs- und Vergleichsmöglichkeiten zur Verfügung. Zwar sind hier die Vergleichspotenziale noch keineswegs ausgeschöpft (man denke nur an den direkten Vergleich der Gabenstatistik von einzelnen Gemeinden), doch lässt auch dieses Beispiel unschwer erkennen, dass Bereitstellung und Abruf von Information bei netzbasierten Datenbanksystemen in wenigstens doppelter Richtung zu denken sind.

Börsen als weitere Beispiele

Dies illustrieren auch zwei weitere Datenbanken aus der Rubrik „Anwendungen", die von vornherein mit Blick auf die „Mehrwegkommunikation" im Intranet eingerichtet wurden und sich bereits durch ihren Namen als Umschlagplatz für Information zu erkennen geben. Bereits frühzeitig wurde im Projekt eine sog. *„Projektbörse"* eingeführt: Sie bietet landeskirchenweit die Möglichkeit, gelungene Beispiele gemeindlicher und übergemeindlicher Projektarbeit anderen zur Verfügung zu stellen bzw. – in umgekehrter Richtung – solche Beispiele abzurufen. Deutlich mehr Resonanz fand eine mit Beginn des Jahres 2005 installierte *„Stellenbörse"* im Intranet, auf der seitdem Mitarbeiterinnen und Mitarbeiter der Landeskirche Stellengesuche platzieren und Einrichtungen ihre offenen Stellen kirchenintern bewerben können.[244]

Die unterschiedlichen Beispiele zeigen alle auf ihre Art, dass und wie im Intranet von der landeskirchlichen Organisation Information so organisiert wird, dass der zirkuläre Prozess des Informationsumlaufes und -austausches gefördert wird. Auf ihre Weise scheinen diese „Anwendungen" Luhmanns These von der Anschlussfähigkeit als dem entscheidenden Kriterium von Kommunikation zu illustrieren: Ausschlaggebend für das Gelingen von Kommunikation ist die Möglichkeit, neue Kommunikation anzuschließen.

---

243 Auch in anderer Hinsicht veranschaulicht dieses Beispiel die Potenziale eines Projekts: Wenn die technischen Möglichkeiten und der konkrete Verwaltungsbedarf Hand in Hand gehen und die Mitarbeitenden der zuständigen Abteilung bereit sind, sich schnell und unbürokratisch auf neue Arbeitsabläufe einzustellen.

244 Auch dies steht „natürlich" unter dem Vorzeichen der Konsolidierungsvorgaben des landeskirchlichen Finanzhaushalts.

„Anschlussprobleme"

Nun legt freilich die systemtheoretische Perspektive es nahe, auch mit *Irritationen* zu rechnen. Im Zusammenhang des beschriebenen Kommunikationsmusters „Anwendungen" waren im Projekt in diesem Sinne kritisch zu beobachten vor allem zwei solcher Anwendungen bzw. die Planungen in deren Vorbereitung:

Rechtssammlung
Bereits zu Beginn des Intranets war in der Breite der Landeskirche immer wieder der Wunsch geäußert worden, die landeskirchliche Rechtssammlung im Intranet in einer Online-Version zur Verfügung zu stellen. Obwohl fast so lange auf den Gängen des Landeskirchenamtes angekündigt wie landeskirchenweit gefordert, dauerte es bis zum Februar 2006, ehe die Online-Version der Rechtssammlung schließlich im Intranet zur Verfügung gestellt werden konnte. Einerseits waren hier erhebliche strukturelle Kopplungen des Systems Landeskirche mit seiner Umwelt zu bemerken (Fragen des Copyrights und des Verlagsrechts).[245] Zugleich waren aber auch in der kirchlichen Verwaltung durchaus Vorbehalte zu beobachten, die nicht immer nur praktischen Schwierigkeiten geschuldet gewesen sein dürften. So konnte beim teilnehmenden Beobachter des Projekts durchaus der Eindruck entstehen, Experten sorgten sich, das juristische Privileg der intimen Kenntnis der Rechtssammlung könne gefährdet werden, wenn die Online-Aufbereitung der Texte mit einer Stichwortsuche auch die Nichtexperten in die Lage versetzt, Informationen rascher zu verknüpfen und so ihr Wissen zu erweitern.[246]

Personalstand[247]
Im Zusammenhang mit der für die beabsichtigte Personalisierung der Zugänge zum Intranet ohnehin anstehenden Erweiterung der Benutzerverwaltung wurde in der zweiten Projekthälfte im Projektteam verstärkt die Idee verfolgt, Benutzerverwaltung, Intranet-Adressbuch und landeskirchlichen „Personalstand" zu verknüpfen.[248] Der in gedruckter Fassung

---

245 Die Nutzung erfolgt durch die im Intranet mögliche Registrierung für die Datenbank desjenigen Verlages, der auch die Rechte an der Druckausgabe hält.

246 So eine Notiz in meinem Projektjournal vom 9.7.2003.

247 So lautet die bayerische Bezeichnung für ein zentral geführtes Verzeichnis der landeskirchlichen Bediensteten, Pfarrstellen und Einrichtungen. In anderen Landeskirchen finden sich andere Namen.

248 So wurde auf der Sitzung des Projektteams vom 20.11.2003 die Frage diskutiert, ob die Einführung des LDAP-Verzeichnisdienstes für die Intranetbenutzerverwaltung nicht gleichzeitig genutzt werden könnte, um Prozesse beim Personal-

letztmals 2001 erschienene Personalstand der ELKB (für den internen Dienstgebrauch) war ohnehin in Überarbeitung, stand freilich dabei aufgrund neuer datenschutzrechtlicher Bestimmungen (diese machen die explizite Einwilligung der Betroffenen zur Veröffentlichung ihrer Adress- und Geburtsdaten etc. erforderlich) vor dem Problem, zuerst diese Einwilligung einzuholen.

In dieser Situation wurde im Projektteam der Vorschlag diskutiert, die persönlichen Daten so zu übernehmen, wie sie von den Mitarbeitenden selbst im Intranet-Adressbuch eingetragen und aktualisiert wurden.[249] Es zeigte sich jedoch rasch, dass die etablierten Zuständigkeiten für das Thema in der Linie der Organisation diesem Vorschlag wenig abgewinnen konnten, da sie die zentrale Kontrolle der Informationen für unerlässlich erachteten.[250]

Als Kompromiss lag Mitte 2004 eine zentral zur Verfügung gestellte eingeschränkte Version des Personalstandes für das Intranet vor, es sollte dann noch einmal bis Juli 2005 dauern, ehe diese Version schließlich online gehen konnte. Sie bietet nun eine Rückmeldemöglichkeit zu den dort verzeichneten Daten für die eigene Person. Möglich wurde die zumindest teilweise Überwindung der „Anschlussprobleme" durch die Einführung der erwähnten Personalisierung der Zugänge zum Intranet, die es erlaubt, Nutzer und Nutzerin mit ihrem persönlichen Login „systemintern" zuzuordnen. Ob mit der in Planung befindlichen Einführung eines neuen Personal- und Finanzverwaltungssystems in der Landeskirche die durch das Intranet möglichen Anschlüsse zur dezentralen Datenpflege vor Ort und im Intranet-Benutzerverzeichnis realisiert werden, dürfte sich nicht nur an den technischen Schnittstellen, sondern vor allem an der Frage entscheiden, ob eine konsistente landeskirchliche Strategie zur Nutzung von Informations- und Kommunikationstechnologien vorliegt.[251]

---

stand mit abzubilden. (Notiz im eigenem Projektjournal) Zur Projektstruktur s. o. in der Einleitung.

249 Unter dem Stichwort „ESS – Employee Self Services" bieten die meisten sog. „ERP Software-Systeme" (Enterprise Resource Planning) in großen Organisationen entsprechende Funktionalitäten (vgl. de.wikipedia.org/wiki/Enterprise_Resource_Planning; Abruf am 7.7.2008).

250 Das Beispiel der rheinischen Kirche zeigt, dass die Frage der Organisation des Verzeichnisses keineswegs nur eine Frage des zur Verfügung stehenden Mediums ist. Dort ist (der eigenen „presbyterial-synodalen" Tradition entsprechend) die Datenpflege dieses Verzeichnisses dezentral organisiert.

251 Diese sollte nach längeren Vorarbeiten des „Projektkoordinierungsausschusses IT" am 26.7.2008 vom Landeskirchenrat beschlossen werden.

ii. Wirkungen I: Bildung und Qualifizierung

Mit den letzten Überlegungen des vorausgehenden Abschnitts haben wir schon begonnen, nicht nur die Art und Weise der Organisation der Inhalte zu beleuchten, sondern zugleich die *Wirkungen* bzw. *Rückwirkungen* auf die Organisation in den Blick zu nehmen. Diese sind neben der technischen und der inhaltlichen Seite besonders im Bereich „*Bildung und Qualifizierung*" zu vermuten. In der dem Projekt vorausgegangenen Studie „Kirche und Vernetzte Gesellschaft" war die zweite Dimension unmittelbar nach der Dimension Technik mit „Befähigung" überschrieben und forderte die Landeskirche (und die EKD) dazu auf, Schulungen und Fortbildungen zu entwickeln.[252]

Das Projekt „Vernetzte Kirche" nahm die Anregung auf, indem es *Bildung und Qualifizierung* von Beginn an als eine der zentralen Projektaufgaben formulierte und darin das vorgegebene Ziel aufzunehmen suchte, bis Ende 2004 nicht nur eine funktionierende, sondern auch eine akzeptierte Infrastruktur für die interne elektronische Kommunikation zu schaffen. Aus der Vielzahl der Fortbildungsangebote im Rahmen des Projekts wähle ich exemplarisch zwei Schulungen aus, die je auf ihre Weise mögliche Rückwirkungen auf die (landes-)kirchliche Organisation erahnen lassen.

ELLVE – Evangelische Landeskirche lernt vernetzt
Eine größere Maßnahme in diesem Bereich erfolgte in Kooperation mit dem Institut „FIM – Neues Lernen" der Friedrich-Alexander-Universität Erlangen-Nürnberg: Unter dem Namen „ELLVE – Evangelische Landeskirche lernt vernetzt") entwickelte man gemeinsam ein eigenes Online-Schulungsprogramm. Für Verwaltungsmitarbeitende und für das theologisch-pädagogische Personal wurden mit jeweils ca. 50 Personen E-Learning-Pilotkurse durchgeführt und ausgewertet.[253] *„Sehr übersichtlich gestaltet und gut nachvollziehbar", „schön bei der täglichen Arbeit umzusetzen",* so lauteten einige der überwiegend positiven Rückmeldungen. Sie führten dazu, dass seit Beginn 2005 die Arbeitsstelle Vernetzte Kirche entsprechende E-Learning-Kurse in Eigenregie veranstaltet. Ein besonderer Vorteil des von Vernetzter Kirche und FIM-

---

252 „Kirche und Vernetzte Gesellschaft", S. 70.
253 Vgl. die von FIM – Neues Lernen 2004 vorgenommene „Auswertung der ersten ELLVE-Kurse" (als .pdf-Datei erhältlich über Arbeitsstelle Vernetzte Kirche der ELKB). Informationen zu FIM unter: www.fim.uni-erlangen.de (letzter Abruf 7.7.2008).

Neues Lernen in ELLVE entwickelten Modells ist darin zu sehen, dass die das Online-Curriculum begleitenden Tutoren und Tutorinnen ihrerseits aus der kirchlichen Praxis kommen und diese aus ihrer täglichen Arbeit bestens kennen.[254]

Sieht man die E-Learning-Kurse vor dem Hintergrund der Systemtheorie Luhmanns, so lassen sie anschaulich erkennen, wie sich das „System" medialer Online-Kommunikation selbst verstärkt und selbst Anschlüsse zu weiterer Kommunikation schafft: Um für die mediale Kommunikation via Intranet qualifiziert zu sein, wird wiederum Online-Kommunikation eingeführt, die ihrerseits Erweiterungen und Anschlüsse ermöglicht (z. B. den Anbau weiterer Module in den E-Learning-Kursen). Die mediale Organisation erhält auf diese Weise im Verhältnis zur Organisation Kirche (bzw. im Gegenüber zu dieser?) deutlich mehr Gewicht. Umgekehrt bleibt zugleich bemerkenswert, dass die hier realisierte Verknüpfung des Modells E-Learning mit erfahrenen Tutorinnen und Tutoren aus der kirchlichen Praxis eine wichtige Voraussetzung dafür darstellt, das E-Learning-Modell auch als Element der kirchlichen Organisation integrieren zu können, sofern hier Praxisnutzen und personale Kommunikation via Computer und Internet gewährleistet werden können.

Schulungen zum Content-Management-System

Gibt das Beispiel der E-Learning-Kurse im Zusammenhang systemtheoretischer Betrachtung eher Anlass zur Beobachtung, dass sich das Mediensystem seine eigenen Fortsetzungen schafft, so illustriert das jetzt vorzustellende Beispiel umgekehrt, wie neue mediale Möglichkeiten zur „Optimierung" und Fortschreibung des Systems „Landeskirche" beitragen können.

Das Projekt „Vernetzte Kirche" hat sich für die Organisation der Inhalte des Intranets (und der Bereitstellung von Schnittstellen zum Internet) – technisch naheliegenderweise – eines sog. „Content-Management-Systems" bedient.[255] Im Bereich des Intranets waren es zum Ende des Projektzeitraums am 31.12.2004 innerhalb der Landeskirche 38 institutionelle Projektpartner, die ihre Inhalte mithilfe der redaktionellen

---

254 Als Tutoren beteiligt waren/sind z. B. Diakone, Dekanatssekretärinnen, Pfarrer, und Verwaltungsmitarbeiter.

255 Ein sog. „CMS" ist ein softwarebasiertes Redaktionssystem zur Verwaltung und Pflege von komplexen Intra- und Internetseiten. Das vom Projekt in der ELKB eingeführte CMS ist das der Firma „RedDot".

Möglichkeiten des Content-Management-Systems selbst pflegen, zum 31.12.2006 sind es 75 CMS-Redakteure ausserhalb der Arbeitsstelle „Vernetzte Kirche".[256] Diese Projektpartner entscheiden selbst, was in den Teilen des Intranets, für die sie selbst die institutionelle Verantwortung tragen, steht, – und sie halten diese Inhalte selbst aktuell. Hierfür wurden im Lauf des Projekts in ca. 25 Schulungen 150 Personen im Umgang mit dem Content-Management-System geschult.[257]

Im Rückblick lässt sich nach mehr als fünf Jahren feststellen, dass das eingeführte Redaktionssystem zwar durchaus einen nicht unerheblichen Einarbeitungsaufwand erfordert, aber der erbrachte Schulungsaufwand in Verbindung mit der technischen Plattform dafür sorgt, dass der im Projekt formulierten Zielvorstellung, Inhalte eigenverantwortet unter einem gemeinsamen Dach zu präsentieren, jedenfalls für die interne Kommunikationsplattform erfolgreich Rechnung getragen werden konnte. Die technischen Möglichkeiten eines internetbasierten Redaktionssystems erlauben es der Organisation einer evangelischen Landeskirche mit ihrem hohen Grad an dezentral strukturierten Organisationseinheiten ein ihrer Organisation entsprechendes komplexes Informationsmodell im Intranet darzustellen.

Verantwortung für Aktualität der Inhalte und Konformität der Seitengestaltung muss – der Organisation des Systems Landeskirche entsprechend – auch hier gemeinsam wahrgenommen werden. Ob und wieweit sich der Wille aller „dezentral" Beteiligten, in einem geregelten Prozess diese Verantwortung wahrzunehmen, auch bei einem weiteren Ausbau des Intranets bewährt, wird sich zeigen. Bisher hat es sich hierfür als sehr hilfreich erwiesen, dass in Projekt und Arbeitsstelle eine zentrale Redaktion hierauf ein Auge hat, um auf Vollständigkeit und Aktualität zu prüfen und einzelne Bereiche an die gemeinsame Wahrnehmung der Verantwortung zu erinnern. Die „zentrale" Online-Redakteurin wird dabei auch immer wieder beratend für technische wie für konzeptionelle Fragen der Seitengestaltung in Anspruch genommen.[258] Dabei erweist sich die Tatsache, dass die Redakteurin der zentralen Intranetredaktion

---

256 Z. B. das landeskirchliche Ökumenereferat oder die Landeskirchenstelle in Ansbach.

257 Im Rahmen der auf das Projekt folgenden „Arbeitsstelle Vernetzte Kirche" waren es in den Jahren 2005 und 2006 weitere 20 Schulungen mit ca. 110 Teilnehmenden (Quelle: Schriftliche Statistik der verantwortlichen Online-Redakteurin vom 15.11.2006, per Mail an Verf.).

258 Aussage im Gespräch mit Verf. am 11.1.2007.

die Schulungen für die Vor-Ort-Redakteure des Intranets weitgehend selbst durchführte, als wichtige kommunikative Brücke: Hierdurch wurde die dem System „Kirche" mit seiner Dominanz personaler Kommunikation fremde technisch-mediale „Welt" in der personalen Vermittlung vor Ort anschau- und greifbar. Erst in der Verknüpfung von medialem KnowHow und personaler Vermittlung vor Ort erschließen sich der Kirche also die Möglichkeiten des technischen Mediums zur Weiterentwicklung ihrer eigenen Organisation.[259]

Auch wenn das technische Modell des gewählten Content-Management-Systems als Redaktionssystem mit der zugehörigen Vergabe von *Rechten* und *Rollen* durchaus dem Muster einer zentralen „Chefredaktion" nachgebildet ist, scheint es – in der entsprechend zurückhaltenden formal-beratenden Anwendung der „Chefredaktion" – in ausgezeichneter Weise geeignet, die dezentral (und ergo eher „netzartig") verfassten Informations- und Kommunikationsflüsse der kirchlichen Organisation im Medium vernetzter Computer abzubilden. Hier bietet das Medium der kirchlichen Organisation erkennbar neue Möglichkeiten zur Selbstorganisation ihrer eigenen Struktur. Dies gilt gerade für die komplexe Organisationsstruktur einer evangelischen Landeskirche (auch wenn das erwähnte „Chefredaktionsmodell" des Redaktionssystems manch einen fragen lässt, ob das gewählte CMS nicht besser zur katholischen Kirche passe[260]).

So zeigen sich am Beispiel des Redaktionssystems und seiner von entsprechenden Bildungs- und Qualifizierungsanstrengungen notwendig begleiteten Einführung zwei Ergebnisse im Brennglas: Die Institution Kirche vermochte sich mithilfe des Projekt „Vernetzte Kirche" Anschlussstellen zur Weiterentwicklung ihrer eigenen Organisation im Horizont aktueller medial-technischer Veränderungen zu schaffen. Zugleich geht dieser Prozess der Fortschreibung der eigenen Organisation in Reaktion auf geänderte Umweltbedingungen (und deren Aufnahme in Form *struktureller Kopplungen*!) verständlicherweise nicht ohne Spannungen vonstatten. In der charakteristisch dezentral verfassten Organisationsstruktur einer evangelischen Landeskirche scheinen zur Bearbeitung (und zum Aushalten) dieser Spannungen in besonderer Weise personal

---

259 Neben den – hier im Vordergrund stehenden – system- und organisationstheoretischen Aspekten sind für diesen Zusammenhang auch handlungstheoretische Aspekte von Belang, vgl. dazu unten Abschn. f.

260 So gefragt in einem Hintergrundgespräch eines im Bereich der Öffentlichkeitsarbeit tätigen Pfarrers mit dem Verfasser am 5.1.2005.

vermittelte Bildungs- und Qualifizierungsanstrengungen so sinnvoll wie nötig.

Mit dieser Beobachtung rücken nun freilich Aspekte in den Blick, für deren weitere Reflexion die systemtheoretische Perspektive wenn überhaupt, dann allenfalls nur sehr eingeschränkt weiterführt.[261] Wir wenden uns deshalb einer dritten und letzten Theorieperspektive zum Kommunikationsbegriff zu, die auf ihre Weise den Menschen als handelndes Subjekt in den Mittelpunkt ihrer Überlegungen stellt.

e. Kommunikation in handlungstheoretischer Perspektive: *Soziale Interaktion*

Gerade wegen dieser Mittelpunktstellung des handelnden Subjekts mag der Ansatz einer *Theorie des kommunikativen Handelns,* wie ihn JÜRGEN HABERMAS entwickelt hat, aus theologischer Sicht näher liegend erscheinen als andere Kommunikationsverständnisse. In der Verbindung angelsächsischer Sprachphilosophie (John Austin, John Searle) mit soziologischen Theoriehintergründen (George Meads, Max Weber, u. a.) ist für Habermas in seinem Verständnis von Kommunikation der Handlungsbezug grundlegend: Sprache ist Medium sozialer Interaktion und als solche (transzendental-)pragmatisch auf den Horizont gemeinsamer Verständigung zu beziehen.[262]

Dieser Horizont, so Habermas' These, wird in jeder Kommunikationssituation insofern in Anspruch genommen, als ich in einer Äußerung meinerseits voraussetze, dass mein Gegenüber sie *vernünftig* zur Kenntnis nimmt. Mithin wird im Kommunikationsprozess selbst das Vorhandensein zur Vernunft fähiger Subjekte vorausgesetzt. Handlungstheoretisch bedeutsam sind dabei auch die weiteren von Habermas in seinem Verständnis von Kommunikation eingeführten Unterscheidungen:

Aus der Sprechakttheorie übernimmt Habermas die Unterscheidung von Sprachhandlungen in einen *lokutionären, illokutionären und perlokutionären* Akt: Jeder Satz sagt *etwas,* setzt *in Beziehung* und will (ggf.) *eine Wirkung erzielen.* Die Unterscheidung dieser drei Elemente dient Habermas dazu, grundlegend zwei Arten des sozialen Handelns zu

---

261 Eine innerhalb der systemtheoretischen Betrachtung mögliche Weiterführung ist in der produktiven Rolle zu vermuten, die systemisch der Irritation zukommt.

262 Vgl. (auch zum folgenden) J. Habermas, Theorie des kommunikativen Handelns, 1981, Bd.1, passim.

unterscheiden: das *verständigungsorientierte „kommunikative"* und das *erfolgsorientierte „strategische"* Handeln.[263] Während das strategische Handeln stets das perlokutionäre Element einschließt und Kommunikation in der einen oder anderen Weise immer an eine Zweck-Mittel-Rationalität bindet, liegt der (höhere) Zweck des kommunikativen Handelns in der Kommunikation selbst: „Was wir mit Verständigung und verständigungsorientierter Einstellung meinen, muß allein anhand illokutionärer Akte geklärt werden."[264] Nicht zweckhafte Intention der einen Seite, sondern wechselseitige Verständigung und gemeinsames Einverständnis ist (Selbst-)Zweck des Handelns, wenn und soweit es wahrhaft kommunikatives Handeln ist. Es geht also nicht zweckrational-instrumentell um die Durchsetzung vorher festliegender Ziele, verständigungsorientierte Kommunikation zielt vielmehr auf die Bildung eines gemeinsam getragenen Konsenses im und durch den Kommunikationsprozess selbst.

Auch das kommunikative Handeln im Sinne von Habermas ist dabei nicht einfach bar jeder Voraussetzung. Damit Verständigung gelingen kann, sind immer schon vier *Geltungsansprüche* vorauszusetzen: In Anlehnung an die drei Weltbezüge des Menschen (zur Welt, zum Anderen, zu sich selbst) muss Kommunikation in ihrem wohlverstandenen Eigeninteresse auf *Wahrheit* (Objektbezug)*, Richtigkeit* (bzw. *Gerechtigkeit,* normativ-sozialer Bezug) und *Wahrhaftigkeit* (Selbstbezug) überprüf- und ausweisbar sein. Der vierte und letzte von Habermas explizit vorausgesetzte Geltungsanspruch ist die *Verständlichkeit,* die als Metaregel die vernünftige „Organisation der Rede" gewährleistet.[265]

Diese vier Geltungsansprüche sind von verständigungsorientiert handelnden Menschen in der Kommunikation auch dann immer schon vorausgesetzt, wenn sie nicht eigens expliziert werden. Soweit er oder sie nur konsequent genug die Bedingungen der Möglichkeit von Ver-

263 J. Habermas, Theorie des kommunikativen Handelns, 1981, 388ff. Eine knappe theologische Interpretation dieses Ansatzes bei: E. Arens, Was kann Kommunikation?, 2002, ausführlich bei E. Kos, Verständigung oder Vermittlung?, 1997, v. a. 241ff.

264 A.a.O., 394.

265 Zu den Geltungsansprüchen vgl. J. Habermas, Theorie des kommunikativen Handelns, 1981, 435ff. – N. Luhmann, Die Gesellschaft der Gesellschaft, 1998, 200, kritisiert genau dies an Habermas: Dass dieser bei seinem Kommunikationsbegriff nicht ohne starke inhaltliche Vorannahmen auskommt und dem nicht entsprechende Kommunikationsformen als z. B. *bloß strategisch* abwerten muss.

ständigung und Kommunikation reflektiert, könnte ihnen jeder theoretisch mögliche Diskursteilnehmer bzw. jede theoretisch mögliche Diskursteilnehmerin zustimmen. Die dafür idealerweise vorausgesetzte *Sprechsituation*, mithin die *herrschaftsfreie Kommunikationsgemeinschaft*, orientiert sich also an den folgenden vier Basisnormen:

- Gleiche Chancen auf Diskurseröffnung und -beteiligung;
- Gleiche Chancen der Deutungs- und Argumentationsqualität;
- Gleichberechtigung zu wechselseitigen Verhaltenserwartungen;
- Keine Täuschung der Sprechintentionen *(Authentizität)*.[266]

Im Hintergrund der Unterscheidung von kommunikativem und strategischem Handeln spielt bei Habermas das Konzept der *Lebenswelt* in der Differenz zum *System* eine wichtige Rolle.[267] Während die Gesellschaft als *System* (als „Verfügungsordnung") nur aus der *Beobachterperspektive* rekonstruiert werden kann, wird sie in der *Teilnehmendenperspektive* als *Lebenswelt* gesehen. Diese „Verständigungsordnung" umgreift stets das kommunikative Handeln: Es „spielt sich innerhalb einer Lebenswelt ab, die den Kommunikationsteilnehmern im Rücken bleibt."[268] In der ausdifferenzierten modernen Gesellschaft ist freilich die Lebenswelt mannigfach vom Eigensinn gesellschaftlicher Subsysteme *kolonialisiert*, eine Entwicklung, die in der Dialektik der Aufklärung darin ihren paradoxen Grund findet, dass die Lebenswelt im Lauf der kulturellen Entwicklung ihrerseits immer rationaler wurde. Trotz und gegen alle faktisch zu konstatierende Kolonialisierung durch Systemmedien wie Macht und Geld bleibt die Lebenswelt so ihrerseits doch auf das Ideal der herrschaftsfreien Kommunikationsgemeinschaft als Fluchtpunkt der gesellschaftlichen Entwicklung bezogen.[269]

Im Unterschied zum informationstheoretischen Kommunikationsbegriff fällt am handlungstheoretischen in Habermas' Prägung auf, dass er nicht nur die instrumentelle, auf die Wirkung beim Gegenüber bezogene Funktion von Kommunikation (kritisch) beleuchtet, sondern mit der intensiven Betrachtung der illokutionären Elemente des Sprechakts auch den *konstativen, regulativen* und *expressiven* Funktionen ihr gebühren-

---

266 Vgl. ebd.
267 Vgl. a.a.O., 183ff: Die Lebenswelt als Horizont und Hintergrund des kommunikativen Handelns.
268 A.a.O., 449.
269 Vgl. a.a.O., 264ff. Vgl. zu den Formatierungen durch gesellschaftliche Systemmedien in kritischer Rekonstruktion von Habermas: A. Grabenstein, Wachsende Freiheiten oder wachsende Zwänge?, 1998.

des Gewicht gibt: Kommunikation beschränkt sich nicht auf die intendierte Wirkung, vielmehr geht es in ihr immer auch um die Darstellung von Sachverhalten, die Klärung von sozialen Beziehungen und den Ausdruck dessen, was den „Sender" „im Inneren" bewegt: Hoffnungen, Befürchtungen, Wünsche und Träume.

Gerade an dieser Stelle ist dann auch die *Differenz zwischen der Habermas'schen Handlungs- und der Luhmannschen Systemperspektive* besonders deutlich zu bemerken: Während Habermas Verständigung als Prozess intersubjektiver und lebensweltlicher Aushandlung von Geltungsbedingungen unter Einschluss und konstitutiver Inanspruchnahme subjektiver Intentionen beschreibt, ereignet sich Verstehen für Luhmann als systemimmanenter Vorgang explizit unter bewusster Absehung von Subjekten und deren Intentionen. Diese sind vielmehr als Umwelt des Systems zwar mit diesem *strukturell gekoppelt*, aber für den Erfolg der Kommunikation, i. e. die Anschlussfähigkeit weiterer Kommunikation systemintern irrelevant. „Habermas begreift Kommunikation im Anschluss an die Sprechakttheorie als eine Form von intentionalem ... Handeln . . ., während Luhmann Handeln als einen Fall von Kommunikation versteht, der einem Subjekt sozial (und d. h.: kommunikativ) zugerechnet wird."[270]

f. Vernetzte Kirche – ein Kirchenentwicklungsprojekt

Die leitende Zielvorstellung des Projekts „Vernetzte Kirche", durch den Einsatz elektronischer Kommunikationstechnologien die Kommunikation der bayerischen Landeskirche nach innen und nach außen deutlich zu verbessern, kann *instrumentell-technisch* oder *systemisch-funktional* gelesen werden – wie es die vorausgehenden Abschnitte in ihren perspektivischen Darstellungen von Projektausschnitten unternommen haben. Im Folgenden wird diese Zielvorstellung in der von Habermas fundierten *handlungstheoretischen* Perspektive auf die interne Kommunikation einer Landeskirche an einigen ausgewählten Beispielen überprüft.

So gerät die Entwicklung der Kommunikation als auf Verständigung zielende Interaktion gleichberechtigter Subjekte in den Mittelpunkt des Interesses. In der dem Projekt vorausgegangenen Studie „Kirche und Vernetzte Gesellschaft" stellten die Begriffe der *Nutzerorientierung* und der *Einbindung* zwei zentrale Dimensionen der abgegebenen Empfeh-

---

270 V. Krech, Art. Kommunikationstheorie, RGG 4, 2001, 1516; Kursivierung T. Z.

lungen dar.[271] Hierin klingen die *partizipatorischen* Momente an, die für die *Theorie kommunikativen Handelns* charakteristisch sind. In der Darstellung von Habermas' Kommunikationsbegriff wurde die mehrdimensionale Betrachtung des Mitteilungsgeschehens mit seinen expressiven, regulativen und konstativen Elementen deutlich. In dieser Mehrdimensionalität soll nun das *Mitteilungsgeschehen als soziale Interaktion* im Projekt betrachtet werden.

Vorerst nur enigmatisch im Titel angedeutet und im weiteren Verlauf zu entfalten ist die Beobachtung, dass diese Perspektive auf das Ziel der Verbesserung der Kommunikation in besonderer Affinität zu einem theologisch-inhaltlichen Interesse am Kirche-Sein von Kirche steht. In der weiteren Entfaltung der Überlegungen wird sich zeigen, wie die in der Perspektive verständigungsorientierter Kommunikation mit Habermas besonders zu bedenkenden Elemente der Mitteilung und der Partizipation eine spezifische Nähe zum ekklesiologischen Verständnis der Kirche als *communio* beinhalten *(vgl. Kapitel 3)*.

i. Wirkungen II: Partizipation – Ehrenamt und Nutzungsbreite

Eine Besonderheit des bayerischen landeskirchlichen Intranets im Vergleich zu Firmen- oder Verwaltungsinternets besteht in der Einbindung ehrenamtlich Mitarbeitender. Von Beginn an sah das Projekt vor, den Zugang zum Intranet auch für ehrenamtlich in der Kirche Tätige zu öffnen. Dass dies gelungen ist, legen bereits die Zahlen aus der Statistik der Intranet-Zugänge nahe.[272] Zum anderen illustriert die im Sommer 2004 durchgeführte Online-Befragung, dass das Intranet auch tatsächlich von Ehrenamtlichen genutzt wird. Auf die Frage „Wie sind Sie in der ELKB tätig?" antworteten die (ca. 150) Befragten prozentual wie folgt:

---

271 Neben den in den vorausgegangenen Abschnitten bereits erwähnten Dimensionen *Technik* und *Befähigung*. Ein fünfter Empfehlungsbereich widmete sich der Dimension *Inhalte*, die ebenfalls bereits weiter oben mitbedacht wurde. Vgl. „Kirche und Vernetzte Gesellschaft", 70.

272 Zum 31.12.2006 waren dort 1775 Zugänge für ehrenamtlich Mitarbeitende verzeichnet. (Quelle: Statistikabfrage durch den Webmaster der Arbeitsstelle Vernetzte Kirche im Januar 2007).

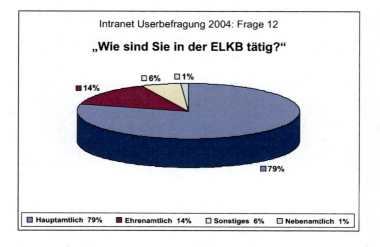

Intranet Userbefragung 2004: Frage 12

„Wie sind Sie in der ELKB tätig?"

6% 1%
14%
79%

■ Hauptamtlich 79%   ■ Ehrenamtlich 14%   □ Sonstiges 6%   □ Nebenamtlich 1%

Zwar sind die NutzerInnen des Intranets überwiegend hauptamtlich in der Kirche tätig (79 %), doch erreicht der Anteil der Ehrenamtlichen immerhin 14 %. Diese Zahl darf auch als Indiz dafür gelesen werden, dass das Intranet gerade für die Partizipation Ehrenamtlicher an der kirchlichen Binnenkommunikation neue Möglichkeiten eröffnet. Denen, die über einen persönlichen Zugang zum Intranet verfügen, steht hier eine Fülle von vorher nicht zugänglichen Materialien und Informationen, aber auch Möglichkeiten der interaktiven Kontaktaufnahme durch Mail oder Foren zur Verfügung. Das von Ehrenamtlichen immer wieder beklagte Nadelöhr Pfarramt für die Informationsweitergabe entfällt und die Potenziale für Ehrenamtliche, sich auf der Basis substantieller Informationen am binnenkirchlichen Meinungs- und Entscheidungsdiskurs zu beteiligen, steigen.

Dass illustriert auf ihre Weise auch die folgende Beobachtung: Noch im Oktober 2004 zeigte sich ein Pfarrer der ELKB per Anruf bei Vernetzter Kirche besorgt darüber, dass „seine" Ehrenamtlichen per Intranet-Login dort die gleichen Informationen einsehen könnten wie er.[273] In

---

273 Mündliche Mitteilung durch die Sekretärin des Projekts am 21.10.2004; unter gleichem Datum notiert in meinem Projektjournal. Die im Sommer 2004 erfolgte Personalisierung hat inzwischen zu einer ersten Ausdifferenzierung der individuellen Berechtigungen im Intranet geführt, deren weiterer Ausbau geplant ist.

dieser kleinen Szene dokumentiert sich also auch die verändernde Dynamik, die die partizipatorischen Elemente der neuen Kommunikationsformen in der Kirche entfalten. Auf die spezifisch protestantischen „Schnittstellen" dieser Thematik wird in der Folge bei der Erörterung der Folgen im kirchentheoretischen Kontext noch eigens einzugehen sein.

Umgekehrt darf nicht unerwähnt bleiben, dass die im ersten Kapitel angesprochene *digitale Spaltung* auch in diesem Zusammenhang zu beobachten (in der Folge dann freilich auch zu beachten!) ist. So löste etwa der (aus Einsparungsgründen erfolgte) Verzicht auf die bis dahin übliche kostenlose Versendung einer Druckfassung der Lesepredigten des Gottesdienstinstituts zugunsten der Online-Stellung im Intranet im Jahr 2003 bei einer Reihe von ehrenamtlichen Lektorinnen und Lektoren heftige Verärgerung aus.[274] Wird diese Einsparung an Service für diejenigen Ehrenamtlichen, die über keinen eigenen Intranetzugang verfügen, aufgewogen durch die weit größere Fülle an Information und Material, die denjenigen offen steht, die über einen persönlichen Zugang verfügen?

Im Blick auf die Partizipation der Ehrenamtlichen im kirchlichen Netz sind deshalb nicht nur die kommunikativen Potenziale, sondern genauso die kommunikativen Schranken der neuen Techniken im Auge zu behalten. Auf eine Flächendeckung und eine ausreichende Qualifizierung der Netzzugänge von Ehrenamtlichen über bestimmte bisherige Zielgruppen und Multiplikatoren (z. B. die zu Recht gut „versorgten" Mitglieder der Landessynode) hinaus zu achten, ist und bleibt für eine evangelische Kirche hier eine wichtige Zukunftsaufgabe. Gerade weil und wenn das bayerische Kirchen-Intranet im Unterschied zu anderen Intranets von seiner Zielsetzung her kein reines Verwaltungsnetz sein will, muss sich die Pluralität in der Integration der ehrenamtlich Mitarbeitenden auf allen Ebenen der Landeskirche bewähren.

Hoffnungsvoll stimmen in dieser Hinsicht zwei ergänzende Beobachtungen zur im Projekt erreichten *Nutzungsbreite*. Die Umfrage vom Sommer 2004 hat hier gezeigt, dass die angestrebte Nutzungsbreite des Intranets in der Landeskirche auf einem guten Weg ist. Dies verdeutlicht die Zuordnung der TeilnehmerInnen an der Umfrage zu unterschiedlichen Zielgruppen, für die das landeskirchliche Intranet bedeutsam geworden ist. Auf die Frage nach der *beruflichen Beschäftigung der*

---

274 Wer keinen Zugang zum Intranet hat, muss nun Pfarrer oder Pfarrerin um den Ausdruck bitten.

Befragten ergab sich folgendes Bild. Auch wenn die hauptamtlichen Berufsgruppen dominieren, ist insgesamt eine große Bandbreite unterschiedlicher beruflicher Hintergründe bei der Nutzung des landeskirchlichen Intranets zu erkennen:

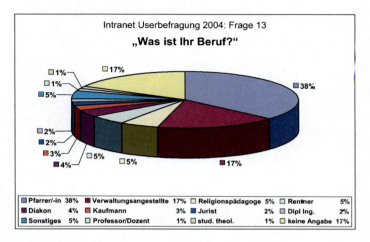

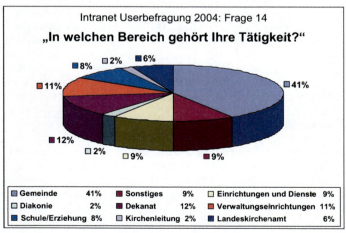

Auch die aktuellen Tätigkeitsfelder der Befragten verdeutlichen, wie weit das Intranet als *„kirchliches Mitteilungsorgan"* reicht, es werden keineswegs *nur* die Verwaltung oder *nur* die Gemeinde erreicht:

In *geografischer Hinsicht* belegt die Umfrage, dass die Reichweite des Intranets nicht auf die städtischen Ballungsräume beschränkt ist, sondern auch die „Fläche" der Landeskirche einschließt: Die Nutzerinnen und Nutzer verteilen sich auf alle sechs bayerischen Kirchenkreise und leben sowohl in dörflichen wie in mittel- oder großstädtischen Zusammenhängen.[275] Die Nutzungsintensität des Intranets ist dabei sehr unterschiedlich. Während für eine Gruppe kirchlicher Mitarbeitender das Intranet zum täglichen Arbeitswerkzeug gehört, werden die Möglichkeiten des Intranets von anderen eher sporadisch in Anspruch genommen.[276]

ii. Verständigungen: Gesprächsforen und „Projektgesichter"

Beteiligung auf der Ebene des Zugangs und der Nutzung ist zwar ein erster Indikator für die Betrachtung des Projekts aus der in diesem Abschnitt zugrunde liegenden Perspektive. Indes empfiehlt sich für die Frage der durch das Intranet für die binnenkirchliche Kommunikation eröffneten *Interaktionsmöglichkeiten* noch ein zweiter Blick. Für den in der beschriebenen handlungstheoretischen Hinsicht besonders interessierenden Aspekt der verständigungsorientierten Interaktion gleichberechtigter Subjekte ist aus dem Projekt nicht nur der Weg sicherer dienstlicher E-Mail-Kommunikation von @elkb.de- zu @elkb.de-Adresse ein möglicher Gegenstand der Betrachtung.[277] Programmatisch sollte innerhalb des Intranets mit dem von Beginn an zur Verfügung stehenden Bereich der *Foren* ein Ort thematisch orientierter gemeinsamer Verständigung geschaffen werden.

In der Rubrik Foren konnten sowohl *offene* als auch *geschlossene* Foren eingerichtet werden.[278] Dabei stand neben einigen von der Pro-

---

275 Vgl. die Angaben zu den Fragen 16 und 17 der Online-Befragung vom Juli 2004, dokumentiert in der sog. „Zwischenevaluation" durch LMU München und Mummert Consulting, MS 16.9.2004.

276 Siehe die Frage 1 der Online-Befragung, vgl. die vorige Anmerkung!

277 Aspekte der dienstlichen E-Mail-Kommunikation wurden im Abschnitt c) bereits kurz dargestellt.

278 *Offen:* jeder Intranet-Nutzer, jede Nutzerin kann die Beiträge im entsprechenden Forum lesen und selbst einen eigenen Beitrag der Diskussion hinzufügen. *Geschlossen:* Die Beiträge des Forums können nur nach erfolgter Freischaltung für diesen Bereich gelesen und kommentiert werden.

jektleitung initiierten Diskussionsforen von Beginn an für jede Intranet-Nutzerin bzw. jeden Nutzer die Möglichkeit offen, selbst auf Antrag ein Diskussionsforum zu eröffnen. Er oder sie war dann als *Moderator* bzw. *Moderatorin* für das eröffnete Forum verantwortlich. Der Projektmanager des Projekts „Vernetzte Kirche" fungierte als zentraler *Koordinator,* der Forenanträge bearbeitete und für die technische Abstimmung sorgte. Das im aktuellen Intranet (Stand November 2006) vorhandene Archiv der Foren aus der Projektlaufzeit 2002 bis 2004 verzeichnet 48 Foren mit insgesamt ca. 1500 Beiträgen, davon zwei Drittel im Bereich geschlossener Foren.

In den drei Projektjahren hat sich gezeigt, dass die aktive Beteiligung durch Verfassen von Beiträgen bei denjenigen Foren relativ am größten war, die a) als geschlossene Foren von einem aktiven Moderator betreut werden,[279] oder b) internet- und intranetbezogene Fragen thematisieren.[280] Wie die Zahl der Seitenaufrufe der Forumseiten zeigt, wurde die Thematisierung aktueller inhaltlicher Fragen durch Einzelne zwar mit Interesse verfolgt, schlug sich allerdings bis Ende 2004 wenig in aktiven Beiträgen nieder.

Eine erkennbare Steigerung in der Nutzung der Foren und der Zahl der Beiträge zeigt sich, seitdem zum Projektende die Forenstruktur neu gestaltet und im September 2005 das Layout des Intranets erneuert wurde. Dadurch sind nun die neuesten Forumsbeiträge auf der Intranet-Startseite mit Stichwort und Autor/Autorin verzeichnet. Offenbar motiviert dies zu regerer Beteiligung an den Diskursen, die in den Foren geführt werden.[281] Eine eigene Rubrik „Forum für Ihre Themen" mag das Ihre dazu beigetragen haben, dass inzwischen vermehrt auch in den offenen Foren mitunter lebhafte Diskussionen zu aktuellen inhaltlichen Themen kirchlichen Lebens geführt werden.[282] Wurden die Foren an-

---

279 Exemplarisch hierfür das Forum Seelsorge.

280 Z. B. zum Veranstaltungskalender www.evangelische-termine.de. *Auch dies vermag einmal mehr Luhmanns These zu illustrieren, dass sich Kommunikation (hier Online-Kommunikation) ihre Fortsetzungen selbst schafft!*

281 Am 28.10.2006 sind lt. Forumsverzeichnis 2.264 Beiträge in den Foren, 2.642 Personen sind als aktive Forenbenutzer/innen registriert. (Abruf aus https://www.elkb.de/anwendungen/phpbb/index.php am 28.10.2006.)

282 Aktuelle und thematisch fokussierte Diskussionen erreichen dabei wenig überraschend die größte Aufmerksamkeit und Beteiligungsraten, so z. B. in den Jahren 2006 bis 2008 die Diskussion um die Umbenennung der Münchner Meiserstraße und eine Diskussion um liturgische Kleidung. (Abruf aus https://www.elkb.de/anwendungen/phpBB3/viewforum.php?f=23&sid=974a7d 6c511544e84f83e8af66bb8298, 7.7.2008.)

fangs ähnlich wie Leserbriefseiten einer Tageszeitung oft nur von einigen wenigen „Vielschreibern" genutzt, allerdings von einer weit größeren Zahl lesend verfolgt, so lassen sich mit diesen Beobachtungen nach mehr als fünf Jahren durchaus Indizien dafür benennen, dass in den Intranet-Foren ein neuer Diskursort für themenspezifische landeskirchenweite Prozesse gemeinsamer Verständigung im Entstehen ist.

Dass der technisch-medial geprägte Ort Intranet als Plattform solcher Diskurse in der traditionell stark von face-to-face-Kontakten geprägten binnenkirchlichen Kommunikationskultur der bayerischen Landeskirche zusehends akzeptiert wird, dürfte seinerseits einen wesentlichen Grund in der im Projekt stets wichtig erachteten personalen Kommunikation haben: Von Beginn an zeigte sich Vernetzte Kirche als landeskirchliches Technikprojekt in der landeskirchlichen Öffentlichkeit – vor Ort wie medial – mit den Namen der handelnden Personen und gab so der kirchlichen Binnenkommunikation im Netz ein erkennbares Gesicht.[283]

g. Plädoyer für eine polykontexturale Betrachtung

Im Verlauf dieses Kapitels habe ich die im Projekt „Vernetzte Kirche" unternommenen Anstrengungen der bayerischen Landeskirche, ihre interne Kommunikation durch die Nutzung moderner Informations- und Kommunikationstechnologien zu verbessern, unter Zuhilfenahme dreier gänzlich verschiedener kommunikationstheoretischer Perspektiven gesichtet. Diesem Vorgehen liegt die Annahme zugrunde, dass eine solche „polykontexturale"[284] Betrachtung zum Verständnis der Kommunikation der Organisation Kirche einen hilfreichen Beitrag leistet.

Nun legt freilich schon Habermas' Unterscheidung von erfolgs- und verständigungsorientierter Kommunikation die Versuchung nahe, zu fragen, ob die Darstellung der Projektergebnisse sich nicht eindeutiger und diskriminativer einem bestimmten Begriff der Kommunikation verpflichten müsste: Muss nicht gerade die Kommunikation der Kirche als

---

283 Vgl. die über 30 Dekanatsbesuche in der Projektlaufzeit, aber auch die Öffentlichkeitsarbeit des Projekts mit Artikeln und Broschüren. Auch im Vergleich zu anderen (landes)kirchlichen Technik- und Intranetprojekten ausserhalb der ELKB kann dies als bayerische Besonderheit gelten, wurde doch dort gerade auf diese Form der *Identifizierbarkeit* häufig wenig Wert gelegt, wie an den Webseiten der Projekte zu erkennen war (vgl. z. B. www.ekiba.de/vernetzung oder www.ekhn.de/intranet; abgerufen am 15.7.2004).

284 Ich nehme für das Wort Anleihe bei N. Luhmann, Die Gesellschaft der Gesellschaft, 1998, 88.

*Organisations*kommunikation sich in erster Linie zur eigenen Selbstbehauptung der instrumentell-zweckrationalen Erfolgsorientierung ver-
schreiben, wenn und sofern die *ecclesia visibilis auch* weltliche Institution ist? – Oder umgekehrt, weil die Kirche *Kirche* ist: Muss sie sich
nicht genau vor den Irrungen solcher funktionalistischer Systemfort-
schreibung in Acht nehmen?

Eine differenzierende Antwort auf diese Fragen hat REINER PREUL in
seiner „Kirchentheorie" mit der Unterscheidung zweier „Klassen" kirchlichen Handelns vorgeschlagen: „einerseits Akte, in denen religiöse, am
Evangelium orientierte Kommunikation vollzogen wird – das geschieht
vor allem durch Predigt, Liturgie, Seelsorge, Unterricht und öffentliche
Verlautbarungen kirchlicher Stellen und Gremien -, andererseits Akte,
durch die institutionell-organisatorische oder auch nur gelegentliche
Rahmenbedingungen solcher Kommunikation des Evangeliums geschaffen und in ein systemisches Verhältnis gesetzt werden. Diese Klasse
kirchlichen Handelns, eines disponierenden Handelns im Unterschied
zum kommunikativen Handeln, ist Gegenstand der Kybernetik."[285] –
Auf diese Weise würde dann freilich ein am Evangelium orientierter
Begriff der Kommunikation als Kriterium für das die institutionell-
organisatorischen Rahmenbedingungen (eines landeskirchlichen Intranets z. B.) schaffende „disponierende Handeln" ausscheiden, oder zumindest für diese „Handlungsklasse" in die zweite Reihe rücken.

*Gegenüber solchen und anderen Eingrenzungen des Kommunikati-
onsbegriffs bei der Betrachtung organisationaler Kommunikation der
Institution Kirche setze ich darauf, dass erst die wechselseitige Ergänzung der dargestellten Perspektiven die kirchliche Kommunikation
sachgerecht abzubilden vermag: Sowohl instrumentelle, funktionale als
auch dezidiert normative Elemente müssen hier zum Tragen kommen
können, wenn vorschnelle Verkürzungen bei der Wahrnehmung der
kirchlichen Kommunikation unter den sich verändernden medialen
Bedingungen vermieden werden sollen.*

*Indes kommt auch die hier unternommene „polykontexturale" Be-
trachtung nicht umhin, die eingenommenen Perspektiven in theologischer Sicht zu gewichten und in Beziehung zu setzen. Ehe dies – die hier
nur angedeutete Diskussion aufnehmend – geschieht, soll im nächsten
Kapitel zuerst noch die „externe" kirchliche Kommunikation via Internet Beachtung finden. Auch hierfür bilden noch einmal die drei*

---

285   R. Preul, Kirchentheorie, 1997, 6.

vorgestellten Theorieperspektiven und ausgewählte Beispiele aus dem beobachteten Projekt der bayerischen Landeskirche die Bezugspunkte. Ergänzt werden sie in der Darstellung durch die im Rahmen der kirchlichen Kommunikation nach außen nun (spätestens!) unumgänglich werdende Reflexion des aufgegebenen religiösen Gehaltes „Evangelium".

2. Die Kommunikation des Evangeliums im Netz

„Die Kommunikationsgemeinschaft Kirche dient der Kommunikation. Sie dient der Kommunikation der Geschichte Gottes mit den Menschen, der Kommunikation des an alle Menschen adressierten, weil alle angehenden Evangeliums."[286] Mit diesen Worten hat EDMUND ARENS in seinem Artikel „Was kann Kommunikation?" daran erinnert, dass sowohl Gott, biblische Botschaft wie auch Kirche als kommunikative Wirklichkeit beschrieben werden können. – Eindringlich unterstreicht seine Aussage dabei, dass die Kirche Kommunikation nicht um ihrer selbst willen „betreibt", sondern um der *Kommunikation des Evangeliums* willen.

Die von der bayerischen Kirche mit dem Projekt „Vernetzte Kirche" intendierte *Verbesserung kirchlicher Kommunikation* durch die gezielte Nutzung des Mediums Internet wird sich also am Kriterium sach- und zeitgemäßer Kommunikation des Evangeliums zu bewähren haben, weil sie sich der Verkündigung der frohen Botschaft der Liebe Gottes zur Welt als dem Auftrag der Kirche verpflichtet weiß. Die von Arens formulierte These der dem kirchlichen Auftrag der Kommunikation des Evangeliums ihrem (selbst kommunikativen) Wesen nach verpflichteten Kommunikationsgemeinschaft Kirche soll im Folgenden an den drei im zweiten Kapitel entfalteten Kommunikationsbegriffen entlang zur Überprüfung der im bayerischen Internetprojekt erreichten Ergebnisse und Wirkungen dienen. Ihre Implikationen werden sich im Lauf der Darstellung an den einzelnen Beispielen entfalten. Die aus der teilnehmenden Beobachtung des Projekts hier gewählten Beispiele entstammen vorwiegend der *„externen"* kirchlichen Kommunikation im „frei zugänglichen" öffentlichen Bereich des Internet.[287]

---

286 E. Arens, Was kann Kommunikation?, 2002, 419.
287 Im Unterschied zu organisationsinternen Intranets.

Ehe der Blick in dieser Weise auf das bayerische Projekt fokussiert wird, unternimmt der folgende Exkurs einen kurzen Seitenblick auf Tendenzen religiöser Kommunikation im Netz, wie sie sich im „Mutterland" des Internet aus soziologischer Perspektive darstellen.

Exkurs: Das Internet als Medium religiöser Kommunikation –
Soziologische Aspekte aus Nordamerika

Im Bereich von Religion und Spiritualität verknüpft sich mit dem Internet immer wieder die Hoffnung, gerade denjenigen Möglichkeiten zu eröffnen, die wenig oder keinen Zugang zu traditionellen und institutionalisierten Formen von Religiosität gefunden haben bzw. finden. Gerade die USA bieten inzwischen eine intensive soziologische Beobachtung und Analyse der religiösen Online- (und Offline-)Landschaft. So verfolgt beispielsweise das umfangreiche *„PEW INTERNET & AMERICAN LIFE PROJECT"* (es untersucht den Einfluss des Internet auf das gesellschaftliche Leben in seiner ganzen Breite; www.pewinternet.org) seit einigen Jahren immer wieder auch die Entwicklung der religiösen Entwicklungen im Internet. Ein eingehender Bericht dieses soziologischen Internet-Projekts zum Thema *Religion* vom April 2004 trägt den Titel „Faith Online".[288]

Hinter der Hauptfeststellung, dass fast zwei Drittel der US-BürgerInnen, die online sind, das Internet auch für spirituelle oder religiöse Zwecke nutzen,[289] verbergen sich einige überraschende Befunde. Bemerkenswert ist, dass entgegen der Erwartung vieler Experten das Internet bisher jedenfalls nicht dazu geführt hat, dass eine signifikante Anzahl von NutzerInnen religiöses Leben „online" *anstelle* von „Offline-Religion" pflegt: „Faith-related activity online is a *supplement* to, rather than a *substitute* for offline religious life."[290] Online-Aktivitäten, die als „religiös" beurteilt werden können (die Studie nennt hier E-Mails mit spirituellen Inhalten; Online-Grußkarten mit religiösen Motiven zu entsprechenden Feier-

288 Pew Internet & American Life Project: Faith Online, April 7, 2004 (www.pewinternet.org/pdfs/PIP_Cities_Online_Report.pdf; abgerufen am 13.1.2005). Vgl. zu den jeweils aktuellen Umfragen des Projekts: www.pewinternet.org/trends.asp.

289 „64 % of wired Americans have used the Internet for spiritual or religious purposes".

290 Ebd., S. ii.

tagen; Lektüre religiöser und kirchlicher Nachrichten im Netz, Informationssuche für das Feiern religiöser Feste sowie für Gottesdienstzeiten), sind dabei eher der Sphäre persönlichen Verhaltens denn dem Bereich institutioneller Interessen zuzuordnen.

Dabei hätte man im Gefolge vieler Prognosen zum Internet erwarten dürfen, dass diejenigen Gruppen, die intensiv im Internet unterwegs sind (bessere Bildung, höheres Einkommen, keine gesellschaftlichen Minderheiten), das Netz verstärkt dazu nutzen, sich abseits der Pfade traditioneller Religion online auf spirituelle Suchreisen zu begeben. Doch die Ergebnisse der Studie weisen in eine andere Richtung, indem sie in der Nutzung der religiösen Möglichkeiten des Webs keinen Unterschied im Online-Verhalten zwischen denjenigen erkennen lassen, die sich innerhalb traditioneller religiöser Kategorien bewegen, und denjenigen, die dies nicht tun.[291]

Entgegen mancher gerade auch von kirchlicher Seite mit dem Netz verbundener Hoffnungen zeigt die Befragung im Gegenteil, dass diejenigen, die zur Gruppe der Nicht-Kirchgänger zählen, auch diejenigen sind, die am wenigsten Interesse an Online-Informationen zu anderen religiösen Traditionen haben.[292] Damit stützt die Untersuchung die These der Soziologen P. L. Marler und K. Hadaway, die argumentiert haben, dass Religion in den USA eher dahin tendiert, dass die ohnehin „Religiösen" vermehrt „suchen", während diejenigen, die außerhalb dieser Tradition(en) stehen, an Religion und Spiritualität überhaupt wenig interessiert sind, egal ob „online" oder „offline".[293]

Nimmt man diese Befunde zusammen, so erscheint das Internet nicht so sehr als eine religiöse Spielwiese für Men-

---

291 Vgl. ebd., 14.
292 Vgl. ebd., 16.
293 „They have argued that the trend in U.S. religion is not in a change from an orientation to religious traditions to a „seeker" orientation outside of those traditions, but for those within religious traditions to be more „seeker" orientated and those outside of such traditions to be less interested in religion or spirituality altogether. Thus, Internet users who are not involved in religious organizations are less likely to be „seekers" who are finding new forms of religion on the Internet, and more likely to be as uninterested in religion online as they are offline." (zitiert nach ebd., 16).

schen, die mit institutionalisierten Formen von Religion nichts am Hut haben, wohl aber scheint es die Entwicklung solcher Formen von religiöser und spiritueller Praxis zu unterstützen, die eine gewisse Distanz zur organisierten Religiosität erkennen lassen. Auch wenn diese Formen eher von denen gepflegt werden, die bereits mit institutionalisierten Formen von Religion verbunden sind, ist festzuhalten, dass die religiösen Online-Aktivitäten *stärker persönlich expressiv und individuell orientiert* sind.

„Faith Online" sieht hier für die Zukunft zwei mögliche Entwicklungen:

Zum einen sei denkbar, dass die, die derzeit sowohl „offline" als auch „online" ihr religiöses Leben leben, dies auch weiterhin in Loyalität zu ihren institutionellen Offline-Bindungen tun und das Internet stärker für den persönlichen Ausdruck ihres Glaubens nutzen.

Zum anderen sieht die Studie die Möglichkeit wechselseitiger Integration, so dass die religiösen Institutionen und Traditionen „außerhalb" des Netzes verstärkt die persönliche Seite betonen werden und die religiöse Praxis im Netz ihrerseits verstärkt in institutionelle und organisatorische Traditionen eingebettet werden wird.[294]

Leider existieren trotz vieler auf das Internet bezogener Umfragen (vgl. Teil I.1.) keine wirklich vergleichbaren Zahlen zum Thema „Religion/Kirche und das Internet" für den deutschsprachigen Bereich. Dies lässt keine vergleichende Einordnung der amerikanischen Ergebnisse zu, zumal auch die Rolle der Religion in den USA und in Deutschland durchaus unterschiedlich zu betrachten ist.[295] Das amerikanische Beispiel deutet immerhin an, dass manche Versprechungen und Hoffnungen, die sich mit neuen religiösen Kommunikationsmöglichkeiten des Internet verbinden, im Blick auf missionarische Möglichkeiten vielleicht nüchterner zu beurteilen sind, als dies die Euphorie des Anfangs verhieß. Umgekehrt stellt sie für die traditionellen und institutionalisierten Formen von Religion (wie die großen Kirchen in Deutschland) noch

---

294 Vgl. ebd., 20f.
295 Zu einer ähnlichen Einschätzung gelangt B.-M. Haese, Hinter den Spiegeln, 2006, 102f. in seiner Analyse des Nutzerverhaltens.

einmal deutlich die – im ersten Teil beschriebenen – mit dem Internet verbundenen Herausforderungen vor Augen, die sich in den Stichworten Individualität und Autonomie verdichten.[296]

a. „Informationstheoretisch": Die Botschaft technisch vermitteln

i. www.bayern-evangelisch.de: Ein landeskirchlicher Sendemast im Netz

145

Als eine der ersten kirchlichen Institutionen des deutschen Protestantismus war im Jahr 1995 die bayerische Landeskirche „online". Frühzeitig etablierte die bayerische Kirche durch den Evangelischen Presseverband Bayern auf der Domain www.epv.de nicht nur einen eigenen „Sendemast" im Internet, sondern versuchte auch, sich den konzeptionellen Herausforderungen des neuen Mediums zu stellen, wie beispielsweise der Start eines Online-Bibelkreises durch die erste „Online-Pfarrerin" zeigte.[297]

Bereits die ersten „Gehversuche" der bayerischen Landeskirche im Netz trugen so dem Bemühen Rechnung, auf die spezifischen Gegebenheiten und Möglichkeiten des Mediums einzugehen. Es sollte nicht nur Information präsentiert werden, sondern mit Seelsorge und Bibelkreis sowie der Personalisierung im „Amt" einer Online-Pfarrerin wurde versucht, die dem Medium Internet immanenten Möglichkeiten des „Rückkanals" und der netzbasierten Kooperation als Interaktion von medial Anwesenden für eine landeskirchliche Internetpräsenz zu nutzen.[298]

Die Konzeption der bayerischen Webpräsenz war also von Anfang an nicht einfach am klassisch informationstheoretischen Modell der Neuigkeitsübertragung vom Sender „Landeskirche" zum Empfänger „Netzuser" orientiert, sondern betrachtete kirchliche Präsenz im Netz auch unter dem Aspekt des Regelkreises, der eine einlinig-lineare Sender-Empfänger-Richtung obsolet erscheinen lässt. Dass die landeskirchliche Webpräsenz hier dennoch unter dem informationstheoretischen Kommunikationsparadigma Erwähnung findet, ist der historischen Entwicklung der Zuständigkeiten für die Seite geschuldet. Nachdem diese ursprünglich redaktionell in der Verantwortung des Evangelischen Presseverbandes lag, übernahm im Jahr 1999 der dem Bischofsbüro zugeordnete Arbeitsbereich „Presse- und Öffentlichkeitsarbeit/Publizistik (P.Ö.P.)" die redaktionelle Verantwortung für die Seite, die alsbald unter der seither gebräuchlichen Domain www.bayern-evangelisch.de erreichbar ist.

---

in providing resources for seeking that takes them outside of formal religious traditions." (ebd., 21). Vor allem die sog. „Blogseiten" sind hier von Interesse, vgl. im Folgenden den Exkurs „Christian Weblogs".

297 Vgl. dazu den kurzen Erfahrungsbericht von Pfarrerin M. Graffam-Minkus, S. 147–150 in: W. Nethöfel und M. Schnell, Cyberchurch? Kirche im Internet, 1998.

298 Bei dieser Gelegenheit sei eigens angemerkt, dass hier und im Folgenden das Adjektiv „landeskirchlich" in einem spezifischen Sinne gebraucht wird, insofern es projektspezifisch auf Zentralfunktionen bezogen ist. Dass auch andere Funktionen einer Regionalkirche ihren eigenen Beitrag zum Gesamten einer Landeskirche leisten, und diese sich keinesfalls allein aus ihren Zentralfunktionen definiert, soll damit keineswegs bestritten sein!

Dabei blieb zunächst die formale Frage der Zuständigkeit für die landeskirchliche Internetpräsenz zwischen dem für die Öffentlichkeitsarbeit der vier kirchenleitenden Organe der bayerischen Kirche verantwortlichen Arbeitsbereich P.Ö.P. und der inhaltlich für den Bereich Medien zuständigen Fachabteilung im Landeskirchenamt ungeklärt.[299] Im Verlauf des Projekts „Vernetzte Kirche" sah sich die Kirchenleitung herausgefordert, diese Frage der Zuständigkeit für die „zentrale" Internetpräsenz explizit zu beantworten. Im Frühjahr 2004 entschied sich der Landeskirchenrat mehrheitlich dafür, den Ausbau von www.bayern-evangelisch.de zu einem gemeinsamen Dach und einer öffentlichen Kommunikationsplattform der Landeskirche in die Verantwortung des Arbeitsbereichs P.Ö.P. zu legen.

Exkurs: Die Debatte um die Zuständigkeit für ein landeskirchliches Internetportal im Horizont der Diskussion um Rolle und Konzept christlicher Publizistik

Das Projekt „Vernetzte Kirche" hat sich vor allem durch seinen wissenschaftlichen Projektbeirat und die theologische Begleitung intensiv an der Debatte beteiligt, die der Entscheidung des Landeskirchenrates vorausging.[300] Der Beirat hatte im Verlauf der Diskussion zu bedenken gegeben, wieweit an dieser Stelle einem spezifisch evangelischen Verständnis von Repräsentanz ein hinsichtlich der Zuständigkeiten plural gestaltetes Organisationsmodell besser entsprochen hätte.

Im Hintergrund der Diskussion stand in publizistischer Perspektive die verschiedentlich diskutierte Beobachtung bzw. Befürchtung, die fortschreitende Professionalisierung kirchlicher Öffentlichkeitsarbeit schwäche in Zeiten knapper Mittel die Formen „ungebundener" christlicher Publizistik, wie sie z. B. in den evangelischen Presseverbänden beheimatet seien.[301] Roland Rosenstock hat im Zusammenhang dieser Diskussion zu Recht darauf hingewiesen, dass MICHAEL SCHI-

---

299 Die vier kirchenleitenden Organe gemäß der Verfassung der ELKB: Landessynode, Landesbischof, Landessynodalausschuss, Landeskirchenrat. Durch die arbeitstechnische Zuordnung des Arbeitsbereiches P.Ö.P. zum Büro des Bischofs ergibt sich de facto eine gewisse Affinität zum bischöflichen Element der Kirchenleitung.

300 Vgl. Th. Zeilinger: Markenzeichen im Netz. *Überlegungen zu einer evangelischen Präsenz im Internet,* Nachrichten der ELKB Ausg. 2, 2004 und Stellungnahme des Beirats vom 4.5.2004 gegenüber den kirchenleitenden Organen.

301 Vgl. dazu z. B. in kritischer Auseinandersetzung mit dem Publizistischen Ge-

BILSKY, der Vorsitende des wissenschaftlichen Projektbeirats, im Blick auf die christliche Publizistik überzeugt war, „die Deutungskompetenz für die Wahrnehmung der Entwicklungen innerhalb von Kirche und Gesellschaft dürfe nicht denen überlassen werden, die sie selbst hervorbringen."[302] Aus dieser Überlegung heraus galt Schibilskys Interesse im Printbereich in besonderer Weise der Kirchengebietspresse und dem Fortbestand der evangelischen Presseverbände.

Die – nicht nur in Bayern zu konstatierende – Tendenz, die Internetarbeit als Instrument kirchlicher Öffentlichkeitsarbeit eng an die Kirchenleitung zu binden, musste – und muss – vor diesem Hintergrund kritisch beurteilt werden.[303] Zeigt sie doch die Neigung, das Medium als „Kanal" für die Verlautbarung institutioneller Botschaften aufzufassen. Auf die strukturelle Stärke einer „ungebundenen" kirchlichen Publizistik, ihr demokratisches Potenzial für evangelische Pluralität, wird zugunsten der Möglichkeit, klare und profilierte Botschaften zu senden, verzichtet. In den bereits Jahre zuvor formulierten Worten Michael Schibilskys: „Es gibt eine unheilvolle Neigung in der verfassten Kirche, in Krisenzeiten Zuflucht zu den verkehrten Mitteln zu nehmen: Vermeidung von Kritik, Neigung zur positiven Selbstdarstellung und Hang zum frommen Schein. In seiner Geschichte aber bekennt sich der Protestantismus zur öffentlichen und veröffentlichten Kritik, zur dialogischen Urteilsbildung, zur geschwisterlichen Kontroverskultur. Publizistik gehört zum unentbehrlichen Handwerkszeug auf dem Weg zur Erneuerung der Kirche."[304]

---

samtplan „Mandat und Markt" von 1997: R. Schmidt-Rost, Christo-phorus – Anfragen an das Medienverständnis der christlichen Publizistik, 2004, 90ff.

302   R. Rosenstock, Kommunikative Kompetenz in der Mitte des Alltags, 2006, 188. Vgl. in ausführlicherer Analyse der aktuellen Entwicklungen R. Rosenstock, Deutungskompetenz – Ein „kleiner historischer Streifzug" zu einem umstrittenen Thema – In memoriam Prof. Michael Schibilsky, 2005, 33ff.

303   Vgl. auch das kritische Urteil von R. Rosenstock, Deutungskompetenz – Ein „kleiner historischer Streifzug" zu einem umstrittenen Thema – In memoriam Prof. Michael Schibilsky, 2005, 34: „Vor allem die Internetarbeit ist an die Landeskirchenämter gebunden worden und wurde hier – gegen die Möglichkeiten des Mediums, evangelische Themen zu besetzen – mit erheblichem finanziellen Aufwand als publizistische Selbstdarstellung der Institutionen benutzt." (Siehe auch R. Rosenstock, Die Kirche und das Netz, 2004.)

304   M. Schibilsky, Evangelische Publizistik hat Perspektive, 1995, 207.

Hinter der bayerischen Entscheidung, die Zuständigkeit für das landeskirchliche Internetportal, mithin für den landeskirchlichen „Kirchturm im Netz", zentral an die Öffentlichkeitsarbeit der Kirchenleitung anzubinden, steht (abgesehen von pragmatischen Überlegungen) die Sorge um *Erkennbarkeit, Profil und Qualität* der medialen Präsentation einer Landeskirche in der Öffentlichkeit des Internet. Bedenkt man die internetspezifischen Tendenzen der Infragestellung institutioneller Macht und kirchlicher Einheit, wie sie im ersten Hauptteil analysiert wurden, so erscheint der Versuch durchaus verständlich, durch zentralistische Strukturen ein einheitliches Erscheinungsbild einer Landeskirche in der Öffentlichkeit des World Wide Web zu sichern.

Nun hat der Protestantismus freilich nicht erst seit der Begegnung mit dem Internet in besonderer Weise mit dem Thema *„Einheit und Vielfalt"* zu tun. Vielmehr handelt es sich hierbei um ein Grundproblem, nicht nur, aber besonders der protestantischen Ekklesiologie: [305] Wie gehören die vielen Kirchtürme und Kirchtümer einer Landeskirche zusammen, wenn ihre Einheit denn nicht über eine zentrale hierarchische Jurisdiktion konstituiert ist? Diese prinzipielle institutionelle Schwierigkeit scheint sich im Netz noch zu verstärken bzw. neu virulent zu werden. Bereits die im Projekt „Vernetzte Kirche" für den Ausbau der landeskirchlichen Internetaktivitäten gegebene Zielbestimmung spiegelt diese Herausforderung: *Unter einem gemeinsamen Dach* sollten möglichst alle parochialen und überparochialen Dienste der Ev.-Luth. Kirche in Bayern bis Ende 2004 *eigenverantwortet* präsent sein. Hierin bildet sich einerseits die der medienspezifischen Dynamik voraus liegende, für eine protestantische Kirche charakteristische Spannung von „Einheit" und „Vielfalt" ab. Andererseits zeigt sich darin durchaus auch die für das Internet charakteristische Tendenz, auf der einen Seite Individualität und Interaktion zu verstärken, auf der anderen Seite vermehrt Aktualität und Qualität im sich beschleunigenden Kampf um Aufmerksamkeit zu fordern.

So naheliegend es von der Prämisse Aktualität und Qualität her sein mag, das Modell einer zentralen kirchenleitungsnahen Zuständigkeit mit guter Ressourcenausstattung zu favorisieren, so fragwürdig muss dies unter dem Aspekt der „Eigenverantwortung" und der konstitutiven Rolle der Vielfalt im Horizont einer lutherischen Ekklesiologie bleiben. Ob die in der ökumenischen Diskussion entstandene protestantisch-lutherische

---

305 Vgl. in dogmatischer Perspektive z. B. die Überlegungen von J. Track, Versöhnte und versöhnende Frömmigkeit, 1987.

Leitvorstellung der „Einheit in versöhnter Verschiedenheit" publizistisch in Form einer an ein Bischofsbüro gebundenen Öffentlichkeitsarbeit eingeholt werden kann, darf bezweifelt werden.

Einen solchen – ekklesiologischen – Maßstab allerdings überhaupt an die Frage der Ordnung der Zuständigkeiten für eine landeskirchliche Internetpräsenz anzulegen, setzt voraus, kirchliche Kommunikation im Internet nicht nur instrumentell zu betrachten. Beschränkt man sich dagegen auf eine – im Horizont eines informationstheoretischen Kommunikationsverständnisses möglicherweise naheliegende – instrumentelle Perspektive, die das Internet als ein technisches Übertragungsmedium für eine medienunabhängig feststehende Botschaft betrachtet, wird man den vorgetragenen ekklesiologischen Fragen womöglich mit Unverständnis begegnen (müssen).

Exkurs: Das Verständnis des Internet bei Johannes Paul II.

Nun gibt es für ein solches instrumentelles Verständnis durchaus auch andernorts prominente Belege. Es begegnet zum Beispiel im Apostolischen Schreiben *„DIE SCHNELLE ENTWICKLUNG"* von Papst Johannnes Paul II. vom 24. Januar 2005.[306] Wie schon drei Jahre zuvor in seiner damaligen Botschaft zum Welttag der sozialen Kommunikationsmittel mit dem Titel *„INTERNET: EIN NEUES FORUM ZUR VERKÜNDIGUNG DES EVANGELIUMS"*[307] betont Johannes Paul II. in seinem an die Verantwortlichen der sozialen Kommunikationsmittel gerichteten Schreiben den Auftrag der Kirche, die Medien zur Verbreitung des Evangeliums zu nutzen: „Sie (sc. die Kirche, TZ) ist sich bewusst, dass die Nutzung der Techniken und Technologien der Kommunikation unserer Zeit fester Bestandteil ihrer Sendung im dritten Jahrtausend ist. . . . Danken wir Gott für diese machtvollen Mittel. Wenn sie von den Christen mit dem Geist des Glaubens und gemäß der Eingebungen des Heiligen Geistes genutzt werden, können sie zu einer weiteren Verbreitung des Evangeliums beitragen und die Bande zwischen den kirchlichen Gemeinschaften stärken."[308]

---

306 P. Johannes Paul II, Die schnelle Entwicklung, 2005.
307 P. Johannes Paul II, Internet: Ein neues Forum zur Verkündigung des Evangeliums, 2002; auch in: Ecclesia Catholica Deutsche Bischofskonferenz und Ecclesia Catholica Consilium de Communicationibus Socialibus, Ethik im Internet – Kirche und Internet, 2002.
308 P. Johannes Paul II, Die schnelle Entwicklung, 2005, Zi. 2 und Zi. 6.

Man wird der Botschaft des Papstes und der römischen Sicht der modernen Kommunikationsmedien zugegebenermaßen nicht ganz gerecht, wenn man sie einzig und allein auf den instrumentellen Aspekt beschränkt. Denn auch Johannes Paul II. spricht in seinem Schreiben von der Herausforderung an die Kirche, „die heilbringende Botschaft heute mehr denn je in die ‚neue Kultur' zu integrieren, die die machtvollen Instrumente der Kommunikation schaffen und verbreiten."[309] Er erkennt durchaus die kulturprägende Kraft der globalen Kommunikationsmedien und ruft dazu auf, die Medien im Blick auf den menschlichen Fortschritt an der Förderung von Solidarität und Gerechtigkeit zu messen.[310]

Dennoch trifft das von STEFAN BÖNTERT mit Blick auf die erwähnte päpstliche Botschaft von 2002 zum Internet formulierte Urteil m. E. analog auf das apostolische Schreiben von 2005 zu: „Wie dominierend die Sicht des Dokumentes ist, das Internet als ein Instrument zum Transport von außerhalb seiner selbst liegenden Wahrheiten zu sehen, zeigt die Gegenüberstellung der ekklesialen Vollzüge wie der Glaubensvollzüge selbst und der Wirklichkeit dieses Mediums. . . . Das zugrunde liegende Kommunikationsmodell scheint wohl eine klare Aufteilung zwischen Sender und Empfänger zu sein: Kirchlicherseits sieht man sich auf der Seite des Senders und möchte durch das Internet möglichst viele Empfänger erreichen. Letztlich muss man wohl urteilen, dass hier ein Kommunikationsmodell angewandt wird, das den klassischen Massenmedien entlehnt und zu einer adäquaten Beurteilung des Internet nicht geeignet erscheint."[311]

---

309 Ebd., Zi.2.

310 Ebd. Zi.3.

311 S. Böntert, Gottesdienste im Internet, 2005, 68f. Andere Akzente entdeckt Böntert in den beiden ebenfalls aus dem Frühjahr 2002 stammenden Dokumenten „Ethik im Internet" und „Kirche und Internet" des Päpstlichen Rates für die sozialen Kommunikationsmittel (www.vatican.va/roman_curia/pontifical_coun cils/pccs/documents/rc_pc_pccs_doc_20020228_ethics-internet_ge.html und http://www.vatican.va/roman_curia/pontifical_councils/pccs/documents/rc_pc_ pccs_doc_20020228_church-internet_ge.html; beide Dokumente auch in Com-

THOMAS BÖHM hat in einer sorgfältigen Analyse der lehramtlichen Entwicklung seit dem II. Vaticanum zu zeigen vermocht, „dass die neueren Verlautbarungen tendenziell wieder mehr zu jener oberflächlicheren Argumentation neigen, die in Inter Mirifica aufgrund der frühen Verabschiedung auf dem Konzil kaum anders möglich war: Die Medien werden funktional in den Dienst der christlichen Verkündigung gestellt."[312] Hierin schlägt sich dann just ein Verständnis der Kommunikationsmittel nach dem instrumentellen Modell nieder, die Inhalte sind bei der (die Botschaft besitzenden) Institution, das Medium wird zu ihrer Vermittlung gebraucht, um sie an den Mann bzw. an die Frau zu bringen.[313]

Auch wenn die Ordnung landeskirchlicher Zuständigkeiten und Strukturen für die Internetarbeit ein instrumentelles Kommunikationsverständnis vermuten lässt: die *inhaltliche Internetarbeit,* wie sie sich z. B. in der

---

municatio Socialis: Päpstlicher Rat, Ethik im Internet. – Kirche im Internet, 2002).

312 T. H. Böhm, Religion durch Medien – Kirche in den Medien und die „Medienreligion", 2005, 47. Ebd. weist Böhm darauf hin, dass die Ambivalenz der nachkonziliaren Entwicklung einen weiten Interpretationsspielraum dafür eröffnet, wie der römische Standpunkt in der sozialen Kommunikation zu bestimmen sei. Je nachdem ergäben sich ganz unterschiedliche Bilder von Kirche und Medien: „Auf der einen Seite steht eine Kirche, welche die menschlichen Kommunikationsmittel in den *Dienst* ihrer Verkündigung stellt. Auf der anderen Seite steht eine kirchliche Gemeinschaft, die sich durch die Art und Weise der Kommunikation sowie im Prozess der Kommunikation selbst in Frage stellen lässt, sich kritisch reflektiert und verändert." (48) Eine andere Einschätzung vertritt W. Weber, der in seiner an der Päpstlichen Universität zum Heiligen Kreuz gefertigten Dissertation in der römischen Lehrentwicklung unter Johannes Paul II. eine kontinuierliche Abkehr von einem instrumentalen Kommunikationsverständnis zu erkennen glaubt. (W. Weber, Evangelisierung und Internet, 1999, z. B. 101.)

313 Vgl. zur innerkatholischen Diskussion dieses Verständnisses neben den erwähnten Arbeiten von Böhm und Weber auch die Analyse von E. Kos, Verständigung oder Vermittlung?, 1997, 277ff., der in seiner Untersuchung des Kommunikationsverständnisses in den kirchlichen Stellungnahmen zu einem ähnlichen Ergebnis wie Böhm gelangt: „Das Verständnis von Kirche als Kommunikation kann zumindest als konsequente Weiterführung der Ansätze von CeP (Communio et Progressio, 1971, TZ) mit diesem Dokument verbunden werden. Demgegenüber bleiben AN (Aetatis Novae, 1992, TZ) und die Theologeninstruktion hinter diesen Möglichkeiten zurück. Hier wird Kommunikation der Kirche nur in einer einseitigen Medienorientierung als Tätigkeit der Kirche faßbar. Kommunikation als Wesen der Kirche bleibt diesen Dokumenten fremd." (327.)

Gestaltung der Seiten niederschlägt, muss deshalb keineswegs ein Sender-Empfänger-Modell präfererieren. Dies zeigt der in der zweiten Hälfte des Jahres 2004 unter der Verantwortung von P.Ö.P. realisierte „Relaunch" der Seite bayern-evangelisch.de, wie er dann kurz vor Projektende im Dezember 2004 im neuen Gewand online ging.

Das neu gestaltete Internetportal der Landeskirche stellt sich dem Öffentlichkeitsauftrag der Kirche, wie er sich aus dem Öffentlichkeitsanspruch des Evangeliums ableitet. In der Gestalt von sog. „Imagekästen" thematisiert der landeskirchliche Internetauftritt nicht nur den eigenen Kirchturm, sondern auch das Wort, das von der Kirche in die Welt hinausgeht.[314] Dabei orientiert sich der landeskirchliche Internetauftritt in seiner Bildsprache und Themenauswahl an Themen der individuellen Biographie, schwerpunktmäßig fokussiert auf die Gruppe der 25- bis 55-Jährigen. Das Portal integriert landeskirchliche Arbeitsbereiche (noch ausbaufähig) und verweist mit „Links" auf weitere Projekte von bayernweitem Interesse, stets als Dienstleistung für die avisierte Zielgruppe gesehen.[315]

Über das Ziel der Bereitstellung von Portalfunktionen hinaus verband sich mit der Arbeit an der Neugestaltung von www.bayern-evangelisch. de dezidiert das Ziel, „eine Online-Community entstehen" zu lassen.[316] Hierauf wird später unter handlungstheoretischen Aspekten nochmals eigens zurückzukommen sein. Dann muss auch beurteilt werden, ob man durch die Gestaltung der Seite und die gewählten Instrumente[317] diesem

---

314 Vgl. die missionarische Ausrichtung kirchlichen Handelns, die eben nicht zuerst der (Landes-)Kirche, sondern der Welt und den Menschen gilt, wie dies eindrücklich D. Bonhoeffer beschrieben hat: „Die Kirche kann ihren Raum auch nur dadurch verteidigen, daß sie nicht um ihn, sondern um das Heil der Welt kämpft. Andernfalls wird die Kirche zur ‚Religionsgesellschaft', die in eigener Sache kämpft und damit aufgehört hat, Kirche Gottes und der Welt zu sein." (D. Bonhoeffer, Ethik, 1981, 215f.)

315 Z. B. www.berggottesdienst.de oder www.solideo.de.

316 In den „Publizistischen Grundlinien" der ELKB von 2004 heißt es dazu auf S. 16: „bayern-evangelisch.de will die Voraussetzungen dafür schaffen, dass eine Online-Community entstehen kann." Dass dies offensichtlich nicht eingelöst wurde, zeigt sich in der Neufassung der Publizistischen Grundlinien vom Mai 2008 darin, dass dort nun „Aufbau und Etablierung einer ‚Sonntagsblatt-Community' rund um die Printausgabe des ‚Münchner Sonntagsblatts'" gefordert wird, das Stichwort „Community" aber im Zusammenhang der Aussagen zur zentralen Internetpräsenz bayern-evangelisch.de gar nicht mehr auftaucht (L. d. ELKB, Publizistische Grundlinien 2008 für die Evangelisch-Lutherische Kirche in Bayern 2008, 13 u.21).

317 Neben dem seit Jahren bewährten Angebot der Online-Seelsorge z. B. eine

Ziel tatsächlich näher gekommen ist, – und ob die institutionelle Ausrichtung nicht doch „durchschlägt".[318]

ii. www.evangelische-termine.de:
Ein bayernweiter Veranstaltungskalender

Ein festes Element der Startseite des bayernweiten Portals ist seit dem Relaunch der bayernweite Terminkalender. Er wird aus einer Datenbank gespeist, die ab Oktober 2003 unter der Domain *www.evangelische-termine.de* entwickelt wurde. Das Modul ermöglicht die gezielte Abfrage und Ausgabe von Veranstaltungen aus ganz Bayern. Von über 800 Veranstaltern werden monatlich bis zu 6000 Termine kirchlicher Veranstaltungen eingegeben, die auf www.bayern-evangelisch.de sowie auf Internetauftritten von Gemeinden und Dekanaten je spezifisch angezeigt werden. Die fast gleichen Zahlen vom Projektende im Vergleich mit Zahlen aus dem Jahr 2008 zeigen, dass mit dem Veranstaltungskalender evangelische-termine.de ein rasch überzeugendes und in die Breite wirkendes Instrument installiert werden konnte.[319]

Der (kostenlos zur Verfügung stehende) Veranstaltungskalender veranschaulicht in gelungener Weise eine Grundintention des Projekts Vernetzte Kirche: Informationen werden an einer Stelle erfasst und können ihrerseits für ganz unterschiedliche Kontexte (Gemeinde, Stadt, Dekanat, Landeskirche) effektiv von Nutzen sein. In technischer Hinsicht konnte hier exemplarisch die Zielvorstellung realisiert werden, Inhalte eigenverantwortet unter einem gemeinsamen Dach zu präsentieren. Denn sowohl die Eingabe erfolgt dezentral mit passwortgeschütztem Zugang über die Seite www.evangelische-termine.de als auch die jeweils individualisierte Einbindung des Kalenders von Gemeindeebene bis zur Ebene der gesamten Landeskirche. Dabei bleibt die Informationsqualität der einmal eingegebenen Daten unverändert.

(häufig „genutzte") Gebetswand, ein virtueller Andachtsraum, aber auch zahlreiche Abstimmungs-, Feedback- und Kontaktmöglichkeiten.

318 Erste – keine Repräsentativität beanspruchenden – Eindrücke zeigen ein nicht ganz einheitliches Bild, eine Tendenz studentischer Eindrücke aus einem Seminar des Sommersemesters 2005 an der LMU München zusammenfassend, ließe sich sagen: Professioneller, durchaus zeitgemäßer und ansprechender repräsentativer kirchlicher Auftritt, dessen Möglichkeiten zur Interaktion aber eher formalisiert denn wirklich offen und einladend wirken.

319 Die Kalenderseiten wurden im Dezember 2004 228.326 mal aufgerufen. Am 31.12.2004 waren insgesamt 40.090 Veranstaltungen eingetragen. Bei einer aktualisierten Abfrage im Juli 2008 ergaben sich ganz ähnliche Zahlen.

Die Optimierung dezentraler Informationsverteilung erfolgt hier unter Ausnützung der durch das Internet eröffneten informationstechnischen Möglichkeiten. Ein weiteres Beispiel dafür bildet die Gemeindesuche auf www.bayern-evangelisch.de, vor allem aber die nach Projektende in der Arbeitsstelle Vernetzte Kirche voranschreitende Entwicklung einer „Semantic-Web-Plattform" für gemeindliche Basisdaten.[320]

Die beiden Beispiele Portalseite und Veranstaltungskalender zeigen anschaulich die Leistungsfähigkeit wie die Problematik einer informationstheoretischen Perspektive auf den Kommunikationsbegriff: Angelehnt an die im Sender-Empfänger-Modell zuerst formulierte Übertragung von Botschaften durch Signaltechniken, bietet die technische Informationsverarbeitung durch vernetzte elektronische Computer eine hervorragende Möglichkeit, informierende Gehalte mit individuellem Neuigkeitswert zeitnah und kostengünstig zu senden und zu empfangen. Dies ermöglicht der Kirche in der Bereitstellung solcher Informationen für die Öffentlichkeit (zumindest potenziell) eine Steigerung hinsichtlich der Reichweite und der Aktualität. – Und es ermöglicht der evangelischen Kirche, wie am gelungenen Beispiel des landeskirchenweiten Veranstaltungskalenders zu beobachten, eine ihrer pluralen Struktur gemäße Abbildung ihrer Vielfalt durch die mit dem Internet sich öffnenden technischen Möglichkeiten.

Auch für den Transport von zentralen und einheitlichen Botschaften kann das informationstheoretische Kommunikationsverständnis durchaus seine Leistungsfähigkeit unter Beweis stellen: Eine entsprechend etablierte und cross-medial beworbene zentrale Internetpräsenz einer Landeskirche wie bayern-evangelisch.de präsentiert der Öffentlichkeit erkennbar und profiliert eine kirchliche Institution und deren Botschaft. Freilich begegnet diese Leistung wie gesehen zwei grundlegenden Anfragen, einerseits von der Botschaft, andererseits vom Kanal her:

In medialer Hinsicht ist zu fragen, ob das Modell eines zentralen Sendemastes der im ersten Hauptteil beobachteten medialen Dynamik entspricht: Lässt sich der individuelle User-Zugriff in der erhofften und erwünschten Weise von einer zentralen landeskirchlichen Internetseite leiten und steuern? Oder orientiert er sich vielmehr unter weitgehendem Verzicht auf zentrale Instanzen an individuell „konfigurierten" Zusammenhängen, so dass die hinter der landeskirchlichen Sendeinstanz stehende Idee einer zentralen Kontrolle sich als illusionär erweist?

---

320 www.vernetzte-kirche.de/suchen/index.php.

In inhaltlicher Hinsicht stellt sich die Frage, ob die Kommunikation des Evangeliums ihre Botschaft medienunabhängig formulieren kann und darf, ob also Inhalt und Form unabhängig voneinander gesehen werden können. Hinter der Annahme, das Internet für die Verkündigung des Evangeliums institutionell in Dienst zu nehmen, lauert die Gefahr, das Evangelium für die Interessen der eigenen Institution zu instrumentalisieren. Demgegenüber ist daran zu erinnern, dass einerseits das Verhältnis von Botschaft und Medium dialektisch zu verstehen ist,[321] und andererseits der Öffentlichkeitsauftrag von Kirche kritiell vom Öffentlichkeitsanspruch des Evangeliums her näher zu bestimmen ist.

Welche „Sprache" die Institution Kirche mit ihrer Präsenz im Internet spricht, wird sich also auch und gerade im Medium zeigen, wie sich vermutlich umgekehrt der Kirche im Netz auch die religiösen Konnotationen der Sprache des Mediums zeigen. Ist dann aber nicht für die Betrachtung des Gegenstands eine integralere Perspektive wesentlich näher liegend, wie sie der systemtheoretische Begriff der Kommunikation anbietet?

b. „Systemtheoretisch": Auf der Suche nach Anschluss

Die im vorigen Kapitel beschriebene Pointe des Kommunikationsbegriffes von N. Luhmann liegt in der Macht des jeweiligen Systems, sich selbst fortzuschreiben, indem in der Beobachtung der Differenz von Information und Mitteilung neues Verstehen ermöglicht wird, das seinerseits wieder neu die Differenz von Information und Mitteilung reproduziert. Im Folgenden soll diese *autopoietische* Fortsetzung von Kommunikation als Kommunikation auf die drei „Systeme" hin betrachtet werden, die bisher immer schon zur Sprache kamen: die Institution Kirche, der Inhalt Evangelium und die mediale Form Internet.

---

321 Vgl. den Hinweis von C. Grethlein, dass die Kommunikation des Evangeliums historisch „von Anfang an vor einer Vermittlungsaufgabe, also einem medialen Problem stand. Denn hier ging es wesentlich um die nicht unmittelbar sinnlich wahrnehmbare Beziehung Gottes zu den Menschen." (C. Grethlein, Mediengesellschaft, 2003, 423).

i. Institutionelle Anschlussbemühungen

Im Zusammenhang der systemtheoretischen Perspektive auf den Kommunikationsbegriff wurden bereits im vorausgehenden Kapitel am Beispiel verschiedener organisationsinterner Themen die Selbstfortschreibungskräfte einer landeskirchlichen Institution eingehend betrachtet. Im zweiten Abschnitt dieses Kapitels wurden wir mit Blick auf die Portalseite www.bayern-evangelisch.de dieser Dynamik auch in Bezug auf die Kommunikation der Organisation im öffentlichen Bereich des WorldWideWeb in charakteristischer Weise ansichtig. Darüber hinaus hat das Projekt „Vernetzte Kirche" auch in anderer Hinsicht institutionelle „Anschlussaufgaben" übernommen, die nun kurz Betrachtung finden sollen.

Unterstützung für Gemeinden und Einrichtungen
Im Rahmen des Ziels der eigenverantworteten wie wiedererkennbaren Präsenz von parochialen und überparochialen Diensten der Evang.-Luth. Kirche in Bayern im Internet hat das Projekt „Vernetzte Kirche" von Beginn an eine seiner Hauptaufgaben darin gesehen, Gemeinden, Werken und Diensten geeignete Hilfsmittel dafür zur Verfügung zu stellen, dass diese qualitativ ansprechende Internetauftritte ohne großen Aufwand realisieren können. Hierfür wurden technische Angebote entwickelt und bereitgestellt sowie zahlreiche Schulungen durchgeführt. Neben dem bereits beschriebenen Veranstaltungskalender www.evangelische-termine.de sind an dieser Stelle besonders die Musterwebseiten (www.musterwebsite-evangelisch.de) und Webvisitenkarten (www.e-kirche.de) zu nennen.

Im Laufe des Projekts hat sich dabei gezeigt, dass die Mehrzahl der Gemeinden, Einrichtungen und Dienste ihre eigene Webpräsenz bereits aufgebaut oder parallel entwickelt hat. Von den ca. 1000 Gemeinden (d. h. ca 2/3 der bayerischen Kirchengemeinden), die Ende 2004 mit einer eigenen Webpräsenz im Netz vertreten waren, hat das Projekt „Vernetzte Kirche" mit Visitenkarten und Musterwebsites ca. 275 Gemeinden zum eigenen Auftritt verholfen.[322] Da die Pflege der Musterwebsites über das einheitliche Content-Management-System RedDot erfolgt, konnten die Schulungen für die Musterwebsite-Redakteure mit denselben Ressourcen wie die Intranet-Schulungen erfolgen (vgl. II.1.d.ii.).

---

322 Zum 31.12.2004 waren 236 Web-Visitenkarten und 42 Musterwebsites eingerichtet und freigeschaltet.

Evangelisch-Lutherische Kirche in Bayern

Mustergemeinde St. Katharina
Evangelisch in Dekanat Wiesengrund

Startseite

Kontakt | Sitemap | Impressum | [   ] [Suche]

Startseite
Templates
"Multi"-Seite
Veranstaltungen
FAQ
Menü-Beispiel
Nachrichten

Was sind die Musterwebsites?

Die Muster-Websites sind leicht zu bedienende Internetseiten des Projekts Vernetzte Kirche für Gemeinden, Dekanate und Einrichtungen der Evangelisch-Lutherischen Kirche in Bayern.

Der bayernweite Veranstaltungskalender **www.evangelische-termine.de** ist direkt in die Musterwebsite integriert und kann sofort genutzt werden.

Sie sehen hier die neue Variante der Musterwebsites, die Musterwebsite „Katharina"(Variante 2), bei der Sie aus verschiedenen Grundfarben auswählen können (s. u.). Sie wird mit dem Redaktionssystem RedDot gepflegt. Dafür müssen Sie kein HTML beherrschen. Diese Variante der Musterwebsite basiert auf neuerer Browsertechnologie und ist barrierefrei.
Auf **http://www.musterwebsite-evangelisch.de/** können Sie sich über diese und die anderen Varianten der "Musterwebsite-evangelisch" (Angebot, Module, Kosten) informieren.

Unser anderes Angebot: Kostenlose Web-Visitenkarten - für alle, die einen schnellen und einfachen Internet-Auftritt suchen.
Mehr Informationen finden Sie unter **http://www.e-kirche.de/**
Interessierte aus anderen Landeskirchen wenden sich bitte direkt an das Projektbüro,
Tel.: 089/5595-651, E-Mail: **vernetztekirche@elkb.de**

Ihr Projektteam Vernetzte Kirche

Pfr. Miklós Geyer

Die Grundfarben der Musterwebsite "Katharina":

Musterwebsite "violett"

Musterwebsite "rot"

Musterwebsite "blau"

Musterwebsite "Grün"

Druckversion | Zurück nach oben...

Obwohl sich das Projekt mit umfangreichen Öffentlichkeitsarbeitsaktivitäten in der Landeskirche darum bemühte, auf die Möglichkeiten für Webpräsenzen aufmerksam zu machen, die das Projekt bereitstellt, war zu beobachten, dass die anfängliche Euphorie über die technischen Möglichkeiten im Lauf des Projekts einer gewissen Ernüchterung darüber wich, dass ein nicht ganz geringer Teil der Kirchengemeinden (ein Drittel, vgl. oben) dem Angebot der Musterwebseiten zurückhaltend oder verschlossen begegnete. Neben in Gesprächen und Rückmeldungen teilweise zu spürenden Vorbehalten gegenüber dem Medium Internet im Allgemeinen dürfte hier auch die Reserve gegenüber „zentralen" Angeboten von „denen aus München" eine Rolle gespielt haben, denen aufgrund spezifisch „protestantischer" Kulturmerkmale nicht nur hier mit Skepsis begegnet wird.

Bei der Auswahl seiner Einzelprojekte versuchte das Projekt „Vernetzte Kirche", größere landeskirchliche Einheiten als Multiplikatoren zu gewinnen. Vor diesem Hintergrund ist auch das Engagement zu sehen, das das Projekt bei der Neugestaltung der Webseite des Nürnberger Dekanats *(www.nürnberg-evangelisch.de)* an den Tag gelegt hat. Besonders für die erfolgreiche Verbreitung des Veranstaltungskalenders (s. o.) dürfte es entscheidend gewesen sein, hier mit Nürnberg und – zuvor bereits – München zwei große Stadtdekanate für die Übernahme dieses „Tools" zu gewinnen. Einen weiteren Teil der Projektarbeit bildete die Unterstützung von themenspezifischen bayernweiten Kirchenseiten wie *www.berggottesdienst.de,* oder *www.solideo.de,* zwei Portalseiten der „Kirche im Grünen" bzw. der evangelischen Kirchenmusik in Bayern.

Gerade in der Unterstützung für Internetauftritte von Gemeinden, Dekanaten und landeskirchenweiten Einrichtungen hat sich die im Kernteam des Projekts vorhandene Kombination aus technischer Kompetenz und guter Kenntnis der kirchlichen Landschaft als Glücksfall dafür erwiesen, durch praktische Beratung situations- und aufgabenspezifische Lösungen zu entwickeln und anbieten zu können. Im Projektjournal des teilnehmenden Beobachters sind hierzu viele Einträge verzeichnet, die positiv die Bereitschaft und Kompetenz der Projektmitarbeitenden herausstellen. Kritisch werden allerdings immer wieder die – dem Projektziel „gemeinsames wieder erkennbares Dach" geschuldete – Normierung durch ein einheitliches „Corporate Design" (vgl. Bild oben) und der gegenüber selbst gestrickten Lösungen vor Ort unter Umständen höhere Preis erwähnt.[323]

An dieser Stelle zeigt sich wieder der schon gelegentlich bemerkte Konflikt des institutionellen Eigeninteresses der zentralen landeskirchlichen Ebene, der ja auch das Projekt „Vernetzte Kirche" durch seine synodalen Ursprünge und seine konsistorialen Einbindungen zugeordnet ist, mit der Eigendynamik des Mediums, die ihrerseits wie im ersten Hauptteil beschrieben, individuelle und dezentrale Lösungen vor Ort präferiert. Dass allerdings in der nicht selten im Rahmen gemeindlicher Web-Seiten zu beobachtenden Vorliebe von Pfarrern (meist sind es Männer) für selbstgebastelte Lösungen die Kommunikation des Evangeliums ihrerseits unverfälschter zum Zug kommt als in den institutionellen Anschlussversuchen zentraler landeskirchlicher Einrichtungen, darf mit Recht bezweifelt werden. Denn oft genug ersetzen individuelle Geschmackspräferenzen an dieser Stelle manche inzwischen im Web bewährten Qualitätskriterien. Nicht ganz selten verknüpfen sich so

---

323 Formuliert in Anlehnung an im Zeitraum von 6/03 bis 11/04 in meinem Projektjournal festgehaltene Beobachtungen.

individuelle Vorlieben mit institutionellen Eigenlogiken von Kirchen-
gemeinden und Einrichtungen. Besonders wirksam scheint dies genau
dort zu werden, wo sich die verwaltungsseitig übergeordnete landes-
kirchliche Ebene als „zentrale Projektionsfläche" für Kritik anbietet.

ii: Das Evangelium auf der Suche
nach eigenen Anschlüssen im Netz

Die Studie „Kirche und Vernetzte Gesellschaft" hatte der bayerischen
Landeskirche eine zweifache Strategie vorgeschlagen, um den Heraus-
forderungen der neuen Informations- und Kommunikationstechnologien
als Kirche angemessen zu begegnen: Zum einen sollte in Aufnahme der
institutionellen und organisatorischen Gegebenheiten *Bestehendes verbessert werden,* zum anderen rief die Studie explizit zur *Schaffung von
Neuem* auf. Dieser Teil der Strategie setzte beim kirchlichen Auftrag zur
Glaubensvermittlung an und fragte, „welche neuen Möglichkeiten zur
Erfüllung dieses Auftrags sich mit dem Aufbau und der Nutzung des
Internets ergeben könnten".[324] Damit richtete die Studie, auch wenn sie
es selbst so nicht nannte, das Augenmerk auf die Frage der *Kommunikation des Evangeliums.* In diesem Zusammenhang erwog sie auch
die Schaffung von „Netz-Gemeinden" und stellte die Idee eines „Jugend-
Projektes" zur Diskussion.

Zentrale landeskirchliche „Glaubensbemühungen" im Netz
Dass es der Institution Landeskirche bei ihren Bemühungen um Präsenz
im Netz in besonderer Weise auch um den religiösen Inhalt „Evangelium" zu tun ist, hatten bereits die allerersten Schritte mit einer landeskirchlichen Portalseite im Netz deutlich gemacht. Der schon erwähnte
Online-Bibelkreis war ein viel beachteter Versuch, mit einem explizit
christlichem Gegenstand das Netz als Gesprächsforum zu nutzen.[325] In
anderer Weise versucht die Seite bayern-evangelisch.de nicht erst seit
dem Relaunch von Ende 2004 Raum für spirituelle Gehalte bereitzustellen. Neben den bereits oben erwähnten Angeboten der Online-
Seelsorge und einer Online-Gebetswand bietet sie in der Rubrik „glauben" auch einen „virtuellen Andachtsraum" an.[326] Dieser erlaubt al-

---

324 „Kirche und Vernetzte Gesellschaft", 44.
325 Vgl. den erwähnten Erfahrungsbericht von M. Graffam-Minkus, S. 147–150, in:
W. Nethöfel und M. Schnell, Cyberchurch? Kirche im Internet, 1998.
326 www.bayern-evangelisch.de/web/spezial_spiritualitaet_Virtueller_Andachts
raum.php (Abr. 10.7.2008).

lerdings gegenüber anderen Beispielen solcher Räume im Netz[327] eine nur sehr rudimentäre Nutzung der interaktiven und multimedialen Möglichkeiten des Mediums.

Während die explizit-religiöse Online-Kommunikation der landeskirchlichen Portalseite vor allem in den Bereichen Seelsorge, Bibelarbeit und Spiritualität (persönliche Andacht) Akzente zu setzen suchte und sucht, stellt ein weiteres von der Presse- und Öffentlichkeitsarbeit der bayerischen Landeskirche initiiertes und verantwortetes Projekt den *Gemeinschaftsaspekt* in den Mittelpunkt.[328] Unter der Adresse www.konfiweb.de wurde der deutschlandweit beachtete (und inzwischen auch deutschlandweit ausgerichtete) Versuch unternommen, Konfirmandinnen und Konfirmanden eine die Vor-Ort-Konfirmandenzeit begleitende Online-Plattform zur Vertiefung und Erweiterung ihrer Glaubens- und Lebenserfahrungen zu bieten. Er wird im weiteren Verlauf noch in handlungstheoretischer Perspektive Betrachtung finden.

Evangelische Kinderseiten: www.kirche-entdecken.de
Im Rahmen des Projekts „Vernetzte Kirche" ist an dieser Stelle vor allem ein Teilprojekt besonders hervorzuheben: In Kooperation mit der Friedrich-Alexander-Universität Erlangen-Nürnberg (Professur für Christliche Publizistik), der Ernst-Moritz-Arndt-Universität Greifswald (Juniorprofessur für Praktische Theologie/Religionspädagogik, Religionsdidaktik, Medienforschung), der Evangelisch-Lutherischen Landeskirche Hannover (Internetarbeit) und dem Amt für Jugendarbeit der bayerischen Landeskirche wurde auf Initiative des Projekts seit 2002 an der Konzeption einer evangelischen Internetpräsenz für Kinder gearbeitet. Durch Unterstützung des Medienfonds der EKD wurde es möglich, diese Präsenz in technisch anspruchsvoller Weise durch eine Agentur konzipieren und gestalten zu lassen. Zum Kirchentag im Mai 2005 in Hannover wurde die Seite unter der Domain www.kirche-entdecken. de der Öffentlichkeit präsentiert.

---

327 Z. B. das vorwiegend von der katholischen Kirche wahrgenommene Angebot in www.funama.de oder auch das Angebot des Frankfurter Stadtkirchenverbandes www.frankfurt-evangelisch.de/raum/flash.html. Weitere Beispiele stellt B.-M. Haese, Hinter den Spiegeln, 2006, 299ff., vor.

328 „Kirche und Vernetzte Gesellschaft", 63, hatte Gemeinschaft als fünfte Dimension des Glaubens neben Wissen, Handeln, Spiritualität und Haltung benannt.

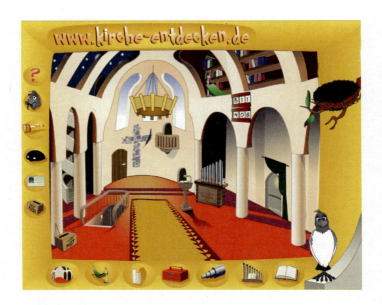

Für Kinder im Grundschulalter (bis 10 Jahre) führt die Elster Kira durch die Internetpräsenz. Mit Spielen und anderen multimedialen Features ausgestattet (z. B. Vorlesen-Lassen durch einen „Vorleser") stehen „religiöse Alltagsfragen, religiöse Basis-Informationen und religiöse (Herzens-)Bildung" im Mittelpunkt der Seite. Biblische Geschichten, Kirchenjahr und Sachinformationen zu Kirchenraum und Kirche finden dabei ihren Platz.[329] Auf spielerische Weise wird so elementares Wissen zu Glauben und Kirche in kindgemäßer Form vermittelt.

Mit dem Teilprojekt Kinderseiten gelang es dem Projekt „Vernetzte Kirche", nicht nur im Bereich Medienethik und Medienpädagogik einen bemerkenswerten Akzent zu setzen. Der zum Ende 2006 vorgelegte Projektbericht belegt, dass es gelungen ist, in unterschiedlichen Partnerschaften mit kirchlichen und außerkirchlichen Medienangeboten ein von der Zielgruppe frequentiertes und akzeptiertes Angebot einer medi-

---

329 Zitat aus dem Projektbericht „kirche-entdecken.de" vom 18.12.2006, MS. Vgl. neben dem Projektbericht auch: R. Rosenstock, „www.kirche-entdecken.de", 2006.

ums- wie kindgemäßen Kommunikation von Glauben und Kirche zu schaffen, das bundesweit Beachtung und Resonanz findet.[330]

Neben der institutionellen „Anschlusssuche" durch zielgruppenorientierte Portale hätte eine umfassende Betrachtung der „Kommunikation des Evangeliums" im Netz selbstverständlich noch weitere Formen einzubeziehen. Im Rahmen dieser an den institutionellen „Anschlüssen" einer Landeskirche orientierten Arbeit kann dies nur mit einem Seitenblick geschehen. Zu diesem Zweck streift der folgende Exkurs kurz das Thema christlicher „Weblogs".

Exkurs: „Christian Weblogs"

In den ersten fünf Jahren des neuen Jahrtausends ist das Phänomen des Blogging unter sozialen Aspekten eine der bemerkenswertesten Entwicklungen im Internet. Die tagebuchähnlichen Seiten, die von Millionen von Menschen unterhalten werden, schaffen insbesondere mit ihrer Hyperlinkstruktur eine eigene soziale Landschaft.[331] Die Wirkungen von Blogs sowohl in der Kriegsberichterstattung wie auch für wirtschaftliche und politische Entwicklungen und Entscheidungen sind Gegenstand häufiger Berichterstattung in allen Medien.

Inzwischen hat sich auch eine spezielle Gruppe „christlicher Blogger" etabliert, die explizit christliche Weblogs unterhalten. So finden sich beispielsweise unter www.blogs4god.com und www.christianblog.com ausführliche Verzeichnisse christ-

---

330 Vgl. die im Projektbericht dokumentierten Zahlen: Die Seite wurde von ca. 214 Besuchern pro Tag besucht (Stand November 2006), monatlich waren es durchschnittlich ca. 84.000 Seitenaufrufe, die von knapp 4.700 Benutzern getätigt wurden (auf den Zeitraum von 11/05–11/06 bezogen). Die Zahlen von 400 E-Mails und 9000 von Kindern interaktiv gestalteten Einträgen im ‚Träumhimmel' sowie die Beteiligung an einer „Weiterschreibgeschichte" im „Benjamin-Zimmer" belegen, dass die Seite die Eigenaktivität der Kinder anregt und damit Standards im Blick auf eine medien- und zielgruppengerichtete Kommunikation des Evangeliums zu setzen vermag. (Vgl. R. Rosenstock, www.kircheentdecken.de, 2006).

331 Als exemplarische Einblicke siehe etwa www.blogger.com oder www.zeit.de/blogs/. Zu Begriff und Geschichte vgl. http://de.wikipedia.org/wiki/Weblog mit weiteren Literaturangaben. Dort wird allein für den Blogdienst www.xanga.com für 2005 eine Zahl von 20 Millionen Blogs angegeben. Eine ausführliche Reflexion des Phänomens findet sich in der an der LMU München gefertigten Magisterarbeit von L. Sonnabend (L. Sonnabend, Das Phänomen Weblogs – Beginn einer Medienrevolution?, 2005).

licher Blogger.[332] Für den deutschen Sprachraum lässt sich keine vergleichbare Fülle konstatieren, was auch mit einer gegenüber dem angelsächsischen Sprachraum größeren Zurückhaltung gegenüber explizit christlichen „Bekenntnissen" zu tun haben dürfte. Dennoch sind auch hier verschiedentlich Blogs zu lesen, die explizit christliche Inhalte und Themen zum Gegenstand haben.[333]

Bei aller Skepsis gegenüber einer allzu naiven (und im Zusammenhang der US-amerikanischen religiösen Rechten instrumentalisierten) Zurschaustellung des christlichen Glaubens zeigen die christlichen Blogs auf ihre Weise, dass das Web Möglichkeiten der gemeinschaftlichen Verständigung zum und über den christlichen Glauben enthält, die zunehmend genutzt werden. Zwar ist es dabei sicher richtig, auch an dieser Stelle den bereits im ersten Teil konstatierten Trend zur *Individualisierung* genau wahrzunehmen. Doch wäre es wesentlich zu kurz gegriffen, diese Individualisierung lediglich als Ausdruck postmoderner Beliebigkeit zu interpretieren. Das Blogging-Phänomen zeigt vielmehr, dass subjektive Perspektiven hier in einem neuen Zusammenhang zu stehen kommen: Die Link-Struktur der Blog-Seiten folgt in vielem weniger einem monadisch-solipsistischem Konzept des Selbst, sondern rückt die Beziehungen in den Vordergrund, in die das „Selbst" eingebettet ist und durch die es sich in der „Blogosphäre" definiert.

Auf diese Weise wird das Individuum beim Bloggen gerade in den Beziehungen erkennbar, die in der Hyperlinkstruktur der Blogseite(n) ihren Niederschlag finden: Das Bild des einsamen Users vor dem Bildschirm stellt insofern eine wesentlich zu einfache Situationsskizze dar. Auch wenn (auch theologisch, vgl. im Kapitel II.4) die physische Isolation vor dem Bildschirm durchaus mit zu bedenken ist, eröffnet sich mit dem Bloggen eine relationale Identität, die ihrerseits auch

---

332 Eine ausführlichere Reflexion des Phänomens hätte zu berücksichtigen, dass christliche Blogger nicht nur dort zu finden sind, wo ein Blog explizit als „christlich" gekennzeichnet ist.

333 Unter www.relevantblogs.de fand sich ein Versuch der Vernetzung christlicher Blogs von Ende 2006, der aber in 2008 „für längere Zeit eine Pause macht" (Abruf 10.7.2008). Die Situation wird von den wenigen deutschsprachigen christlichen Bloggern selbst nüchtern beurteilt, vgl. z. B. rettungsanker.wordpress.com/2008/06/30/christ-im-www/ (Abruf 10.7.2008).

theologisch für ein Verständnis christlicher Gemeinschaft weiter zu erkunden ist.[334] Auch die anstehende weitere Erkundung wird allerdings wohl kaum die im Zusammenhang des Trends zur Individualisierung im ersten Teil ebenfalls beschriebene Tendenz des Verlusts an institutioneller Kontrolle übersehen können, der mit der Vielzahl von Blogs einhergeht, die von jedem Mann und jeder Frau (so er oder sie denn Zugang zum Netz hat und über die Voraussetzungen zur entsprechenden Nutzung verfügt!) ins Netz (christlicher Weblogs) gewoben werden können.[335]

Die Kommunikation des Evangeliums als Kommunikationsprozess betrachtet

Blickt man in systemtheoretischer Perspektive auf die beschriebenen Versuche und Phänomene der Kommunikation des religiösen Gehaltes des christlichen Glaubens (= des Evangeliums), so wird man summarisch festhalten können, dass das Evangelium sich seinerseits durchaus im Medium des Internet mitzuteilen versteht, in kommunikativem Sinne sich mithin seine Anschlüsse selbst zu schaffen vermag. Wie die im ersten Teil geschilderten medialen Rahmenbedingungen vermuten ließen, sind die Anschlüsse, die das Evangelium im Medium digital vernetzter Computerkommunikation herstellt, nicht unbedingt von den etablierten kirchlichen Institutionen zu kontrollieren (vgl. den Exkurs zu Christian Blogging). Die wenigen angedeuteten Beispiele aus dem institutionellen Kontext belegen aber ihrerseits, dass keineswegs der Umkehrschluss erlaubt ist. Auch die institutionell „kontrollierte" Kommunikation des Evangeliums schafft sich ihre Anschlüsse im neuen Medium.

Manche Begeisterung für neue Möglichkeiten religiöser Kommunikation im Netz scheint ihrerseits auf der Entgegensetzung von organisiert-verordneter und individuell-freier Religiosität zu basieren. So wäre an dieser Stelle zu fragen, ob der Gegensatz von individueller und

---

334 Anregungen zu dieser Fragestellung verdanke ich den von M. Johnston 2004 im Rahmen meines Seminars „Church and Cyberspace" unter dem Titel „‚I Blog, Therefore I Am' – A Theological Reflection on Identity, Individuality, and Community in the Christian Blogosphere" vorgetragenen Überlegungen (MS).

335 Vgl. zur Interpretation der Wirkungen auf die (katholische) Kirche unter der programmatischen Adresse www.netzinkulturation.de den wiederum individuellen Blog eines selbständigen Internet-Beraters und katholischen Diplomtheologen.

*institutioneller Kommunikation im Blick auf religiöse Kommunikation
zutrifft und weiterführend ist. Ehe wir diese Frage aufnehmen, soll aber
zunächst noch das Mediensystem selbst in den Blick genommen werden.
Gerade auf dem beschriebenen Hintergrund der Opposition von
„freier" und „institutionalisierter" Religiosität wurde es in letzter Zeit
unter dem Stichwort „Medienreligion" als Form eigenständiger Religi-
onsbildung auf durchaus unterschiedliche Weise thematisiert.*

iii. Medienreligion:
Das Mediensystem schafft sich seine eigenen Anschlüsse

Von einem funktionalen Begriff von Religion her sind die sog. „neuen
Medien" als eigenständige „Produzenten" von Religion verschiedentlich
ins theologische Blickfeld gerückt, gerade auch im Bereich protestantischer Reflexion des Mediensystems. In Aufnahme der Impulse Marshall
McLuhans („the medium is the message") wurde vor allem an den
Beispielen Fernsehen und Film in inzwischen zahlreichen Studien auf-
gezeigt, wie elektronische Medien im Kontext einer Mediengesellschaft
religiöse Funktionen der Daseins- und Handlungsorientierung übernehmen.[336]
   Die systematisch-theologische Deutung und praktisch-theologische
Einordnung der zugrundeliegenden Beobachtungen unterscheidet sich
stark. Wegen ihrer Profiliertheit sollen hierzu die beiden Ansätze von
Wilhelm Gräb und Günter Thomas kurz skizziert werden.

*Differenzierte Kulturwahrnehmung und prophetische Kritik:
Günter Thomas*
GÜNTER THOMAS hat seine Sicht des Themas „Medienreligion" vor allem
im Blick auf die „religiöse Funktion des Fernsehens" entwickelt. In
Aufnahme religionssoziologischer, kulturanthropologischer und ritual-
theoretischer Überlegungen beschreibt er, wie das Fernsehen als zentrales Ritual moderner westlicher Gesellschaften religiöse Funktionen
übernommen hat.[337] Der Begriff der Medienreligion orientiert sich dabei
bei Thomas weniger an einzelnen religiös bestimmten Medien*inhalten,*

---

336 Vgl. zur Entwicklung des Begriffs den TRE-Artikel „Medien", dabei besonders
     W.-R. Schmidt, Medien. 6. Medienreligion, Abschn. 6: Medienreligion und
     J. Kunstmann, Medienreligion, 2003.
337 G. Thomas, Medien – Ritual – Religion, 1998; vgl. auch G. Thomas, Religiöse
     Funktionen des Fernsehens, 2000.

sondern an der (ihrerseits implizit religiösen) „kosmologischen" *Funktion*, die das Fernsehen insgesamt übernimmt.

Zur näheren Klärung des Begriffs der Medienreligion hat Thomas vorgeschlagen, bei der Untersuchung des Verhältnisses zwischen Medien und Religion vier Ebenen der Analyse und Interpretation zu unterscheiden:

1. Selbst- und Fremddarstellungen traditioneller, expliziter Religionen im Medium (z. B. „Wort zum Sonntag" – „Pater Brown"),
2. Aufnahme religiöser Symbole, Themen und Bilder in fiktionale und nichtfiktionale Sendungen (z. B. Paradies in der Werbung – Weltkugel in der Nachrichtensendung),
3. Adaption und Transformation religiöser Rituale in einzelnen Sendungen (politische Magazine ritualisieren Entzug von Achtung, Spielshows inszenieren Entlastung von Gesetzen sozialer Erwartungen, . . .),
4. In strukturellen Aspekten des Fernsehens greifbare religiöse Formen und Funktionen („liturgische Ordnung" des Alltags durch das Fernsehprogramm, . . .).[338]

Auf dem Hintergrund der Unterscheidung dieser Ebenen gibt Thomas seine Antwort auf die Frage, wo denn nun sinnvoll von Medienreligion zu sprechen sei: „Entsteht Religion durch die evolutionär unwahrscheinliche Vernetzung bestimmter kultureller Kommunikationsformen, so ereignet sich Medienreligion im Überschneidungsbereich der dritten und vierten Ebene. Erst hier werden Erfahrungsräume geschaffen und Ereignisabfolgen inszeniert. Der Auftritt von dümmlich-naiven Pfarrern in der Werbung und der Rekurs auf das Kreuz in vielen Videoclips mag eine für die Kirchen ärgerliche Angelegenheit sein, weil hier christliche Symbolik karikiert und verschlissen wird, aber Medienreligion liegt hier noch nicht vor. Der Qualitätssprung ereignet sich dort, wo die Rezeption von Motiven, Symbolen und Themen in die Schaffung von inszenierten Erfahrungsräumen eingeht und hierbei kulturelle Formen und Funktionen der Religion übernommen werden. Hier kann implizite Religion entstehen."[339]

---

338 G. Thomas, Medienreligion, 2003. Vorab stellt er ebd. diesen vier Ebenen der Rezeption von Religion durch Medien noch eigens die „umgekehrte" Beziehung der Rezeption von Kommunikationsmedien durch die Kirche gegenüber.
339 G. Thomas, Medienreligion, 2003, 5f.

Thomas will Theologie und Kirche für eine Wahrnehmung der kulturellen Umwelt(en) sensibilisieren. Er wendet sich dabei ebenso gegen vorschnelle *identitätsorientierte* Vereinnahmungen medienreligiöser Phänomene für die Kirche wie gegen eine allzu rasche Abgrenzung zur Populärkultur. Auch wenn Thomas in Aufnahme der dialektischen Theologie Karl Barths durchaus religionskritisch die *Differenz* als Ausgangspunkt des christlichen Glaubens betont und hierdurch eine „prophetisch-kritische" Perspektive für die Wahrnehmung der formierenden Kraft von Medien entwirft, hält er den medialen Programmfluss auch des Fernsehens als „Resonanzraum" offen für mögliche „Gleichnisse des Himmelreichs".[340]

Gerade weil Religion mit ihren kreativen wie ihren destruktiven Potenzialen ein ambivalentes Phänomen ist und bleibt, sollte die christliche Religion „diese Einsicht stets selbstkritisch gegenwärtig haben – im Blick auf sich selbst und auf andere. Aus der Einsicht in diesen Sachverhalt erwächst die Verantwortung für eine theologische Religionskritik, die vom christlichen Glauben aus nach der Wahrheit und Lebensdienlichkeit der ‚anderen Religion' fragt und auch deren Zerstörungs-Potenzial kritisch reflektiert. So spannen die ‚Gleichnisse des Himmelreiches' und die theologische Religionskritik ein breites Spektrum theologischer Wahrnehmung der Medienreligion auf."[341]

Mediengesellschaft mit Geschmack fürs Unendliche: Wilhelm Gräb
Eine ebenso pointierte wie programmatische Wahrnehmung der Medienreligion hat WILHELM GRÄB in seinem Buch „Sinn fürs Unendliche. Religion in der Mediengesellschaft" unternommen.[342] Gräb konstatiert vielfältige „Transformationen religiöser Kultur durch die Massenmedien", die im Zeitalter der Digitalisierung noch einmal eine Steigerung erfahren: „Die neuen digitalen Medien schließlich, das Internet, entwerten die

340 G. Thomas, Medien – Ritual – Religion, 1998, 619ff.
341 G. Thomas, Medienreligion, 2003, (12f.). – Vgl. in Anknüpfung an Thomas und kritisch gegen einlinige theologische „Vereinnahmungen" medienreligiöser Phänomene: H.-U. Gehring, Seelsorge in der Mediengesellschaft, 2002: „*Medienreligion wird hier nicht als Säkularisierung, sondern als Transformation von Religion betrachtet, die eine material-theologische Auseinandersetzung erfordert. Nur so ist . . . in Medienfragen eine unverstellte Differenz-Wahrnehmung möglich, die grundlegende systemische Differenzen, aber auch partielle Ähnlichkeiten in Form und Funktion zu erfassen vermag*" (204).
342 W. Gräb, Sinn fürs Unendliche, 2002. Auf Gräbs Linie zum Begriff der Medienreligion mit einer empirischen Studie: J. Herrmann, Medienerfahrung und Religion, 2007.

institutionalisierten Angebote für die individuelle und private Religions-
ausübung. Sie führen zur radikalen *Deregulierung* des religiösen
Marktes."[343]

Gräbs Darstellung wie Deutung der „Mediengesellschaft" sind ganz
von seinem *kulturhermeneutischen Vorgehen* bestimmt. Er versucht
„durchgängig – in der Analyse der Medien ebenso wie im Blick auf
Religion und Kirche – ein Verfahren anzuwenden, das auf ein Verstehen
symbolischer Repräsentationen aus ist. Der durch Symbole repräsentierte
Sinngehalt ist zur Auslegung zu bringen. . . . Meine Frage ist daher, wie
die explizite Religion, wie vor allem die Kirchen religionsbildende Sinn-
räume auch in der Mediengesellschaft sein und bleiben können."[344] Dazu
muss die Kirche nach Gräb sich „auf den *Formwandel der Religion*
einstellen und eine neue Religionsfähigkeit entwickeln." Sie kann dies,
wenn sie sich kulturhermeneutisch kompetent für die Interpretation der
„religionsbildenden" Kraft der (Massen-)Medien erweist.[345]

Denn es sind die Medien, die heute „auf der Ebene der *symbolischen
Ordnungen* der Gesellschaft Funktionen im Alltag der Menschen erfüllen, die im eigentlich[en] Sinne solche der Religion sind."[346] Vor allem
in *Werbung* und *Unterhaltung* formiert sich auf gesellschaftlicher Ebene
die symbolische Ordnung. *Medienreligion* ist darin Religion, dass die
Erfahrungen des Lebens gedeutet *werden:* „Auch die Medien erzählen
Geschichten und setzen uns Bilder vor, die *letztinstanzliche Deutungs-
horizonte* unserer Wirklichkeitserfahrung vermitteln."[347]

Gräb greift Jochen Hörischs These der Ablösung des (substanzhaften)
Leitmediums „Hostie" durch das (funktionale) Leitmedium „Münze" auf
und stellt ihr die These zur Seite, dass das Christentum selbst in der
Neuzeit seinerseits „die *Religion von Substanz auf Funktion* um-
stellt."[348] In der Welt der elektronischen Medien erkennt Gräb deshalb in
der Sinn erschließenden Kraft des modernen Individuums als religiöses
Subjekt den entscheidenden „Transformator, der das allgemein Gültige
der dogmatischen Sätze und der durch die Medien vervielfältigten sym-

---

343 A.a.O., 164; den „Transformationen religiöser Kultur durch die Massenmedien"
ist 135ff. ein eigenes Kapitel gewidmet.

344 A.a.O., 16.

345 Zitat und These a.a.O., 167.

346 A.a.O., 146.

347 Ebd., vgl. explizit zum Stichwort „Medienreligion" a.a.O., 195f. Auf der Linie
Gräbs vgl. mit empirischem Hintergrund auch J. Herrmann, Medienerfahrung
und Religion, 2007.

348 A.a.O., 194; zu Hörisch vgl. oben in Teil I. dieser Arbeit;

bolischen Formen ins individuelle Lebensgeschick und in die Deutung der eigenen Lebensgeschichte transformiert."[349]

Eben diese bereits im ersten Teil konstatierte Individualisierung und Pluralisierung scheint das Medium Internet seinerseits zu radikalisieren und auf die Spitze zu treiben (vgl. auch die Hinweise im obigen Exkurs zum Thema „christliche Weblogs"). Ob man diese Entwicklung nun – mit Wilhelm Gräb – religionsproduktiv, oder – mit Günter Thomas – religionskritisch interpretiert: Auch und gerade die in der Diskussion zum Thema „Medienreligion" sichtbar werdende „mediale Anschlusskraft" für religiöse Phänomene lässt fragen:

Hat die Kirche also ihre Botschaft in der Hand? Doch was setzt sich fort, wenn sie sich mit ihrer Botschaft auf den „radikal deregulierten religiösen Markt" der Öffentlichkeit des Internet begibt: die kirchliche Institution als bürokratische Organisation, die Selbstdurchsetzungsmacht des Evangeliums oder die selbstvergötzende und ihre eigenen Rituale und Liturgien ausbildende Eigendynamik des modernen Mediensystems? – Oder gilt es vielmehr, den eigenen religiösen Gehalten in der Medienkultur neu zu begegnen, sie dort allererst in ihrer religiösen Produktivität neu zu entdecken? – Und: bietet das Internet die Möglichkeit, diese Entwicklung konsequent individuell in der Autonomie des religiösen Subjekts zum Abschluss zu bringen?

Über diese höchst vorläufigen Fragen hinaus erlaubt die systemtheoretische Perspektive auf den Kommunikationsbegriff m. E. an dieser Stelle doch auch ein erstes Fazit. Es weist zugleich der Suche nach Antworten auf die gestellten Fragen eine bestimmte Richtung. Bei aller Unterschiedlichkeit der drei in diesem Abschnitt betrachteten Anschlussbemühungen von „Institution Kirche", „Inhalt Evangelium" und „Medium Internet" (letztere nur im Spiegel ihrer theologischen Interpretation betrachtet!) unterstreicht gerade eine systemtheoretische Perspektive auf den Kommunikationsbegriff deren enge Zusammengehörigkeit: „Institution", „Inhalt" und „Medium" sind für den zur Diskussion stehenden Prozess kirchlicher Kommunikation des Evangeliums im Internet in integraler Perspektive wahrzunehmen. Insofern sind die drei „Anschlussstellen" allenfalls in bestimmten Hinsichten und Perspektiven zu unterscheiden, keinesfalls aber in dualen Alterna-

---

349 A.a.O., 51. Vgl. zur Kritik der Alternative von Substanz und Funktion bei Gräb: M. Meyer-Blanck, Religion mit Substanz!, 2003; zur Kritik ferner: M. Moxter, Medien – Medienreligion – Theologie, 2004, 475ff.

tiven einander entgegenzusetzen.[350] *Von daher sind auch die in den obigen Fragen formulierten Alternativen sachgemäß nicht exklusiv, sondern komplementär zu beantworten. Wie wird sich zeigen, sobald abschließend noch die handlungstheoretische Perspektive im Blick auf die öffentliche Kommunikation der Kirche im Medium Internet zu ihrem Recht gekommen sein wird.*

c. „Handlungstheoretisch": Verständigung durch Beziehung

Die Selbstzwecklichkeit der Kommunikation in Gestalt verständigungsorientierten kommunikativen Handelns, wie sie von Jürgen Habermas ausgearbeitet wurde, ist die handlungsorientierte Alternative zum systemtheoretischen Kommunikationsbegriff Niklas Luhmanns. Wie im vorigen Kapitel beschrieben, betont dieses Konzept die Subjekte des Kommunikationsgeschehens und damit besonders auch die expressiven Momente im Mitteilungsprozess. Nicht der Kommunikation „von außen" vorgegebene Ziele sollen („strategisch") verfolgt werden, vielmehr ist es das Wesen verständigungsorientierter Kommunikation, diese Ziele im Prozess gemeinsamer Verständigung miteinander zu finden An zwei Beispielen externer, „öffentlicher" Kommunikation will ich das Projekt „Vernetzte Kirche" nun in einer handlungsorientierten Kommunikationsperspektive darzustellen suchen.

i. Eine evangelische Flagge im Internet: e-wie-evangelisch.de

Bereits zu Projektbeginn hatte sich „Vernetzte Kirche" ca. 1000 Internetadressen der Struktur „e-xyz.de" (z. B. www.e-leben.de) eingekauft. Gemeinsam mit der Internetarbeit der Evangelisch-Lutherischen Landeskirche Hannover wurde in der Folge an der Idee gearbeitet, mithilfe dieser Domains kirchlich-religiöse Inhalte und evangelische Standpunkte in den Internet-Diskurs einzubringen. Unter dem Titel *„e-wie-evangelisch.de"* wurde dazu im Sommer 2004 ein Agenturwettbewerb gestartet, um Gestaltungsideen für das Ziel zu erhalten, im Verbund mit einem einheitlichen Portal themenorientierte e-Seiten (z. B. e-europa

---

350 Vgl. analog M. Meyer-Blancks in anderem Kontext formulierte Überlegung, dass es statt der zweistelligen Alternative von Funktion und Substanz einen dreistelligen Zeichenbegriff (d. h. Zeichen, Religion und Subjektivität) braucht, um die Alternative *substanzialistisch* oder *subjektivistisch* zu überwinden! (M. Meyer-Blanck, Religion mit Substanz!, 2003, 478).

meister.de, e-frieden.de, e-glauben.de) zu erstellen. Bis Ende des Projektzeitraums im Dezember 2004 lag neben der Entscheidung für ein Agent-
urkonzept auch die Zusage der hannoverschen Bischöfin und des bayerischen Landesbischofs vor, eigene Texte zu den e-Seiten beizutragen.

Realisiert werden konnte der öffentliche Auftritt der Seite schließlich
zum September 2006 von der dem Projekt folgenden Arbeitsstelle „Ver-
netzte Kirche" und der Internetarbeit der Hannoverschen Landeskirche.
In der die Veröffentlichung begleitenden Pressemeldung heißt es dazu:
„Auf bisher mehr als fünfzig thematischen Internetseiten mit Adressen
wie z. B. www.e-anfang.de, www.e-eros.de, www.-e-freude.de, www.e-
gott.de oder www.e-zuversicht.de beziehen evangelische Autorinnen und
Autoren zum jeweiligen Thema persönlich Stellung. Das gemeinsame
Erkennungsmerkmal ist das für „evangelisch" stehende „e-" vor den
Domainnamen."[351]

Zum Konzept von e-wie-evangelisch.de gehört die laufende Erweiterung
des Artikelbestandes und der beitragenden Autorinnen und Autoren. Jede
„e-"-Seite enthält neben Bild, Text und Verweisen (Links) eine kurze
Vorstellung des Autors bzw. der Autorin. Ziel der Initiative ist es, in einer
dem Medium Internet gerecht werdenden Weise mit einer einprägsamen

---

351 Die Pressemeldung ist unter der Rubrik „Die Idee" auf der Webseite zu finden;
     www.e-wie-evangelisch.de/images/e-banner/E_wie_evangelisch_pm.pdf (abge-
     rufen am 17.11.06).

Struktur von Domain-Namen (e-xyz.de) Themen von Glauben und Leben in evangelischer Perspektive pointiert zu kommentieren und so „evangelische bzw. kirchlich-religiöse Inhalte Internet-gerecht zu positionieren."

Diese Formulierung aus der Pressemitteilung zur Einführung der Initiative macht deutlich, dass auch e-wie-evangelisch.de durchaus – und mit Recht – als institutionelle Darstellung nach außen gelesen werden, in dieser Hinsicht also in der ersten der drei Perspektiven auf den Kommunikationsbegriff im Blick auf seine *instrumentelle* Absicht betrachtet werden kann. Genauso kann e-wie-evangelisch. de durchaus – und mit Recht – in einer systemtheoretischen Betrachtung als eine weitere Weise autopoietischer Fortsetzung der Institution Kirche bzw. ihres „Inhaltes" Evangelium im Medium Internet interpretiert werden *(die Form setzt sich fort, indem sie – im neuen Medium – in der Unterscheidung von Mitteilung und Information neues Verstehen schafft).*

E-wie-evangelisch.de kann aber eben *auch als gemeinsame Verständigungsbemühung* in den Blick genommen werden: Die kooperative Initiative aus Bayern und Hannover will im Internet ein gemeinsames Bild dessen entstehen lassen, was Evangelisch-Sein heute bedeutet. Dabei setzt sie (zumindest ansatzweise, s. u.) auf die Integration partizipativer und expressiver Momente in den kommunikativen Prozess gemeinsamer Verständigung. Individuen werden mit ihrer persönlichen Überzeugung und Anschauung zu einem bestimmten Thema erkennbar, das „Ganze" zeigt sich nur in der Zusammenschau seiner Teile, die ihrerseits die kreative Kombination des Betrachters voraussetzt. In der Vielfalt von Themen, Beiträgen und AutorInnen bildet sich so auf den Seiten der Initiative e-wie-evangelisch.de bewusst der dialogische Charakter einer evangelischen Kirche ab. Auf ihre Weise versucht die hannoversch-bayerische Kooperation so, ihren Beitrag dazu zu leisten, dass die evangelische Kirche in der Öffentlichkeit als „zugänglicher, offener und einladender" als Andere wahrgenommen wird.[352] Diskursivität gehört zum Selbstverständnis der evangelischen Kirche dazu und muss sich in ihrer thematischen Präsenz zeigen.

Misst man die kommunikative Struktur von e-wie-evangelisch.de freilich an dem von Habermas formulierten Ideal einer herrschaftsfreien Kommunikationsgemeinschaft, so sind auch die *Defizite* zu benennen:

---

352 Die Formulierung stammt von Michael Schibilsky (ders., Kirche und evangelische Publizistik in der Mediengesellschaft, 393 in: C. Drägert und N. Schneider, Medienethik, 2001).

Die Chance zur Diskurseröffnung und -beteiligung ist dadurch eng reglementiert, dass eine zentrale Redaktion die Autorinnen und Autoren auswählt und eine Rückmeldung zur jeweiligen Seite auf die Möglichkeit, per Mail an die Autorin oder den Autor zu reagieren, beschränkt ist. Diskurs als direkte wechselseitige Verständigung ist so nicht möglich. Umgekehrt bürgt das für die Initiative gewählte Kommunikationsmodell dafür, dass der Anspruch an Authentizität durch die Kontrolle der „Zugangsbedingungen" weitgehend erfüllt werden kann, mit der für offene Gesprächsformen im Internet nicht untypischen Täuschung von Sprechintentionen ist hier nicht zu rechnen.

Wenn in dieser Hinsicht also die Selbstzwecklichkeit der Kommunikation als Element von Habermas' Kommunikationsbegriff eher nicht realisiert ist, so kann vor dem Hintergrund der Betonung der expressiven Momente des Kommunikationsgeschehens auch noch in eine andere Richtung gefragt werden: Gibt es gerade hinsichtlich der öffentlichen Kommunikation im Medium Internet eine legitime „*Expressivität der Institution*"? Gerade weil, wie im ersten Teil gesehen, die Dynamik des Mediums Internet ihrerseits mit dem Primat der Individualisierung institutionelle Identität immer stärker infrage stellt, braucht es m. E. durchaus auch in verständigungsorientierter Hinsicht einen solchen Mitteilungswillen einer Landeskirche (bzw. hier zweier kooperierender Landeskirchen), um das eigene Verständnis von Evangelisch-Sein in praxi, also mit den (wie gerade gesehen durchaus noch zu verbessernden) diskursiven Mitteln im Netz ins Gespräch zu bringen.

Wieweit dies freilich der Initiative e-wie-evangelisch.de und den anderen bisher geschilderten institutionellen Kommunikationsbemühungen der Kirche im Internet *tatsächlich* gelingt, lässt sich bisher allenfalls von einer Auswertung der Zugriffszahlen her abschätzen, deren Auskunftsfähigkeit aber für eine seriöse Betrachtung nur ein Faktor unter anderen sein kann.[353] Eine – im Bereich des Fernsehens tendenziell etablierte – Medien*wirkungs*forschung ist für das Internet und seine Kommunikationsformen weithin noch Desiderat,[354] weshalb auch die hier formulierten

---

[353] Einer Auswertung der Zugriffszahlen für die ersten Monate seit dem Launch der e-wie-evangelisch-Seiten zeigt immerhin, dass die Seiten in den Monaten Oktober 06 bis Januar 07 täglich im Durchschnitt ca. 1000mal besucht werden, im Dezember 06 erhielten die Seiten insgesamt über 50.000 Besuche (Quelle: Statistikabfrage durch Online-Redakteurin der Arbeitsstelle Vernetzte Kirche am 11.1.2007).

[354] Vgl. die im Vergleich zum Fernsehen formulierten und zur Vorsicht mahnenden Hinweise von C. Grethlein gegenüber einer vorschnellen Überbewertung des

Überlegungen zu e-wie-evangelisch.de und die sich anschließende nochmalige Betrachtung von konfiweb.de lediglich von den erkennbaren Intentionen, nicht aber von den Wirkungen bei den Rezipienten her beschrieben sind.

Mit dieser Einschränkung kann allerdings die beschriebene Initiative durchaus als ein erster verheißungsvoller Schritt in Richtung des von Habermas umrissenen Kommunikationsverständnisses gesehen werden. Immerhin zeigt sich hier evangelische Kirche in einer charakteristischen Vielgestaltigkeit ohne darüber gleich ihre Erkennbarkeit zu verlieren, pointiert gesagt: Sie bringt Themen ins Gespräch ein, ohne das Gesicht zu verstecken, wobei dieses nicht in jedem Fall das des Bischofs oder der Bischöfin zu sein braucht.[355] Dabei ist die (auch bei anderen Einzelprojekten wie dem oben beschriebenen kirche-entdecken.de) zu beobachtende Kooperation über eine Landeskirche hinaus durchaus nicht die schlechteste Voraussetzung: *Wenn und sofern das Evangelium selbst auf Prozesse wechselseitiger Verständigung und gemeinsamen Einverständnisses zielt,[356] könnte ein solches Unterfangen desto besser gelingen, je mehr diese wechselseitige Verständigung bereits in der Konzeption des Projektes selbst praktiziert wird.*

ii. Das Ziel einer kirchlichen Online-Community

Der Aspekt der *Gemeinschaft* als wesentliche Dimension der Kommunikation des Evangeliums trat bereits in der systemtheoretischen Perspektive ins Blickfeld. Er ist auch und erst recht in handlungstheoretischer Hinsicht von Interesse, weil sich Kirche als Gemeinschaft des Glaubens immer auch durch soziale Interaktionen darstellt. Wie oben schon erwähnt, trat der Relaunch von *bayern-evangelisch.de* als landeskirchliches Internet-Portal Ende 2004 auch mit dem ehrgeizigen *Ziel an, „eine Online-Community entstehen" zu lassen.* Der bei der Neukonzeption des bayerischen landeskirchlichen Internetportals so angelsächsisch alert formulierte Wunsch regt immerhin an zu fragen, was es mit der virtuellen Gemeinschaft im Netz näherhin auf sich hat.

Internet im Blick auf die faktische Rezeption, cf. C. Grethlein, Kommunikation des Evangeliums in der Mediengesellschaft, 2003, 33f.

355 *Dass* über Personen kommuniziert wird, ist nicht nur ein Gesetz massenmedialer Bildkommunikation, sondern auch Teil der auf Bezeugung und Beglaubigung angelegten „Struktur" des Evangeliums.

356 Vgl. E. Jüngels Gedanken der „Autorität der Bitte" als Mitteilungsform des Evangeliums, E. Jüngel, Unterwegs zur Sache, 1972, 179ff.

Dabei sei das Ergebnis des folgenden Exkurses mit Blick auf die bayerische Portalseite bereits vorweggenommen: Im Vergleich zu anderen Gemeinschaftsbildungen im Netz kann bei den bisher auf bayern-evangelisch.de eingesetzten Elementen der Seitengestaltung nicht ernsthaft von einer „online community" die Rede sein, mit den schon weiter oben beschriebenen Formen von Online-Seelsorge und virtueller Gebetswand ließe sich allenfalls auf erste Ansätze in diese Richtung verweisen. – Wie die Revision der publizistischen Grundlinien der Evangelisch-Lutherischen Kirche in Bayern vom Mai 2008 zeigt, wird dieser 2004 noch formulierte Anspruch inzwischen auch nicht mehr erhoben, der „Community"-Aspekt wird jetzt „rund um die Printausgabe des ‚Münchner Sonntagsblatts'", einer der beiden evangelischen Wochenzeitungen Bayerns, verankert.[357] – Nach dem Exkurs werde ich auf das ebenfalls vom Arbeitsbereich „Presse- und Öffentlichkeitsarbeit/Publizistik" der bayerischen Kirche verantwortete Konfirmandenportal *konfi-web.de* eingehen. Neben den dazu bereits weiter oben erwähnten Aspekten handelt es sich bei diesem Portal in seiner neuen Gestalt um einen bewusst als „Online-Community" gestalteten Auftritt.

Exkurs: Formen und Kriterien netzbasierter Gemeinschaften
Bereits 1993 prägte HOWARD RHEINGOLD den Begriff der *virtuellen Gemeinschaft,* um als einer der Netzpioniere das Netz als utopische Gegenwelt zu etablierten Formen menschlichen Zusammenlebens zu entwerfen: „Im Kontrast zu tradierten lokalen Gemeinschaften mit ihren Negativerscheinungen wie dörfliche Enge, Anwesenheitspflicht, Uniformitätszwang und Autoritätshörigkeit seien überlokale virtuelle Gemeinschaften demokratische und egalitäre Zusammenschlüsse souveräner Individuen, die auf sachlicher Ebene effektiv kooperieren und sich gleichzeitig auf emotionaler Ebene Rückhalt und Geborgenheit geben."[358] Auf der anderen Seite begegnen Online-, Cyber-, Netz- oder E-Gemeinschaften bzw. -Communities immer wieder dem Vorurteil, sie würden zu einer weltflüchtenden und aus sozialen Beziehungen herausführenden

---

357 Vgl. ELKB, Publizistische Grundlinien 2008 für die Evangelisch-Lutherische Kirche in Bayern 2008, 13 und (wiederholt) 21; zur Fassung von 2004 s. o. am Ende von 2.a.i.

358 N. Döring, Virtuelle Gemeinschaften als Lerngemeinschaften, 2001, 30.

isolierenden Vereinsamung des Individuums vor dem Bildschirm führen.

Nicola Döring weist in ihren *Untersuchungen zur Sozialpsychologie des Internet* darauf hin, dass *beide* Interpretationen virtueller Vergemeinschaftung, sowohl die euphorisch-utopische wie die pessimistisch-dystopische, als *technikdeterministisch* abzulehnen sind: „Beide Sichtweisen blenden aus, dass und wie Individuen und Gruppen sich das Medium aktiv und eigensinnig aneignen können (und müssen), was in Abhängigkeit von diversen Kontextfaktoren (z. B. Merkmale der technischen Plattform, des Teilnehmerkreises und der verfolgten Ziele) unterschiedliche Positiv- und Negativfolgen nach sich ziehen kann (z. B. hinsichtlich Kommunikationskultur, Aufgabenbewältigung und Beziehungsentwicklung)."[359]

Bei aller Schwierigkeit einer präzisen Definition netzbasierter Gemeinschaft – fehlen doch verbindliche Theorien zu *Virtualität* ebenso wie zu *Gemeinschaft* – schlägt Döring aus sozialpsychologischer Perspektive folgende Definition vor: „Eine virtuelle Gemeinschaft ist ein Zusammenschluss von Menschen mit gemeinsamen Interessen, die untereinander mit gewisser Regelmäßigkeit und Verbindlichkeit auf computervermitteltem Wege Informationen austauschen und Kontakte knüpfen."[360]

In einem groben Überblick lassen sich die Formen solcher Gemeinschaft danach unterscheiden, ob die Kommunikation zeitversetzt, also asynchron (z. B. in Mailinglisten oder Foren), oder zeitgleich/synchron (z. B. Chats oder die sog. Multi-User-Domains) erfolgt. Döring weist darauf hin, dass sich asynchrone Formen der Kommunikation besser für einen themenbezogenen Austausch eignen, könne man die Beiträge doch in Ruhe verfassen wie lesen, während synchrone Formen durch relative Unmittelbarkeit und Kürze der Botschaften prädestiniert für unterhaltend-unfokussiertes Beisammensein seien.[361] Hinsichtlich der Inhalte können freizeitorientierte Online-

---

359 Ebd.
360 Ebd.
361 Ebd. Daneben unterscheidet Döring Kommunikation im Internet auch nach der Anzahl der beteiligten Personen: in 1:1-, N:N- und 1:N-Kommunikation und ermöglicht so die Vergleichbarkeit verschiedener Internet-Dienste.

Gemeinschaften (z. B. im deutschen Sprachraum seit 1996: www.funama.de) von arbeitsorientierten Gemeinschaften (z. B. im Rahmen der Open-Source-Software-Entwicklung) unterschieden werden.

Die im Jahr 2006 am Beispiel des virtuellen „Paralleluniversums" www.secondlife.com auch in Offline-Medien vieldiskutierte Ausbreitung und Entwicklung von unter kommerziellen Gesichtspunkten gezielt aufgebauten Online-Gemeinschaften zeigt dabei, wie wenig sich die eben unterschiedenen Aspekte völlig trennen lassen: Die (aus Sicht des durchschnittlichen Users) freizeitorientierte Community *secondlife.com* ist zu einem ernsten Wirtschaftsfaktor geworden, Menschen (und Unternehmen, auch aus dem Mediensektor) verdienen ihr Geld, indem sie dort virtuelle Geschäfte und Dependancen für das virtuelle Leben im Paralleluniversum einrichten.[362] Asynchrone und synchrone Netzkommunikation fließt auf einschlägigen „Community-Seiten" ebenfalls zusammen. – Und Seiten wie myspace.com oder youtube.com zeigen, dass multimediale und textbasierte Kommunikation in Online-Communities sich ebenfalls mehr und mehr ergänzen.

Dörings Definition setzt eine gewisse Regelmäßigkeit und Verbindlichkeit des netzbasierten „Informationsaustauschs" bzw. der „Kontaktpflege" voraus. Um hier mit ihr von einem „Zusammenschluss von Menschen" sprechen zu können, bildet die technische Plattform auch in den erwähnten Beispielen allenfalls eine (freilich unhintergehbar nötige!) Möglichkeit und Voraussetzung. Von einer Online-Gemeinschaft gesprochen werden kann erst dann, wenn sich eine gewisse Reziprozität der Interaktion etabliert, wie das wiederum die erwähnten Seiten darin zeigen, dass diese Partizipation dort tatsächlich geschieht.

Eine nur „passive" Rezeption von zentral auf einen Server gestellten Inhalten rechtfertigt es demgegenüber nicht, hier von einer Community im qualifizierten Sinne zu sprechen. Dies gilt auch für das bloße Zur-Verfügung-Stellen von Par-

---

362 Vgl. z. B. SZ Nr. 235 vom 12.10.2006, S. 13: „Man lebt nur zweimal. Im virtuellen Online-Universum „Second Life" basteln 800.000 Menschen an ihrem Traumleben", und SZ Nr. 256 v. 7.11.2006: „Der liebe Gott. Second Life: Springer bringt eine Zeitung ins Virtuelle".

tizipationsmöglichkeiten durch Feedbackformulare etc., die *de facto* aber nicht genutzt werden. Über die Einrichtung geeigneter reziproke Kommunikationen ermöglichender Techniken und die (ggf. crossmediale) Bewerbung einer solchen Gemeinschaft hinaus, ist für intentional beabsichtigte Online-Gemeinschaften auch die Redaktion der Gemeinschaftsforen entscheidend. Zu Recht weist Döring hier darauf hin, dass „neben der Mitglieder-Anwerbung (. . .) die Community-Organisation eine weitere zeit- und personalintensive Aufgabe (ist): Verhaltensregeln müssen definiert und mit gezielten Sanktionen durchgesetzt werden, Vertrauen und Zusammenhalt müssen durch Online- und Offline-Aktivitäten gestärkt, Aufgabenbearbeitung und Zielerreichung müssen durch Planung und Arbeitsteilung sichergestellt werden. Gerade große Communities mit heterogenem Teilnehmerkreis sind weit davon entfernt, sich einfach problemlos und egalitär im Sinne des Gemeinwohls selbst zu organisieren, wie Netzutopien behaupten. Stattdessen kommt es wie im sonstigen Leben zu einer Binnenstrukturierung mit hierarchisierten Rollen und sanktionsbasierter Verhaltenskontrolle, was Machtmissbrauch einschließt."[363]

Auch im Netz ergibt sich also die Gemeinschaft nicht *von selbst* aus den technischen Strukturen, sondern ist ihrerseits auf soziale Merkmale und Anforderungen zurückzubeziehen So hat auch *CHRISTIAN STEGBAUER* in einer Untersuchung von 14 Mailinglisten mithilfe des Instrumentariums der positionalen Netzwerkanalyse zeigen können, dass die Utopie einer sozialen Entstrukturierung durch computervermittelte Kommunikation nicht zutrifft, sondern sich bestimmte Strukturmerkmale von Kommunikation als Gruppenphänomen auch im Netz wieder abbilden.[364]

---

363 Ebd.
364 C. Stegbauer, Grenzen virtueller Gemeinschaft, 2001. Z. B. die Definition einer Gruppe durch Subgruppen in Form von „Multilogen" in Mailinglisten, die Struktur von Zentrum und Peripherie und eine Differenzierung der Peripherie in „Diskutanten", „Poster" (beschränkt sich auf Ankündigungen) und „Lurker" (passiver Betrachter), vgl. ebd., 229ff. Die gleiche Grundthese führt er weiter aus in: C. Stegbauer und A. Rausch, Strukturalistische Internetforschung. Netzwerkanalysen internetbasierter Kommunikationsformen, 2006.

www.konfi-web.de

„Die Online-Community rund um das Thema Konfirmation – eine Initiative der ELKB", so steht es seit Oktober 2006 in der obersten Zeile der Webseite *www.konfiweb.de*. Mit der Version 3.0 startet das im Auftrag der landeskirchlichen Öffentlichkeitsarbeit von der Agentur Kerygma betreute Konfirmandenportal einen ernsthaften Versuch, den Anspruch virtueller Gemeinschaft in Analogie zu eben beschriebenen Gemeinschaftsseiten wie z. B. funama.de einzulösen.[365] Eine eigene grafisch

---

365   Eine Diskussion der vorherigen Fassung findet sich bei B.-M. Haese, Hinter den Spiegeln, 2006, 296f.

umgesetzte „Konfi-Stadt" bietet gegenüber den vorherigen Versionen wesentlich erweiterte Möglichkeiten, sich themen- und/oder personenbezogen in Sub-Gruppen zusammenzuschließen.

Ob der im Herbst 2006 neu erhobene Community-Anspruch des auch über Bayern hinaus sowohl beachteten als auch beworbenen Portals von der Zielgruppe selbst in der intendierten Form genutzt werden wird, muss zum jetzigen Zeitpunkt bezweifelt werden.[366] Sollten die partizipations- und gemeinschaftsorientierten Möglichkeiten und Funktionen der Website tatsächlich intensiver genutzt werden, zeichnet sich jedenfalls ein erheblicher Moderationsaufwand ab, um gerade bei der jugendlichen Zielgruppe einen Missbrauch der auf der Site bestehenden Kommunikationsmöglichkeiten zu verhindern.[367]

Gerade bei der von Habermas formulierten Basisnorm der *Authentizität* dürfte im Blick auf konfiweb.de als Plattform gemeinsamer, gemeinschaftlicher Verständigung eine besondere Herausforderung liegen. Anmelden und in den Diskurs eintreten kann jeder Konfirmand und jede Konfirmandin, aber eben auch jede und jeder, der oder die sich dafür ausgibt. Zwar müssen die „Spielregeln" eigens und explizit akzeptiert werden, aber dass die gleichermaßen eröffneten Chancen zur Diskurseröffnung und -beteiligung nicht durch Täuschung und falsche Verhaltenserwartungen hintergangen werden, wird nicht dem gemeinsamen Aushandlungsprozess der Dreizehn- bis Fünfzehnjährigen überlassen werden können (und juristisch auch nicht dürfen).

Treten an dieser Stelle nochmals Probleme und Gefahren internetbasierter Kommunikation hervor, so lassen die geschilderten Projekte in handlungstheoretischer Perspektive zugleich die Chancen erkennen, die sich der kirchlichen Kommunikation des Evangeliums im Netz bieten. Gerade dem evangelischen Selbstverständnis eröffnen sich wie gesehen Möglichkeiten, die partizipativen und expressiven Momente der Kommunikation auch im Netz zum Zug kommen zu lassen. In

---

366 Ein Aufruf von „top-bewerteten" Themenseiten zeigt lediglich geringe Stimmenzahlen (das Maximum von 59 Stimmen wird beim Thema „Kriegt man nach der Konfirmation eigentlich schulfrei?" erreicht (konfiweb.de/popup_topten.php; Aufruf am 7.7.2008). Offensichtlich hat auch eine im Herbst 2006 mit Printmedien durchgeführte crossmediale Werbung bei Konfirmandengruppen nicht vermocht, größeres Interesse auszulösen.

367 Zwar sind die „Spielregeln" ausführlich dokumentiert, aber diese entledigen nicht von der Notwendigkeit, die Gesprächsforen und -beiträge im laufenden Betrieb regelmäßig zu überprüfen.

Konzepten wie e-wie-evangelisch.de drückt sich im Netz etwas aus vom diskursiven Verständnis der Kirche.

Deutlich wird in den geschilderten Beispielen, dass die Integration dialogischer Elemente zur Ermöglichung wechselseitiger Verständigung hohe Anforderungen stellt, nicht nur an den einmaligen Aufwand der Bereitstellung einer technischen Plattform, sondern viel mehr noch an die laufende Begleitung und Moderation der Verständigungsprozesse. Die nicht nur technisch mögliche, sondern tatsächlich realisierte Reziprozität der virtuellen Interaktion ist bei den betrachteten Beispielen weithin noch ein Desiderat. Institutionell verfasste Kommunikation tut sich an dieser Stelle ohnehin nicht leicht. Zugleich steht sie in einer besonderen Verpflichtung am Punkt Glaubwürdigkeit und Authentizität. Gerade wegen ihres spezifischen Kommunikationsinhaltes „Glauben" und seiner charakteristischen Verfasstheit muss die kirchliche Kommunikation im Internet diesem Thema besondere Aufmerksamkeit schenken.

Dabei wird sie sich nicht nur an den drei Kontexten von Informations-, System- und Handlungstheorie orientieren, sondern ihrerseits ein theologisch begründetes Verständnis von Community, Communio und Kommunikation voraussetzen, um die netzspezifischen Möglichkeiten der Kommunikation des Evangeliums besser in den Blick nehmen zu können.

3. Kirche als „Communio" – Elemente einer kommunikativen und medienbewussten Kirchentheorie

Nach dem „bunten Gang" durch Wald und Flur landeskirchlicher Bemühungen um die Verbesserung kirchlicher Kommunikation „in, mit und unter" dem Internet ist es an der Zeit, die bei diesem Spaziergang immer schon mitgeführten Landkarten und Navigationssysteme explizit an einem theologischen Verständnis des Kommunikationsbegriffes auszurichten. Es gilt also nun, die der vorausgegangenen polykontexturalen Betrachtung implizite Orientierung offen zu legen. Zugleich soll hierdurch deutlich werden, was eine solche Betrachtung unter *kirchentheoretischen Aspekten* zu leisten vermag. Damit sind die zwei Ziele umrissen, denen sich das an dieser Stelle zu entfaltende Kapitel widmet.

a. Theologische Grundlegung: Kirche als Communio

Nach ihrer neutestamentlichen Grundlegung ist Kirche wesentlich „Gemeinschaft der Heiligen". Die ökumenische Diskussion um das Kirchenverständnis betont im Gefolge des Zweiten Vaticanums dabei insbesondere den Begriff der „communio" (bzw. „koinonia").[368] Ein Verständnis von Kirche als *Communio* unterstreicht dabei das Wesen der Kirche als einer in der Gemeinschaft des dreifaltigen Gottes gründenden Gemeinschaft der Menschen mit Gott und untereinander.

Im Zusammenhang der Entfaltung des Communio-Gedankens wurde in den vergangenen Jahren verschiedentlich auf die Nähen zum Kommunikationsbegriff hingewiesen. CHRISTOPH SCHWÖBEL hat in seinem Aufsatz *Kirche als Communio* die Verbindung zwischen dem Communio-Gedanken und der Kommunikation des Evangeliums eindringlich entfaltet.[369] Mit Bezug auf Luthers Ekklesiologie formuliert er: „Kirche ist also nur und insoweit geistliche Communio als sie auch Gemeinschaft des äußeren Wortes, der zeichenvermittelten Kommunikation des Evangeliums in Wort und Sakrament ist Wo dieses Wort Glauben findet, kommen in der communio sanctorum beide Bewegungen zusammen, das Sich-geben Gottes und das Zu-sich-bringen der Glaubenden."[370] Analog unterstreiche auch das Kirchenverständnis der Confessio Augustana die Bindung des Geistes an konkrete soziale Formen der Kommunikation des Evangeliums in Wort und Sakrament. Zu Recht sieht Schwöbel die Kommunikation des Evangeliums als Wesensbestimmung der Kirche in einer trinitätstheologischen Perspektive: Sie gründet in der Selbstkommunikation Gottes, „in der Gottes trinitarisches Sein sich Ausdruck gibt."[371] Konsequenterweise erkennt Schwöbel der Aufgabe, als Kirche Kommunikationsgemeinschaft zu sein, für ihre Sozialgestalt hohe Priorität zu: „Darum ist die Pflege, d. h. Stärkung, Entwicklung und Erneuerung, der Kommunikationsstrukturen kirchlichen Lebens die primäre Aufgabe der Gestaltung der Kirche. Dabei sind die Grenzen kirchlicher Kommunikation nur dadurch bestimmt, daß alle Kommunikationsvollzüge in ihrer Beziehung zur Kommunikation des Evangeliums transparent gemacht werden müssen. Das spezifische Charakteristikum der Kirche als Kommunikationsgemein-

---

368 Vgl. z. B. die Diskussion und den Rezeptionsprozess der Studie „Communio Sanctorum" in den Jahren 1999ff.
369 C. Schwöbel, Kirche als Communio, 1996.
370 Ebd., 32; zur CA vgl. ebd., 36.
371 Ebd., 39.

schaft liegt darin, daß der Inhalt und die Vollzugsform der Kommunikation des Evangeliums aufs engste aufeinander bezogen sind. Sachebene und Beziehungsebene der Kommunikation des Evangeliums bedingen sich gegenseitig, insofern der Inhalt des Evangeliums eine kommunikative Beziehung ist und die kommunikativen Beziehungen in der Kirche ihr Kriterium am Evangelium haben."[372]

So betrachtet spiegelt der Gedanke der Communio wesentliche Elemente eines verständigungsorientierten Kommunikationsbegriffes wider. Die Bestimmung der Kirche als *Koinonia* akzentuiert den gerade von der Reformation besonders aktualisierten Grundgedanken des Priestertums aller Getauften. Die *kommunikativ-partizipatorischen Aspekte des Offenbarungs- und des Glaubensgeschehens* werden hervorgehoben. Nicht umsonst ist mit dem Abendmahl der sinnliche Austausch im Zentrum der christlichen Liturgie zu Hause.[373] Die Kirche hat deshalb ein elementares Interesse an der Kommunikation, im beschriebenen dreifachen Sinne von Mitteilung, Information, und Verstehen.

b. Kirche als Verständigungsgemeinschaft

Kann sich ein theologisches Verständnis von Kommunikation also an Habermas' Vorschlag der konsensualen herrschaftsfreien Kommunikationsgemeinschaft anschließen?[374] – Auch wenn das nicht einfach so verstanden werden kann, als könne der Mensch vollständig über das Gelingen von Kommunikation verfügen, so gehört das *Moment der Verständigung und des Einverständnisses* doch auch in theologischer Perspektive zentral zum Glaubensgeschehen, d. h. zur Kommunikation zwischen Gott und Mensch, hinzu.[375] Insofern muss die Aufgabe der

---

372 Ebd., 42.

373 Dabei wäre es gerade im Zusammenhang des mit Internet und Cyberspace aufgegebenen Themas der Virtualität interessant, die besondere Qualität der zum Abendmahl gehörigen Stärke der Präsenz des Abwesenden weiter zu bedenken. Vgl. zur Virtualität als „conditio humana": B.-M. Haese, Hinter den Spiegeln, 2006, und zu technisch-medialen Vollzügen im Internet als möglicher Ausdrucksgestalt der Sakramentalität der Kirche (in katholischer Sicht) S. Böntert, Gottesdienste im Internet, 2005, 222ff.

374 Dies vertritt etwa E. Arens, Was kann Kommunikation?, 2002, und ausführlich E. Kos, Verständigung oder Vermittlung?, 1997.

375 Vgl. ausführlicher etwa E. Jüngel zur „Autorität der Bitte" (vgl. Anm. oben, E. Jüngel, Unterwegs zur Sache, 1972, 179ff.).

Kirche – nicht nur, aber auch – in einer Theorie kommunikativen Handelns beschreibbar sein. Ohne das Mit-Teilen wäre die Kirche nicht, was sie ist. Das kommunale, gemeinschaftliche Moment der Kirche setzt die Kommunikation, die Mitteilung voraus: Als Grundgeschehen die Mitteilung Gottes in Jesus Christus. Diese geht über in das Miteinander-Teilen der Gemeinde.

Das vor allem von lutherischer Seite vertretene Modell der Gemeinschaft der Kirchen als konziliare Gemeinschaft in *„versöhnter Verschiedenheit"* zeigt dabei die Grundrichtung eines Kirchenverständnisses, das unterschiedliche Ausprägungen und Gestaltungen von Christsein und Kirche gelten lässt und sie doch gemeinsam „kommunikativ" ausrichtet: einerseits an der Verkündigung der göttlichen Einladung zu dieser Gemeinschaft in Wort und Tat, andererseits am geschwisterlichen Streit um die Wahrheit des in der Schrift bezeugten Evangeliums. In ökumenischer Perspektive machen dabei die Einsichten des Zweiten Vaticanums (Communio et Progressio) deutlich, dass die kommunikativ-gemeinschaftliche Ausrichtung der Kirche nicht sich selbst genügt, sondern *auf Welt und Menschheit insgesamt* bezogen ist.[376]

In einem solchen Horizont brauchen die idealistischen Momente in Habermas' Kommunikationsbegriff keineswegs übersehen zu werden.[377] Insofern muss „Kommunikation" durchaus nicht als privilegierte fundamentaltheologische Leitkategorie besonders qualifiziert werden.[378] Im Blick auf den spezifischen Gegenstandsbereich menschlicher Verständigung via Internet (und Intranet) scheint es jedoch auch in den angedeuteten theologischen Hinsichten äußerst hilfreich, einer handlungsorientierten Perspektive für den Bereich kirchlicher Kommunikation starkes Gewicht zu geben.

c. Konziliarität als Konkretion der Verständigungsgemeinschaft im Netz

Den wechselseitigen Verweisungszusammenhängen, die mit dem Begriff der Communio konstitutiv für Wesen und Gestalt der Kirche sind, scheint der Gedanke des *Netzwerkes* in besonderer Weise nahe zu kommen.

---

376 Vgl. zum theologischen Kommunikationsbegriff in dieser Hinsicht auch: R. Funiok, Kirche und Medien, 2005.

377 Vgl. zur grundlegenden Kritik auf der Basis der Einsicht in den unhintergehbaren „Widerstreit" im Diskurs J.-F. Lyotard, Der Widerstreit, 1987, z. B. 229ff.

378 So etwa J. Werbick, Kommunikation, 1997.

Denn er drückt auf – freilich begrifflich eher metaphorisch-assoziative denn definitorisch-scharfe Weise[379] – den kommunal-kommunikativen Charakter der Kirche kongenial aus.[380]

Es verwundert deshalb nicht, dass die Netzwerkvorstellung in der Praktischen Theologie bereits vor der Reflexion auf Computernetzwerke und Internet aufgegriffen und in verschiedenen Hinsichten fruchtbar gemacht wurde. So hat etwa GÜNTER BREITENBACH in seiner praktisch-theologischen Kybernetik „Gemeinde leiten" den Begriff des Netzwerkes aus dem „öko-sozialen Denken" aufgenommen und im Zusammenhang systemischer Ansätze für das Verständnis von Gemeinde und deren Entwicklung und Leitung entfaltet. Breitenbach verweist auf die informellen Aspekte in der Rede von sozialen Netzwerken und erkennt gerade darin den Charme des Begriffs im kirchlichen Kontext: „In der Theorie sozialer Netzwerke liegt ein soziologisches Modell vor, das es ermöglicht, das Zusammenspiel organisatorischer und lebensweltlicher Faktoren in der Kirchengemeinde zu begreifen."[381] Zielorientierung und Zweckfreiheit, Struktur und freie Beziehung kennzeichnen das Leben von Kirchengemeinden – und ein Verständnis sozialer Netzwerke als dynamische Systeme mit Knotenbildung und konstitutiver Offenheit für ihre eigene Weiterentwicklung. Dabei schärft Breitenbach in seinen Überlegungen auch die Ambivalenz ein, die mit dem Begriff des Netzwerkes einhergeht: „Netze tragen nicht nur, sie verstricken auch. Sie wickeln ein und sie grenzen aus. Und Seilschaften halten sich auch dort, wo das System längst nicht mehr existiert, dem sie sich verdanken . . . Verstrickung und Verknotung ist auch eine Gestalt der Sünde. Wer in der Kirche den Begriff des Netzwerkes verwendet, sollte sich dessen bewußt sein."[382] Bei aller Ambivalenz und aller Unschärfe des Begriffs erkennt Breitenbach in ihm große Chancen, um das System Kirchengemeinde in seiner Lebenswelt als eigenständige und doch vielfältig auf die Lebenswelt bezogene Organisation zu denken. „Die Gemeinde

379   Vgl. zur Metaphorik des Netzbegriffes z. B. K. Meyer-Drawe, Im Netz, 2001.
380   Vgl. aus der Perspektive katholischer Sozialethik: H. Baumgard, Kirche in der Netzwerkgesellschaft, 2005.
381   G. Breitenbach, Gemeinde leiten, 1994, 181.
382   A.a.O., 170f.

als Organisation ist Teil eines lebensweltlichen Zusammenhanges. Und die Organisation der Gemeinde ist als Netzwerk gestaltbar. Leitbild für Gemeindeentwicklung und Gemeindeleitung kann weder der Verzicht auf Organisation sein, noch das systematische Durchorganisieren, sondern ihre Wahrnehmung im Kontext einer umfassenden Netzwerkperspektive und ihr Einbezug in ein ganzheitliches Leben und Arbeiten, ihre vielfache Verknüpfung mit der sie tragenden und umgebenden Lebenswelt."[383]

Nun mag der Hinweis auf Breitenbachs Aufgreifen des Begriffs soziale Netzwerke zunächst durchaus assoziativ erscheinen. Betrachtet man aber die systematische Entfaltung seines Verständnisses von Gemeinde in seiner Kybernetik etwas genauer, erkennt man unschwer den Zusammenhang mit dem für diesen Abschnitt leitenden Begriff der *Konziliarität.* Hier greift Breitenbach immer wieder auf die Überlegungen seines Vorgängers im Amt des Leiters der Gemeindeakademie Rummelsberg, HERBERT LINDNER, zurück.[384] Lindner hat zusammen mit dem Team der Gemeindeakademie das volkskirchliche Modell im Bild der Gemeinde als „konziliare Weggemeinschaft" zu profilieren versucht. Dabei nimmt er das ökumenische Modell der Konziliarität (vgl. u. a. den konziliaren Prozess „Frieden – Gerechtigkeit – Bewahrung der Schöpfung") auf. Es ist für ihn nicht nur ein ekklesiologisches Konzept, sondern vor allem Impuls zur Entwicklung einer vielgestaltigen Praxis von Kirche und Gemeinde, die unterschiedliche Beteiligungsformen und Frömmigkeitsstile positiv anerkennt: Wo sich Wahrheit nur im dialogischen Überschreiten des eigenen Horizontes finden lässt, müssen „Kooperation", „Kommunikation" und „Vernetzung" nicht nur selbstverständliche „Haltungen" in der Kirche sein, sondern auch durch entsprechende „Strukturen" unterstützt werden.[385] Konsequenterweise ist es das Feld der *Gemeindeentwicklung,* dem Lindner in seiner Studie „Kirche am Ort" aus der „Grundhaltung der Konziliarität" mit langem Atem seine Aufmerk-

---

383 A.a.O., 182.
384 A.a.O., 117ff.
385 Begriffe in: H. Lindner, Konziliare Gemeinde werden (MS Ev.-Luth. Gemeindeakademie Rummelsberg, 1986).

samkeit widmet.[386] Für die von ihm geforderte Pluralität wie Zielbezogenheit von Kirche und Gemeinde sieht Lindner in der Neuausgabe seines Werkes aus dem Jahr 2000 gerade im Internet große Herausforderungen und große Chancen: „Das neue Medium wird das Selbstverständnis evangelischer Kirchen auf die Probe stellen. ... Schließlich wird das *religiöse Feld* in seiner Gesamtheit noch differenzierter werden. Die evangelische Kirche kann in diesen Prozessen nur durch ihre Präsenz und Kompetenz wirksam sein. Tut sie dies aber, erschließen sich ihr große Möglichkeiten."[387]

Der Leitbegriff der Konziliarität umgreift einzelne Bereiche wie den der Gemeindeleitung oder den der Gemeindeentwicklung. Er integriert und orientiert die Vorstellung kirchlicher Gemeinschaft in spezifischer Hinsicht. Auch ein Seitenblick auf das Feld der Gemeindepädagogik unterstreicht dies: Hier kommt insbesondere *KARL FOITZIK* das Verdienst zu, in Aufnahme grundlegender Anstöße von Karl Ernst Nipkow die pädagogischen Konkretionen einer konziliaren Kirche als ökumenische Lerngemeinschaft auf dem Weg formuliert zu haben Ohne den Begriff des Netzwerkes zu gebrauchen, arbeitet Foitzik in seinen Studien heraus, wie Kirche in vielfältiger Beziehung zwischen Menschen und zur Lebenswelt die ihr entsprechende konziliare Gestalt findet. „Gemeindepädagogik, wie wir sie verstehen, will dazu beitragen, daß Menschen fähig werden, in der eigenen Lebenswelt nach dem zu fragen, was ihnen wichtig ist, darüber zu sprechen und – wo möglich – gemeinsam mit anderen Beziehungen zur biblischen Botschaft herzustellen. Dadurch sind sie an dem Prozeß beteiligt, der mit Jesus von Nazareth begonnen hat und heute insbesondere unter ‚konziliaren Lernen' Gestalt gewinnt."[388] Die Momente der Pluralität und der Partizipation entfaltet Foitzik insbesondere für den Bereich des Miteinanders der verschiedenen Gruppen

---

386 1994 veröffentlicht er seine gleichnamige Habilitationsschrift mit dem Untertitel „Eine Gemeindetheorie",im Jahr 2000 legt er sie in völliger Neubearbeitung mit dem Untertitel „Ein Entwicklungsprogramm für Ortsgemeinden" neu auf.

387 H. Lindner, Kirche am Ort, 2000, 140f. In einer schematisierenden Übersicht taucht im Kontext auch der Ausdruck „Netzwerk Kirche" auf (142).

388 K. Foitzik/E. Goßmann, Gemeinde 2000, 1995, 144. Foitzik greift für ein seinem „dynamischen" Bild von Kirche und Gemeinde entsprechendes Bild nicht zu dem des Netzwerkes, sonder dem der *Karawanserei*, vgl. a.a.O., 103ff.

von Mitarbeitenden in Kirche und Gemeinde.[389] Bemerkenswert ist und bleibt auch der sich bei ihm und anderen damit verbindende Gedanke, in der Konsequenz des konziliaren Ansatzes die Region als kirchliche Arbeitsebene gegenüber der Parochie aufzuwerten.[390]

Wurden also die Begriff der Konziliarität und des Netzwerks andernorts und in anderen Zusammenhängen durchaus schon auf Gemeinde, Gemeindeaufbau, Gemeindeleitung und Gemeindepädagogik bezogen, so formuliere ich auf dem Hintergrund von Habermas' Verständnis im Folgenden die Verbindung spezifisch kirchentheoretisch und ekklesiologisch. Das in der Internet-Kommunikation thematische Bild des Netzes vermag auf seine Weise wesentliche Elemente eines konziliaren Verständnisses kirchlicher Gemeinschaft zu illustrieren, wie dieses in der Tradition der reformatorischen Bekenntnisse sichtbar wird:

i. In protestantischer Sicht an erster Stelle steht hier die von Martin Luther in den Auseinandersetzungen seiner Zeit erkämpfte Einsicht der „Freiheit eines Christenmenschen". Luthers Einsicht in die über die Auslegung der Schrift vermittelte „Gottunmittelbarkeit" des christlichen Gewissens übersetzt sich an dieser Stelle in den modernen Begriff der *Individualität:* Die Freiheit der Meinungsäußerung in Glaubensdingen kommt prinzipiell jedem Christenmenschen zu.[391]

ii. Hieraus resultiert die dem Protestantismus in besonderer Weise eignende Vielgestaltigkeit der Meinungen und Anschauungen bei der Aufgabe der gemeinsamen Auslegung des Glaubens. Zum protestantischen Profil gehört die konstitutive Zurückhaltung gegenüber „überbordenden" Wesens- und Aufgabenfestschreibungen von Kirche. Sie drückt sich auf ihre Weise aus im „satis est" von CA VII:

---

389 Vgl. a.a.O., 148ff. und ders., VI. Die Mitarbeiter in den gemeindepädagogischen Handlungsfeldern, 162–196 in: G. Adam/H. Lachmann (Hrsg.), Gemeindepädagogisches Kompendium, 1994.

390 Hierzu ist neben den Hinweisen Lindners und Foitziks einschlägig: U. Pohl-Patalong, Von der Ortskirche zu kirchlichen Orten, 2006, v. a. 128ff.

391 Insofern kann für öffentliche Äußerungen z. B. eines Bischofs aus dieser Überlegung allenfalls – aber zugleich immerhin! – ein „Modell der exemplarischen Repräsentanz" abgeleitet werden, wie dies R. Preul, Kirchentheorie, 1997, 240, vorgeschlagen hat: Eine Leitungsperson „verdeutlicht durch profilierte Meinungsäußerung auf exemplarische Weise jene *Freiheit, die im Rahmen und auf der Grundlage der jeweiligen Organisation möglich ist und die jedem Mitglied in entsprechender Weise zukommt."*

Wortverkündigung und Sakramentsverwaltung genügen zur Einheit der Kirche. Diese „ökumenische Weite" des lutherischen Kirchenverständnisses erlaubt eine *Pluralität* in der individuellen Gestaltung, ohne den gemeinsamen Bezugspunkt aus den Augen zu verlieren.

iii. Gerade weil die Mediengesellschaft heute ihrerseits Individualisierung und Pluralisierung in besonderer Weise fördert, müssen die je spezifischen Gestaltungen von Kirche sich heute mehr denn je immer wieder selbst überprüfen (und von anderen Gestalten wechselseitig überprüfen lassen), dass sie einem konziliaren Prozess der Wahrheitsfindung in der christlichen Gemeinschaft verpflichtet sind. Insofern sind sowohl die öffentliche Kommunikation des Evangeliums wie auch alle institutionell-organisatorischen Rahmenbedingungen dieser Kommunikation daraufhin zu befragen, wie weit sie fähig sind, *Pluralität zu integrieren, d. h. sowohl zur Geltung kommen zu lassen als auch aufeinander zu beziehen.*

iv. Hierfür bietet das Bild eines Netzes mit vielen dezentralen Knotenpunkten eine zeit- wie sachgemäße Anschauung einer (evangelischen) Kirche als Gemeinschaft aller Gläubigen.[392] Freilich stellt dieses Bild in besonderer Weise vor die Herausforderung, die *Einheit in der Vielfalt* zum Ausdruck zu bringen und zu formulieren. Braucht es hierzu nicht doch die – dem Netzgedanken entgegenstehende – Vorstellung einer zentralen („hierarchischen") Instanz? – Auch in dezidiert protestantischer Sicht kann an dieser Stelle durchaus gefragt werden, ob eine solche zentrale Instanz mit dem Wort Gottes als der „viva vox evangelii" nicht doch gegeben ist – und sein muss.[393] Freilich zeigt sich diese „Instanz" – wie bereits der biblische Kanon auf seine Weise deutlich macht – nicht jenseits der konziliaren Verständigung der Zeuginnen und Zeugen, sondern gerade „in, mit und unter" dieser Gemeinschaft.

v. Um diese Integration zu erreichen, muss kirchliche Kommunikation also versuchen, die Teilhabe und Teilnahme der Kirchenmitglieder zu fördern. Gerade weil nach evangelischem Verständnis die Mit-

---

392 Vgl. dazu auf dem Hintergrund der Theorie sozialer Netzwerke die oben vorgestellten Überlegungen von G. Breitenbach, Gemeinde leiten, 1994, 169ff. Auch in der Rede vom „Ökumenischen Netz" ist das Bild im Zusammenhang des konziliaren Prozesses „Frieden, Gerechtigkeit, Bewahrung der Schöpfung" bereits einmal aufgenommen.

393 Mündlicher Hinweis von Pfr. K. Wagner-Labitzke am 25.11.2006.

glieder die Kirche sind („allgemeines Priestertum aller Getauften") zeigt sich die Leistungsfähigkeit kirchlicher Kommunikationsformen und ihrer Institutionalisierung wesentlich darin, dass es ihr gelingt, *Partizipation* am inhaltlichen Diskurs über den christlichen Glauben zu aktivieren.[394] Das Netz bietet hierfür zahlreiche Möglichkeiten – freilich auch – wie im ersten Teil erwähnt und im dritten noch zu illustrieren, nicht minder große Gefahren.

vi. Die Geschichte der Kanonbildung – und der Entwicklung der kirchlichen Lehrbildung überhaupt – nötigt dann freilich zu der weiteren Frage, ob nicht die Prozesse konziliarer Verständigung ihrerseits „zentralistischer" strukturierte Regularien benötigen, als dies in Logik und Struktur des Netzes abzubilden ist. Mit anderen Worten: Haben institutionelle Entscheidungen im Bild des Netzes einen Platz? Kirche ist als Institution bestimmten Funktionszusammenhängen unterworfen, die sich aus ihrer *institutionellen Verfasstheit* ergeben. Hierher gehören all jene Strukturen, die die spezifische Gestalt einer Kirche charakterisieren: Gesetze und geregelte Verfahren, interne Arbeitsweisen und öffentliche Selbstdarstellung. M. E. bietet die Vorstellung des Netzes hier über die Vorstellung von *Netzknoten* durchaus eine Möglichkeit, institutionelle Entscheidungen sachgerecht abzubilden, ohne zum Modell *einer* zentralen Instanz Zuflucht nehmen zu müssen.[395]

vii. So, wie in ökumenischer Hinsicht verschiedene Gestalten von Kirche in „versöhnter Verschiedenheit" nebeneinander und doch aufeinander bezogen „leben", so stellt sich *auch in geographischer Hinsicht* die Gestaltung von Kirche als ein charakteristischer *Verweisungszusammenhang* dar. Keine der verschiedenen elementaren Gestalten von Kirche existiert für sich. Wolfgang Huber hat auf das konstitutive Neben- und Zueinander von Ortskirche und Universalkirche, von Partikularkirchen und Initiativgruppen hingewiesen.[396] Für die Partikularkirche, also z. B. eine lutherische Landes-

---

394 Siehe hierzu in gemeindepädagogischer Hinsicht v. a. die Impulse von K. Foitzik, vgl. oben Anm. 388 u. 389.

395 Dass ein solches plurales Modell durchaus zu Verfassung und Historie einer evangelischen Kirche passt, unterstreichen auch R. Preuls im Rahmen seiner „Kirchentheorie" entwickelten Überlegungen zum „Problem der Entscheidung in der Kirche": Er erkennt die der evangelischen Kirche angemessene Gestalt ihrer (Selbst-) Steuerung darin, dass sie „durch die Auslegung ihrer eigenen Lehre geleitet" wird (R. Preul, Kirchentheorie, 1997, 43).

396 W. Huber, Kirche, 1988. Wie sich auch die Kirche am Ort und in der Region

kirche, gilt es dabei im Besonderen zu beachten, dass sie prinzipiell ihren konstitutiven Verweisungszusammenhang auf die ihr sachlich wie historisch vorgeordneten Größen Ortskirche und Universalkirche erkennen lässt. Eine eigene Dignität wird eine Partikularkirche nur insoweit beanspruchen, als in ihren Repräsentationen und Funktionen diese Bezogenheit auf Orts- und Universalkirche durchscheint. Auch im Blick auf diesen ekklesiologischen Aspekt scheint das Bild des Netzes gut geeignet, um die Konziliarität der Kirche auszudrücken und zu gestalten.

Ein handlungstheoretisches Kommunikationsverständnis ist wie gesehen also in der Lage, vielfältig Anschlüsse für ein Verständnis kirchlicher Communio im Zusammenhang gegenwärtiger medialer Entwicklungen bereitzustellen. Gerade ein konziliares Modell kirchlicher Verständigung kann den handlungstheoretisch konstitutiven Aspekten intentionaler Mitteilung (Expressivität) und verständigungsbezogener Partizipation im Blick auf die institutionelle Kommunikation des Evangeliums Wesentliches abgewinnen. Allerdings sind bei aller positiven Wertschätzung auch die Grenzen dieser Perspektive zu beachten. Mit ihrer Orientierung am Ideal herrschaftsfreier Kommunikation steht sie in Gefahr, aufgrund ihrer impliziten Normativität das praktische Funktionieren von Kommunikationsprozessen aus dem Auge zu verlieren. An dieser Stelle ist es um der Wirklichkeitsgemäßheit christlicher Kommunikation willen wichtig, auch eine systemtheoretische Perspektive in die Betrachtung einzubeziehen. Eingedenk ihrer eigenen Voraussetzungshaftigkeit wird kirchliche Kommunikation aber auch nicht völlig an einem informationstheoretischen Kommunikationsbegriff vorbeigehen können, weil und sofern sie eben nicht Kommunikation ihrer selbst, sondern Kommunikation des Evangeliums ist.

d. Systemisch Unaufgebbares:
Tradition und Lernfähigkeit, Erkennbarkeit und Integration

Sind in handlungstheoretischer Perspektive also Anschlussmöglichkeiten für ein Verständnis kirchlicher Communio im Horizont der Rede von Kommunikation deutlich geworden, gilt es nun zu fragen, welche

---

sowohl ausdifferenziert als aufeinander bezogen bleibt, haben die zu Eingang dieses Abschnitts kurz dargestellten Impulse der Praktischen Theologie herausgearbeitet, vgl. v. a. H. Lindner, Kirche am Ort, 2000 und U. Pohl-Patalong, Von der Ortskirche zu kirchlichen Orten, 2006.

Aspekte eines systemtheoretischen (und im Folgenden eines informationstheoretischen) Kommunikationsbegriffs ihrerseits für ein kirchliches Verständnis von Kommunikation unaufgebbar sind und bleiben.

Mit Blick auf *„Die Realität der Massenmedien"* hat REINHARD SCHMIDT-ROST den Versuch unternommen, die systemtheoretischen Überlegungen Niklas Luhmanns zum Kommunikationsbegriff für die Kirche und ihre Publizistik fruchtbar zu machen.[397] Gegenüber dem für die massenmediale Realität zu anspruchsvollem Verständigungsmodell biete die Vorstellung, dass die Massenmedien ständig einen Zirkel von *Information* durch Beobachtung von Kommunikation und *Nichtinformation* durch Verarbeitung des Beobachteten durchlaufen die wirklichkeitsgemäßere Vorstellung.[398] Schmidt-Rost schlägt deshalb vor, *die Kirche „in allen ihren Kommunikationsvorgängen als Massenmedium" zu verstehen.* Dabei tritt die Institution zurück hinter den Vorgang der Kommunikation: „Sie (sc. die Kirche, TZ) regt einen Kreislauf der Vermittlung von Informationen an, der nicht in der Vermittlung von Neuigkeiten seinen eigentlichen Sinn hat, sondern in der bildenden Beeinflussung durch die vermittelten Impulse. Die Vermittlung aber geschieht . . . durch Beobachtung verlaufender Kommunikation seitens der beteiligten Systeme."[399]

In systematisch-theologischer Perspektive hat MICHAEL MOXTER Luhmanns von Schmidt-Rost zitierte Studie aufgegriffen und mit ihr Wandel wie Pluralisierung der Lebenswelt(en) in medialen Kontexten reflektiert.[400] Entscheidend ist das funktionale Äquivalent, das Luhmann im Phänomen der *Irritierbarkeit* (vgl. oben zu *strukturellen Kopplungen)* systemintern an die Stelle externer Wahrheitsgaranten setzt. Auch Luhmann setzt lebensweltliche *Vertrautheit* voraus, anders als im von normativen Grundannahmen getragenen Konsensmodell von Habermas fußt diese freilich auf dem immanenten Prinzip der Anschließbarkeit von Kommunikation an Kommunikation. „Obwohl Systeme ihren eigenen Unterscheidungen nicht entkommen, geben sie durch ihre Fortbestimmung, durch die Art, in der sie ihre Unterscheidungen kontinuieren, zu

---

397 R. Schmidt-Rost, Medium und Message, 2000, 102ff. mit Bezug auf Luhmanns gleichnamige Studie (N. Luhmann, Die Realität der Massenmedien, 1996).
398 Denn diese Theorie biete „eine ausreichend plausible Erklärung dafür, warum sich bei der Fülle massenmedialer Impulse bei den Rezipienten direkt spürbar wenig ändert, d. h. auch: kein größerer Schaden durch Irritation entsteht." (R. Schmidt-Rost, Medium und Message, 2000, 103f; Hervorh. im Original.)
399 R. Schmidt-Rost, Medium und Message, 2000, 106.
400 M. Moxter, Medien – Medienreligion – Theologie, 2004, 469ff.

erkennen, daß sie nicht beliebig verfahren, sondern irritierbar sind. . . .
Mit der Möglichkeit der Irreführung ist immer zu rechnen, aber die
lebensweltliche Funktion der Medien zeigt sich gerade in der selbst-
verständlichen Erwartung, daß Fehlmeldungen durch weitere Nachrichten korrigiert werden."[401]

Nimmt man hierzu noch die erwähnte medienspezifische Codierung
mittels der Unterscheidung von *Information* und *Nichtinformation* und
die charakteristisch auf die *Steigerung des Neuigkeitswertes* fokussierte
massenmediale *Beobachtungsstrategie,* so wird man zwar an Schmidt-
Rosts Vorschlag die Rückfrage stellen wollen, ob sich die christliche
Botschaft „wirklich" dergestalt „massenmedial" übersetzen lässt.[402] Für
den Fortgang unserer Überlegungen entscheidender aber ist die Frage,
welche Impulse die systemtheoretische Perspektive für die kirchliche
Kommunikation im Netz bereithält. Gerade im Blick auf die Eigenart(en)
kirchlicher Kommunikation als *institutioneller Kommunikation* scheinen mir hier folgende Punkte in ekklesiologischer Hinsicht entscheidend:
i.   Die geschilderten Erfahrungen aus dem Projekt „Vernetzte Kirche"
     unterstreichen einerseits die Beobachtungen des ersten Hauptteils,
     dass das Medium Internet eine spezifische Dynamik besitzt, die
     isolierte Blickpunkte auflöst und etablierte Zuständigkeiten und
     Sichtweisen in Frage stellt. Zugleich belegen sie die ebenfalls im
     ersten Teil vermutete Beharrungskraft institutioneller Verfasstheiten.
     In der Verknüpfung beider Beobachtungen zeigt sich – wie oben an
     Beispielen zu sehen war – die Fähigkeit, das „System" kirchlicher
     Kommunikation („extern" wie „intern") an die sich verändernde
     mediale Umwelt anzupassen. Diese Fähigkeit kann zwar durchaus
     auch einzelnen Akteuren und Initiativen zugeschrieben werden, zeigt
     sich aber in erster Linie als eine selbstreferentielle Fähigkeit der
     kirchlichen Institution, mit „Irritationen" (hier durch mediale Ver-
     änderungen) produktiv umzugehen. Ohne deshalb den Prozess syste-
     mischer Anpassung an sich verändernde Umwelten unkritisch und
     ohne seine (ebenfalls sichtbar gewordenen) Ambivalenzen zu sehen,

---

401   Ebd., 471.
402   Eine nähere Klärung bedürfte ausführlicherer Erörterung. Angemerkt sei nur,
      dass die massenmedial bestimmte Perspektive für internetbasierte Kommunikati-
      onsformen nicht einfach übertragbar ist. Theologisch ist zu fragen, ob die von
      Schmidt-Rost vorgeschlagene systemtheoretische Perspektive auf die Kommuni-
      kation des Evangeliums bei allem partiellen Erkenntnisgewinn nicht letztlich
      doch die unaufgebbare Größe „Subjekt" bzw. „Person" ins System auflöst bzw.
      verschiebt, vgl. hierzu T. Zeilinger, Zwischen-Räume, 1999, 328ff.

kann und darf eine Kirche, die sich die eigene *Reformierbarkeit* als „protestantisches Prinzip" auf ihre Fahnen geschrieben hat, in den ein solches Projekt begleitenden Irritationen durchaus *auch* einen Beleg für die eigene *Lernfähigkeit einer Kirche als durch die Zeiten wanderndes Gottesvolk* sehen.

ii. Eine systemtheoretische Perspektive auf kirchliche Kommunikation vermag dabei auch das Vertrauen zu stärken, dass über der Begeisterung für das „Neue", im „Schiff, das sich Gemeinde nennt" nicht Bewährtes und Vorhandenes unbedacht und unnötig über Bord geworfen wird. Die zwei das Projekt „Vernetzte Kirche" von Beginn an begleitenden Impulse, *Vorhandenes zu verbessern* und *Neues zu schaffen,* [403] können in dieser Hinsicht als Versuch gelesen werden, *Tradition und Innovation* gleichermaßen zur Geltung zu bringen. „Trägheit" wie „Anpassungsfähigkeit" kirchlicher Strukturen an dynamisch sich verändernde Umweltbedingungen können so in gleicher Weise zur Sprache kommen, ohne das eine Moment dem anderen normativ überordnen zu müssen.

iii. Das biblische Bild vom „Leib Christi"[404] zeigt, dass in der Kirche „funktionsverschiedene", aber „organisch" gleich wichtige Einzelteile als Ganzes zusammenwirken (sollen). Es betont dabei den spezifischen Beitrag jedes einzelnen Glieds dieses Leibes und unterstreicht auf seine Weise den bereits im vorigen Abschnitt betonten Aspekt der *Interaktion.* Wie gesehen bietet das Medium Internet der kirchlichen Kommunikation gerade in dieser Hinsicht zahlreiche Möglichkeiten. So unterschiedlich die systemische Vorstellung von autopoietischen Systemen in ihren spezifischen Umweltverhältnissen im Vergleich zum Bild des Leibes zunächst erscheinen mag: Sie stellt ihrerseits einen Denk- und Vorstellungshorizont bereit, der sowohl *Eigenständigkeit* wie wechselseitiges *Bezogensein* im Kommunikationsprozess gleichermaßen konstitutiv zur Geltung bringt *(Integration und Partizipation).*

iv. Die systemtheoretische Perspektive leitet dazu an, *Institutionen als Formen verstetigter und erwartbarer Kommunikation* zu verstehen.[405] Insofern hilft sie dazu, die mediale Gestalt als Teil der institutionellen Realität wahr und ernst zu nehmen. Gerade in (mas-

403 Vgl. „Kirche und Vernetzte Gesellschaft", 44.
404 Auch in der Studie „Kirche und Vernetzte Gesellschaft" findet es Erwähnung, ebd., 28.
405 Vgl. dazu z. B. G. Thomas, Medienreligion, 2003, 10.

sen-)medialer Hinsicht ist die Notwendigkeit einer öffentlichen Repräsentanz der jeweiligen Sozialform von Kirche[406] legitimer Ausdruck der ihr konstitutiven Institutionalität.[407] Weil die Kirche als „Kommunikationsgemeinschaft" stets auch ihre institutionellen Ausprägungen und „Verfestigungen", im Bild des Netzes gesprochen, ihre „Netzknoten", braucht, hat die evangelische Kirche in dieser Hinsicht ein legitimes Interesse an der Sicherung ihrer Identität, gerade im Netz und unter den Bedingungen des Netzes. Insofern braucht es auch und gerade im Netz die *Erkennbarkeit und Repräsentanz der Institution* Evangelische Kirche.

v. Institutionelle Ordnungen bedingen ihrerseits spezifische Ausprägungen kommunikativer Freiheit. Gegenüber einer gelegentlich vertretenen Entgegensetzung von institutionellen Rahmenbedingungen und inhaltlicher Kommunikation macht die systemische Betrachtung deutlich, dass sich in der Kirche auch der Bereich institutionellen Handelns an den mit dem Kommunikationsbegriff mitgesetzten Maßstäben messen lassen muss. Auch wenn die Notwendigkeit institutioneller Ordnung und die Ansprüche und Erwartungen individueller Freiheit oft genug in Spannung zueinander stehen, ist in kommunikativer Hinsicht grundsätzlich eine *integrale Perspektive* anzustreben. Nethöfels „Homologiegebot" ist in dieser Hinsicht gerade unter den medialen Bedingungen des Internet ausdrücklich zuzustimmen.[408]

e. Der Botschaftsbegriff und die Voraussetzungshaltigkeit christlicher Kommunikation

Beleuchtet die systemtheoretisch-funktionalistische Perspektive auf ihre Weise den Kommunikationsbegriff im Hinblick auf eine realitätsangemessene Beobachtung der kirchlichen Institution in gegenwärtigen medialen Kontexten, so lenkt die informationstheoretisch-instrumentale Betrachtung ihrerseits das Augenmerk auf die Sender-Empfänger-Relation und die den kommunikativen Signalen zugrunde liegende Botschaft. Sie

---

406 Wolfgang Huber unterscheidet (und bezieht sc. konstitutiv aufeinander): Ortskirche und Universalkirche, Partikularkirchen und Initiativgruppen (W. Huber, Kirche, 1988).

407 Vgl. zum Begriff der Institution den Exkurs unter I.2 und die dort genannte Literatur; zur öffentlichen Repräsentation von Kirche bei R. Preul, Kirchentheorie, 1997, 235ff.

408 Vgl. oben I.7.c. und das hier folgende Kapitel II.5.

hält dazu an, die *Voraussetzungen* der Kommunikation in den Blick zu nehmen, und diese gerade nicht selbstreferentiell aus sich selbst heraus zu verstehen.[409]

Wie bereits beim Vergleich der system- und der handlungstheoretischen Perspektive in II.2. bemerkt, bleiben – systemtheoretisch betrachtet – Handlungen und Intentionen als Voraussetzungen der Kommunikation Umwelt des Systems, treten ihrerseits systemimmanent selbst nicht mehr eigens (und eigenständig) auf den Plan. Die Gefahr einer solchen Betrachtung ist wie gesehen das Missverständnis der kirchlichen Institution wie der kirchlichen Kommunikation als *Selbstzweck*. In theologischer Hinsicht muss aber deutlich bleiben, dass die Kirche allenfalls dergestalt sich selbst verpflichtet ist, als sie wesensmäßig ihrem Auftrag treu zu sein hat.[410] Um hier jede Missverständlichkeit zu vermeiden, ist m. E. ein *„auftragsorientierter" Kommunikationsbegriff*, wie ihn die informationstechnische Betrachtung bietet, in theologischer Perspektive bleibend von Nutzen:

i. „Die Kirche kann ihren Raum auch nur dadurch verteidigen, daß sie nicht um ihn, sondern um das Heil der Welt kämpft. Andernfalls wird die Kirche zur ‚Religionsgesellschaft‘, die in eigener Sache kämpft und damit aufgehört hat, Kirche Gottes und der Welt zu sein."[411] DIETRICH BONHOEFFERs Überlegung ist und bleibt auch im Zeitalter des Internet aktuell. – Der Öffentlichkeitsauftrag der Kirche ist abgeleitet aus dem Öffentlichkeitsanspruch des Evangeliums. Das bedeutet, dass – gerade in lutherischer Tradition – der Öffentlichkeitsauftrag der Kirche nicht zuerst dem eigenen Kirchturm, sondern dem

---

409 Zwar kritisiert z. B. Schmidt-Rost zurecht das „Modell der reinen Informationsaufnahme" als „zu begrenzt, da es nicht weiter erklärt, was mit der aufgenommenen Information beim Rezipienten geschieht" (R. Schmidt-Rost, Medium und Message, 2000, 103), eine Kritik, die ähnlich in den Kapitel 2. und 3. dieses Teiles auch anklang. Doch er übersieht m. E. diejenigen Differenzierungsleistungen, die das instrumentale Modell erbringt, und die – „um der Sache willen" – bleibend nicht in funktionale Selbstreferentialitäten überführt und darin aufgelöst werden dürfen.

410 An der Formulierung soll erkennbar werden, dass dieser Aspekt sich durchaus auch im Zusammenhang systemtheoretischer Terminologie reformulieren ließe. Wird die Kirche selbst als *Medium* für die konkreten Formen der Realisierung des Auftrages verstanden, so könnte sie – theologisch dann in pneumatologischer Perspektive – durchaus als „auftragsbestimmtes" System begriffen werden. Deutlicher und unmissverständlicher freilich kommt dieser Aspekt m. E. im informationstheoretischen Paradigma zur Sprache.

411 D. Bonhoeffer, Ethik, 1981, 215f.

Wort gilt, das von der Kirche in die Welt hinausgeht. Das bleibend und aktuell Wichtige zu bezeugen ist Aufgabe der Kirche, auch im Medium Internet. „Die Kirche hat aus biblischer Perspektive ... keineswegs den Auftrag, sich selbst als das „Licht der Welt" zu begreifen, also sich selbst zu erhöhen. Vielmehr soll sie der Kommunikation des Evangeliums dienen."[412] Auch wenn durch die vorausgegangenen Überlegungen hinreichend deutlich ist, dass die kirchliche Kommunikation des Evangeliums *nicht allein* in instrumentellen Zusammenhängen verstanden werden darf, braucht es doch *auch* diese Perspektive, um die Kirche daran zu erinnern, dass sie in Kommunikation und Organisation als Institution dem Auftrag der Verkündigung des Gotteswortes (in der Tat seinerseits wieder ein kommunikativer Vorgang, vgl. oben zu *communio!*) zu dienen hat.

ii. Dabei wäre die kirchliche Kommunikation nicht nur theologisch, sondern wie gesehen auch medientheoretisch, sicher zu eng verstanden, würde sie nur als technisches „Signal" zur Übertragung und Verbreitung einer ihr selbst externen „Botschaft" aufgefasst. Das Verhältnis von Botschaft und Medium ist durchaus dialektischer in seinen Wirkungen und Vermittlungen. Gerade weil dies so ist, kann aber die informationstheoretische Perspektive nicht nur auf die theologisch normative „Abfolge" von Christologie und Ekklesiologie hinweisen, sondern vermag zugleich auf ihre Weise die Einsichten und Erkenntnisse des ersten Teils zu aktualisieren. Zu einer „realistischen" Sicht der Dinge gehört auch die Einsicht, dass das Medium seinerseits nicht einfach äußerlich bleibt, sondern mitunter selbst zum Inhalt, zur Botschaft, wird. *„The medium is the message."*[413] McLuhans geflügeltes Wort lässt sich überhaupt nur vor dem Hintergrund der informationstheoretischen Unterscheidung von Inhalt und Form, von Botschaft und Medium, formulieren und zur (kritischen) Wirklichkeitserfassung gebrauchen.

iii. *RAFAEL CAPURRO* hat mit seinen Überlegungen zu einer „Theorie der Botschaft" gezeigt, dass gerade die Theorie von Shannon und Weaver dem Begriff der „Botschaft" zwar eine zentrale Stellung eröffnet, ihn aber seinerseits gänzlich unthematisch lässt.[414] Capurro plädiert dafür, gegenüber einem „postalischen" Paradigma der Informations-

---

412   E. Arens, Was kann Kommunikation?, 2002, 419.
413   Zuerst in: M. McLuhan, Understanding Media, 1964; deutsch abgedruckt in: M. McLuhan, u. a., Das Medium ist Message, 1969.
414   R. Capurro, Ethik im Netz, 2003, 107.

verarbeitung den *Botschaftsbegriff* neu zu bestimmen. – Und er entdeckt in der Abkehr von massenmedialen „one-to-many"-Strukturen zu pluralen Netzstrukturen im Internet die Möglichkeit eines neuen *„angeletischen Raumes"*: „Es ist die Frage, inwiefern das Internet einen gegenüber den dysangeletischen Massenmedien neuen angeletischen Raum schafft, der in der Lage ist, neue Botschaftssynergien zu erzeugen und uns erlaubt, die Vernetzung als Chance für unterschiedliche Formen der Lebensgestaltung wahrzunehmen (. . .). Denn wir sind selbst Medien und Boten zugleich. Wir lösen uns allmählich von den Oligopolen vertikaler one-to-many-Strukturen der Botschaftsverbreitung, indem wir sie in einem nur scheinbar anarchischen Netz von Boten und Botschaften auflösen. Dieses Netz verbindet und teilt auf neue Weise die Welt auf (digital divide). Die Herausforderungen dieser angeletischen Situation für das Leben ganzer Gesellschaften sind noch nicht übersehbar. Die message society, wie sie in diesem globalen Ausmaß nicht einmal die Aufklärung zu träumen wagte, ist gerade dabei, die Koordinaten für eine neue Botschaftskultur auszuloten."[415] Auch Capurros „neue Botschaftskultur" illustriert, wie nützlich die „alte Informationstheorie" als kontinuierlicher Referenzpunkt für aktuelle kommunikationstheoretische Ansätze ist.

iv. Der informationstheoretische Kontext erweist schließlich noch in einer weiteren Hinsicht seine Bedeutung für die Betrachtung und Bestimmung kirchlicher Kommunikation im Horizont des Internet. In seinen technischen Aspekten vermag er m. E. auf *pragmatische* Weise das Thema „guter Haushalterschaft" zu intonieren. Nicht umsonst werden gerade im ökumenischen Horizont (in dem auch der Begriff „stewardship") diskutiert wurde und wird)[416], Internet-Techniken vielfältig eingesetzt. Denn sie erlauben die aktuelle, zeitnahe und (relativ) ressourcensparende Überbrückung großer Entfernungen in Gemeindearbeit wie regionaler und landesweiter Kooperation.[417] So helfen hier neue Medien als technische Hilfsmittel, Res-

---

415 R. Capurro, Ethik im Netz, 2003, 122. Mit dem Begriff „dysangeletisch" bezieht sich Capurro (mit Sloterdijk) auf Nietzsches Wort „Dysangelion", das gegenüber dem „Evangelium" die Leere jener Botschaften hervorhebt, die durch die Massenmedien verbreitet werden.

416 Vgl. aus dem katholischen Bereich z. B. S.-E. Brodd, Stewardship Ecclesiology, 2002.

417 Beispiele aus der ev.-luth. Kirche in Brasilien (IELCB), mündlich vom Lateinamerika-Referenten der ELKB berichtet und im Projektjournal des Verf. notiert

sourcen zu sparen, wie dies auch an den Beispielen des bayerischen Projekts „Vernetzte Kirche" verschiedentlich sichtbar wurde. – Freilich ist nicht nur beim Blick auf das bayerische Projekt an dieser Stelle auch an den andererseits durchaus hohen personellen und finanziellen Aufwand zu erinnern, den die Bereitstellung und Einführung computervernetzter Kommunikation bedeutet, zumal wenn man die zugehörigen Bildungsanstrengungen berücksichtigt. Das Stichwort der „guten Haushalterschaft" fordert in diesem Zusammenhang dann dazu auf, den technischen Aufwand seinerseits an der Erfüllung des kirchlichen Auftrags der Verkündigung des Evangeliums in Wort und Tat zu orientieren und nicht an der Perfektion und Faszination der Technik selbst.

f. Methodische Nachbetrachtung:
Mehrperspektivische Durchblicke statt des einen Überblicks

Die explizit theologische Reflexion unterstreicht so die Leistung der hier durchgeführten „polykontexturalen Betrachtung" für das Verständnis kirchlicher Kommunikation. Zwar sind die drei kommunikationstheoretischen Perspektiven in theologischer Hinsicht wie gesehen nicht einfach gleichrangig und gleichgewichtig zu bewerten, doch konnte auch gezeigt werden, dass in systematischer Hinsicht auf keine der drei Perspektiven, d. h. kommunikationstheoretischen „Kontexte", für eine sachwie zeitgemäße Näherbestimmung kirchlicher Kommunikationsleistungen verzichtet werden kann.

Dies bestätigt die im Verlauf der teilnehmenden Beobachtung des Projekts „Vernetzte Kirche" vom Beobachter in seinem Projektjournal festgehaltenen Hypothesen. Weder die einzelnen Projektteile (Unterprojekte und Initiativen), die in den beiden vorigen Kapiteln dieses Teiles

---

am 25.11.2006:

- Im Norden Brasiliens gründet sich eine Gemeinde, weil einige Menschen durch den Internetauftritt der IELCB auf die lutherische Kirche aufmerksam wurden. Innerhalb der IELCB ist von dieser Gemeinde als der „Internetgemeinde" die Rede.
- Seit einem bestimmten Vorschlag des Präsidenten der IELCB zum Umgang mit evangelikalen Gemeinden wird auf einem Forum der Homepage (http://www. luteranos.com.br/index.php) intensiv diskutiert, unter Beteiligung des Kirchenpräsidenten, aber auch vieler Mitglieder landesweit.
- Bei der Wahl eines Pfarrers im Herbst 2006 war der Kandidat aus Deutschland per Web-Cam der Gemeindeversammlung zugeschaltet, stellte sich via Internet-Video vor und verfolgte über dieses Medium seine Wahl.

geschildert wurden, noch die Gesamtbetrachtung des Projektes in den das Projekt steuernden und organisierenden Gremien[418] vermittelten zu irgendeinem Zeitpunkt im Projektverlauf den Eindruck, als könne das Projekt in *einem* „Kontext" sachlich angemessen beschrieben und aus *einer* „Perspektive" inhaltlich vollständig erfasst werden.

Nun könnte man geneigt sein, dies schlicht als Mangel an fokussierter Beobachtung oder als Unvermögen kriteriologisch ausgewiesener Beschreibung zu interpretieren. Indes schlägt sich auch an dieser Stelle die schon im ersten Teil vermerkte konstitutive „Mehrdimensionalität" als Spezifikum einer „realistischen" Beschreibung der Wirklichkeit aus theologischer Sicht nieder: Weil die *Beobachtung* bei allem notwendigen Bemühen um Distanz und Analyse eben prinzipiell nicht der *Teilnahme* entkommen kann, tut sie gut daran, auf die eine umfassende Erklärungstheorie zur Beschreibung ihres Gegenstandes zu verzichten (den „Überblick" im Singular). Mir erscheint es deshalb verheißungsvoller, mithilfe der durchgeführten *polykontexturalen Betrachtung* darauf zu setzen, dass sich in der „Kommunikation" der unterschiedlichen Perspektiven von Fall zu Fall „Durchblicke" (Plural!) eröffnen.[419]

Realistisch erscheint eine solche Betrachtung darin, dass sie mit – unter den Bedingungen von Raum und Zeit bleibenden – Ambivalenzen rechnet, ohne deshalb auf normative Aspekte gänzlich zu verzichten. Die Eigengesetzlichkeiten von Funktionen und Funktionalitäten werden so ernst genommen, aber die – theologisch konstitutive – Rolle von Person und Wille („intentionales Handeln") bleibt gewahrt.[420]

---

418 Hier ist zunächst das vom Landeskirchenrat und der Synode eingesetzte – strategisch orientierte – „Steuerungsgremium" zu nennen, dann das operativ wirkende „Projektteam", in dessen Mitte wieder das sog. „Kernteam" und der „Projektmanager", vgl. hierzu auch die Beschreibung des Projektsettings in der Einleitung!

419 Es sei daran erinnert, dass von dieser „Kommunikation der Perspektiven" im ersten Teil (dort auf die Dynamik der Wirklichkeit bezogen, aber auch deren Interpretation entkommt der Dynamik eben nicht!) mit A. Wilder durchaus konfliktträchtig als „Kampf der Mythen" die Rede war, vgl. I.,6.b. mit Anm. 183.

420 Vgl. ausführlicher zu den systematisch-theologischen Zusammenhängen: T. Zeilinger, Zwischen-Räume, 1999, 328ff.

4. Der Beitrag des Netzes zum Kirche-Sein der Kirche

„Seit der Reformation ist es ein Grundproblem evangelischer Kirchenverständnisses, wie die institutionelle Gestalt der Kirche zu einer Gestalt christlicher Freiheit werden kann."[421] Auf die nicht nur von Wolfgang Huber bemerkte offene Frage einer dem Protestantismus (und insbesondere dem lutherischen Bekenntnis) angemessenen institutionellen Gestalt der Kirche[422] sind im Zeitalter des Internet neue Antworten möglich. Soweit dies aufgrund der Beobachtung des Projekts „Vernetzte Kirche" der Evangelisch-Lutherischen Kirche in Bayern und der zugehörigen hier entwickelten Überlegungen zu beurteilen möglich ist, weisen diese Antworten durchaus – wenn auch nicht durchweg – in Richtungen, die evangelischer Kirche nicht von vorneherein schlecht zu Gesicht stehen. Diese Antworten als Potenzial für das Kirche-Sein evangelischer Kirche zu benennen, bedeutet keineswegs, die Gefahren zu leugnen, denen sich die Bewährung christlicher Freiheit im Medium des Netzes gegenübersieht.

Ich orientiere meine Zusammenfassung bisheriger Einsichten an dieser Stelle ausdrücklich an den möglichen positiven Effekten, die die zunehmende mediale Vernetzung der kirchlichen Kommunikation des Evangeliums bietet. Wurde am Ende des ersten Teiles nach den medialen Rahmenbedingungen gefragt, denen sich Kirche als Institution mehr oder weniger „ohnmächtig" gegenübersieht, so gilt es nun, die in Projektverlauf und -reflexion sichtbar gewordenen Chancen zu benennen, die sich der kirchlichen Kommunikation des Evangeliums für ihr eigenes Sein und Werden als „Kirche der Freiheit" gerade „in, mit und unter" dem Netz des World Wide Web eröffnen.

a. Institutionentypische Eigenheiten
der Kommunikation des Glaubens

Zunächst stelle ich der anstehenden Zusammenfassung einige Überlegungen voran, die die bisher sichtbar gewordenen Spezifika des Verhältnisses von Institution, Medium und Evangelium in theologischer Perspektive noch einmal verdeutlichen.

---

421 W. Huber, Freiheit und Institution, 1980, 315.
422 Vgl. dazu auch die Überlegungen J. Tracks, z. B. ders., Offene Frage der reformatorischen Rechtfertigungslehre. Ein Versuch zu neuen Wegen des ökumenischen Gesprächs, in: P. Neuner/F. Wolfinger (Hrsg.), Auf Wegen der Versöhnung, FS Heinrich Fries, 1982, 115–137.

i. Medialität des Glaubens

An erster Stelle nenne ich die *konstitutive Medialität des Glaubens*. Wie Religion überhaupt, braucht christlicher Glaube zu seinem Ausdruck stets die vermittelnde Repräsentation. Eine „Unmittelbarkeit" des Glaubens gibt es weder in der Kirche noch im Netz, weder im Wald noch im stillen Kämmerlein. MICHAEL MOXTER hat in seiner bereits erwähnten Erörterung des Verhältnisses von Medien, Religion und Theologie diesen Sachverhalt in Anknüpfung an Überlegungen Schleiermachers entfaltet: „Individualität wie soziale Verfaßtheit der Religion und damit die für sie konstitutive Mitteilung bedürfen eines Mediums, läßt sich doch keine ‚Provinz im Gemüt' unmittelbar und direkt an fremdes Selbstbewußtsein anschließen. Stets treten leibliche Repräsentationen, also Ausdrucksformen und deren Wahrnehmung, zwischen die Individuen, zwischen Subjekt und Kosubjekt."[423]

Auch wenn Religion und Glauben für Schleiermacher ihren genuinen Ort im individuellen Gefühl haben, so können sie doch nicht durch den Wunsch nach individueller Unmittelbarkeit des frommen Selbstbewusstseins gefunden werden, sondern allein im „fremden" Medium des Leibes des oder der Anderen. „Aber gerade in dieser Form leistet das Medium eine wirkliche Vermittlung, denn es bildet ja den Gegenhalt, an dem das Bewusstsein eigener Ergänzungsbedürftigkeit allererst Konkretion gewinnt."[424] Auch für Schleiermacher ist damit deutlich, dass Individualität im Horizont geschöpflicher Existenz nicht im Gegenüber zu Sozialität – und damit auch Institutionalität (vgl. iii.) – begriffen werden kann.

ii. Leiblichkeit und Personalität – Ästhetik und Glaubwürdigkeit

Freilich impliziert die Leiblichkeit der Vermittlung eine besondere Qualität der „face-to-face"-Relation für die religiöse Kommunikation: Im Unterschied zum Medium des Buches bedarf es für Schleiermacher zur adäquaten Darstellung der Religion der Rede „vor einer Versammlung": „Darum ist es unmöglich, Religion anders auszusprechen und mitzuteilen als rednerisch, in aller Anstrengung und Kunst der Sprache und willig dazunehmend den Dienst aller Künste, welche der flüchtigen und beweg-

---

423   M. Moxter, Medien – Medienreligion – Theologie, 2004, 466.

424   Ebd. Moxter weist darauf hin, dass sich für Schleiermacher „Kommunikation und ihre Medien nicht sekundär und äußerlich zur Religion (verhalten). Ihre Gleichursprünglichkeit und Wesentlichkeit gründen im Begriff des ‚Gattungsbewusstseins' als eines unhintergehbar wechselseitigen Erschlossenseins der menschlichen Subjekte füreinander." (a.a.O., 468).

lichen Rede beistehen können."[425] Moxter weist darauf hin, dass für Schleiermacher die für die Religion konstitutiven Medien auf *ästhetische Form* und *Leiblichkeit* bezogen sind. Deshalb steht für Schleiermacher auch keineswegs jedes „gemeine Gespräch" der Darstellung und Mitteilung des Religiösen offen: „In dieser Manier eines leichten und schnellen Wechsels treffender Einfälle lassen sich göttliche Dinge nicht behandeln: in einem größern Stil muß die Mitteilung der Religion geschehen, und eine andere Art von Gesellschaft, die ihr eigen gewidmet ist, muß daraus entstehen."[426] Für unseren Zusammenhang ist dabei von Interesse, dass Schleiermacher die Vermittlung der Religion im Medium der Rede vor der christlichen Versammlung keineswegs besonders Erwählten vorbehält, sondern ausdrücklich formuliert „Jeder ist Priester, . . . Jeder abwechselnd Führer und Volk."[427]

In der aktuellen praktisch-theologischen Diskussion hat CHRISTIAN GRETHLEIN nachdrücklich den *Primat „personaler Medien"* betont. Aus einigen Betrachtungen zur Geschichte des Christentums schließt Grethlein: „Der „umfassende, alle Lebensbereiche sowie die ganze Lebensausrichtung und -gestaltung betreffende Charakter christlichen Glaubens erfordert Glaubwürdigkeit in der grundlegenden Kommunikation, wie sie allein in der face-to-face-Kommunikation möglich erscheint. Dabei sind personale Medien nicht nur im formalen Sinn der bloßen räumlichen Kopräsenz, sondern auch im Modus der intensiven, also Lebensvollzüge teilenden Zuwendung zum Anderen zu bestimmen."[428] Mit dem Stichwort der Glaubwürdigkeit benennt Grethlein den Grund für den Primat personaler Kommunikation. Wie Schleiermacher verweist er auf die konstitutive Zugehörigkeit der leiblichen Dimension zur Medialität des Glaubens bzw. des Evangeliums. Zu ihr gehöre ein Anspruch an gegenseitiges *Vertrauen,* der nur in der „Unmittelbarkeit" des „face-to-face" möglich sei.[429]

Zu Recht weisen diese Überlegungen auf die konstitutive Rolle von Person und Leiblichkeit bei der Vermittlung des Glaubens hin. Gerade weil es sich hier um ein mediales Geschehen handelt, wird im Folgenden jedoch noch eigens zu fragen sein, ob Person und Leiblichkeit, Ästhetik

---

425 F. D. E. Schleiermacher, Reden über die Religion, 1799,137 (KGA 269).

426 Ebd.

427 F. D. E. Schleiermacher, Reden über die Religion, 1799,138 (KGA 270).

428 C. Grethlein, Kommunikation des Evangeliums in der Mediengesellschaft, 2003, 68f.; vgl. auch: C. Grethlein, Mediengesellschaft, 2003.

429 Vgl. C. Grethlein, Kommunikation des Evangeliums in der Mediengesellschaft, 2003, 110f.

und Glaubwürdigkeit als Kriterien gültiger religiöser Vermittlung *ausschließlich im Modus der Kommunikation unter leiblich Anwesenden* aktualisiert werden können, wie dies sowohl Schleiermacher als auch Grethlein nahe legen. Meine These ist, dass das Internet hier technische Formen der *synästhetischen Darstellung* bietet, die zumindest fragen lassen, ob hier (erstmals in der Mediengeschichte) nicht auch mittels technischer Repräsentation Formen glaubwürdiger personaler Kommunikation möglich sind, die die – berechtigten – „Forderungen" nach Leiblichkeit und ästhetischer Form befriedigen können.

iii. Die Institution Kirche als „leibliches Wort"

Ein theologisches Verständnis der Medialität des Glaubens wird diese nicht ohne den zugehörigen Begriff der Institution denken können. Wie von Moxter an Schleiermacher gezeigt, ist auch das religiöse Gefühl auf die Vermittlung des Glaubens durch das „fremde" Medium des Leibs des oder der Anderen angewiesen. Nimmt man hier die Alterität ernst und überführt sie nicht vorschnell (vgl. oben bei Grethlein!) in eine personal-personalistische Unmittelbarkeit, so erhält man auch an dieser Stelle eine Perspektive auf die für Leben und Glauben konstitutive Institutionalität der geschöpflichen Existenz. Vermittlung des Glaubens von Person zu Person ereignet sich eben nicht von aktualistischem Selbst zu aktualistischem Selbst (vgl. Schleiermachers „gemeines Gespräch"), sondern vollzieht sich in *„gestifteten Zusammenhängen"*, also in *Institutionen* (vgl. Schleiermachers Hinweis auf die ästhetische Form der Rede in der christlichen Versammlung).[430]

Durch – prinzipiell mediale, weil nie, auch in der Glaubensbeziehung nicht, unvermittelte – Kommunikation findet sich menschliches Leben als geschöpfliches Leben auch und gerade qua Institution immer schon im Zusammenhang der Geschichte Gottes vor. Dabei ist es auch für die Institution Kirche wichtig, die „Doppelstruktur" von Gabe und Aufgabe zu beachten, wie sie Hans Dombois im Dual von Stiftung und Annahme verdeutlicht hat. Sie unterstreicht einerseits die Aufgabe des Menschen, am *Werden der Welt* mitzuwirken. Martin Luther hat diesen konstitutiven Beitrag des menschlichen Wirkens zum Werden göttlicher Institutionen im Gedanken der *cooperatio dei cum homine* gefasst.[431] Die Fleisch-

---

430 Vgl. zum zugrunde liegenden Verständnis von Institution: H. G. Ulrich, Wie Geschöpfe leben, 2005, 100ff. im Zusammenhang mit den dazu eingangs in der Einleitung zu Institution und Organisation gegebenen Hinweisen!

431 Vgl. De servo arbitrio (WA 18, 754,1–16). Zu H. Dombois' Dual vgl. ders. Art. Institution, EStL2, 1975, 1020. Für den Zusammenhang der Institutionentheorie

werdung des Wortes Gottes realisiert sich auch in der konkreten Ausprägung der Institution Kirche. Hierzu gehören Gemeinden und Landeskirchen, Verwaltungsämter und Gemeindebriefe, wenn man so will, alle „Institutionalisierungen" der Institution Kirche mit ihren spezifischen Organisationsformen und zum Teil weiter oben sichtbar gewordenen spezifischen Dynamiken und Systemlogiken. Die Kirche als Medium des Wortes Gottes ist in diesem Sinne auch immer darin „leibliches Wort", dass auch sie als Zeichen des „kommenden Äons" „in, mit und unter" den strukturellen Bedingungen des „vergehenden Äons" Gestalt gewinnt.[432]

iv. Die ekklesiale Bindung

Geht es so mit dem theologischen Gedanken der Institution durchaus darum, bestehende Ordnungen und Strukturen ernst und in ihrer lebensdienlichen Funktion wahrzunehmen, so steht auf der anderen Seite von dessen erwähnter „Doppelstruktur" keineswegs die Legitimation bestehender Ordnung und Organisation, sondern deren kritische Prüfung in eschatologischer Perspektive.[433] Der Kirche als Institution ist dies mit ihrem griechischen Namen unübersehbar eingeschrieben. Die Ecclesia trägt, ob sie will oder nicht, „den Status der Herausgerufenen", den „Status derer, die den Ruf Gottes hören." Hans G. Ulrich unterstreicht, dass diese eschatologische Perspektive ihrerseits nicht an der Geschöpflichkeit vorbei-, sondern in diese hineinführt: „Das ist der Grundvorgang geschöpflichen Lebens, dass dieser Ruf Gottes Menschen erreicht. Darin zuerst und paradigmatisch findet menschliches Leben zu seiner Geschöpflichkeit. Deshalb ist die Ecclesia der Grundstand. . . . Die Ecclesia steht für diesen Vorgang geschöpflichen Lebens: Sie ist der Ort, an dem dieses Wort zu hören ist, und sie ist selbst Geschöpf des Wortes – creatura verbi."[434]

Der (selbst-)kritische Maßstab, den auch kirchliche Kommunikation immer wieder anlegen muss, ist das Wort, *„das sie sich nicht selbst sagen kann"* – und dessen Vermittlungen sie doch inmitten ihrer eigenen geschöpflichen Existenz immer wieder wagen muss. „Mit diesem Stand der Gerufenen ist einer ungerechten Herrschaft gewehrt, die sich selbst

---

vgl. darüber hinaus Punkt 1. der Einleitung, sowie H.-E. Tödt, Art. Institution, TRE 16, 1987, 215, und W. Huber, Freiheit und Institution, 1980, 314.

432 Vgl. zur Rede von strukturellen Bedingungen geschöpflicher Existenz: J. Track, Erschließungen. Aspekte theologischer Hermeneutik, 2000, 75. Zum „leiblichen Wort" siehe O. Bayer, Leibliches Wort, 1992.

433 Vgl. H. G. Ulrich, Wie Geschöpfe leben, 2005, 109ff.

434 A.a.O., 111f. (Zitatteile zuvor ebd.).

nichts sagen lässt, sondern nur selbst – mit rhetorischer Gewalt – redet."[435] Insofern muss gerade von institutioneller Kommunikation des Glaubens just jene Transparenz der Selbstdistanz erwartet werden, die systemischen Kommunikationsschleifen per se wesensfern erscheint.[436]

b. Netzspezifische Möglichkeiten der Kommunikation des Evangeliums

Vor diesem Hintergrund fasse ich nun die in den vorausgehenden Beobachtungen und Überlegungen dargestellten Einsichten in Anlehnung an die fünf kommunikativen Gebrauchsweisen zusammen, die bereits zu Beginn der Arbeit einleitend für das Netz beschrieben wurden.[437] Ich gliedere die fünf Aspekte *(Information, Präsentation, Interaktion, Kooperation, Simulation)* in drei Gruppen, das letzte Stichwort ergänze ich um den der Simulation impliziten Aspekt der *Konstruktion.* Von besonderem Interesse ist dabei stets der Beitrag computerbasierter vernetzter Kommunikation zur eingangs dieses Kapitels skizzierten protestantischen „Gestaltfrage".[438]

i. Information und Präsentation: Reichweite und Reichhaltigkeit

– Die Beispiele im Bereich „interner" wie „externer" kirchlicher Kommunikation belegen hier die enorme Steigerung von Aktualität und Reichweite bzw. Erreichbarkeit der zur Verfügung stehenden kirchlichen Informationen. Capurros bereits zitierte Aussage, das Netz verbinde und teile die Welt zugleich neu, bestätigt sich im Blick auf die im Netz verfügbare Informationsfülle auch für die „kirchliche Welt": Wer über Zugang und effektives Recherche-Know-How (bzw. über genügend Zeit) verfügt, vermag sich mit vorher ungekannter „ökumenischer" Reichweite zu informieren.

435   A.a.O., 112.
436   Vgl. aber auch im 4. Kapitel in den Abschnitten d. und e. die Darstellung zu in system- und informationstheoretischer Perspektive durchaus auch möglichen Differenzierungen und kritischen Unterscheidungen! Dass hier in der (kritischen) Wahrnehmung oft nur eine mehrdimensionale Betrachtung und eine „mythische" Brechung von Mythen hilft, wurde bereits im Teil I vermerkt; vgl. dazu auch T. Zeilinger, Zwischen-Räume, 1999, 334ff.
437   Vgl. oben Einleitung (s. auch S. Bobert-Stützel, Art. Internet, RGG4 4, 2001, 203f.)
438   Erinnert sei dabei an die oben im 3 Kapitel im Abschnitt c. kurz angesprochenen verwandten Bemühungen an anderen Orten der Praktischen Theologie, ein *konziliares* Verständnis kirchlicher Gemeinschaft für die kirchliche Praxis zu entfalten.

– Weil in technischer Hinsicht gegenüber bisherigen (massen-)medialen Techniken die Sender- und die Empfänger-Positionen (relativ) einfach zu wechseln sind, werden vorhandene Informationsgefälle tendenziell leichter abgebaut. (Auch hier gilt freilich: neue Barrieren zwischen denen „im Netz" und denen „draußen" bauen sich auf!) Im Unterschied zur bisher schon möglichen bidirektionalen Fernübertragung durch das Telefon bieten das Internet und die auf seiner Basis möglichen Intranets hier auch die Möglichkeit technisch unaufwändiger „one-to-many"-Fernübertragung. Dem (in Abschnitt a. am Beispiel Schleiermachers vermerkten) „Priestertum aller Getauften" eröffnen sich hier durchaus neue Möglichkeiten der Realisierung (vgl. ii.), weil das (im traditionellen massenmedialen Paradigma naheliegende) ekklesiologische Missverständnis zentraler „Sendemasten" als besonders privilegierter Sprechpositionen vermieden werden kann.

– Das Internet bietet kirchlichen Einrichtungen (Gemeinden, Dekanaten, Werken und Diensten, Landeskirchen, etc.) eine Plattform, um sich öffentlich gut erkennbar darzustellen und profiliert zu präsentieren. Das Beispiel der Webpräsenz der bayerischen Landeskirche, mehr vielleicht noch das aus Brasilien erwähnte Beispiel eines Gemeindeanschlusses aufgrund eines kirchlichen Webauftritts, illustriert die Bedeutung, die dabei aktueller wie thematisch und persönlich-biographisch orientierter *Gestaltung der Web-Seiten* zukommt. Gerade die selbst mit „Links" wieder weiterverweisende Oberflächenstruktur einer am Bildschirm aufgerufenen Web-Seite ermöglicht, bereits bei der Präsentation der jeweiligen kirchlichen Einrichtung Einheit und (protestantisch charakteristische) Reichhaltigkeit und Vielgestaltigkeit zum Ausdruck zu bringen.

– Die leichtere Zugänglichkeit erlaubt es kirchlichen Einrichtungen durchaus unterschiedlicher Größe, mit einer eigenen Präsenz im Netz computerbasierter Kommunikation Informationen zu präsentieren. Die im ersten Hauptteil beschriebene spezifische Gefahr des „Kontrollverlustes" korrespondiert so im positiven Sinne mit der Erweiterung der Beteiligungsmöglichkeiten an der (medialen) Darstellung des evangelischen Profils.

ii. Interaktion und Kooperation: Entgrenzung und Intensivierung

– Während die der protestantischen Kirche eigentümliche inhaltliche wie organisatorische Vielfalt in den Elementen des Projekts „Vernetzte Kirche" „nach außen" vor allem im Blick auf Präsentation und Information zum Ausdruck kam, waren „intern" bereits zahlreiche

Möglichkeiten vernetzter Interaktion und Kooperation zu beobachten, die das Internet der kirchlichen Kommunikation eröffnet. Am Beispiel des landeskirchenweiten „Veranstaltungskalenders" und anderer netzbasierter Datenbanken wurde und wird deutlich, wie die technischen Möglichkeiten des Internet eine neue und relativ unaufwändige Form der Beteiligung unterschiedlichster kirchlicher Ebenen und Einrichtungen an der gemeinsamen Gestaltung kirchlicher Handlungsfelder ermöglichen.

– Das Zusammenwirken unterschiedlicher funktionaler Verantwortlichkeiten zur *Oikodome* innerhalb der Organisation einer Landeskirche wird durch die verschiedenen Interaktionsmöglichkeiten computerbasierter vernetzter Kommunikation (E-Mail, Mailinglisten, Foren, . . .), räumlich entgrenzt bzw. mit dem „Sicheren Kirchennetz" und dem landeskirchlichen *Intranet* in neue „Räume" im „Cyberspace" verlegt. Die Diakonin aus Aschaffenburg, der Pfarrer aus Hof und der ehrenamtliche Lektor aus Traunstein bringen sich so beispielsweise in einen Diskussionsprozess zum Ordinationsverständnis ein, der ansonsten vielleicht nur zwischen Landeskirchenamt und Synode stattgefunden hätte.

– Die räumliche Entgrenzung bringt die zeitliche Beschleunigung mit sich. Bei allen sich damit auch ergebenden neuen Unfreiheiten und Zwängen sollte eine evangelische Kirche nicht die Chancen übersehen, die sich hier für eine neue Wahrnehmung des wechselseitigen Verweisungszusammenhangs ihrer unterschiedlichen Sozialgestalten ergeben. Interaktion und Kooperation sind eben nicht mehr nur „vor Ort", sondern jederzeit und aktuell auch „auf Distanz" möglich. Die Beispiele der Kooperation mit Partnerkirchen aus dem Lutherischen Weltbund zeigen die hier mögliche Intensivierung der ökumenischen Dimension des Kirche-Seins von Kirche ebenso wie die innerbayerische „Ökumene" zwischen Kempten und Kronach in Diskussionsforen eines landeskirchlichen Intranets.

– Mit seiner an Netzwerken und Prozessen orientierten Struktur wirkt das Internet einem ausschließlich abteilungs- und zuständigkeitsorientiertem Denken kirchlicher Organisationsformen entgegen. Insofern eröffnen sich einer Kirche, die sich den Herausforderungen des Mediums Internet stellt, neue Möglichkeiten, *Zuständigkeiten und Abteilungen immer wieder auf Aufgaben und Prozesse hin zu organisieren.*[439] Gerade weil in Institutionen organisatorische Verfestigungen

---

439 Vgl. H. Roehl und I. Rollwagen, Club, Syndikat, Party – wie wird morgen kooperiert?, 2004.

nicht selten zu mehr Selbstbeschäftigung denn zu effektiver Auftragsorientierung führen, können die mit dem Internet verbundenen Techniken hier zu innovativer Verflüssigung beitragen und dafür sorgen, dass über temporäre „Knotenbildungen" und Vernetzungen Querschnittskompetenzen herausgebildet werden.[440]

– Die „intern" wie „extern" durch die mit dem Internet realisierte Öffnung des medialen „Rückkanals" vollzogene Beschleunigung „hierarchieflacher" Kommunikation kann Kirche dazu helfen, sich nicht zuerst von der (bürokratischen) Organisation her zu verstehen, sondern von den Menschen, denen die Verkündigung des Wortes Gottes gilt. Das Internet bietet hier überraschend neue Möglichkeiten, Kirche an ihre ureigene „Institutionalität" zu erinnern und in neuer Weise die Inhalte in den Mittelpunkt zu stellen.

– Wie sehr das Internet Kooperation und Interaktion verschiedener kirchlicher „Ebenen" zu befördern vermag, illustrieren auch die im Projekt „Vernetzte Kirche" realisierten *Kooperationsprojekte mit Partnern aus Universität und anderen Landeskirchen*. Sie zeigen, dass Prozesse wechselseitiger Verständigung zwar nicht im Netz erfunden werden (die Projektabsprachen fanden meist in leiblich-personaler bzw. telefonischer Vermittlung statt), wohl aber durch das Netz entscheidend befördert werden. Den im aktuellen EKD-Papier „Kirche der Freiheit" formulierten Impuls zur Bildung von „Kompetenzzentren" bzw. „Leuchtfeuern" entspräche die Bildung kirchlicher „Netzknoten", die der kirchlichen Kommunikation Interaktion und Partizipation auf dem jeweils aktuellen Stand der Technik ermöglichen.

– Eine wesentliche Chance für eine dem kirchlichen Selbstverständnis angemessene Kommunikation bietet die Entwicklung des Internet gegenüber anonymen massenmedialen Strukturen darin, dass hier Interaktion zwar technisch vermittelt ist, aber doch als *personale Interaktion handelnder Subjekte* Gestalt gewinnt. Der oben angesprochene personale Grund der Kirche kann so sowohl in der *internen* Kommunikation der Organisation wie auch in der Kommunikation des Glaubens *„nach außen"* erkennbar personal, d. h. „mit Gesicht" kommuniziert werden. Die im Netz erkennbare personale Präsenz wird

---

440 Ein vielversprechendes Beispiel hierfür könnte der im Projekt „Vernetzte Kirche" entstandene (und danach von der Arbeitsstelle Vernetzte Kirche verfolgte) Versuch sein, die Idee des „Semantic Web" für Kirche aufzugreifen; vgl. www.vernetzte-kirche.de.

zwar derzeit in den meisten Fällen an vorausgehende Begegnungen in „unmittelbarer" leiblicher Kopräsenz zurückgebunden sein und von hier die wie gesehen unabdingbare Glaubwürdigkeit gewinnen. Doch zeigt insbesondere die Entwicklung im Bereich der Blogs, Podcasts und des Publizierens von Videos, dass im Internet eigenständige Formen personaler Interaktion auch zwischen Menschen entstehen, die sich nicht aus „unmittelbarer" leiblicher Kopräsenz kennen. Auch hier kann m. E. von glaubwürdiger personaler Kommunikation gesprochen werden, wenn und weil das Netz selbst einen synästhetischen Resonanzraum für personale Identität bildet. – Das Wie wird gleich im nächsten Abschnitt zu prüfen sein.

iii. Simulation und Konstruktion: Vermittlung mit Gesicht

– Zwar handelt es sich hier um diejenigen Aspekte von Kommunikation, die zunächst am wenigsten im Projekt „Vernetzte Kirche" berührt zu sein scheinen. Waren doch an der Projektoberfläche nur in geringem Maß Kommunikationsbemühungen zu konstatieren, bei denen es *explizit und intentional* um die Simulation eigener Realität ging. Im Unterschied zu „erlebnisorientierten" virtuellen Parallelwelten wie funcity.de oder secondlife.com nehmen sich die Simulationsversuche der bayerischen Webseite bayern-evangelisch.de (u. a. virtuelle Gebetswand und Andachtsraum) sehr bescheiden aus. Greifbarer scheint die eigene Erlebnisqualität einer Webseite im Rahmen des beobachteten Projekts, wie gesehen, schon bei dem Kinderportal „kirche-ent decken.de".

– *Implizit* allerdings eignet selbst dem beobachteten verwaltungsnahen landeskirchlichen Intranet durchaus ein simulativ-konstruktives Potenzial. Dies zeigt sich bereits an den bei seinem Gebrauch verwendeten Metaphern: „im Intranet nachschauen gehen", „nicht im Intranet zu finden", „das Intranet sieht schön/nicht schön aus". Die bildhaft-abbildende Oberfläche konstruiert und simuliert für den Betrachter bzw. die Betrachterin immer schon eine bestimmte Wirklichkeit.[441] Bei multimedial aufbereiteten Seiten (vgl. kirche-entdecken.de) steigern sich der konstruktive Charakter und die Erlebnisintensität noch durch die audiovisuelle Verknüpfung. Insofern liegen in diesem Bereich noch weiter zu erkundende Potenziale auch für die

---

441 Vgl. zu den philosophisch-phänomenologischen Kontexten z. B. G. Böhm, Was ist ein Bild?, 1995.

Simulation und Konstruktion von Formen christlicher Gemeinschaft und christlicher Verkündigung.

– Für den Aspekt der *Gemeinschaft* kann in einer ersten Extrapolation aus den Erfahrungen des beobachteten Projekts die *Online-Bildungsarbeit* herangezogen werden. In den E-Learning-Kursen etablierte sich im Netz durchaus eine (aufgabenbezogene) Form „gemeinsamer, interpretierter Praxis".[442] – Auch hier war und blieb die virtuelle Gemeinschaft der Online-Lernenden – und insofern auch die gemeinsame Praxis und ihre Interpretation – freilich zurückbezogen auf mitgebrachte Rollen und Funktionen im kirchlichen Offline-Zusammenhang (als Verwaltungskraft, als pädagogisches Personal, . . .).[443]

– Kann aber „gemeinsame, interpretierte Praxis" als „Lehr- und Lernsituation" des Evangeliums gänzlich im Internet Gestalt finden? Das EKD-Impulspapier *„Kirche der Freiheit"* formuliert in diesem Zusammenhang: „Zuletzt wird zu einem „Evangelisch in Deutschland" in Zukunft auch eine Zugehörigkeit von vielen (jungen) Menschen zu einer ortlosen Internetgemeinde gehören. Erste Erfahrungen mit Chatrooms und Internetforen zeigen, dass eine beachtliche Zahl von Menschen an theologischen, kirchenrechtlichen und seelsorgerlichen Fragen interessiert ist, ohne in einer konkreten Gemeinde oder Landeskirche Orientierung zu suchen. Doch es handelt sich um eine gestaltbare Beziehung, die keineswegs immer in der Anonymität verbleibt. Die Partner bei dieser Art des elektronischen Austauschs sind keineswegs durchweg auf eine bleibende Distanz zur evangelischen Kirche festgelegt. Die Kommunikation mit den Gliedern solcher Online-Gemeinden, die religiöse Weiterbildung ebenso einschließt wie Beratung und Begleitung, nimmt an Umfang zu."[444] – Nach unseren bisherigen Überlegungen ist eine solche *internetbasierte* (und nicht nur durch das Internet mit unterstützte) *Lehr- und Lernsituation* in

---

442 Zur Terminologie und ihren sprachphilosophischen Zusammenhängen vgl. J. Track, Sprachkritische Untersuchungen zum christlichen Reden von Gott, 1977, 323ff. Zu den allgemeinen Charakteristika von Online-Gemeinschaftsformen vgl. den obigen Exkurs im Kap.3.

443 Parallel zu dieser Beobachtung kann hier auch auf die oben beschriebene „Online-Community" konfiweb.de verwiesen werden: Die „reale" Konfirmandengruppe vor Ort ist die Ausgangsbasis der Beteiligung an der virtuellen Gemeinschaft im Netz.

444 Kirchenamt der EKD, Kirche der Freiheit. Perspektiven für die Evangelische Kirche im 21. Jahrhundert, 2006, 99f. Die Aufgabe wird ebd. so beschrieben: „Hier neue Formen von Beteiligung und Verbindlichkeit zu entwickeln, ist eine wichtige Aufgabe der EKD."

theologischer Perspektive nur denkbar, wenn die oben skizzierten Anforderungen an Personalität medial eingelöst werden können. M. E. kann dies nicht auf dem Weg der Erfindung virtueller Existenzen (z. B. in virtuellen Paralleluniversen wie „Second Life") gelingen, sondern nur dort, wo der Bezug zur „unmittelbaren" leiblich-sinnenhaften Körperlichkeit möglich – und *prinzipiell* face-to-face überprüfbar – bleibt. Deshalb halte ich, wie oben zu „Interaktion" angedeutet, die entstehenden Möglichkeiten des sog. „Web 2.0" (v. a. Video- und Audioblogs) zwar nicht ohne Gefahr des Missbrauchs, aber für durchaus aussichtsreich, in dieser Hinsicht zu neuen Formen „gemeinsamer, interpretierter Praxis" in „Tele-Audio-Visions-Beziehungen" zu führen, deren „Diskurspartner" sich nicht bereits vorher „offline" kennen. Zu vermuten ist freilich, dass ein solcher Online-Diskurs als „evangelischer" Diskurs im Sinne einer „Lehr- und Lernsituation des Glaubens" nicht nur *prinzipiell offline überprüfbar* sein muss, sondern seinerseits auch den Wunsch nach der „Offline-Erfahrung" der Gemeinschaft des Glaubens wecken wird, – zumindest so lange, als die synästhetischen Momente der Online-Erfahrung gegenüber der leibhaften Gegenwart der anderen Person noch dermaßen eingeschränkt sind, wie dies heute (noch) der Fall ist.[445]
– In besonderer Weise zu betrachten ist die Frage der Simulation im Kontext *religiöser Rituale im Internet,* wie z. B. Online-Gottesdienste und virtuellen Andachtsräume.[446] Ohne im Rahmen dieser Arbeit

---

445 Eine diese Überlegung unterstreichende Beobachtung aus eigenen universitären Seminaren mit Lehramtsstudierenden zur Thematik in den Jahren 2003 und 2005 an der LMU in München: Die Studierenden zeigten sich mehrheitlich höchst skeptisch gegenüber kirchlichen Online-Aktivitäten im Blick auf die Vermittlung religiöser Erfahrung. Sie plädierten stattdessen dafür, dass die Kirche jungen Menschen nicht-computertechnisch vermittelte Erlebnisse bieten solle.

446 Vgl. auch hierzu die Überlegungen des EKD-Impulspapiers „Kirche der Freiheit": „Einen besonderen Bereich bilden die MedienGemeinden, die sich durch die öffentlichen Äußerungen leitender Geistlicher, durch Fernsehübertragungen von Gottesdiensten oder durch das „Wort zum Sonntag", durch Radiogottesdienste und Radioandachten oder andere Formen sowie durch das Internet bilden. In diesem Zusammenhang das Wort Gemeinde zu verwenden, ist besonders kühn; denn Zugehörigkeit und Beteiligung sind hier besonders schwer zu greifen. Dass sich Gemeinde bildet, ohne dass Menschen sich an einem Ort zusammenfinden, ist den gewohnten Vorstellungen von Gemeinde fremd. Die Grenze, die einer solchen Vorstellung gesetzt ist, zeigt sich am deutlichsten daran, dass nur bei leibhaftem Beisammensein gemeinsam das Abendmahl gefeiert oder die Taufe vollzogen werden kann. Dennoch spielt die mediale Wahrnehmung der Kirche für das Bewusstsein der Zugehörigkeit zu ihr und die Verbundenheit mit

ausführlicher auf dieses Thema einzugehen,[447] sei von den bisherigen Überlegungen aus wenigstens ein m. E. zentraler Punkt angedeutet: Zwar kann der Besuch eines (unter Nutzung multimedialer Möglichkeiten gestalteten) virtuellen Andachtsraumes zur persönlichen Andacht durchaus in Analogie zum individuellen Besuch eines „realen" Kirchenraumes gesehen werden.[448] Geht es allerdings in christlicher Perspektive um religiöse Rituale über das persönliche Gebet hinaus, so muss die Interpersonalität der Vermittlung auf jeden Fall hinreichend deutlich werden. Da die durch keinen Wunsch nach Unmittelbarkeit zu hintergehende vermittelnde Repräsentation im Christentum von ihren Ursprüngen her personal geprägt ist, bleibt die mediale Vermittlung im Netz aus christlicher Sicht bleibend auf diese personale „Komponente" verwiesen *(„Vermittlung mit Gesicht")*. Bei aller beschriebenen Offenheit für die sich entwickelnden Möglichkeiten internetvermittelter personaler Kommunikation vermag ich derzeit freilich (noch?) nicht zu sehen, wie „Online-Gottesdienste" oder „Online-Gemeinden" als eigenständige Gestalt von Kirche (also ohne konstitutiven Rückbezug auf „Offline"-Gottesdienst und Gemeinde vor Ort) konzipiert sein könnten. Auch die Sakramente als leiblich-körperliche „Realsymbole" des Gottesdienstes legen hier m. E. Zurückhaltung nahe.[449]

---

ihr eine erhebliche Rolle. Die Zahl derjenigen evangelischen Christen, die nur über die Medien erreicht werden und dennoch treu zu ihrer evangelischen Kirche halten, wird größer; insofern ist die Zukunftsbedeutung dieser medialen Gemeindearbeit groß." (a.a.O., 56).

447 Vgl. dazu z. B. die Überlegungen bei B.-M. Haese, Hinter den Spiegeln, 2006, 299ff.

448 Wobei die Gestalt des virtuellen Andachtsraumes bei allen mir bekannten Beispielen rückbezogen bleibt auf materielle Kirchenbauten. Insofern leiten sich Wirklichkeitsgehalt und „Glaubwürdigkeit" des virtuellen Andachtsraums wiederum aus der „realen" Welt ab.

449 Vgl. zur Diskussion um die „Gültigkeit" medialer Gottesdienste die theologische Diskussion zu Fernsehgottesdiensten, mit Blick auf die Frage von Gottesdiensten im Netz zusammengefasst bei S. Böntert, Gottesdienste im Internet, 2005, 184ff. Zum Thema Gottesdienst im Internet vgl. neben Böntert auch ein vom Rat der EKD-Projekt 2006 beschlossenes Studienprojekt zum Thema. Keinesfalls ist die Zurückhaltung in der Einschätzung der konstitutiven Eigenständigkeit von Gottesdienst und Gemeinde im Online-Medium als Plädoyer *gegen* die Nutzung medialer Möglichkeiten des Mitvollzugs von Gottesdiensten am Bildschirm zu verstehen. Gerade der geforderten *personalen Kommunikation* bieten sich durch die Öffnung des Rückkanals im Netz gegenüber Fernsehgottesdiensten wesentlich erweiterte Möglichkeiten. Allerdings vermögen diese, jedenfalls beim derzeitigen Stand der Technik, (noch) nicht die *sinnliche Qualität* zu bieten, die aus

Wenn also Kommunikation und Medialität als „durchgängige Dimension kirchlicher und christlicher Praxis" zu begreifen sind,[450] wird Kirche nicht nur die im ersten Teil sichtbar gewordenen Probleme der medialen Dynamik kritisch beleuchten. Sie tut gut daran, auch die Chancen zu erkunden, die in der unübersichtlichen Vielfalt und deregulierten Pluralität des Netzes für ihre eigene institutionelle Gestalt als Gestalt christlicher Freiheit liegen. Die Erfahrungen des Projekts „Vernetzte Kirche" der bayerischen Landeskirche unterstreichen dabei die Bedeutung der Bildungsarbeit, die in diesen Zusammenhängen unabdingbar ist.[451] Hier zeigt sich eine genuine Bildungsaufgabe der Kirche weit über den Bereich der organisationsinternen Kommunikation hinaus: Sie muss einen komplexen Umgang mit den neuen Informations- und Kommunikations-Technologien in ihren Bildungskanon mit aufnehmen, wenn und weil sie ihren Anspruch auf Daseins- und Lebensorientierung in der Gegenwart nicht aufgeben will.

Die Glaubwürdigkeit dieses Anspruchs wird sich auch daran entscheiden, dass die Kommunikationsgemeinschaft Kirche sich dieser Bildungsaufgabe umfassend stellt, für die interne Kommunikation der Organisation ebenso wie für die öffentliche Kommunikation des Evangeliums. Auch aufgrund der Erfahrungen im Projekt „Vernetzte Kirche" ist zu vermuten, dass Kirche aufgrund ihrer Geschichte und des konstitutiven Umgangs mit Vermittlungen hier durchaus „Medienkompetenz" für die anstehende Bildungsaufgabe mitbringt. Wie die Kirche so auf ihre Weise einen eigenen Beitrag zur Netzwerdung des Netzes leisten kann, untersucht der nun folgende dritte Teil dieser Arbeit.

---

den beschriebenen theologischen Gründen zur Medialität des Evangeliums konstitutiv dazugehört.

450 Von C. Bäumler Art. „Kommunikation", TRE 19, 1990, 391, nur auf *Kommunikation* bezogen.

451 Unabdingbar nicht zuletzt deshalb, weil hier die Kirche als „Bildungsinstitution" (R. Preul) selbst „auf dem Spiel" steht, vgl. dazu im dritten Teil. Organisationsintern erscheint es mit Blick auf die vorhandenen Vorbehalte gegenüber der Nutzung von Computer und Internet (Intranet) für die kirchliche Kommunikation zukünftig sehr wichtig, genügend Fortbildungsangebote bereitzustellen, die ihrerseits die praktische Begegnung mit dem Medium und seinen Möglichkeiten eröffnen. Die bis Mitte 2008 erheblich gestiegene Nachfrage nach Online-Schulungen durch die Arbeitsstelle Vernetzte Kirche (mdl. Auskunft M. Strecker, 14.7.2008) belegt den Bedarf.

III. Teil: Anschauung – der kirchliche Beitrag zur ethischen Bildung im Netz

Zum Ende des vorhergehenden Teils wurde in der Auswertung des Projekts Vernetzte Kirche die angesichts des Kommunikationsraums Internet sich ergebende genuine *Bildungsaufgabe der Kirche* ausdrücklich bemerkt. Gerade in der protestantischen Tradition ist mit dem Thema der *Bildung* ein traditioneller Schwerpunkt des eigenen Selbstverständnisses gegeben. Programmatisch formuliert denn auch 2009 die EKD in ihrer von der Kammer für Bildung und Erziehung, Kinder und Jugend erarbeiteten Orientierungshilfe „Kirche und Bildung": „Bildung ist und bleibt ein Wesensmerkmal evangelischer Kirche."[452] Weil die Reformation von ihren Ursprüngen her einen engen Zusammenhang zwischen Glaube und Bildung formuliert, legt es sich in evangelischer Perspektive durchaus nahe, nicht nur dem gesamten Feld kirchlicher wie gesellschaftlicher Bildungsaktivitäten Aufmerksamkeit zu widmen, sondern *Bildung* als Charakteristikum der eigenen Institutionalität zu verstehen und Kirche als „Bildungsinstitution" zu beschreiben.[453]

Der kirchliche Anspruch, eine umfassende Daseins- und Lebensorientierung für die Gegenwart zu eröffnen, erfordert es konsequenterweise, die kirchliche Bildungsaufgabe auch auf das Gebiet des Internet zu beziehen. In diesem Zusammenhang ist dann zu fragen, welchen Beitrag Kirche zu einem komplexen, kompetenten und mündigen Umgang mit den neuen Informations- und Kommunikationstechnologien des Internet leisten kann bzw. leisten soll.

Nun begegnet die Forderung nach einem solchen Bildungsbeitrag der Kirche keineswegs nur aus der Kirche selbst.[454] Implizit wie explizit wird

---

452 Kirchenamt der EKD (Hrsg.), Kirche und Bildung, 2009, 76.
453 So R. Preul, Kirchentheorie, 1997, 140ff, vgl. III.4.c.! Hier ist nicht der Ort, auf die historischen Entwicklungslinien des protestantischen Bildungsverständnisses von den Impulsen Luthers und Melanchthons in die Neuzeit einzugehen. Selbstverständlich spielen über die Reformatoren hinaus viele Einflüsse eine Rolle, vgl. als kurze Skizze: P. Bahr, Art. Bildung; Bildungspolitik, EStL, 2006, 210–216; s. zum bürgerlich-protestantischen Bildungsbegriff der Neuzeit auch die Hinweise bei W. Steck, Praktische Theologie I, 401ff.
454 Vgl. das Statement des Medienbeauftragten der EKD, Markus Bräuer: Kompetenz stärken: Zur Zukunft der evangelischen Medienarbeit (www.ekd.de/

sie von anderen Akteuren in der gesellschaftlichen Öffentlichkeit als Erwartung an die Kirche herangetragen. Dabei kleidet sich der Ruf nach Bildung im Netz häufig in die Forderung nach Vermittlung von *Medienkompetenz.* Seit den neunziger Jahren ist der Begriff in aller Munde, wenn Politiker oder Unternehmerinnen zur Bildung von Kindern und Jugendlichen im Umgang mit Computer und Internet (und anderen Medien) aufrufen.[455] Dabei wird schnell der Beitrag erkennbar, der auch in einer weithin säkularisierten Gesellschaft wie der Deutschlands nicht selten gerade von den Kirchen in diesem Kontext besonders erwartet wird: Sie sollen zur „Werteerziehung" beitragen: Sobald es um „Werte" und deren Vermittlung geht, sind bzw. werden sie besonders gefragt.[456]

Wo aber nach Werten gefragt wird, ist ethische Orientierung verlangt.[457] Diese gesellschaftliche Situation korrespondiert mit einer Entwicklung in der religionspädagogischen Diskussion der letzten Jahrzehnte: Hier haben insbesondere Karl-Ernst Nipkow und Friedrich Schweitzer das Thema der *ethischen Bildung* in den Mittelpunkt ihrer Überlegungen zur religiösen Bildung gestellt,[458] – und damit auch das

---

beauftragte/braeuer.html, Abruf 30.3.2010). Ein Hinweis auf eine relative Zurückhaltung, zumindest kirchenoffizieller Äußerungen von evangelischer Seite, könnte darin zu erkennen sein, dass auch die zitierte Orientierungshilfe der EKD „Kirche und Bildung" von 2009 nur sehr allgemein von der Bildungsaufgabe angesichts der (Massen-)Medien spricht (a.a.O., 22ff.), ohne irgendwie spezifischer auf das Internet einzugehen.

455 Vgl. exemplarisch den Beitrag von Wolfgang Clement „Medienwirtschaft und Medienkompetenz" in C. Drägert/N. Schneider (Hrsg.), *Medienethik,* 2001, 89–95. Zur Analyse und Entfaltung des Begriffs s. III.4.b.!

456 Als Indiz dafür mag eine Tagung der Konrad-Adenauer-Stiftung vom Mai 2007 gelten, die diese Erwartung ihrerseits reflektiert: „Werte bilden?! Zur Wertedebatte in Kirche und Politik" (www.kas.de/proj/home/events/83/1/year-2007/month-5/veranstaltung_id-25658/index.html, Abruf 17.8.07). Zur Reflexion der sich an der Schnittstelle von „Religion" und „Werten" ausdrückenden Erwartungen und Erfahrungen vgl. die Arbeiten von Hans Joas: Braucht der Mensch Religion? 2004, und: Die Entstehung der Werte, 1999.

457 Den Zusammenhang von Werteerziehung und ethischer Bildung sowie den damit aufgegebenen begriffsgeschichtlichen Klärungen widmet sich P. Bubmann in seinem Aufsatz „Wertvolle Freiheit wahrnehmen. Werteerziehung und ethische Bildung als religions- und gemeindepädagogische Aufgabe" (ZEE 46, 2002, 181–193). In der Reflexion des in den Jahren 2000 und 2001 besonders laut öffentlich vernehmbaren Rufs nach „Werten" und den im Zusammenhang stehenden kirchlichen Reaktionen fasst Bubmann als Fazit zusammen: „Es ist jedenfalls höchste Zeit, ethische Bildung als eine Hauptaufgabe gemeindepädagogischer Arbeit bzw. kirchlicher Bildungsarbeit wieder zu entdecken." (190).

458 So benennt F. Schweitzer den Beitrag der Kirche „zur Bildung der ethischen ‚Gesinnung' in der Gesellschaft" als eine „zweite Aufgabe" neben der Pflege der

gegenwärtige evangelische Bildungsverständnis beeinflusst. So heißt es in der erwähnten Orientierungshilfe des Rates der EKD von 2009:

> „Mit ihrer Bildungsarbeit nimmt die Kirche in besonderer Weise ethische Aufgaben wahr. Dies entspricht dem Verständnis von Mensch und Wirklichkeit, dem sich die Kirche im christlichen Glauben verpflichtet weiß und von dem sie sich in ihrem (Bildungs-)Handeln leiten lässt. Mit ihren Angeboten ethischer Bildung bezieht sie sich auf alle Menschen, zugleich aber auch auf spezielle Aufgabenbereiche und Funktionszusammenhänge."[459]

Ethische Bildung wird also sowohl gesellschaftlich von der Kirche erwartet wie auch von dieser selbst als wichtige Aufgabe erkannt. Dass diese Aufgabe auch in der kirchlichen Praxis wenn nicht ausdrücklich auf das Internet so doch auf „die Medien" bezogen wird, zeigen dabei exemplarisch die „Publizistischen Grundlinien" der Evang.-Luth. Kirche in Bayern aus dem Jahr 2004:

> „Mit Blick auf die stetig wachsenden Herausforderungen im Bereich der Medienpädagogik, der Medienethik und des Medienrechts – genannt seien exemplarisch die Stichworte Jugendmedienschutz, problematische Inhalte im Internet sowie Programmangebote im privaten Hörfunk und Fernsehen, die den Tabu-Bruch bewusst einkalkulieren und die Verletzung der Menschenwürde sowie der bestehenden Mediengesetze (bewusst) in Kauf nehmen – muss die ELKB ihr Engagement auf diesen Gebieten intensivieren und qualitativ ausbauen. Die ELKB richtet dabei ihr Augenmerk vorrangig auf das Training und die Vermittlung von Medienkompetenz für Kinder, Jugendliche und Erwachsene und die Stärkung der Eigenverantwortung der Medien-Nutzer/innen und der Medien-Anbieter und ruft demzufolge nicht vorschnell nach neuen gesetzlichen Verboten und Sanktionen."[460]

---

christlichen Überlieferung (F. Schweitzer, Ethische Erziehung in der Pluralität, 1999, 2 mit Verweis auf Luther und Schleiermacher). Vgl. grundlegend: Karl Ernst Nipkow, Bildung als Lebensbegleitung und Erneuerung, 21992.

459 Kirchenamt der EKD (Hrsg.), Kirche und Bildung, 2009, 38f. Der beschriebene Zusammenhang erschließt sich auch dadurch, dass F. Schweitzer zum Zeitpunkt der Erstellung der Vorsitzende der Kammer für Bildung und Erziehung, Kinder und Jugend der EKD ist.

460 Landeskirchenamt der ELKB (Hrsg.), Publizistische Grundlinien 2004 für die

Gerade dort, wo für mediale Kontexte kirchliche Bildungsbeiträge gefordert werden, schwingt mit der Frage der Medienkompetenz explizit oder implizit immer die Frage der Medienethik mit. Deshalb soll im Folgenden näherhin nach den Beiträgen gefragt werden, die von kirchlicher Seite speziell zur medienethischen Bildung im Netz geleistet wurden und werden. Die anschließenden Abschnitte fokussieren also die Frage nach der Bildungsaufgabe der Kirche im Netz bewusst auf das *Thema „ethische Netz-Bildung".*

Sie tun dies zugleich mit dem Anspruch, dass diese Fokussierung auf die Frage des Beitrags der Kirche zur Ethik des Internet exemplarische Bedeutung für die Frage eines angemessenen Verständnisses der kirchlichen Bildungsaufgabe im Netz überhaupt besitzt, auch wenn dies im Rahmen dieser Studie nur perspektivisch beleuchtet werden kann.[61]

> Neben dem dafür bereits angedeuteten Grund, dass die christliche Bildungsaufgabe sich gegenwärtig vor dem Hintergrund gesellschaftlicher Erwartungen ihrerseits immer auch *ethisch* versteht, wird die argumentative Entfaltung meiner Überlegungen im Fortgang dieses Teils einen weiteren Grund für diese exemplarische Bedeutung erkennen lassen, der im zugrunde liegenden Verständnis von *ethischer Bildung* von Seiten der Ethik beschlossen liegt. Wie zu entdecken sein wird, weiß es sich in ethischer Hinsicht von *HANS G. ULRICHs* Blick auf einen engen Zusammenhang von theologischer Ethik und christlicher Bildung inspiriert, der seine Pointe im *Gebildet-*

Evangelisch-Lutherische Kirche in Bayern 2004, Abschn. 9.1. „Medienpädagogik/Medienethik/Medienrecht". Die Aktualisierung der Publizistischen Grundlinien vom Mai 2008 betont verstärkt, dass die ELKB auf „positive Beispiele . . . und auf Aufklärung [setzt], nicht aber auf dirigistische Maßnahmen und Verbote, deren Wirksamkeit oft nicht nachweisbar und deren Einhaltung häufig weder kontrollierbar noch durchsetzbar sind. Die ELKB richtet dabei ihr Augenmerk auch auf das Training und die Vermittlung von Medienkompetenz für Kinder, Jugendliche und Erwachsene und die Stärkung der Eigenverantwortung der Medien-Nutzer/innen und der Medien-Anbieter." (LKA d. ELKB (Hrsg.), Publizistische Grundlinien 2008 für die Evangelisch-Lutherische Kirche in Bayern 2008, Abschn. 7, 17).

61 Wenn in diesem Abschnitt von „ethischer Bildung im Netz" gesprochen wird, so ist diese Rede also immer auf das Thema der „Netzbildung" bezogen, also „netzethisch" zu verstehen. Allenfalls am Rand gestreift, aber nicht als eigener Untersuchungsgegenstand betrachtet werden die – zahlreichen – Versuche, das Internet im Rahmen von Online-Kursen „allgemein" zur ethischen Bildung im Sinne der inhaltlichen Vermittlung ethischen Wissens zu nutzen.

werden von Menschen als gemeinsamem Ursprung von Ethik und Bildung findet. „Damit ist die Kirche als die *gottesdienstliche* Gemeinde der Ort für die Menschwerdung, die ethisch als *Bildung* zu beschreiben ist. Es geht gegenüber der Formierung von Menschen durch Menschen um das Gebildetwerden von Menschen in dem, was ihr Menschenleben trägt und ausmacht. Dies ist das Gebildetwerden innerhalb der Freiheit im Leben mit Gott".[462] Weil es in christlicher Perspektive eschatologisch um das Befreit-Werden des Menschen zu seinem geschöpflichen Leben geht, besteht die (so verstanden im Grunde immer „ethische") Bildungsaufgabe der christlichen Gemeinde für Ulrich zuvörderst in der gottesdienstlichen Praxis, die das Neuwerden der Wahrnehmung und der Erkenntnis präsent hält (vgl. Röm 12,1f.). „Bildung hat ihr permanentes Ziel darin, in dieses Geschöpf-Sein einzutreten, in die besondere Geschichte des Gebildet-Werdens."[463] Ein solch theologisch umfassendes Verständnis von ethischer Bildung ist folglich nicht zu denken ohne die Aspekte der Kommunikation des Evangeliums im Sinne der Bildung von Glaubensüberzeugungen.

Wenn die folgenden Überlegungen sich auf die Frage des kirchlichen Beitrags zur Ethik im Netz – und zur Ethik des Netzes – konzentrieren, so tun sie dies in einer bestimmten, theologisch formierten Perspektive. Dabei wird sich im Verlauf der Entfaltung zeigen, dass diese Perspektive weder die netzethischen Diskurse und die darin erreichten Differenzierungen noch hier nicht dargestellte „außerethische" Bildungsaktivitäten überflüssig macht, sondern sie vielmehr komplementär zu ergänzen sucht.[464]

Um das Thema der Ethikbildung des Netzes in Blick zu nehmen, führen die beiden folgenden Kapitel zunächst das Feld vor Augen, in dem die Frage nach der ethischen Bildungsaufgabe der Kirche zu beantworten ist. Zunächst stelle ich dar, was im weiteren wissenschaftlichen wie politischen Kontext als „Ethik im Netz" o. ä. verstanden wird: Mit welchen Begriffen wird dabei von welchen Themen gesprochen? – Wer bzw.

462 H. G. Ulrich, Wie Geschöpfe leben, 2005, 317f.
463 A.a.O., 327, vgl. zur Bildungsaufgabe der Gemeinde: 324.
464 Vgl. dazu unten die Abschnitte 3.d und e.

welche Institutionen thematisieren das Feld einer Ethik des Internet? Auch wenn Vollständigkeit hier weder angestrebt noch erreicht werden kann, lässt sich doch ein im Wesentlichen repräsentativer Überblick dazu erreichen, was – meist im Medium des Netzes selbst – zum Netz als explizit „ethischer Diskurs" thematisiert wird.[465]

Nach diesem einleitenden Überblick, welche Themen im Netz in wissenschaftlicher Hinsicht als ethische Themen benannt werden, sichtet der zweite Teil die kirchlichen Beiträge zu einer Ethik des Internet. Dabei finden sowohl kirchenoffizielle und universitäre Beiträge wie auch Stimmen aus der Praxis kirchlicher Internetarbeit Berücksichtigung. Um der Überschaubarkeit willen beschränkt sich die Darstellung kirchlicher Beiträge auf den Bereich der beiden bundesdeutschen Volkskirchen, bei der Praxis kirchlicher Internetarbeit bildet die evangelische Seite einen Schwerpunkt – und die (medien-) ethische Frage wird auf die (medien-) pädagogische Thematik hin geöffnet werden.

Im Anschluss an diese erste Sichtung der kirchlichen Beiträge wird die Eigenart dieser kirchlichen Beiträge zu würdigen sein. Dabei sind die besonderen Bedingungen, unter denen ethische Diskurse im Netz bzw. über das Netz entstehen, zu beachten. Auch die Reflexion des Verhältnisses von normen- und integritätsorientierten Ansätzen der Ethik findet hier ihren Platz. Mit Blick auf die vorliegenden kirchlichen Beiträge zur Ethik-Entwicklung im Netz sind in diesem Teil existierende Versuche zur komplementären Ergänzung von extern-normativer, korporativer und personal-intrinsischer Steuerung und Normenbildung hervorzuheben und in ihrem spezifischen Charakter zu würdigen.

Wie im Sinne der vorausgehenden Überlegungen Ethik im Netz gebildet werden kann, *wie* sich ethische Bildung des Netzes im Netz ereignet – und welchen Beitrag kirchliche „Bildungsorte" dazu leisten können und sollen, rückt der vierte und letzte Abschnitt dieses Teils in den Blickpunkt. Die (dort weiter zu reflektierende) Rede von der „Bildungsinstitution Kirche" erfährt so am Thema ethische Bildung im Netz eine exemplarische Konkretion. Sowohl der Ruf nach Bildung wie der nach Ethik haben – nicht nur, aber auch – im Zusammenhang des Netzes Konjunktur. Insofern dürfte sich der christliche Anspruch auf

---

465 In empirischer Hinsicht spannend wäre es, die *implizite* Thematisierung einer Ethik des Internet in verschiedenen „Kommunikationssträngen" des Internet, wie z. B. Blogs oder Foren, eigens zu untersuchen. Dies kann im Rahmen dieser Studie nicht geleistet werden, stellt m. E. für die weitere wissenschaftliche Erkundung der Netz-Ethik gleichwohl ein Desiderat dar.

Daseins- und Lebensorientierung in der Gegenwart am Thema der ethischen Bildung des Netzes im Netz in besonderer Weise zu bewähren haben.

1. Themen ethischer Diskurse (im Netz) zum Netz

a. Prominente Begriffe

Wird explizit auf ethische Aspekte des Internet reflektiert, so geschieht dies im deutschen wie im angelsächsischen Sprachraum unter durchaus unterschiedlichen Bezeichnungen: Neben der Bereichsbezeichnung *Internetethik* sind dabei wohl *Informationsethik, Cyberethik* und *Netzethik* die „prominentesten" Termini. Eine begrifflich scharfe Abgrenzung der Bezeichnungen lässt sich kaum erreichen. Vielmehr zeigt gerade ihre Unschärfe, wie umfassend der Bereich ist, auf den hier ethisch reflektiert werden soll − und wie zahlreich die Perspektiven sind, in denen dies geschieht.[466] Eine kurze Begriffsgeschichte soll an dieser Stelle in aller Kürze die unterschiedlichen Kontexte illustrieren, die für die ethische Reflexion des Internet von Interesse und Belang sind.

i. Informationsethik

Vielleicht am eindrücklichsten zeigt sich dies an der Entwicklung des Begriffs der „Informationsethik" (information ethics).[467] Dieser Terminus hat sich im Zusammenhang der *Digitalisierung* der Datenverarbeitung seit den siebziger Jahren des 20. Jahrhunderts entwickelt und bezeichnet den gesamten Bereich ethischer Fragestellungen und Themen, der durch die *digitale Gestaltung der Informationsstrukturen* aufgeworfen wird. Innerhalb dieses weiten Verständnisses lassen sich unterschiedliche Kontexte feststellen, die sich mit diesem Begriff verknüpfen

---

466 Diese Beobachtung legt sich nicht nur im Kontext dieser Arbeit nahe (vgl. die Überlegungen im zweiten Teil zur „Polykontexturalität"), sondern wird auch von den Theoretikern des Internet immer wieder selbst vorgetragen, vgl. z. B. T. Hausmanninger und R. Capurro, Netzethik, 2002, S. 10: „Die Diffusität dieses Begriffs von Informationsethik ist dabei der Umfassendheit der Digitalisierung geschuldet, ihrem Sog, alles in sich aufzusaugen und als ‚alles' nur noch gelten zu lassen, was digitalisierbar ist. Angesichts dieser neuartigen Weise menschlichen Welt- und Lebensentwurfs kann nur ein so diffus bleibender Begriff zugleich der adäquate Begriff sein."

467 Vgl. T. Froehlich, A brief history of information ethics, 2004, www.ub.es/bid/ 13froel2.htm (Abruf am 29.6.2006).

- Nicht umsonst sind es immer wieder Reflexionen aus dem Bereich der *Bibliotheken,* die sich diesen Begriff zu Nutze machen.[468] Der professionelle Kontext des Bibliothekars führt zur Frage nach den ethischen Aspekten der dort wahrgenommenen Veränderungen des Informationswesens. Bereits in den siebziger Jahren begann der Einzug des Computers in den Bereich der Fachinformation – und damit traten Fragen der Speicherung und des Zugangs zu „Information" in den Vordergrund. So war es denn auch der Bereich von „Library and Information Science", in dem 1992 mit einem „Journal of Information Ethics" die erste einschlägige Zeitschrift entstand und zur selben Zeit das Thema Eingang in die zugehörigen Ausbildungscurricula fand.[469] Der geisteswisssenschaftliche Hintergrund der im Bibliothekswesen und der zugehörigen Ausbildung Tätigen hilft die philosophischen Interessen zu verstehen, die gerade hier in der Reflexion ethischer Themen immer wieder besonders leidenschaftlich erkennbar werden.[470]
- So wenig man sich freilich „information ethics" flächendeckend als explizites Thema der Bibliothekarsausbildung vorstellen darf, so wenig ubiquitär sollte man die ethische Reflexion im zweiten professionellen Kontext vermuten, in dem der Begriff seit den neunziger Jahren im angelsächsischen Raum reüssierte: In den „Departments of Computer Science" wurden an unterschiedlichen Orten nicht nur informationsethische Curricula und Textbücher entwickelt, sondern auch internationale Symposien und Kongresse der Thematik gewidmet.[471] Die einzelnen Beiträge zum Thema Informationsethik aus diesem Bereich lassen ihrerseits gut den hier vorherrschenden ingenieurwissenschaftlichen Hintergrund erkennen. Er zeigt sich in einem *technikethisch* geprägten, nicht selten eher pragmatisch denn prinzipiell argumentierenden Zugang zu ethischen Einzelfragen.[472]

---

468 Vgl. R. Hauptman, Ethical challenges in Librarianship, 1988, und für den dt. Sprachraum R. Capurro, Informationsethos und Informationsethik, 1988.

469 T. Froehlich, A brief history of information ethics, 2004, verweist auf die University of Pittsburgh und seine eigenen Angebote an der Kent State University, S. 1.

470 Am deutlichsten im deutschsprachigen Raum bei R. Capurro.

471 Vgl. die vom Autor 2004 besuchte Tagungsreihe von ETHICOMP (International Conference on the Social and Ethical Impacts of Information and Communication Technology; www.ccsr.cse.dmu.ac.uk/conferences/ccsrconf/) und die weiteren Hinweise und Belege von Froehlich, a.a.O., 2.

472 Vgl. z. B. die Dokumentationsbände der ETHICOMP-Konferenzen.

- Neben der ethischen Reflexion bibliothekarischer und technischer Themen wird der Begriff der Informationsethik seit dem Ende der neunziger Jahre des 20. Jahrhunderts zunehmend auch in einer *medienethischen* Perspektive gebraucht, um (massen-)mediale Themen im Kontext des Internet zu reflektieren.[473] Ähnlich wie die technikethische Betrachtung des Computers hat sich dabei die medienethische Reflexion digitalisierter Kommunikation ihrerseits durchaus im Kontext eigener bereichsspezifischer Fragestellungen entwickelt. In einem mehr und mehr als *Mediengesellschaft* beschriebenen politischen Zusammenhang analysiert die medienethische Reflexion tendenziell alle auf (massen-)mediale Vermittlung bezogenen Phänomene.[474] Und doch überschreitet sie mit dem Gebrauch des Terminus „Informationsethik" in der Reflexion des Internet die Grenzen ihres eigenen Bereichs. Dies wird auch von der Medienethik selbst gesehen. So konstatiert z. B. Rüdiger Funiok in seinem Lehrbuch der Medienethik gerade dort, wo er die Ethik des Internet als Teil der Medienethik darstellt: „Computer und Netz stellen auch unter *ethischer* Perspektive ein neuartiges, vielseitiges Phänomen dar. Man kann nicht, wie bei den bisherigen Unterbereichen von Medienethik, von einer einheitlichen Funktion dieses Hybridmediums oder Grundaufgabe der darin Arbeitenden ausgehen und daraus ethische Forderungen entwickeln."[475]

- Diesen – genuin interdisziplinären und klassische Bereichsethiken übergreifenden Zug in der Entwicklung einer Ethik des Internet fasst Thomas Froehlich in seiner „Kurzen Geschichte der Informationsethik" wie folgt zusammen: „In sum, information ethics has evolved over the years into a multi-threaded phenomenon, in part, stimulated by the convergence of many disciplines on issues associated with the Internet. In the past, there existed a clear distinction between ethical issues associated with print media such as newspapers and the credibility of reference sources, as in the field of librarianship. With the advent of the world wide web, publishing has become quick and easy and so issues of credibility that used to be different for journalists and librari-

---

473 Für den angelsächsischen Sprachraum verweist T. Froehlich, a.a.O. auf zwei Reader zu „Media Ethics" aus dem Jahre 2002.

474 Vgl. aus protestantischer Perspektive im deutschen Sprachraum z. B. C. Drägert und N. Schneider, Medienethik, 2001; zur Entwicklung: R. Uden, Kirche in der Medienwelt, 2004 (Exkurs 12.2, Medienethik).

475 R. Funiok, Medienethik, 2007, 178.

ans now have become a common concern, e.g., in assessing and evaluating the credibility of web sites, especially those that purport to provide information."[476]

ii. Cyberethik

Das in der Entwicklung des Begriffs der Informationsethik sichtbar gewordene Moment der Bereichsüberschreitung zeigt sich auch in einem weiteren Begriff, der es seit den neunziger Jahren im angelsächsischen Raum zu einiger Popularität brachte. Im Zusammenhang des Postulats eines eigenen „Cyberspace"[477] entstand alsbald die Wortprägung „Cyberethics", um eine für den Bereich des Internet spezifische Ethik anzuzeigen.[478] Stärker als der Begriff der Informationsethik verstand – und versteht – sich die Bezeichnung „Cyberethik" als Anzeige eines gegenüber vorgängigen medienethischen Fragestellungen neuen Bereichs.[479] Auch für diesen Begriff gilt freilich die eingangs bemerkte Beobachtung, dass er kaum präzise definiert, sondern – analog zum häufiger gebrauchten Terminus „Informationsethik" – zur umfassenden Kennzeichnung der ethischen Apekte der digitalen Informationsverarbeitung und ihrer Folgen gebraucht wird.[480]

iii. Netzethik

Der dritte hier kurz betrachtete Begriff ist nicht nur weniger verbreitet als die beiden anderen, sondern gegenüber diesen auch spezifischer. RAFAEL CAPURRO hat ihn zusammen mit THOMAS HAUSMANNINGER in die wissenschaftliche Debatte eingeführt, um mit „Netzethik" einen Gegenstandsbereich innerhalb des weiteren Feldes der Informationsethik näher zu

---

476 T. Froehlich, a.a.O., 2.

477 Als Ursprung des Begriffs gilt der inzwischen legendäre Science-Fiction-Roman von William Gibson, Neuromancer, New York 1984. In den neunziger Jahren wurde der Begriff dann sowohl zum Synonym für Internet und www wie auch zur Projektionsfläche für alle möglichen und unmöglichen Formen von „virtueller Realität".

478 Vgl. J. J. Lynch, Cyberethics. Managing the Morality cf Multimedia, 1996; R. A. Spinello, Cyberethics : Morality and Law in Cyberspace, 2000.

479 Vgl. zu dieser Einschätzung auch T. Hausmanninger und R. Capurro, Netzethik, 2002, 9f. Als interdisziplinären Beitrag aus dem deutschen Sprachraum sei verwiesen auf: A. Kolb, u. a., Cyberethik, 1998

480 Durchaus auch im kirchlich-theologischen Bereich, wie das Themenheft E.Borgman, u. a., Cyber Space – Cyber Ethics – Cyber Theology, 2005 zeigt.

bezeichnen. In der Einleitung zum Band 1 der von den beiden initiierten Schriftenreihe des „International Center for Information Ethics" mit dem Titel „Netzethik. Grundlegungsfragen der Internetethik" formulieren sie programmatisch: „Im Rahmen dieses Verständnisses von Informationsethik wollen wir jedoch . . . einen Schwerpunkt setzen. Dieser soll die Auseinandersetzung mit dem Internet und der digital vermittelten Kommunikation sein. Die Schwerpunktsetzung ist pragmatisch: Informationsethik muss mit einem der möglichen Gegenstände beginnen und das Netz stellt hierbei zweifelsohne eine der neuartigsten Herausforderungen dar."[481]

Der Begriff der Netzethik rückt so deutlicher als die weiter gefassten Begriffe der Informationsethik oder der Cyberethik das *Internet* und die für dieses Medium charakteristische *Vernetzung* in den Mittelpunkt der zugehörigen ethischen Reflexion.[482] Zugleich deutet der Untertitel des erwähnten Bandes bereits eine Richtung an, in der der Begriff der Netzethik sich noch einmal von der allgemeineren Bereichsangabe „Internetethik" unterscheiden könnte. „Grundlegungsfragen" scheinen jedenfalls für viele – auch ethische – Theoretikerinnen und Theoretiker des Netzes stärker von Interesse zu sein als pragmatische und ggf. auch kasuistisch zu diskutierende Einzelfragen. Hierin zeigt sich dann auch wieder eine gewisse Nähe zum Begriff der Cyberethik, der seinerseits im Kontext von „Cyberspace" und „Cybersociety" oft eher grundlagendenn situationsbezogen gebraucht wird.

Die knappe begriffsgeschichtliche Skizze zu den wichtigsten Bezeichnungen für eine Ethik im bzw. des Internet verschafft gewiss weder definitive noch definitorische Klarheit.[483] *Doch sie konnte in aller Kürze einige Kontexte zutage fördern, die im weiteren Verlauf nicht unbeachtet bleiben sollen. Gerade vor dem Hintergrund der im Teil II. erarbeiteten Einsichten zum Kommunikationsbegriff muss es auch für die weitere Reflexion der ethischen Aspekte von Interesse sein, die informationstechnischen wie die medienpolitischen Konnotationen nicht unbeachtet zu lassen, die mit anklingen, sobald aus unterschied-*

---

481 T. Hausmanninger und R. Capurro, Netzethik, 2002, 10.
482 Parallel zu v. a. R. Capurros Arbeit am Begriff der Netzethik ist auf die dem angelsächsischen Bereich entstammende Wortschöpfung „Nethics" (vgl. „Net-Ethics") zu verweisen, die von R. Kuhlen an der Universität Konstanz 1998 mit der Informationsethik-Portalseite http://www.nethics.net/nethics_neu/n3/index.htm aufgegriffen wurde. Die geringere Resonanz spiegelt sich darin, dass die Seite seit 2004 nur geringfügig aktualisiert wurde (Abruf 6.8.2007).
483 Vgl. dazu im Teil I. die Überlegungen zu Übersicht und Durchblicken: I.6.t.

lichen professionellen Kontexten Ethik auf einen Gegenstandsbereich (hier: das Internet) „angewandt" wird.

Wenn im Folgenden exemplarische Beschreibungen ethischer Herausforderungen im und durch das Internet gesichtet werden („Netzethik" im engeren Sinne), so müssen auch und gerade bei einer sich im Kontext dieser Arbeit nahe legenden Konzentration auf den kommunikativen Aspekt die weiteren Kontexte mit im Blick bleiben, wie sie interdisziplinär durch Technik- und Medienethik, aber auch durch die der Institution Bibliothek eigene Tradition der Informationsweitergabe und das Innovationsversprechen futuristischer Terminologie („Cyberethics") in unserer kleinen begriffsgeschichtlichen Skizze anklingen.

b. Exemplarische Themenbeschreibungen

In welchen Gegenstandsbereichen werden nun in wissenschaftlichen Beschreibungen im und zum Netz informationsethische Themen identifiziert? Ich wähle einige prominente Beschreibungen aus. Dabei beschränke ich mich auf den deutschen Sprachraum bzw. die damit im Zusammenhang stehenden internationalen Bemühungen.[484] Bei aller Kürze wird doch der globale Horizont erkennbar werden, in dem die ethischen Aspekte einer Netzethik immer mit zu betrachten sind.

i. International Center for Information Ethics

An erster Stelle ist hier das bereits erwähnte, 1999 von Rafael Capurro, einem der Pioniere der ethischen Reflexion des Internet, im Web ins Leben gerufene INTERNATIONAL CENTER FOR INFORMATION ETHICS (ICIE) zu nennen. Diese „akademische Website zu Informationsethik" wird vom Zentrum für Kunst und Medien (ZKM) der Universität Karlsruhe betrieben und repräsentiert ein Netzwerk von über 200 Mitgliedern weltweit. Das ICIE benennt auf seiner Homepage die unter a. bereits thematisierten Aspekte des Feldes Informationsethik als angewandte Ethik: internetbezogene Informationsethik (Netzethik i. e. S.), Compu-

---

484 Über die bereits im Abschnitt a. genannten Kontexte hinaus sei für den angelsächsischen akademischen Bereich noch auf folgende Online-Orte zum netzethischen Diskurs verwiesen:
www.aoir.org (Zusammenschluss von Internet-Forschern, nicht nur Ethik!);
www.onlineethics.org (Online-Ethics-Center der National Academy of Engineering, USA);
www.keele.ac.uk/depts/aa/landt/lt/keywords/ethics.html (Link-Verzeichnis).

terethik, Medienethik, Bibliotheks- und Informationswesen und – darüber hinaus -Bioinformationsethik sowie Wirtschaftsinformationsethik. In systematisch-inhaltlicher Hinsicht sieht das ICIE die durch das Internet gegebenen ethischen Herausforderungen in den folgenden vier Bereichen:

- Menschenrechte und Verantwortung (Human Rights and Responsibility)
- Herstellung und Produktion (Ethical Issues of Information Production)
- Informationssammlung und -klassifizierung (Ethical Issues of Information Collection and Classification)
- Zugang und Verteilung (Ethical Issues of Information Access and Dissemination).[485]

ii. UNESCO und UNO

Die Themensammlung des ICIE erfolgt vor dem Hintergrund der internationalen Diskussion zu ethischen Aspekten einer global vernetzten bzw. sich vernetzenden Informationsgesellschaft. Von 1997 bis 2005 gab es unter dem Schirm der *UNESCO* bzw. der *UNO* eine Reihe von Veranstaltungen zu informationsethischen Themen, an denen aus dem deutschsprachigen Raum von Beginn an Rafael Capurro von der Stuttgarter Hochschule für Medien beteiligt war.

Im Rahmen ihres seit Mitte der siebziger Jahre laufenden „General Information Programme" und organisiert von Rainer Kuhlen (Nethics Konstanz), veranstaltete die *UNESCO* zwischen Oktober 1997 und April 1998 ein weltweites virtuelles Forum zur Informationsethik. In seinem Aufsatz „Ethical Challenges of the Information Society in the 21st century"[486] beschreibt Rafael Capurro seine Sicht der ethischen Herausforderungen entlang von vier zentralen Bereichen, mit denen die *UNESCO* nach diesen Konferenzen die künftigen Aufgaben der Informationsgesellschaft zusammengefasst hat:

---

485 http://icie.zkm.de/research, (Abruf 6.8.2007). In vier Bereiche (Speech – Property – Privacy – Security) gliedern im angelsächsischen Sprachraum auch Spinello u. Tavani ihren Sammelband: (R. A. Spinello und H. T. Tavani, Readings in Cyberethics, 2004).

486 R. Capurro, Ethik im Netz, 2003, S. 156–169.

- Globalisierung (Globalization)
- Privatsphäre und Vertraulichkeit (Privacy and Confidentiality)
- Regulierung der Inhalte (Content Regulation)
- Universeller Zugang (Universal Access).[487]

Den politischen Kontext und die Spannweite der internetbezogenen ethischen Themen zeigt auf ihre Weise auch noch einmal die Web-Site www.gipfelthemen.de. Sie entstand aus Anlass des von der UNO einberufenen *„WORLD SUMMIT ON THE INFORMATION SOCIETY"* der Jahre 2003 (Genf) bis 2005 (Tunis) auf Initiative der Deutschen Gesellschaft für die Vereinten Nationen und des politische Partizipation via Internet unterstützenden Vereins pol-di.net e.V.[488] Die Darstellung der Themen des Weltinformationsgipfels der UNO auf www.gipfelthemen.de gliedert sich in folgende Rubriken, die ihrerseits auf spezifische politische und ethische Herausforderungen hinweisen: [489]

- *Digitale Spaltung:* Wer von „Digitaler Spaltung" redet, redet immer auch über fehlende technische Infrastruktur. Die Frage ist, ob und wie Technik zur Überwindung der digitalen Spaltung beiträgt.
- *Medien & Kompetenz:* Ein Computer allein reicht nicht mehr. Auf die kompetente Bedienung kommt es an. Die Frage lautet dann, wie die Vermittlung von Medienkompetenz bei der Überwindung des digitalen Grabens helfen kann.
- *Inhalte & Vorbilder:* Auf die Inhalte kommt es an. Was ist aber ein guter Inhalt? Wo kann das Internet Mehrwert sein? Und wo ein Vorbild?

---

487 Vgl. ebd., 159f.; die vier Bereiche wurden vom Ende der neunziger Jahre gegründeten „Observatory on the Information Society" der UNESCO so benannt; vgl. zum General Information Programme der UNESCO auch: http://www.unesco.org/webworld/pgi/index.html about (Abruf 7.8.2007).
Jedem dieser vier Bereiche lässt sich unschwer eine Vielzahl aktueller Themen zuordnen, die ihrerseits die ethischen Herausforderungen des Internet konkret beleuchten. Beispielhaft seien hier für jeden der vier Bereiche nur ein bis zwei Stichworte genannt:
- Open-Source-Bewegung (freie Software)
- Zugriff auf Bankendaten durch US-Geheimdienste (vgl. die Enthüllungen der New York Times vom Juni 2006 zu entsprechenden Folgen des 11.9.2001)
- (Sexuelle) Belästigungen in Chatrooms; Wikipedia-Texte
- „Digital Divide"; Barrierefreiheit; Senioren im Netz.

488 Vgl. http://gipfelthemen.de/ueber_uns/politik_digital/index.shtml (Abruf 7.8. 2007) und die von pol-di.net betriebene Seite www.politik-digital.de. Die offizielle Seite zum World-Summit: http://www.itu.int/wsis/.

489 Die hier gegebene Zusammenfassung entnehme ich R. Capurro, Informationsethik, 2004.

- *Wissen & Besitz:* Im Internet türmen sich Berge von Informationen. Doch wem gehören sie? Unternehmen, der Allgemeinheit oder gar dem Staat? Wie steht es um die Kommerzialisierung von Wissen?
- *Multi & Kulti:* Das Internet steht für Vielfalt in einer globalisierten Welt. Es ist die Frage, ob es diesem Anspruch auch gerecht wird. Gibt das Netz kulturelle Vielfalt wieder oder dominiert eine Kultur alle anderen?
- *Beteiligung & Spielregeln:* Um die neuen Medien zu nutzen, um damit Bürgerbeteiligung und Gemeinwesen zu stärken, braucht es Regeln und Gesetze. Die Diskussion rund ums *eGovernment* und *eDemocracy* ist voll im Gange.
- *Piraten & Terroristen:* Wie gefährlich ist Cyberkriminalität? Ist eine Kriminalisierung von Hackern und Raubkopierern gerechtfertigt oder wird mit Bedrohungsszenarien übertrieben?
- *Daten & Schutz:* Ist das Sicherheitsbedürfnis von Einzelpersonen real, die wahre Bedrohung aber nur virtuell? Wie sollten und können die individuellen Rechte geschützt werden? Wie viel Daten müssen z. B. Provider speichern, was den Sicherheitsbehörden melden?
- *UNO und Info-Gesellschaft:* Wie kann die UNO den Wandel hin zu einer Wissens – und Informationsgesellschaft mitgestalten und welche Positionen hat sie dabei bislang eingenommen?[490]

iii. Bernhard Debatin

Die kürzeste und knappste, gerade darin aber auch unübertroffen prägnante Bestimmung der ethischen Herausforderungen im Internet hat bereits 1999 der Medienwissenschaftler BERNHARD DEBATIN in seinem Vortrag „Grundlagen der Internetethik – Problemfelder und Lösungsperspektiven" vorgelegt.[491] Debatin gliedert die Problemfelder im Internet mit den Stichworten „Digital Divide" und „Digital Content".

Unter *„Digital Divide"* fasst er alle Fragen zusammen, die mit Formen informationeller Ungerechtigkeit zu tun haben. Diese sieht er in drei Problemfeldern zuhause:
- Zugang zum Internet;
- Spezifische Kommerzialisierung;
- Informationelle Überflutung.

---

490 Dass und wie hier zumindest die UNESCO weiterhin die ethischen Aspekte begleitend reflektiert, zeigt sich z. B. an M. Rundle und C. Conley, Ethical Implications of Emerging Technologies, 2007.

491 B. Debatin, Grundlagen der Internetethik, 1999.

Entsprechend verortet er die mit der Auswahl, Verbreitung und Veränderung von digitalisierter Information unter *„Digital Content"* gefassten Probleme in drei eigenen Feldern:

- Wahrheitsgehalt und Glaubwürdigkeit;
- Ethisch fragwürdige Inhalte;
- Datensicherheit und Datenmissbrauch.

Die beiden Aspekte „Inhalt" und „Zugang" scheinen tatsächlich die beiden Brennpunkte zu bilden, sofern man die Problemfelder der Internetethik als Ellipse betrachten will und kann. – Jedenfalls kommen die unterschiedlichsten Diskussionen immer wieder auf diese beiden Stichworte zurück, wenn es gilt, die ethischen Herausforderungen zusammenfassend zu benennen.[492] *Insofern wird den beiden Themen Zugangsgerechtigkeit und Inhaltsintegrität bei der Betrachtung der kirchlichen Beiträge zu einer Ethik des Netzes besondere Aufmerksamkeit gelten müssen.*

2. Kirchliche Beiträge zum ethischen Netzdiskurs

Sucht man nach kirchlichen Beiträgen zum netzethischen Diskurs, so fällt zunächst die Schwierigkeit der näheren Abgrenzung ins Auge. Konnte sich der erste Abschnitt auf wissenschaftliche und politische Diskurse mit explizitem Bezug zum Internet beschränken, so kommen wir bei der Suche nach kirchlichen Beiträgen zu einer Ethik des Internet nicht umhin, den Bogen etwas weiter zu ziehen, – zumindest wenn wir uns auch auf die Suche nach kirchenoffiziellen Verlautbarungen begeben.

Schauen wir nämlich nach institutionellen Beiträgen zu einer Internetethik, so werden wir bei den etablierten Volkskirchen[493] allenfalls in Rom

---

492 Vgl. z. B. am Ende des erwähnten Buches von T. Hausmanninger/R. Capurro (Hrsg.), Netzethik, 2002, das „Zwischenfazit" von R. M. Scheule zum Beschluss des Sammelbandes: „Der normative Output dieses Buches, das sollte abschließend offen eingestanden werden, deckt sich weitgehend mit dem, was in der internetethischen Diskussion seit Jahren unter den Stichworten *digital divide* und *digital content* verhandelt wird." (188) – Auch eine Sichtung weiterer im Netz geführter Diskurse zur Netzethik unterstreicht die Bedeutung dieser beiden Brennpunkte. Vgl. hier neben den beiden bereits erwähnten wissenschaftlichen Plattformen www.icie.zkm.de und www.nethics.net etwa die unter www.heise. de/tp von F. Rötzer u. a. mit „Telepolis" seit Jahren umfassend geführte medienpolitische Diskussion zu aktuellen, oft auch ethischen Themen.

493 Im Blick auf den Hauptgegenstand dieser Arbeit, das Projekt „Vernetzte Kirche" der Evang.-Luth. Kirche in Bayern, beschränke ich mich auf den Bereich der EKD und ihrer Gliedkirchen sowie der römisch-katholischen Kirche. Auch eine Ausweitung des Bereichs über Deutschland bzw. Luthertum und Katholizismus

fündig. Weil sich bisher „kirchenoffiziell" lediglich der „Päpstliche Rat zur Förderung der sozialen Kommunikationsmittel" und der Papst selbst im Jahr 2002 zur Ethik im Internet geäußert haben,[494] sollen für den Bereich Deutschlands und der EKD im Bereich der grundsätzlichen Stellungnahmen zwei weitere Dokumente berücksichtigt werden, die bereits in den Jahren 1985 und 1997 informations- und medienethische Themen adressiert haben, – freilich damals noch nicht bzw. nicht ausschließlich auf das Internet bezogen.[495]

Im Anschluss frage ich, *wo* das Thema im theologischen Kontext an universitären Orten" beheimatet" ist, bevor schließlich einige aus der Praxis kirchlicher Medienarbeit entsprungene Thematisierungen einer Internetethik Berücksichtigung finden sollen. Eine vergleichende Zusammenschau der kirchlichen Äußerungen im Abschnitt d. bildet den Abschluss dieses Kapitels.

a. Kirchenoffizielle Dokumente

i. Die neuen Informations- und Kommunikationstechniken (1985)

Die Kammer für soziale Ordnung und die Kammer für publizistische Arbeit legten im Jahr 1985 im Auftrag des Rates der EKD eine gemeinsame Studie zu den Chancen, Gefahren und Aufgaben verantwortlicher Gestaltung im Bereich der neuen IuK-Techniken vor.[496] Noch ohne das damals erst in der Entstehung befindliche Internet als solches kennen zu können, nimmt die Studie die rasante technische Entwicklung im Bereich der Informationstechnik zum Anlass, nach *„Spielräumen verantwortlicher Gestaltung"* zu fragen. Vor dem Hintergrund der Ausbreitung des PC im Bürobereich und der Einführung von Bildschirm- und Kabeltext wird die „Entwicklungsdynamik" reflektiert, die mit der „Digitalisierung der Nachrichtenübertragung" einhergeht (14f.). Die „globale Reichweite der technischen Medien" und der mögliche „Ausbau eines Weltinforma-

---

hinaus würde allerdings nach meinen Beobachtungen an dem Eindruck, es mit wenigen kirchenoffiziellen Äußerungen zum Gegenstand zu tun zu haben, allenfalls im Detail, nicht aber grundsätzlich etwas ändern.

494 www.vatican.va/roman_curia/pontifical_councils/pccs/documents/rc_pc_pccs_doc_20000530_ethics-communications_ge.html, s. u.

495 Kirchenamt der EKD, EKD-Studie 1985, – Gemeinsame Erklärung der DBK und des Rates der EKD, Chancen und Risiken der Mediengesellschaft, 1997.

496 EKD-Studie, 1985.

tionssystems" werden mit gesellschaftlichen Tiefenwirkungen in kulturellen und politischen Dimensionen zusammengesehen (17f.).

Auf der Basis dieser Analyse fragt die Studie nach theologisch-sozialethischen Perspektiven und Kriterien. An erster Stelle wird dabei die Gottebenbildlichkeit als Ausdruck der Würde wie der Bestimmung des Menschen zur Gemeinschaft genannt. Der Mensch als Geschöpf wie als Mitarbeiter Gottes steht damit vor der Aufgabe, „in einem Ethos der Verantwortung nach dem Richtigen zu fragen, Entwicklungen daraufhin zu prüfen, ob sie sich als lebensfördernd erweisen oder nicht, und entsprechende Handlungsmodelle zu entwickeln" (22). So wird auch die Technik eingebunden in die Bestimmung des Menschen zur Humanität.

Ein zweiter theologischer Grundgedanke wird unter der Überschrift „Kommunikation und Information" entfaltet: „Menschliches Leben ist in vielfältige Beziehungen hineinverwoben. In seinen Beziehungen und durch sie ist der Mensch Person, gewinnt er Selbstbestimmung und Freiheit. Personsein gründet so in der wechselseitigen Kommunikation mit anderen, eingebunden in die Reichhaltigkeit der geschöpflichen Bezüge" (23). *Information* wird als wesentlicher Bestandteil der Kommunikation gesehen, *mediale und personale Kommunikation* werden einander zugeordnet, „neben die personale – die Beziehung von Mensch zu Mensch betreffende – Kommunikation (tritt) die technisch vermittelte Kommunikation. Die anthropologische Bedeutung technisch-instrumenteller Medien erschließt sich, wenn man sie als ‚Instrumente der sozialen Kommunikation' (Pastoralinstruktion ‚Communio et Progressio') versteht" (25).

Von den beiden Leitgedanken der Gottebenbildlichkeit und der konstitutiven Relationalität des Menschseins her benennt die Studie folgende *„ethische Orientierungen und Kriterien"* (27ff.):

- „Menschheits- und zukunftsorientierte Verantwortung";
- „Offenheit als Korrekturfähigkeit und soziale Beherrschbarkeit";
- „Partizipation und Transparenz";
- „Würde, Schutz und Ganzheitlichkeit menschlichen Lebens";
- „Soziale Verträglichkeit, Gleichheit der Chance und sozialer Ausgleich";
- „Glaubwürdige Kommunikation".

Personale und technisch vermittelte mediale Kommunikation seien beide notwendig und es gelte, unter neuen Bedingungen ein neues Gleichgewicht und Formen gegenseitiger Durchdringung zwischen personaler und medialer Kommunikation zu finden. Mithin stellt sich als „Aufgabe:

234

die technische Effizienz in den Dienst einer neuen verantwortlichen Sozialkultur stellen" (29).

Die EKD-Studie wendet die erarbeiteten Kriterien im weiteren Verlauf auf die Bereiche *Wirtschaft, Arbeitswelt, Datenspeicherung* und *Publizistik* an, ehe schließlich Einflüsse und Aufgaben für Lebenswelt, Familie und Bildung einerseits und für Kirche und Gemeinden andererseits in Blick genommen werden. Die abschließende Zusammenfassung der Grundanliegen der Studie beginnt mit ihrer zentralen These, „daß die tiefgreifenden Veränderungen, die durch die neuen Informations- und Kommunikationstechniken ausgelöst werden, ein verändertes Bewusstsein in Politik, Wirtschaft und Verwaltung sowie in der Bevölkerung ebenso notwendig machen wie verantwortliches Handeln." Eine – auch und gerade mithilfe moderner Informations- und Kommunikationstechniken – *kommunikative* Gesellschaft informierter, kompetenter und mündiger Bürger soll den – auch und gerade durch die modernen Informations- und Kommunikationstechniken – die menschliche Selbstentfremdung vorantreibenden Gefahren einer *lediglich informatisierten* Gesellschaft entgegenwirken. (98f.)

Die EKD-Studie von 1985 zeigt auf ihre Weise die im ersten Abschnitt beobachtete Zwischenstellung des Gegenstandsbereichs, indem zwei Kammern der EKD das Thema moderne Informations- und Kommunikationstechniken gemeinsam bearbeiten. Von der Kammer für soziale Ordnung aus wird der weitere Gegenstandsbereich – in sozialethischer Tradition – als Thema der Technikethik in den Blick genommen. Zugleich kommen mit der Beteiligung der Kammer für publizistische Arbeit spezifisch medienethische Aspekte zum Tragen (z. B. Ordnung der Rundfunk- und Fernseharbeit unter neuen Bedingungen). Die Studie erweist sich – abgesehen von allen inhaltlichen Urteilen – darin als Vorreiter einer ethischen Betrachtung, auch des engeren Gegenstandsbereichs Internet, als sie ihr Thema glücklicherweise nicht nur als (massen-)mediales Thema, aber eben auch nicht nur als technikethisches Thema, sondern interdisziplinär behandelt! [497]

---

[497] Ich verzichte darauf, die im Dokument angegebenen Empfehlungen für die Kirche eigens wiederzugeben. Sie sind zum damaligen Zeitpunkt – natürlich – noch nicht auf das Internet bezogen, das uns hier interessiert. Zu den kirchlichen Gemeinden wird allgemein bemerkt: „Den primären Kommunikationsformen sollen die medial vermittelten Formen der Information und Kommunikation sinnvoll zugeordnet werden" (S. 106).

ii. Chancen und Risiken der Mediengesellschaft (1997)

Noch in anderer Weise kann die Studie von 1985 wenn nicht als Vorreiter, so doch als Vorbild betrachtet werden: 1993 hatte der Rat der EKD bei der Deutschen Bischofskonferenz angefragt, ob angesichts der rasanten Veränderungen im Bereich der neuen Medien nicht ein gemeinsames Wort erarbeitet werden könnte. Im Jahr 1997 war es dann so weit: Mit „Chancen und Risiken der Mediengesellschaft", einem „Gemeinsamen Wort des Rates der Evangelischen Kirche in Deutschland und der Deutschen Bischofskonferenz" wurde für den deutschen Sprachraum mit dem ersten ökumenischen Text zum Thema ein zentrales kirchliches Mediendokument vorgelegt.[498]

Ob unabsichtlich oder gewollt, es finden sich einige Charakteristika der EKD-Studie von 1985 im ökumenischen Text von 1997 wieder: Zum einen die im Titel aufscheinende – und auch als solche im Text benannte – *Ambivalenz* der neueren medialen Entwicklungen und Veränderungen („Chancen und Risiken", vgl. 1985 „Chancen, Gefahren, Aufgaben verantwortlicher Gestaltung"). Und in der inhaltlichen Grundlegung einer christlichen Perspektive auf Medien und Kommunikation kehren an zentralen Stellen die beiden Grundfiguren der *Gottebenbildlichkeit* und der *Beziehungshaftigkeit* bzw. als „Leitbegriffe der christlichen Soziallehre" *Freiheit* und *Sozialität* wieder.

Ehe das ökumenische Dokument allerdings im dritten Kapitel „Medien und Kommunikation in anthropologischer Perspektive" betrachtet, d. h. die eigenen Grundlagen eines *christlichen Menschenbildes* entfaltet, wird in den beiden ersten Kapiteln zunächst die *Entwicklung der Medien* und dann deren bereits benannte Ambivalenz *im Spannungsfeld von Werten und Zielen* erörtert. Der abschließende vierte Teil gibt für acht Bereiche (u. a. Bildung, Journalismus, Entwicklungspolitik und Kirche) jeweils konkrete *Handlungsempfehlungen.*

Auch wenn „Chancen und Risiken der Mediengesellschaft"[499] das Internet nicht als eigenen Gegenstand betrachtet, ist das neue Medium doch 1997 bereits so weit im Horizont der kirchenoffiziellen Aufmerksamkeit, dass sich das Wort selbst immerhin achtzehn Mal im Text findet. Seine Rolle wird eingangs bei der Darstellung der Medienentwicklung

---

498 Chancen und Risiken der Mediengesellschaft, 1997. Zur Vorgeschichte und Entstehung vgl. genauer bei B. Derenthal, Medienverantwortung in christlicher Perspektive, 2006, 191ff.

499 Vgl. zur Analyse z. B. T. H. Böhm, Religion durch Medien – Kirche in den Medien und die „Medienreligion", 2005, 49ff.

unter dem Stichwort *Medientechnik* eigens betont: „Von besonderer Bedeutung ist das Internet, das sich mit großer Geschwindigkeit von einem Kommunikationsnetz von Wissenschaftlern zu einem allgemeinen Kommunikationsmedium entwickelt. Durch die Möglichkeiten des Internet verändern sich auch die Rahmenbedingungen, die bisher für die klassischen Medien galten. Das Internet bietet jedem Nutzer die Möglichkeit, selbst zum Anbieter zu werden und Inhalte zu erstellen, die dann weltweit verfügbar sind. Schließlich „gehört" das Internet bisher nicht wie andere Medien einem Unternehmen, sondern es ist ein Netzwerk von Computernetzwerken. Damit wird auch die Frage der Verantwortlichkeit für die Inhalte zu einer neuen Aufgabe" (1.1.1.).

Weiter findet das Netz explizit Beachtung im Zusammenhang der Inflation der Medieninhalte (1.1.4.), der Chancen und Risiken im wirtschaftlichen (1.2.1.), wissenschaftlichen (1.2.2.) und künstlerischen (1.2.3.) Bereich, aber auch im Feld von Familie (Kinder und Jugend, 1.2.4.) und Kirche und Gemeinde (1.2.6.). Und auch bei der Beschreibung konfligierender Wert- und Zielvorstellungen im zweiten Teil wird das Internet als *pluralitätssteigernd* eigens genannt. Dies geschieht im Zusammenhang der Ambivalenz *Vielfalt und Desorientierung,* die zusammen mit der von *Identität und Entfremdung* unter der Überschrift *Selbstentfaltung und Entfremdung* (2.2) entfaltet wird. Die weiteren Grundambivalenzen, die das Gemeinsame Wort beschreibt, sind die von *technischer Machbarkeit und Sozialverträglichkeit* (2.1.), von *Freiheit und Verantwortung* (2.3.) und von *Gewinn und Gemeinwohl* (2.4.)

Die theologischen Überlegungen des dritten Teils zum „christlichen Menschenbild" richten die bereits notierten Figuren Gottebenbildlichkeit, Beziehungshaftigkeit, Würde, Freiheit und Sozialität durchgehend an dem Begriff der *Kommunikation* aus, der sowohl mit Verweis auf die Vollversammlung des ÖRK 1968 in Uppsala als auch auf die römische Pastoralinstruktion „Communio et Progressio" von 1971 herangezogen wird. Die konsequente Orientierung der theologischen Grundlegung am Kommunikationsbegriff (es wird sowohl auf die „Vertikale" der Gott-Mensch-Beziehung als auch auf die „Horizontale" der Mensch-Mensch-Beziehung verwiesen) lässt die weniger technik-, sondern vielmehr medienorientierte Perspektive erkennen, in der diese Stellungnahme verfasst ist.

Dies macht auf seine Weise auch der erste Teil der abschließenden Handlungsempfehlungen deutlich, der folgende „ethische Orientierungspunkte" nennt, „die sich an der Frage nach der Bewahrung der Würde des

Menschen im Prozeß der medialen Kommunikation ausrichten" (4.1.).
Ausgangspunkt ist dabei stets die Gefährdung einer (Mensch und Leben)
dienenden Funktion der Medien und der öffentlichen Kommunikation:

- Weil Medien Gefahr laufen, Ansätze von Desintegration und Desorientierung zu verstärken, „müssen jene Instrumente der medialen
Kommunikation gefördert und ausgebaut werden, die der Orientierung, der Aufklärung, der Selbstvergewisserung und Verständigung
der Menschen dienen."

- ngesichts der Gefahr des Verlusts der Selbstbestimmung und pro-
blematischer Außenleitung und Fremdbestimmung sind Wege und
Formen zu suchen, „auf dem immer komplexer werdenden Feld der
Kommunikation Selbständigkeit und Eigenverantwortung sowie die
Kompetenzen im Umgang mit den Medien zu stärken."

- Gegenüber der Tendenz zu Einzelinteressen und Machtoligopolen ist
auf Transparenz und Begrenzung von Medienmacht zu achten. Privile-
gien sind abzubauen und für Zugangsgerechtigkeit ist zu sorgen.

- Gegen die Gefahr einer „schwer steuerbaren Eigendynamik" von Me-
diensystemen (Beispiel: „globale Kommunikationsnetze mit einem
anarchischen Freiheitspotenzial") „muß der freie Zugang für eine möglichst große Zahl von Menschen und ihre eigenverantwortliche Teilnahme gesichert werden; die Vernetzung dieser Systeme darf andererseits nicht so gestaltet werden, dass in ihnen nicht mehr verantwortlich
gehandelt werden kann und sie sich einer ethischen Normierung und
rechtlichen Steuerung entziehen."

- Angesichts von Voyeurismus und gewaltverherrlichenden Darstellungen gilt es, „die Würde und Intimität der Menschen zu respektieren, sie
in ihrer Verletzlichkeit zu schützen und ein realistisches Bild vom
Zusammenleben zu vermitteln, das zur Verständigung und zu einer
Reduktion von Gewalt führt.

- Im internationalen Horizont müssen „Wege und Instrumente gefunden
werden, die Möglichkeiten der Medien- und Kommunikationstechniken für die Entwicklung einer internationalen Kommunikations-
gerechtigkeit und für die Verständigung unter den Völkern zu nutzen."

Die Gestaltung der Medien- und Kommunikationstechniken wird vom
Gemeinsamen Wort als gesellschaftliche Gemeinschaftsaufgabe gese-
hen, nur so könnten die Chancen für die Entwicklung der öffentlichen
Kommunikation genutzt und die Risiken begrenzt werden. An erster
Stelle dieser Gestaltungsaufgabe sieht die Stellungnahme von DBK und
EKD dabei die Bildung von Kompetenzen im Umgang mit den Medien-
angeboten (Abschluss von 4.1.).

Diese Empfehlungen von 1997 scheinen sich durchaus auch im Abstand von über zehn Jahren gut auf das Internet zu beziehen. Zunächst allerdings sehen wir zu, wie sich die Beziehung zwischen christlicher Sozialethik und dem Internet fünf Jahre später für die Katholische Kirche in ihrer Erklärung zur „Ethik im Internet" darstellt.

iii. „Ethik im Internet" (2002)

Der seit den siebziger Jahren und der Arbeit an der Pastoralinstruktion „Communio et Progressio" bestehende „Päpstliche Rat zur Förderung der sozialen Kommunikationsmittel" hatte im Jahr 1997 eine Verlautbarung zur Ethik der Werbung und im Jahr 2000 eine zur Ethik der sozialen Kommunikation vorgelegt, ehe er sich im Jahr 2002 explizit mit der „Ethik im Internet" befasst hat.[500] Neben der ca. zwölf Seiten umfassenden Kundgebung zum Thema der Ethik im Netz veröffentlichte der päpstliche Medienrat zum gleichen Zeitpunkt auch einen begleitenden kürzeren Text mit dem Titel „Kirche und Internet", der die kirchliche Bedeutung des Netzes in römischer Sicht darstellt. Eindrücklicher als diese Veröffentlichung unterstrich aber wohl die einen Monat zuvor am 24. Januar 2002 unter dem Titel „Internet: Ein neues Forum zur Verkündigung des Evangeliums" veröffentlichte Botschaft von Papst Johannes Paul II. zum „Welttag der sozialen Kommunikationsmittel" die kirchlichen Möglichkeiten des Internet.[501]

Da es an dieser Stelle um die Frage der kirchlichen Sicht zur Ethik im Internet geht, konzentriert sich die hier gegebene Darstellung auf das dafür einschlägige Dokument *„Ethik im Internet"*. Es gliedert sich in vier Kapitel: Eine Einführung erinnert mit dem Leitwort „Solidarität" an die katholische Tradition der Sozialethik und skizziert die Herausforderungen einer fortschreitenden Globalisierung, im zweiten Teil „Über das Internet" werden die Eigenschaften und Wirkungen des Internet beschrieben, der dritte Abschnitt benennt einige Problembereiche, ehe abschließend zusammenfassend einige Empfehlungen gegeben werden.

---

500 Ecclesia Catholica Deutsche Bischofskonferenz und Ecclesia Catholica Consilium de Communicationibus Socialibus, Ethik im Internet – Kirche und Internet, 2002 Im Netz: www.vatican.va/roman_curia/pontifical_councils/pccs/docu ments/rc_pc_pccs_doc_20000530_ethics-communications_ge.html.

501 Vgl. zum Kommunikationsverständnis der römischen Dokumente oben den Exkurs zur Papstbotschaft in II.2.b. Zur Einschätzung des Verhältnisses von Papstbotschaft und Stellungnahme des Rates vgl.: F.-J. Eilers, Kurzer Kommentar zu den vatikanischen Veröffentlichungen zum Internet im Januar und Februar 2002, 2002. Ebd., 60ff. sind alle drei Dokumente im (deutschen) Wortlaut abgedruckt.

Das Dokument rückt die *Person und die menschliche Gemeinschaft* in den Mittelpunkt einer ethischen Bewertung des Internet und formuliert als ethischen Grundsatz: „Der Mensch und die Gemeinschaft der Menschen sind Ziel und Maßstab für den Umgang mit den Medien. Kommunikation sollte von Mensch zu Mensch und zum Vorteil der Entwicklung des Menschen erfolgen" (Nr. 3, Zitat aus „Ethik in der sozialen Kommunikation"). Daneben werden als zweiter ethischer Grundsatz das *Gemeinwohl* und die Tugend der *Solidarität* gestellt.

Die römische Verlautbarung sieht vor allem die internationalen Horizonte der Thematik, wenn sie von diesen Grundsätzen aus folgende *Norm* formuliert: „Die Verwendung neuer informationstechnologischer Methoden und des Internet muß erfüllt und geleitet sein von einer entschiedenen Verpflichtung zur Praxis der Solidarität im Dienst am Gemeinwohl, und zwar sowohl innerhalb als auch zwischen den Nationen" (Nr. 5).

Die *Eigenschaften* des Internet werden mit der Tendenz zur *Dezentralisierung* zusammengefasst, die zwar ambivalent, aber doch stärker als Gefahr gesehen wird: „Eine idealistische Auffassung des freien Informations- und Ideenaustauschs hat in der Entwicklung des Internet eine löbliche Rolle gespielt. Dennoch stellten sich sowohl die dezentralisierte Struktur als auch die ähnlich dezentralisierte Gestalt des World Wide Web der späten 80er Jahre als kongenial zu einer Anschauung heraus, die sich allem, was irgendwie nach berechtigter Reglementierung öffentlicher Verantwortung schmeckte, widersetzte. So trat ein übertriebener Individualismus bezüglich des Internet zutage." (Nr. 8)

Extremer Individualismus und *Neoliberalismus* werden als Gefahren gesehen, die die durch das Netz eröffnete Erweiterung der Kommunikationsmöglichkeiten gefährden bzw. pervertieren (vgl. Nr. 9). Als erster ethischer Problembereich des Internet wird denn auch mit dem Stichwort *digital divide* das Thema der Zugangsgerechtigkeit im globalen Rahmen angesprochen: Die verschiedenen, nicht nur wirtschaftlichen, sondern auch technischen, sozialen und kulturellen Nutzungsklüfte zwischen „Informationsreichen" und „Informationsarmen" müssen wieder geschlossen werden (Nr. 10). Als Problembereiche im Internet werden auch die Gefahr eines westlichen Kulturimperialismus (Nr. 11) und die Frage der Meinungsfreiheit im Internet genannt: Hier kritisiert der Päpstliche Rat öffentliche Zensur- und Blockademaßnahmen (Nr. 12). Das Dokument lässt die Veränderungen im Journalismus nicht unerwähnt, die sich aus der Beschleunigung und Fülle des Informationsflusses im Internet ergeben (Vollständigkeit, Auswahl und Genauigkeit von Informationen,

Nr. 13), und benennt als letzten Problembereich (Nr. 14) eigens noch einmal sich mit dem Internet verbindende „radikalliberale Einstellungen", die die individuelle Freiheit absolut setzen.

Die Empfehlungen des Dokuments ergeben sich konsequent aus den beschriebenen Normen und Problemen, wenngleich sie gegenüber den klareren Aussagen der Analyseteile doch deutlich blasser erscheinen: An erster Stelle steht die Forderung nach einer umfassenden *Medienausbildung* in Familie und Schule, die sich am Maßstab der Förderung des Gemeinwohls orientiert (Nr. 15). *Staatliche Zensur* sollte einerseits vermieden werden, doch andererseits sei der Staat in der Pflicht, kriminelles Handeln (Betrug, Kinderpornographie etc.) mit entsprechenden Gesetzen zu verfolgen bzw. neue gesetzliche Regelungen für neue Sachverhalte (zB. Verbreitung von Computerviren, Datendiebstahl) zu schaffen. Das *Subsidiaritätsprinzip* der katholischen Soziallehre wird im Dokument in folgender Maxime erkennbar: „Eine Regulierung des Internet ist wünschenswert, und im Prinzip ist Selbstregulierung durch den entsprechenden Wirtschaftszweig das Beste" (Nr. 16). *Ethische Selbstverpflichtungen der Wirtschaft* werden als nützlich anerkannt, sofern die Öffentlichkeit repräsentativ einbezogen ist, doch wird auch die Möglichkeit staatlichen Eingreifens, z. B. durch die Einrichtung beratender Medienkommissionen, angemahnt. Um weltweit die *digitale Kluft* zu überwinden, müssen internationale, staatliche und nichtstaatliche Organisationen unter dem Dach der Vereinten Nationen dazu beitragen, Bewusstsein und Strukturen für internationale Solidarität zu schaffen (Nr. 17). Dabei betont der Päpstliche Rat mit Verweis auf das Paralleldokument „Kirche und Internet", „daß die katholische Kirche zusammen mit anderen religiösen Organismen eine sichtbare, aktive Präsenz im Internet entfalten und ein Partner in der öffentlichen Diskussion über seine Entwicklung sein sollte. ,Die Kirche nimmt sich nicht heraus, diese Entscheidungen und diese Auswahl zu diktieren, sondern sie versucht dadurch eine echte Hilfe zu leisten, dass sie auf die für diesen Bereich geltenden ethischen und moralischen Kriterien hinweist – Kriterien, die man in den zugleich menschlichen und christlichen Werten finden wird'" (Nr. 18 mit Zitat aus *Aetatis Novae).*

Bei aller Kritik an Tendenzen im Internet hält „Ethik und Internet" im Schlussabsatz fest: „Das Internet kann einen äußerst wertvollen Beitrag zum Leben der Menschen leisten. Es kann Wohlstand und Frieden, intellektuelles und ästhetisches Reifen und gegenseitiges Verständnis zwischen Völkern und Nationen auf Weltebene fördern." Darin spiegelt sich die bereits in den vorher skizzierten Dokumenten beobachtete „*dop-*

pelte Sichtweise" auf moderne Medien und deren Entwicklung: Sie bieten Chancen und Risiken, Möglichkeiten und Gefahren. Medien sind bleibend ambivalent: im positiven wie im negativen Sinn sind sie *„höchst wirksame Faktoren"*.[502]

b. Universitäre Kontexte – Protestantische Fehlanzeige

Ähnlich wie bei den kirchenoffiziellen Stellungnahmen fällt auch bei der universitär-theologischen Beschäftigung mit der Ethik des Internet (zumindest da, wo sie explizit als solche kenntlich gemacht ist) im deutschsprachigen Raum ein gewisses katholisches „Prae" auf. Nimmt man hier besonders die *institutionellen Aspekte* in den Blick, so ist jedenfalls bemerkenswert, dass das in den letzten Jahren verstärkt auch netzethische Themen reflektierende „Netzwerk Medienethik", ein interdisziplinäres Gesprächsforum zu ethischen Fragen im Medienbereich,[503] an der Hochschule für Philosophie der Jesuiten in München beheimatet ist. Auch wenn das einerseits der persönlichen Initiative von Rüdiger Funiok, dem Leiter des dortigen Instituts für Kommunikationswissenschaft und Erwachsenenpädagogik,[504] geschuldet ist und andererseits das Netzwerk Medienethik durchaus ökumenische Wurzeln vorweisen kann,[505] manifestiert sich darin zugleich doch auch die katholische Bereitschaft, das Thema Medien und Internet als explizit theologisch-ethisches Thema zu betrachten.

In anderer Weise wird dies durch den Lehrstuhl für Christliche Sozialethik unterstrichen, den Thomas Hausmanninger an der Katholisch-Theologischen Fakultät der Universität Augsburg seit 2001 innehat. Internet- und Informationsethik bilden hier erkennbar einen Schwerpunkt in Lehre und Forschung.[506]

---

502 So *Communio et Progressio,* 21 (Kursivierung TZ); zit. nach T. H. Böhm, Religion durch Medien – Kirche in den Medien und die „Medienreligion", 2005, 55. Böhm gelangt ebd. im Vergleich von *Chancen und Risiken der Mediengesellschaft* mit römischen Aussagen zum gleichen Fazit.

503 Vgl. www.netzwerk-medienethik.de.

504 Vgl. www.hfph.mwn.de/einrichtungen/ike.

505 Dies betont W. Wunden, Netzwerk Medienethik – ein Experiment, S. 319–333 in: C. Drägert/N. Schneider (Hrsg.), Medienethik. Freiheit und Verantwortung 2001. In diesem Zusammenhang ist darauf zu verweisen, dass bei der Gründung auch die World Association for Christian Communication (vgl. www.wacc. org.uk) Pate stand, vgl. zur Entstehungsgeschichte: A. König, Medienethik aus theologischer Perspektive, 2006, 123f.

506 Vgl. www.kthf.uni-augsburg.de/prof_doz/hausmanninger (Abruf 8.8.2007).

Der Eindruck, dass die theoretische Netzethik im theologischen Kontext weithin eine „katholische Sache" ist, bestätigt sich, wenn man auf die Bearbeitung des Themas in akademischen Printveröffentlichungen blickt. Im Titel von wissenschaftlichen Werken findet sich das Internet (im deutschsprachigen Raum) als Thema theologisch-ethischer Reflexion *explizit* (bisher) lediglich in Philippe Patras Studie „Ethik und Internet. Medienethische Aspekte multimedialer Teilhabe".[507] Und Gegenstand einer theologischen Zeitschriftennummer war die Internetethik bisher nur in Heft 1 des Jahres 2005 von *Concilium,* einer internationalen katholischen Zeitschrift: „Cyber Space – Cyber Ethics – Cyber Theology".[508]

Mit dieser kurzen Bestandsaufnahme soll keineswegs in Abrede gestellt werden, dass es durchaus auch im Kontext evangelisch-theologischer Fakultäten einzelne auf das Internet bezogene medien- und informationsethische Aktivitäten an deutschsprachigen Universitäten gibt.[509] Immerhin bleibt bemerkenswert, dass dem evangelischen Kontext entstammende Beiträge auch dort, wo sie aktuell sind, sich im Unterschied zu vorliegenden katholischen Beiträgen nicht explizit auf das Internet beziehen, sondern dieses im Zusammenhang theologischer Medienethik mit behandeln.[510] Ob sich darin die beobachtete stärkere institutionelle Unterstützung für das Thema einer Ethik des Internet im katholischen Raum niederschlägt?[511]

Unbeschadet der Fehlanzeige zu explizit netzethischen Erörterungen auf protestantischer Seite seien im Folgenden aus dem akademischen Kontext in aller Kürze zwei Beiträge skizziert. Zum einen katholischerseits die an der Universität Münster gefertigte Studie von Philippe Patra aus dem Jahr 2001, zum anderen als evangelisches Pendant die von

---

507 P. Patra, Ethik und Internet – Medienethische Aspekte multimedialer Teilhabe 2001, vgl. unten!

508 E. Borgman, et al., Cyber Space – Cyber Ethics – Cyber Theology, 2005.

509 Vgl. z. B. das Forschungsprojekt „Religion, Medien, Ethik und öffentliche Kultur" von G. Thomas an der Ruhr-Universität Bochum (www.ruhr-uni-bochum.de/systheol-thomas/Religion und Medien.html, abgerufen am 26.11.2007), aber auch den neu eingeführten Masterstudiengang „Medien – Ethik – Religion" der Abteilung Christliche Publizistik an der FAU Erlangen-Nürnberg (vgl. www.medien-ethik-religion.de).

510 Vgl. z. B. A. König, Medienethik aus theologischer Perspektive, 2006, s. u.

511 S. freilich auch M. Schibilskys Überlegungen in seiner Münchner Antrittsvorlesung 1997 zu „Sieben Vorbehalten", warum sich die Theologie selten mit dem Thema Medien(ethik) beschäftigt hat (M. Schibilsky, Kirche in der Mediengesellschaft, 2000).

Andrea König im Jahr 2005 an der Universität Regensburg als Dissertation eingereichte „Medienethik aus theologischer Perspektive". Hier firmiert das Internet zwar nicht im Titel, bildet aber doch einen wichtigen und thematisch herausgehobenen Fixpunkt der (medien)ethischen Überlegungen.

i. Philippe Patra, Ethik und Internet (2001)

PHILIPPE PATRAs schmaler Band „Ethik und Internet" unterstreicht auf seine Weise die eben ausgeführte Beobachtung, dass die explizit ethische Betrachtung des Internet eher an den katholisch-theologischen Fakultäten zu Hause zu sein scheint. Im Mittelpunkt seiner Betrachtungen steht das Internet als Medium, Patra sieht seine Arbeit, wie der Untertitel zeigt, als Beitrag zur Medienethik, den er selbst eher deskriptiv denn normativ verstanden wissen will.[512]

Die theologischen Ansatzpunkte seiner Position entfaltet er im zweiten Kapitel: „Der ethische Kontext". *Personalität* ist für ihn dabei die wichtigste Kategorie des ethischen Ansatzes, die menschliche Person deshalb Ziel aller gesellschaftlichen Institutionen. In Anknüpfung an Alfons Auer bestimmt Patra die Autonomie der menschlichen Person als „relationale Autonomie des Sittlichen", mit Thomas Hausmanninger bemerkt er dabei zwischen seinem anthropologisch fundierten Personbegriff und dem Subjektbegriff der Moderne eine große Koinzidenz.

Konstitutiv zum Personbegriff gehören für Patra die Momente *Identität, Sozialität und Mundanität* (m. a. W.: Selbstbezug, Fremdbezug und Weltbezug), die alle drei „nur anhand eines Mediums zu thematisieren" sind. (23) Im Kontext des technischen Gegenstands Internet als globalem und multimedialem Medium ergeben sich für die drei personalen Bezüge folgende „medienethischen Näherungen":

1. *Identität:* Die Orientierungsleistungen, die das Medium Internet erbringt, sind im Vergleich zu bisherigen Leitmedien wie z. B. dem Fernsehen schwach: Weder ist eine temporale Struktur im Netz ausgeprägt, noch werden die Informationen gefiltert und reduziert, im Gegenteil: *„Hyperaktivierte* Medien [wie das Netz, TZ] laufen Gefahr, das Informationsanliegen des Nutzers im rhizomatisch ausufernden Kontext versiegen zu lassen. Sie überreizen ein allgemeines Informationsbedürfnis und können desorientierend wirken. ... Das bisherige Geländer

---

512 P. Patra, Ethik und Internet – Medienethische Aspekte multimedialer Teilhabe, 2001.

medialer Orientierung löst sich im *Cyberspace* auf. Die neue Freihändigkeit ist autonomer, gleichzeitig aber auch anspruchsvoller" (67 u. 71). Von daher ergibt sich die ethische Aufgabe, die Kompetenz des Nutzers zur bewussten und willentlichen Eigenorientierung im Netz zu stärken, sich selbst also das rechte Maß zu setzen: „In dieser koordinatenlosen Umgebung muss der Nutzer seinen Willen klar formuliert haben. Fehlt indes die sich selbst bewusste Intention oder vergisst sie sich im *Link-Labyrinth* auf dem Weg zu ihrem Ziel, löst sich gleichzeitig auch der selbstvergewissernde Reflex auf, in dem jedes Medium den Menschen immer auch ein Stück vor sich selber bringt. Es führt in diesem Fall nicht mehr zur Begegnung des Menschen mit sich selbst" (109).

2. *Sozialität:* Das Internet eröffnet neue soziale Räume. Diese stellen nach Patra das Gespräch „unter Vorbehalt", insofern sie wesentlich durch eine Anonymität gekennzeichnet sind, die Authentizität und Wahrheitsverpflichtung problematisch mach (vgl. Chats usw.). Demgegenüber gelte es, gegen eine „Kolonisierung der Kommunikation durch die Apparatur" die selbstkonstitutive Bedeutung unmittelbarer Begegnung zu stärken: „Allein sie stellt einen Rahmen, in dem existentielle Kommunikation gelingen kann. Demgegenüber eignet dem computervermittelten Kommunikationsmodus ein depersonalisierendes Moment" (109).

3. *Mundanität:* Hier spricht Patra die konstruktivistische Vervielfältigung des Realitätsbezuges an, die in ethischer Hinsicht zu einer Beliebigkeit von Handlungsalternativen führen könne (99f.). Für das Alltagsbewusstsein wichtiger erachtet er die Veränderungen in der temporalen Dimension: Das Internet führt zu einer Beschleunigung und Dynamisierung, der in ethischer Hinsicht ein *Plädoyer für Langsamkeit und Entschleunigung* zur Seite gestellt werden müsse. „Anderenfalls verschließt sich der Mensch den selbst- und weltvergewissernden Erkenntnismöglichkeiten, die in der Lebenstiefe kontemplativer Zeitphasen verborgen sind. Bei dem Versuch, die eigenen Intervalle einer *Medienzeit* anzugleichen, deren Puls mit Lichtgeschwindigkeit Datenpakete von einem Ende der Welt zum anderen befördert, macht sich der Mensch zum Gehetzten, der beim steten Blick auf die Uhr die Welt aus den Augen verliert" (107).

Patras Verständnis von sittlicher Autonomie der Person zeigt sich abschließend noch einmal darin, dass er die wichtigste Aufgabe einer Medienethik darin erkennt, dem Menschen ein bewusstes Abstandnehmen beim Mediengebrauch zu ermöglichen, „in dem der Mensch kurz die *mediale Fensterscheibe* selbst fokussiert, bevor er durch sie hindurchblickt" (110). Medienethik hat also die „diaphanen Strukturen eines Mediums zum Vorschein zu bringen. Indem sie diese sichtbar werden lässt, leistet sie ihren Beitrag zur Immunisierung des Individuuums gegen selbstentfremdende Einflüsse und gewährleistet so eine möglichst autonome Lebensgestalt der Person" (109).

Bemerkenswert an Patras Beitrag ist die Betonung der Mündigkeit der menschlichen Person, die er wie gesehen konstruktiv und kritisch zu den Herausforderungen der Kommunikation im Internet in Beziehung setzt. Dass in anthropologischer Sicht die bei Patra gegebene Nähe zum Subjektbegriff der Moderne durchaus kritisch zu betrachten ist, werden die weiteren Überlegungen im dritten Kapitel dieses Teils herausarbeiten.

ii. Andrea König, Medienethik
aus theologischer Perspektive (2006)

In ihrer breit angelegten Studie untersucht ANDREA KÖNIG zunächst das Verhältnis von Protestantismus und Medien in historischer Perspektive, ehe sie sich im zweiten Teil der Gegenwart zuwendet, ein Ausblick stellt den abschließenden dritten Teil dar. Im ersten Teil zeigt die Autorin, dass und wie der Protestantismus in seiner Geschichte medienkritische wie medienproduktive Motive zum Tragen gebracht hat und seinerseits der Medienethik Anregungen gegeben hat.[513]

Die Grundlagen für eine *theologische Medienethik* sieht König in der Gottebenbildlichkeit des Menschen als sozialem Beziehungswesen, das in Verantwortung gegenüber Gott, Mitmensch und sich selbst lebt (174ff.). Damit bewegt sie sich in ihrer Bestimmung der theologischen Grundlagen ganz auf der Linie, die von den oben skizzierten Verlautbarungen von 1985 und 1997 gezogen wurde. Mit diesen theologischen Grundlagen gelte es, das biblische Ethos in der unübersichtlichen Landschaft des Wertepluralismus und der Mediengesellschaft einzubringen: „Durch die Kontextualisierung der Medien und Menschen in anthropologische Zusammenhänge, worin aus theologischer Sicht auch die ethische Verantwortung mit eingeschlossen ist, kann die Theologie einen

---

513   A. König, Medienethik aus theologischer Perspektive, 2006, 129. In diesem explizit protestantischen Fokus der Arbeit von König liegt der Grund, dass ich hier ihre Studie und nicht die im gleichen Jahr erschienene Studie von B. Derenthal vorstelle, vgl. B. Derenthal, Medienverantwortung in christlicher Perspektive, 2006. Ich greife daraus einige Überlegungen unten im dritten Abschnitt auf.

wichtigen Beitrag zur Medienethik erbringen. . . . Wer über Medien, Mediatisierung und Mediengesellschaft reflektiert, muss sich unweigerlich auch dem dabei zugrunde liegenden Menschenbild zuwenden" (181).

Der theologische Beitrag zur Medienethik besteht dann vor allem im Versuch, eine „theologische Medienanthropologie" zu entwerfen. Sie basiert auf folgenden Annahmen:

1. „Der Mensch als Ebenbild hat die Gabe als zur Freiheit geschaffenes Wesen, die Medien zu gestalten und zu nutzen, aber auch zugleich die Aufgabe, verantwortungsvoll damit umzugehen."

2. „Die ethische Entscheidungsfreiheit des Ja-oder-Nein-Sagen-Könnens, in die wir von Gott gestellt wurden, ist eine Entscheidungs- und Wahlfreiheit, die wir auch in den verschiedenen Medienangeboten verantwortungsvoll wahrnehmen müssen."

3. „Die Freiheit des Menschen in der Mediengesellschaft ist nur möglich, wenn diese in Verbindung gebracht wird mit einer wertorientierten Verantwortung" (181).

Medien und Menschen werden so in einem anthropologischen Kontext zusammengesehen. Hierin liege eine wichtige Aufgabe theologischer Medienethik, weil das Mediensystem nicht einfach als autonomes System verstanden werden dürfe, in dem die Frage nach der Bedeutung für den Menschen untergeht (183). Es sei vielmehr wichtig, die Medialität des Menschen (im Zusammenhang der Kommunikation) als Grund menschlicher Freiheit wie der Pflicht zur Verantwortung zu beschreiben (190f.).

Von hier aus ergibt sich die Wichtigkeit einer *Ethik der Medienrezeption*. Es geht dabei um ein aktives Handeln des Rezipienten als Medienteilnehmer, das bisher in der Medienethik weitgehend vernachlässigt worden sei. Mit Larissa Krainer sieht König die Verantwortung der Rezipienten auf vier Ebenen thematisiert: als *staatsbürgerliche Mitverantwortung für Medien,* als *Verantwortung für sich selbst und die eigene Freizeit,* als *Verantwortung für Heranwachsende in der Erziehungsarbeit* und – grundsätzlich – als *Begründung von und Forderung nach einer kollektiven Verantwortung im Umgang mit den Medien.*[514]

---

514 A.a.O., 193f. mit Verweis auf L. Krainer, Medien und Ethik, 2001, 182–206. (Leider bleibt in Krainers Habilitationsschrift das Internet als Thema der Medienethik außen vor.) Vgl. zu den Stichworten *Publikumsethik* und *Verantwortungsethik* für die Medienethik auch die Beiträge von Rüdiger Funiok (v. a. R. Funiok, Medienethik, 2007), auf die auch König immer wieder verweist.

Von dieser Orientierung am Medienteilnehmer aus kommt vorrangig die aktive Nutzung der Medien in den Blick, wobei sich im Blick auf die Heranwachsenden ein besonderes Interesse und eine Nähe der Medienethik zur *Medienpädagogik* ergibt. „Dabei stellt sich die Frage, wie Medienerziehung in den Institutionen verankert werden muss und welchen Inhalten sie verpflichtet sein soll. Insgesamt geht es bei der Verantwortung der Erziehungsarbeit im Kontext der Medienethik einerseits um die Förderung der Medienkompetenz und anderseits um die zunehmende Wichtigkeit, Kindern und Heranwachsenden die Divergenz zwischen virtueller und praktischer Realität aufzuzeigen" (195).

König plädiert also nicht dafür, die theologische Medienethik als einen eigenen medienethischen Bereich zu etablieren, sondern will mit einem anthropologischen Ansatz, der seinerseits schöpfungstheologisch fundiert ist, ihrerseits der Medienethik eine Grundlage für deren weitere Konzeptentwicklung bieten. Dabei versucht sie das christliche *Menschenbild* mit der Wahrnehmung und Verantwortung von *Medienkompetenz* zusammenzusehen (196).

Das *Internet* findet explizite Berücksichtigung, wenn König im dritten Kapitel das Verhältnis von Medien und Protestantismus in der gegenwärtigen Mediengesellschaft aus ethischer Perspektive beleuchtet. Dabei greift sie die oben bereits entfalteten Beschreibungen von Bernhard Debatin u. a. auf, in denen die medienethischen Herausforderungen des Netzes beschrieben werden. Im Anschluss an Thomas Hausmanninger konstatiert die Autorin: „Das Internet stellt normative Probleme, die nicht auf legislative Weise beseitigt werden können. Stattdessen bedarf es netzinterner und öffentlicher Auseinandersetzungen über Normen des Handelns und Zusammenlebens unter den Bedingungen eines globalen Kommunikationsnetzes. Es ist die Aufgabe einer Medienethik des Internet, solche Prozesse zu reflektieren, zu interpretieren und sie in einen allgemeinen Bezugsrahmen zu stellen" (238).

Dabei stellt das Internet nach König die medienethische Reflexion deshalb vor neue Herausforderungen, weil seine komplexe Struktur es enorm schwierig macht, auf schlüssige Weise moralisch verantwortliche Handlungsträger zu identifizieren, denen dann entsprechende Verantwortung attribuiert werden kann. Weil dem so ist, müsse der *Selbstregulierung der Medien* in stärkerer Weise als in der bisherigen Mediengeschichte die *Eigenverantwortung der Rezipienten* zur Seite treten. „Gerade die Komplexität und Schwierigkeit ethischer Normierung eines an sich dezentralen Netzwerks legt diesen Ansatzpunkt nahe. Die medienethischen Herausforderungen, vor die uns das Internet stellt, implizieren auch eine große Chance, wo sich eine bisher vielleicht eher passive Publikumsverantwortung in eine aktive Benutzerverantwortung wandeln könnte" (241f., vgl. 244). An exemplarischen Problemfeldern einer Netzethik nennt König an erster Stelle die Wahrung der Menschenrechte und die Achtung der menschlichen Person, damit im Zusammenhang dann Gewaltdarstellungen und das Thema Kinderpornografie. Sie warnt dabei jedoch davor, die Regulierungen zu übersehen, die im Netz selbst bereits vorhanden sind, um den Missbrauch des Mediums zu verhindern (244f.).

Nachdem sie die oben vorgestellten kirchlichen Stellungnahmen zu den Medien beschrieben hat, entfaltet König im vierten Kapitel ihr eigenes medienethisches Plädoyer unter der Überschrift „Von der Medienkritik zur Medienkompetenz: Medienethische Orientierung unter dem Anspruch des protestantischen Glaubens". Dabei fasst sie das *Ziel einer rezipientenorientierten theologischen Medienethik* dahingehend zusammen, dass es weniger um gesetzliche Normen und Regelungen „von außen" gehe, „sondern vielmehr um Haltungen, welche die einzelnen am Medienprozess Partizipierenden gegenüber den Medien einnehmen. Ziel solch medienethischer, am Medienteilnehmer orientierter Überlegungen ist letztendlich eine kompetente Haltung zu entwickeln und zu fördern" (352).

Wie Patra sieht auch König mit dem Internet besonders hohe Anforderungen an die *mediale Kompetenz der Nutzerinnen und Nutzer* gestellt. Die Orientierungsaufgabe angesichts der Unmenge an Information ist immens: „Wer von diesem Wissensangebot profitieren will, muss zunächst zu trennen verstehen. Dies ist nur mit einer soliden Bildung möglich. Gerade das Internet, dem insgesamt eine Ordnungsstruktur fehlt, die dem Nutzer die Qualität der abrufbaren Informationen aufzeigen würde, setzt eine hohe Kompetenz seitens der Nutzer voraus." In pädagogischer Hinsicht ist hier neben dem Elternhaus besonders die Schule gefragt (359).

Ebenfalls parallel zu Patra legt auch König dabei besonderen Wert auf die *personale Komponente*. Dabei hält sie die religiöse und kulturelle Orientierung im Nahbereich für wichtig, damit sich personale und mediale Kommunikation sinnvoll ergänzen. Die menschliche Person „muss im medienethischen Diskurs . . . Ziel und Maßstab sein. Das Ziel der Medienethik ist der kommunikative Mensch in seiner Kompetenz" (365). Seiner geschöpflichen Verantwortung wird der Mensch in der gegenwärtigen Mediengesellschaft gerecht, wo er sich selbst zu verantwortlichem Mediengebrauch verpflichtet. König zitiert hierzu eine von Gregor M. Jansen formulierte Maxime: „Die Form von Mediennutzung ist zu bevorzugen, welche die Selbstentfaltung und persönliche Entfaltung in Freiheit und ethischer Verantwortung fördert."[515]

Im abschließenden Teil blickt die Autorin auf den *globalen Horizont* und die sich damit verbindenden Fragen von Informationsfreiheit und Zugangsgerechtigkeit, denen sich eine zeitgenössische Medienethik heute in einer interkulturellen und interreligiösen Welt gegenübersieht. Auch hier gebe es kein Patentrezept, wohl aber böten sich Möglichkeiten, Zusammenhänge zu durchschauen und auf ihre (medien-)ethischen Dimensionen zu befragen (382).

Wesentlich an Königs Überlegungen scheint mir insbesondere die Betonung einer „kompetenten Haltung" des Mediennutzers bzw. der -nutzerin samt deren anthropologischer Begründung und der daraus resultierenden Bildungsaufgabe, die Medienethik und Medienpädagogik nah zueinander rückt. Im dritten Kapitel werden diese Punkte unten weiter geführt werden. Dabei wird auch zu überprüfen sein, welche Leistungsfähigkeit, aber auch welche Probleme der von König in Anspruch genommene Leitbegriff der „Verantwortung" in sich birgt.

c. Stimmen aus der Praxis kirchlicher Netzarbeit

Während die ethische Reflexion des Internet im kirchenoffiziellen wie im universitären Kontext wie gesehen katholischerseits verschiedene theoretische Beiträge zu verzeichnen weiß, scheint sie auf evangelischer Seite vorwiegend in der Hand von Praktikern kirchlicher Medien- und Internetarbeit zu liegen. Zumindest fällt auf, dass aus diesem Bereich einige Stellungnahmen zum Thema einer Ethik im Internet vorliegen.

i. Margot Käßmann: Herausforderungen an unsere Verantwortung – Multimedia, Medien und Internet

Als Beitrag einer Praktikerin kirchlicher Medienarbeit kann der von MARGOT KÄSSMANN 2004 bei einer Veranstaltung der Deutschen Telekom gehaltene Vortrag „Herausforderungen an unsere Verantwortung – Multimedia, Medien und Internet" gelesen werden.[516] Die damalige hannoversche Bischöfin beschreibt darin Chancen, Probleme und Aufgaben angesichts der rasanten medialen Veränderungen der Gegenwart.

---

515 A.a.O., 362 mit Zitat von G. M. Jansen, Mensch und Medien, 2003, 322.
516 M. Käßmann, Herausforderungen an unsere Verantwortung – Multimedia, Medien und Internet, 2004.

Die *Demokratisierung von Information* schildert sie am Beispiel durch das Internet ermöglichter Veränderungen in China. Neben Chancen für die Demokratisierung erkennt Käßmann beim Informationszugang auch *Bildungs-* und *Beteiligungschancen, z. B.* bei älteren Menschen. „Problemkonstellationen" sieht sie zum einen im Bereich der Inhalte: Menschenverachtende Darstellungen im Netz berühren das Thema *Menschenwürde.* Ein zweiter Problembereich ist das Thema Digital Divide, einer *Zweiklassengesellschaft* derer, die online sind, und derer, die es nicht sind. Dabei spricht Käßmann Zugangsdifferenzen von Barrierefreiheit bis weltweite Ungerechtigkeit an. Eine dritte Problemkonstellation identifiziert die Bischöfin mit dem Thema der *Macht (frage):* Welchen Regeln folgt z. B. politische Kommunikation im Internet?

Vom protestantischen Grundmotiv der *Verantwortung* her sieht Käßmann für die Kirche die Aufgabe, die im Internet ermöglichten anonymisierten Kommunikationsformen z. B. in der Seelsorge zu nutzen, aber auch zu verdeutlichen: „Kommunikation muss immer wieder auf ein personales Geschehen zurückgeführt werden." Eine der größten Herausforderungen erkennt sie in der *Erziehung von Kindern und Jugendlichen zur Medienkompetenz* und der gleichzeitigen *Entwicklung ethischer Standards.* Es geht ihr hier „nicht um eine Verbotsethik, sondern den Versuch, eine positive Informationsethik zu entwickeln." Dabei komme dem Diskurs unterschiedlicher gesellschaftlicher Gruppen besondere Bedeutung zu, um sich „grenzübergreifend über gemeinsame ethische Standards (zu) verständigen." Damit dieses Ziel erreicht werden kann, braucht es die selektive Zusammenarbeit, beispielsweise „zwischen Kloster und Medienwelt", „um gemeinsam zumindest exemplarisch den Herausforderungen der Kommunikationsgesellschaft kreativ zu begegnen."[517]

---

517 Alle Zitate nach http://www.ekd.de/internet/040219_kaessmann.html, (Abruf 16.8.08). Käßmann verweist dabei auf die Bemühungen von www.nethics.net (vgl. oben 1.a) und auf das Thema „Jugendschutz": „Was wir brauchen, ist eine Koalition vertrauenswürdiger Größen, die einen Spezialgebiet-Internet-Zugang für Kinder und Jugendliche anbietet, der das Surfen auf problematische Seiten

ii. Markus Eisele, Online ohne Rücksicht? –
Internet und Ethik

Noch stärker der Praxis kirchlicher Internetarbeit entstammt der Beitrag von *MARKUS EISELE*, „Online ohne Rücksicht? – Internet und Ethik".[518] Auch der ehemalige Leiter der Arbeitsstelle Internet im Gemeinschaftswerk der Evangelischen Publizistik (gep) in Frankfurt am Main beschreibt darin zunächst kurz die Chancen des Internet, ehe er auf „ethische Problemfelder des Internet" zu sprechen kommt.

Aus dem grundlegenden Merkmal der *Individualisierung* ergeben sich nicht nur immense Möglichkeiten der Informationsbeschaffung und der Machtentfaltung, sondern zugleich auch eine Vielzahl individueller Lasten: Dabei führt Eisele nicht nur die bekannten Probleme des Digital Divide vor Augen, sondern macht auch auf das Problem fortschreitender gesellschaftlicher *Segregation* aufmerksam. So teile sich das globale Dorf möglicherweise in viele verschiedene Parallelwelten. Weil so die Gefahr besteht, dass soziale und gesamtgesellschaftliche Aspekte nicht mehr genügend zur Sprache kämen, schlägt Eisele vor, das duale System von privatem und öffentlich-rechtlichem Rundfunk auch auf das Internet auszuweiten.

Mit Blick auf das journalistische Ethos erkennt der Theologe in der *Verzahnung von Journalismus und PR* eine besondere Herausforderung. Zwar sei diese nicht erst mit dem Internet gegeben, doch fehlten Kontrollinstrumente und eine entsprechende Sicherung der Qualität im Online-Journalismus. Im Blick auf den *Kinder- und Jugendschutz* favorisiert Eisele eine von Bertelsmann 1999 mit initiierte Filterlösung.[519] Darüber hinaus betont auch er die Notwendigkeit der Bildung von Medienkompetenz bei Kindern und Jugendlichen selbst, die nicht dadurch erledigt sei, dass Kinder und Jugendliche einen (ggf. durch Filter) passenden Zugang zum Internet erhalten.

Weitere „Felder der ethischen Reflexion des Internet" sieht Eisele in der Problematik der Abhängigkeit und Sucht durch ein *Abtauchen in*

---

ausschließt. . . . finden wir eine Art Redaktion, die eine inhaltliche Bewertung ermöglicht?".

518   M. Eisele, Online ohne Rücksicht? – Internet und Ethik, o. J. Online unter www. gep.de/internet/eisele/ethik.html (Abruf 3.7.06).

519   Vgl. www.icra.org und www.jugendschutzprogramm.de (Abruf 16.8.07). Die seit Verfassen des Artikels von Eisele an dieser Stelle fortgeschrittene Diskussion hat gezeigt, dass die Installation von Internet-Filtern *allein* jedenfalls keinen befriedigenden Schutz bringen kann, vgl. auch die Hinweise auf der Portalseite www.jugendschutz.de und ihren Unterseiten (Abruf 16.8.07).

Scheinwelten („Entwirklichung"), in der *Bedrohung informationeller Selbstbestimmung* durch fortschreitende Kommerzialisierung und einer möglichen *kulturellen Normierung* aufgrund des einheitlichen technischen Systems. Die Pointe seines Beitrags fasst der Autor am Schluss noch einmal als Appell an die Praktiker: „Die Praktiker sind gefragt, sich im wohlverstandenen Gemein- und Eigeninteresse zu engagieren. Wer Online-PR betreibt, muss Chancen und Grenzen seines Tuns bedenken, wer E-Commerce-Angebote macht und Daten sammelt, sollte die Implikationen seines Handelns ausloten. Denn mittelfristig hat nur das eine wirtschaftliche Zukunft, was auch ethisch vertretbar ist. Es wird auf die Akzeptanz der Nutzer stoßen und sich damit nicht selbst schaden."[520]

d. Solidarität und Freiheit: Ethik-Bildung im Netz als Gemeinschaftsaufgabe von Zugangsgerechtigkeit bis Inhaltsintegrität

Die kirchlichen Dokumente und Äußerungen benennen sämtlich die prinzipielle *Ambivalenz* des Mediums Internet: Mit der Einführung und Entwicklung des Netzes sind Chancen gegeben und Risiken verbunden. Auch wenn Akzentunterschiede in der Gewichtung von Chancen und Risiken bzw. Gefahren unübersehbar sind, so betonen alle Beiträge die mit dem Internet verbundene *Gestaltungsaufgabe*. Diese verbietet es, das Netz einseitig positiv oder negativ zu sehen. Unterschiede sind dabei auch darin erkennbar, wie stark die im ersten Teil dieser Studie herausgearbeitete Eigendynamik des Internet in Blick genommen wird.[521]

Inhaltlich werden die im weiteren Feld der Netzethik verhandelten Themen alle von kirchlicher Seite angesprochen. Auch die kirchliche Sicht der inhaltlichen Probleme kreist dabei immer wieder um die Brennpunkte der *Zugangsgerechtigkeit* und der *Inhaltsintegrität*. Die globalen Aspekte des Brennpunkts Zugangsgerechtigkeit kommen auf katholischer Seite in dem vatikanischen Dokument von 2002 besonders deutlich als ethische Probleme zur Sprache. In praktischer Hinsicht konkretisiert sich die Zugangsfrage im kirchlichen Bereich einerseits am Thema der Barrierefreiheit und andererseits an der Forderung der Bildung von Medienkompetenz, um Nutzungsklüfte (z. B. von älteren Personen ge-

---

520 www.gep.de/internet/eisele/ethik.html (Abruf 16.8.07).
521 Am deutlichsten nach meinem Urteil – im Blick auf die IuK-Techniken insgesamt – in der EKD-Studie von 1985, aber auch im „Gemeinsamen Wort" von 1997 kommt in 4.1. die „schwer steuerbare Eigendynamik" zur Sprache. In der Benennung der Wirkungen der Netzdynamik ist das vatikanische Dokument von 2002 am prägnantesten.

genüber jüngeren) zu überwinden. Auf der Seite der inhaltlichen Aspekte wird durchgängig der Schutz der Menschenwürde besonders betont. Darin zeigt sich eine weitgehende *Kongruenz in den Begründungen zu den grundlegenden Normen* für ethische Urteile zum Netz. Mit den drei Stichworten *Gottebenbildlichkeit, Beziehungshaftigkeit* und *Verantwortung* sind zentrale gemeinsame Grundlagen benannt, die in den einzelnen Beiträgen zwar in unterschiedlicher Akzentsetzung begegnen, aber doch (wie das Gemeinsame Wort von 1997 zeigt) weitgehende Gemeinsamkeiten erkennen lassen. In der katholischen Tradition wird dabei der Gedanke der Verpflichtung zur *Solidarität* besonders herausgearbeitet, auf evangelischer Seite der Gebrauch des Geschenks der *Freiheit* eigens akzentuiert.

Entsprechend wenden sich einige der evangelischen Beiträge ausdrücklich *gegen eine Verbotsethik* und fordern stattdessen dazu auf, die *Eigenverantwortung* durch Vermittlung von Medienkompetenz zu stärken und eine „positive Informationsethik" zu entwickeln.[522] Am ehesten bildet hierzu das vatikanische Dokument von 2002 mit seiner durchaus erkennbaren Sympathie für gesetzliche Vorgaben und staatliche Regelungen einen gewissen Gegenpol. Gemeinsam ist dabei wiederum allen betrachteten Äußerungen und Dokumenten, dass die ethisch-moralische Gestaltung des Internet eine *Gemeinschaftsaufgabe* ist, zu der alle gesellschaftlichen Akteure ihren Beitrag zu leisten haben.[523]

Blickt man mit dieser Frage nach den Akteuren und deren Beiträgen zur gemeinsamen Aufgabe einer ethischen Gestaltung des Netzes noch einmal auf die vorgestellten Äußerungen, so stellt sich zum einen die Frage, welche *Adressaten* dort benannt werden. Die kirchenoffiziellen Studien und Worte adressieren alle Ebenen von Individuen, über Unternehmen und Berufsverbände hin zu staatlichen und zwischenstaatlichen Gremien. Ein Schwerpunkt ist wiederum bei der Forderung der Vermittlung individueller „Medienkompetenz" erkennbar, die auch an die Kirchen selbst gerichtet wird. Bei den praktischen Beiträgen sticht in diesem Zusammenhang Eiseles Appell an die „Praktiker" ins Auge, sich im wohlverstandenen Gemein- wie Eigeninteresse für ethische Standards zu engagieren.

---

522 So Käßmann, s. o. c.i.; vgl. auch die Publizistischen Grundlinien der ELKB von 2004, s. zu Beginn dieses Teils.

523 Explizit als gesellschaftliche Gemeinschaftsaufgabe benannt wird dies vom „Gemeinsamen Wort", vgl. oben III.2.a.ii.

So sehr Eisele darin zuzustimmen ist, gibt das Stichwort des Eigeninteresses an dieser Stelle allerdings noch in anderer Hinsicht zu denken: Bei unserer kleinen Feldanalyse zu explizit ethischen Beiträgen zum Internet mussten wir für den deutschsprachigen Raum konstatieren, dass das Thema im katholischen Bereich stärker institutionalisiert ist als auf evangelischer Seite. Wo auf evangelischer Seite netzethische Themen angeschnitten werden, geschieht dies – wie gesehen – oft im medienethischen Kontext. Dieser wird wiederum kirchenoffiziell nicht selten im Zusammenhang der Formulierung des kirchlichen Interesses an der eigenen publizistischen Selbstdarstellung in der Öffentlichkeit entwickelt. Zeigt sich darin vielleicht eine nicht unproblematische protestantische Angst, in der öffentlichen Wahrnehmung zu kurz zu kommen und gerade deshalb auf das Eigeninteresse zu pochen? Würde diese öffentliche Wahrnehmung aber womöglich paradox dadurch gefördert, dass auch die evangelische Kirche ethische Fragen der Medien und des Internet um derer selbst willen, und nicht in erster Linie um ihres Selbst willen thematisiert – und institutionalisiert?

Zum anderen bleibt bei dem Blick auf die Akteure auch nach Durchsicht der explizit ethischen Äußerungen in diesem Abschnitt die Frage noch offen, welche *kirchlichen Beiträge zur netzethischen Bildung* nun in besonderer Weise geeignet sind, „den Herausforderungen der Kommunikationsgesellschaft kreativ zu begegnen"[524]. In den dargestellten Äußerungen finden sich hierzu ja eine Reihe von Vorschlägen: vom Appell an gesetzliche Regelungen über den an die Verantwortung der Anbieter bis zum entschiedenen Plädoyer für die pädagogisch orientierte Stärkung der medialen Kompetenz der Nutzerinnen und Nutzer. Diese offene Frage nach (sowohl dem Gegenstand Internet wie dem Inhalt des christlichen Glaubens) sachlich angemessenen Beiträgen der Kirche führt der folgende Abschnitt weiter. Er wird begründen, weshalb gerade im Internet von der Bildungsinstitution Kirche dabei nicht in erster Linie eine „Verbotsethik", sondern Beispiele einer „positiven Informations-

---

524   M. Käßmann, s. o. Anm. 51 (c.i). Der nächste und übernächste Abschnitt werden dabei zeigen, wie wichtig die beiden hier ausgelassenen adverbialen Bestimmungen sind: „gemeinsam zumindest exemplarisch", d. h. interdisziplinär und *pars pro toto*!

ethik" gefragt sind. Anschließend zeigt der vierte Abschnitt, *wie* solche Beispiele aussehen oder aussehen könnten.

3. Integrität, Freiheit und Verantwortung

a. Wirtschaftsethischer Seitenblick: Compliance und Integrity

Um uns der Frage zu nähern, welche Art von Beiträgen zum netzethischen Diskurs von kirchlicher Seite angemessen sind bzw. wären, werfen wir zunächst einen Blick in eine andere „Bereichsethik", die Wirtschafts- und Unternehmensethik. In diesem Feld hat sich in den vergangenen Jahren mit den Stichworten „Compliance" und „Integrity" eine Betrachtung etabliert, mit der unterschiedliche Führungsmodelle und (organisations-)ethische Ansätze unterschieden werden. LYNN SHARP PAINE führte die Unterscheidung mit einem Beitrag in der Harvard Business Review 1994 ein, 1998 wurde sie von HORST STEINMANN u. a. im deutschsprachigen Raum aufgegriffen.[525]

Die Unterscheidung von Compliance- und Integrity-Ansätzen in der Unternehmensethik setzt an der organisatorischen Steuerung an: Erfolgt diese „problemschließend" über normative Vorgaben von oben („extrinsische Motivation") oder durch dialogorientierte Regeln und Verfahren („intrinsische Motivation")? Steht im einen Fall eine Logik der *Verhinderung* Pate, so im anderen eine Logik der *Ermöglichung*.

In der unternehmensethischen Diskussion wird auch auf die anthropologischen Unterschiede der beiden Ansätze hingewiesen: Dem Fehlverhalten durch möglichst präzise Regelungen und Einschränkung individueller Handlungsspielräume unterbinden wollenden *Compliance-Ansatz* liegt das Menschenbild des vom materiellen Eigeninteresse geprägten *homo oeconomicus* zugrunde: „Menschen streben (ausschließlich) nach individuellen Vorteilen, in Unternehmen vor allem: Macht und Geld – gegebenenfalls auch indem sie Vertragsbeziehungen durch Unehrlichkeit, Faulheit oder sogar Unterschlagung ausbeuten. Überwachungsstandards, Mechanismen der Fremdkontrolle, Sanktionsmaßnahmen und äußere Anreize (z. B. geeignete Entlohnungssysteme) sollen dem entgegenwirken."[526]

---

525   L. S. Paine, Managing for Organizational Integrity, 1994; H. Steinmann, u. a., Unternehmensethik und Unternehmensführung, 1998.

526   J. Fetzer und A. Grabenstein, Thema: Wertemanagement 2007, 19.

Der *Integritätsansatz* geht demgegenüber von einem im weiteren Sinne *humanistischen* Menschenbild eines lernfähigen und auch von sozialen Interessen geprägten Individuums aus: „Menschen wollen im Normalfall weder dem Unternehmen noch anderen schaden. Sie haben ein moralisches Bewusstsein und sind in der Lage, sich selbstbestimmt integer zu verhalten. Diese Fähigkeit wird in Unternehmen häufig nicht wirksam, weil die gemeinsame Konzentration auf die Sprache des Geldes und der Macht dies verhindert. Der Integrity-Ansatz im Wertemanagement hat deshalb das Ziel, die vorhandene Eigenverantwortlichkeit und moralische Sensibilität im Unternehmen wirksam werden zu lassen. Nicht Überwachung von Verhaltensstandards, sondern eine Vertrauenskultur mit offenen Debatten ist das Ziel."[527]

Steinmann sieht dabei vor allem die Gestaltung einer dialogisch-diskursiven Führungs- und Organisationskultur als Aufgabe der *Organisationsentwicklung:* „Eine traditionelle Organisationsstruktur lässt sich nicht von heute auf morgen auf dem Reißbrett im Sinne des Integritätsansatzes umgestalten und dann die neue Organisation durch Organisationsbescheid ‚von oben' realisieren. Es bedarf vielmehr einer Organisationsentwicklung, die eingeschliffene Verhaltensweisen und Denkstrukturen bei Vorgesetzen und Mitarbeitern langsam ändert. Der Änderungsprozess hin zu einer ethisch sensiblen Unternehmung muss also selbst schrittweise partizipativ und dialogisch auf den Weg gebracht werden, damit sich in den ‚Köpfen' die Werte ändern und die Ergebnisse akzeptiert und bereitwillig umgesetzt werden."[528]

Während Steinmann seinerseits die Vorteile des Integritätsansatzes gegenüber dem der Rechtsbefolgung („Compliance") im Kontext moderner, freiheitlicher, auf Verantwortung und Selbstbestimmung setzender Philosophien der Unternehmensführung betont, unterstreicht die jüngere unternehmensethische Diskussion die Zusammengehörigkeit und gegenseitige Verwiesenheit der beiden Ansätze: *Keine wirkungsvolle Compliance ohne Integrity,* aber auch umgekehrt: *keine Integrity ohne Compliance,* – in der Praxis gehören beide Aspekte zusammen, sie bilden „zwei Seiten ethisch integrierter Unternehmenssteuerung".[529] Sanktionsbewehrte Regeln *wie* dialogisch-diskursive Sensibilisierungs- und Ver-

---

527 Ebd.
528 H. Steinmann, Unternehmensführung und Unternehmensethik, 2006.
529 So programmatisch der Titel von U. Thielemann, Compliance und Integrity, 2005.

ständigungsprozesse gehören *beide* zum Instrumentarium eines ethik-orientierten Managementprozesses.[530]

b. Der Ansatz einer Netzethik als „Lebenskunst" bei Rafael Capurro

Ein zweiter Seitenblick auf unserem Weg zu einer Näherbestimmung der Eigenart möglicher kirchlicher Beiträge zur Netzethik führt uns mit der Person RAFAEL CAPURROS eigentlich wieder ins informationsethische „Zentrum". Zugleich lenkt sein Beitrag den Blick jedoch auf eine philosophische Betrachtung der *Technikethik,* mithin auf eine weitere „Bereichsethik" und deren kritische Analyse. Unter der Überschrift „Reparaturethik oder Lebensgestaltung" hielt Capurro im Jahr 1994 in einer vom Institut für Arbeitswissenschaft und Technologiemanagement organisierten Vorlesungsreihe an der Universität Stuttgart einen bemerkenswerten Vortrag.[531]

Vor dem Hintergrund der technikethischen Debatten greift Capurro eine von Jürgen Mittelstraß formulierte Kritik der (von Mittelstraß 1991 so apostrophierten) „Reparaturethik" auf. Mit Mittelstraß blickt Capurro kritisch auf die im Bereich der technologischen Entwicklung spürbare Tendenz, ethische Regelungen und Normierungen in Gestalt von „DIN-Normen" u. ä. einzuführen bzw. einzufordern. Die von Mittelstraß kritisierte technische Vorstellung menschlicher Verantwortung als instrumentelle Reparaturbemühung wird von Capurro unterstrichen: „Bei dieser Überzeichnung von Sinn und Funktion von ethischen Normen, deren gesteigerte Nachfrage seitens der technischen Intelligenzia besonders in Berufsverbänden zu spüren ist, kommt deutlich hervor, daß ... eine lineare Vorstellung des Verhältnisses zwischen Denken und Tun letztlich zu einer technischen Vorstellung des Denkens führt."[532]

An dieser – im Stichwort „Reparaturethik" verdichteten – technisch-instrumentellen Verzerrung des ethischen Denkens kritisiert Mittelstraß, dass hier die praktische Vernunft mit der technischen verwechselt werde. Demgegenüber gelte es, die praktische Vernunft (im Sinne Kants) gerade gegenüber der technischen Welt wiederzugewinnen. Nur indem der Mensch die Einheit der praktischen Vernunft zurückgewinnt, kann er ... in eben jener Vernunft – die Einheit der Welt wiedergewinnen: „Ver-

---

530 Vgl. die Diskussion um Wertemanagementsysteme, siehe die Zusammenfassung bei J. Fetzer und A. Grabenstein, Thema: Wertemanagement, 2007, 23ff.

531 (Wieder) abgedruckt in: R. Capurro, Ethik im Netz, 2003, 29–38.

532 A.a.O., 31.

nunft, zugleich als der erklärte Wille, wieder in einer Welt, und zwar in einer menschlichen Welt zu leben."[533]

Nicht gegen diesen Willen als gemeinsame Anstrengung, wohl aber gegen die bei Mittelstraß zugrunde gelegte Vorstellung einer einheitlichen Vernunft richtet sich ihrerseits Capurros Kritik an Mittelstraß' vernunftethischem Konzept: „Es geht . . . nicht um Rückgewinnung der Einheit im Sinne von Einheitlichkeit, sondern um Transformation der zersplitterten Vielheit in eine kommunizierende Vielfalt. Nicht die *eine* Welt, zentriert in der *einen* Vernunft, sondern eine gemeinsame plurizentrische Welt stellt sich als eine mögliche Perspektive bei der Transformation (nicht also bloß bei der Reparatur) unserer Unfug-Welt in einer vom Menschen zwar mitgestalteten, aber letztlich von ihm nur mitbestimmten Welt dar."[534]

Den Focus der gemeinsamen plurizentrischen Welt erkennt Capurro in ethischer Hinsicht in Michel Foucaults *Ästhetik der Existenz:* „Im Unterschied zu Mittelstraß' Vernunftethik meine ich, daß im Falle einer Ethik-orientierten Moral keine einheitliche Rationalität wiederherzustellen ist, sondern daß wir uns fragen müssen, wie wir unser Verhältnis zur Natur und zur Technik verändern, indem wir das Verhältnis zu uns selbst praktisch-asketisch verändern."[535] Capurro plädiert also mit Foucault für eine Wiedergewinnung der in der Geschichte der Ethik vielfach beleuchteten *„Praktiken der Selbstformung",* auch und gerade im Kontext der modernen Informationstechnologien. Korrespondierend überschreibt er denn auch den entsprechenden Abschnitt seines Sammelbandes „Ethik im Netz" mit *„Vernetzung als Lebenskunst".*[536]

Für unseren Zusammenhang zu den unternehmensethischen Überlegungen zu Compliance und Integrity ist Capurros Hinweis auf die von Foucault vorgenommene *Unterscheidung von Code- und Ethik-orientierten Moralen* besonders interessant: Erstere räumen einem bestimmten „externen" Code den Vorrang vor der „Sorge um sich" ein, während eine Ethik-orientierte Moral nach Foucault solche Codes der Aufgabe selbstverantwortlicher Lebensgestaltung unterordnet. Dabei werden beide Moralen zwar unterschieden, aber nicht einfach gegeneinander ausgespielt, sondern in ihrem Zusammenhang gesehen.

---

533 J. Mittelstraß, Auf dem Wege zu einer Reparaturethik?, 1991, 107.
534 R. Capurro, Ethik im Netz, 2003, 33.
535 A.a.O., 35.
536 Vgl. zum von Capurro in den Mittelpunkt gestellten Stichwort der „Lebenskunst" 3.e!

In einem weiteren technikethisch orientierten Aufsatz „Zur Frage der professionellen Ethik" im gleichen Sammelband macht sich Capurro diese Argumentation auch im Zusammenhang des Verhältnisses von *Individualethik* und *Institutionenethik* zu eigen: „Meine Erörterungen gründen in der von Michel Foucault in Anknüpfung an die Sokratisch-Platonische Tradition vertretenen Ansicht, daß es nicht ausreicht eine Handlung als moralisch zu kennzeichnen, wenn diese eine universalisierbare Regel befolgt, sondern daß es auch eines Verhältnisses des Handelnden zu sich selbst bedarf. Dieses Selbstverhältnis erschöpft sich wiederum nicht in einer bloßen Selbstkenntnis, sondern zielt auf den freien und offenen, stets revidierbaren Prozeß der eigenen Lebensformung durch soziale Praktiken, wodurch die Mitglieder einer Gesellschaft sich die Frage nach der eigenen Lebensführung nicht primär im Hinblick auf die Anpassung an Normen oder Codes, sondern auf das Gelingen der eigenen Existenz in all ihren Dimensionen und Verflechtungen stellen."[537]

Entscheidend ist der Zusammenhang von Lebensformung und sozialen Praktiken. Nur, wo dieser gegeben ist, gerät „die existentielle Dimension des Könnens und Gelingens" nicht unter die Räder des „Limitierens und Kontrollierens". Verantwortung ist immer Selbstverantwortung, was gerade *nicht nur* individualethisch verstanden werden darf, *sondern auch* in seiner sozialethischen Relevanz zu sehen ist, wenn denn die Sozialethik nicht durch das Recht und die Individualethik nicht durch die Gesinnung abgelöst werden soll.[538]

Auf diesem Hintergrund schlägt Capurro für das Thema berufsständischer Kodizes vor, „ihre Codes nicht primär als quasi-rechtliche Normen, sondern als Diskussionsbasis für eine individuelle und kollektive beruflich mitbestimmte Lebensgestaltung (zu) verstehen. Aus dieser Perspektive sind Berufskodizes nicht Mittel zum Überwachen und Strafen oder, umgekehrt, um ‚ethisches' Verhalten zu ‚belohnen', sondern sie bieten eine Orientierungshilfe bei der Suche nach einem (beruflich) gelingenden Leben. . . . Eine dieser ‚Technologien des Selbst', die aus der Sokratischen Schule stammt, besteht in der Einsicht, dass die ‚Sorge um sich' nichts mit einer individualistischen Verantwortungsethik zu tun hat, sondern die Quelle menschlichen Miteins darstellt. Die so verstandene Sorge schärft den Blick für die Situation, für verkrustete Strukturen und

---

537 A.a.O., 235 mit Verweis auf Foucaults Buch „Der Gebrauch der Lüste"; der ganze Aufsatz „Zur Frage der professionellen Ethik" ebd., 234–248.
538 Vgl. a.a.O., 241ff.

offene Möglichkeiten, für neue Ziele und Strategien, für Beratung und Anleitung, mit anderen Worten, sie sucht nicht bloß einem Code zu entsprechen, sondern sich ein Lebensmaß zu geben."[539]

c. Im Rückspiegel:
Explorative Teilnahme vs. diskursive Beherrschung

War der zweite Seitenblick in netzethischer Hinsicht ein Blick ins Zentrum, so ist es der jetzt anstehende dritte Blick seinerseits in theologischer Perspektive. Es handelt sich denn auch nicht um einen Seitenblick in ein anderes „bereichsethisches" Feld, sondern – um im Bilde zu bleiben – um einen Blick in den Rückspiegel, insofern bei diesem Blick nach dem Proprium *theologischer Ethik* zu fragen ist.

Der sich theologisch vergewissernde Blick in den Rückspiegel trifft dort, wie oben schon angedeutet, auf HANS G. ULRICHs „Konturen evangelischer Ethik". Der Erlanger Sozialethiker erinnert die theologische Ethik in seinem jüngsten Buch an den Weg geschöpflichen Lebens, dem sie zu folgen hat: „Die biblisch-christliche Tradition führt so an den Ort des *Werdens,* dies ist der Ort des Angeredetwerdens, der Kooperation, nicht des Beherrscht-Werdens."[540] Weil die Ethik es in theologischer Perspektive mit dem Verstehen einer *Wirklichkeit im Werden* zu tun hat (vgl. Römer 12,1f.), wird sie gegenüber unterschiedlichsten Diskursen *kritisch* sein und deren vermeintliche Selbstverständlichkeiten in Frage zu stellen haben. Sie wird dabei selbst weniger zurück als vielmehr nach vorne schauen:

Die theologische Ethik „wird einen Weg zu gehen haben, der aus dem beständigen Versuch herausführt, das menschliche Leben diskursiv – um der Beherrschung und Verwaltung dieses Lebens willen – einzuholen. Sie wird mit dem Widerspruch rechnen zwischen dem, was in der Wahrnehmung und Verständigung festgehalten werden kann und dem, was es zu erproben und zu erkennen gilt."[541] Die Aufgabe theologischer Ethik ist darin kritisch gegenüber den vielfältigen Praktiken der Beherrschung menschlicher Belange, – und sie muss auch sich selbst immer wieder selbstkritisch überprüfen (lassen), nicht den Denkschemata zu verfallen, die die alltäglichen Diskurse als Selbstverständlichkeiten bestimmen.

---

539 A.a.O., 247.
540 H. G. Ulrich, Wie Geschöpfe leben, 2005, 63.
541 74f.

In Anknüpfung an Michel Focault verweist Ulrich in diesem Zusammenhang auf den *Wahrheits-,* den *Macht-* und den *Selbst-*Diskurs, beleuchtet aber auch die ethische Konjunktur der Rede von *Verantwortung* kritisch. Die theologische Ethik gewinnt nach Ulrich ihren Erkenntnisgegenstand nicht durch den Anschluss an diese („herrschenden") Diskurse, sondern in einem – zur Existenz Hiobs analogem – Ausgeliefert- und Eingefügt-Sein in das Handeln Gottes: „So gewinnt die Ethik ihren Erkenntnisgegenstand: das geschöpfliche Leben, der andernfalls verloren geht, entweder in einer formalen Moral oder in einer Praxis des Urteilens, die in einem common sense ohne Gegenstand verschlossen bleibt."[542]

Gegen die (tendenziell totalitäre) Gesetzlichkeit und Statik allgemeiner Urteile versucht Ulrich, für die Ethik eine *eschatologische Perspektive* zurückzugewinnen. Sie soll es ermöglichen, Ethik als Praxis konkret einzuüben. Im Anschluss an Römer 12,2 gelte es „zu erkunden und zu erproben, was Gottes Wille für uns ist." Dies ist für Ulrich das Geschäft der theologischen Ethik als einer *explorativen Ethik:* Als theologische Ethik wird Ethik weniger auf abstrakte Fragen von Geltung bedacht sein, sondern vielmehr als „ethische Praxis" erkunden, „was mit dem menschlichen Leben und im menschlichen Leben in den Blick kommt, *was zur Sprache kommt.* "[543]

Ethik wird so als Erkundung einer vorgängigen Bewegung Gottes begriffen, was nicht fundamentalistisch im Sinne abschließender Letztbegründungen zu verstehen sei, sondern als konkretes, geschichtlich-geschöpfliches Verstehen und Erkennen dessen, wovon es Rechenschaft zu geben gilt: der (christlichen) Hoffnung (vgl. 1. Petr 3,15).[544] Mit seinen Beiträgen ist es Ulrich darum zu tun, in christlicher Perspektive eine *Wahrnehmungs- und Urteilskunst* zu bilden, d. h. zu lernen, zu üben und zu erproben, die die ethische Theorie nicht an problematische Fixierungen ausliefert, sondern offen hält für eine Dynamik der Wirklichkeit, in der es je neu in eschatologischer Perspektive dem Geheimnis des geschöpflichen Lebens auf die Spur zu kommen gilt.

Weshalb und wie dieser Blick in den theologischen Rückspiegel ebenso wie die Seitenblicke auf die Wirtschaftsethik („Compliance" und „Integrity") und Capurros Verständnis der Netzethik als Lebens-

---

542   A.a.O., 76.
543   A.a.O., 185.
544   Vgl. a.a.O., 40f. Zur „Logik der Exploration", auf die sich das rechte Wahrnehmen und Urteilen bezieht, vgl. a.a.O, 53.

kunst für die Frage des kirchlichen und theologischen Beitrags zur
Netzethik orientierend nach vorne wirken, wird im übernächsten Ab-
schnitt weiter zu bedenken sein. Zunächst soll aber deutlich werden,
dass mit den Blicken zur Seite und in den Rückspiegel nicht gemeint ist,
die Leitplanken gering zu achten, die von Seiten der Medienethik bereits
vermessen und installiert wurden.

d. Die Notwendigkeit differenzierter Strategien in der Medienethik

Auf der Suche nach einem angemessenen und originären kirchlichen
Beitrag zur Ethik des Netzes ist an dieser Stelle festzuhalten, dass kirchliche Stellungnahmen oder theologische Beiträge zur Medienethik die bis
dato erarbeiteten, „bewährten" medienethischen Strategien und Differenzierungen keinesfalls diskursiv unterschreiten dürfen. Bei aller (notwendigen) Kritik an „Compliance" aus der Sicht von „Integrity", an „Codes"
und „Moralen" aus herrschaftskritischer bzw. eschatologischer Perspektive: Die eben dargestellten ethischen Überlegungen wären irreführend,
würden sie dazu gebraucht, vorliegende medienethische Differenzierungsleistungen für irrelevant zu erklären.[545]
  Zu diesen – vom medialen Gegenstand wie der ethischen Tradition her
– bewährten Strategien und Differenzierungen des medienethischen Diskurses gehören die folgenden Einsichten:
i. Mit der sozialethischen Unterscheidung von *Mikro-, Meso- und Ma-*
  kroebene ist eine differenzierte Betrachtung unterschiedlicher Verantwortlichkeiten und Reichweiten möglich, die auch für die Ethik im
  Internet von Belang ist. Sie ermöglicht es, unterschiedliche Akteure
  medialer Systeme auf ihre spezifische Verantwortung anzusprechen
  und so im sozialethischen Diskurs *Strategien differenzierter Verant-*
  wortungszuschreibung zu entwickeln.

---

545 Dies wäre – nebenbei bemerkt – übrigens weder im Sinne der beschriebenen
     Überlegungen von Paine und Steinmann einerseits noch von Foucault und
     Capurro andererseits: So wenig der Appell an Eigenverantwortlichkeit gemein-
     same Normen überflüssig macht, so wenig wird durch individuelle ethik-orien-
     tierte Moralen der gesellschaftliche Code obsolet. – Und auch H.G. Ulrichs
     Konzept einer explorativen Ethik ist falsch verstanden, wenn seine kritische

Beispiel: Die Medienethik von RÜDIGER FUNIOK

Einen guten Einblick in die Leistungsfähigkeit einer solchermaßen differenzierten Betrachtung für das gesamte Feld der Medienethik verschafft Rüdiger Funioks aktuelles Lehrbuch. Funiok zeigt nicht nur die inhaltlichen Themen und Herausforderungen gegenwärtiger Medienethik, sondern differenziert diese entsprechend nach unterschiedlichen Ebenen der Verantwortung der jeweils handelnden Akteure. Für den Bereich des Internet liest sich das dann so: „Da ist die Makroebene rechtlicher Regulierungen oder entwicklungspolitischer Hilfsprogramme, dann die Mesoebene der großen Software-Entwickler und der kleinen Netzprovider, der Informatiker und ihrer Selbstkontrollgremien, und schließlich die Mikroebene der individuellen Nutzung."[546] Neben der Frage wer jeweils Verantwortung trägt, nimmt Funiok in seinem pragmatischem Konzept einer Verantwortungsethik noch weitere Differenzierungen vor: Im Anschluss an technikethische Anstöße Günter Ropohls und deren medienethische Aufnahme bei Bernhard Debatin unterscheidet Funiok, *wer – was – wann – wovor – weswegen – wie* verantwortet. Es ist also nicht nur zu betrachten, welcher Akteur welchen Inhalt verantwortet, sondern auch, mit welchen Gründen dies gegenüber welcher Verantwortungsinstanz (individuell: das eigene Gewissen, korporativ: das Urteil der Anderen, staatlich: das Gericht) geschieht, schließlich: zu welchem Zeitpunkt und mit welchen Mitteln eine mögliche Handlung erfolgt bzw. erfolgen soll.[547] Die Fülle dieser Dimensionen von Verantwortung will beachtet sein, wenn und wo (medien-)ethische Urteile und Empfehlungen ausgesprochen werden.

ii. Der im Verlauf der vorausgegangenen Überlegungen in dieser Arbeit immer wieder zutage geförderten Mehrdimensionalität des (Meta-)Mediums Internet entspricht in ethischer Hinsicht eine differenzierte

---

Funktion als Kritik der Notwendigkeit der lebensbewahrenden Funktion von Recht und Moral gedeutet wird, vgl. zur Diskussion unten im nächsten Abschnitt.

546 R. Funiok, Medienethik, 2007, 179.

547 A.a.O., 68ff. Verantwortung wird also von Funiok „als mehrstelliger Relationsbegriff aufgefasst, dessen semantische Dimensionen sich in Frageform formulieren lassen" (ebd.).

Betrachtung, die auch die *(medien-) rechtlichen und (medien-)politischen Aspekte* nicht unbeachtet lässt, noch sie andererseits (angesichts der Dezentralität des Netzes usw.) in ihren Möglichkeiten und Wirkungen überschätzt. Gerade weil sich die ethischen Herausforderungen des Netzes um die beiden Brennpunkte Zugangsgerechtigkeit und Inhaltsintegrität bündeln, ist in ethischer Hinsicht mit Nachdruck *angemessenes politisches und juristisches Handeln* zu fordern.

Es ist kein Zufall, dass die im ersten Abschnitt dieses Teils beschriebenen internationalen Aktivitäten von den UNESCO-Foren Ende der neunziger Jahre des vergangenen Jahrhunderts bis zum Weltinformationsgipfel der UNO in Genf (2003) und Tunis (2005) von prominenten Netz-Ethikern wie *Rainer Kuhlen* und *Rafael Capurro* organisiert oder begleitet wurden. Sowohl auf internationaler wie auf nationaler Ebene verschränken sich medienpolitische und medienrechtliche Themen mit der Medienethik. Zugleich ist es wesentlich, den eigenen Beitrag der Medienethik zu sehen, die zwar politische, rechtliche (und pädagogische) Bereiche berührt, aber doch einen eigenständigen Zugang zum Handeln und Wandeln in, mit und unter den Medien darstellt. In historischer Perspektive konstatiert hierzu *Rüdiger Funiok* in seinem Lehrbuch: „Gelungen scheint auch die Abgrenzung der Medienethik zur Medienpolitik bzw. Medienrecht und zur Medienpädagogik (Medienkompetenz) – bei gleichzeitiger Verbindung zu diesen anderen Faktoren einer demokratischen Medienkultur."[548] Diese faktische Verbindung unterstreicht Funiok darin, dass das zweite (und erste materialethische) Kapitel seiner Medienethik mit „Ethik der Medienordnung und Medienpolitik" überschrieben ist.

iii. Mit den Stichworten Digital Divide und Digital Content ist eine weitere Differenzierung angesprochen, die implizit die ethische Betrachtung des Internet stets begleitet – und begleiten muss: *Inhalt und Form* sind immer beide zu betrachten, wenn das Medium ethisch angemessen reflektiert und orientiert sein soll. Das Medium ist nicht nur ethisch neutrale Form für dann ethisch zu bewertende Inhalte, sondern ist auch als „Form" mit den *Leitmaßstäben Gerechtigkeit wie Freiheit* kritisch zu betrachten und normativ auszurichten.

---

548   A.a.O., 33; das angesprochene zweite Kapitel folgt auf den Seiten 90ff.

Es ist interessant zu beobachten, dass diese Einsicht nicht nur von einer medientheoretisch inspirierten allgemeinen Medienethik besonders betont wird. In diesem Feld ist es z. B. *Bernhard Debatin,* der in seinen Studien ein Augenmerk auf die ethischen Implikationen richtet, die mit spezifischen Formatierungen des Mediums Internet einhergehen.[549] Ein kritischer Blick auf die ethischen Implikationen der spezifischen Form des Mediums Internet ist vor allem auch im *Bereich der katholischen Ethik* zu beobachten. Er erfolgt in der Auseinandersetzung mit den im zweiten Abschnitt erwähnten römischen Verlautbarungen, die das Internet (wie bereits im zweiten Teil dieser Arbeit unter kommunikativen Aspekten analysiert) als *Instrument* sehen. Gegen eine allzu einfache Sicht des Internet als Kommunikationsmittel wendet sich beispielsweise *Ottmar John* in seinem Beitrag zum erwähnten Themenheft von Concilium *Cyber Space – Cyber Ethics – Cyber Theology.* Er reflektiert darin die dem Internet inhärente Tendenz zur Selbstzwecklichkeit, die sich selbst zur Bedingung gesellschaftlicher Funktionen erhebt: „Damit ist im Begriff des Mittels eine Differenzierung erreicht. Das Internet ist kein austauschbares Mittel, das durch ein anderes ersetzt werden könnte. Es ist ein Mittel, von dem die Lebensmöglichkeiten von Menschen abhängen. . . . Ethisches Handeln überhaupt, auch individuelles, wird abstrakt, wenn es die konkrete Totalität technischer Konditionen des Lebens nicht bedenkt. Die Erkenntnisse, die im Bereich der Medienethik gewonnen werden, sind also für die gesamte Bandbreite normgeleiteten Verhaltens von Bedeutung."[550]

Blickt man auf die vorliegenden kirchlichen Beiträge zu einer Ethik des Netzes, wie sie im zweiten Kapitel dargestellt wurden, so ist festzuhalten, dass in den kirchenoffiziellen Stellungnahmen die in der Medienethik erreichten Differenzierungen überwiegend aufgenommen sind. Vor allem in den Studie der EKD von 1985 und dem „Gemein-

---

549 So wies Debatin z. B. 2006 auf Tendenzen in den USA hin, das Internet zu unterteilen in ein Netz für „Normalverbraucher" und ein (zuzahlungspflichtiges) Hochgeschwindigkeitsnetz mit Premiuminhalten; vgl. B. Debatin, Internet Neutralität bedroht, 2006.

550 O. John, Cyberethik – neue Herausforderungen oder alte Probleme?, S. 6–17 in: E. Borgman, et al., Cyber Space – Cyber Ethics – Cyber Theology, 2005; hier: 9f.

samen Wort" von 1997 werden unterschiedliche Ebenen adressiert und zu Recht differenzierte Strategien zur Bearbeitung der ethischen Herausforderungen der medialen Entwicklung im digitalen Zeitalter vorgeschlagen und angemahnt. Hierin schlägt sich auf ihre Weise auch die interdisziplinäre Kompetenz nieder, die in den verfassenden Arbeitsgruppen versammelt war.[551]

Wenn wir nun im nächsten Abschnitt auf die bisher hier noch ausgesparte Thematik individueller Verantwortung zu sprechen kommen – und hier, wie gleich zu zeigen sein wird, einen besonderen Akzent setzen, wie er durch die Seitenblicke auf die Wirtschaftsethik und die Netzethik als Lebenskunst schon vor abgebildet ist, so ist damit jedenfalls nicht gemeint, dass eine theologisch bzw. kirchlich bestimmte Ethik diese Ebene individueller Verantwortung in Gegensatz zu dem setzen wird, was medienethisch auf den anderen Ebenen anzusprechen ist.

e. Vernetzung als Lebenskunst:
Vom Wächter zum Kundschafter

Wie kann und wie soll Kirche ihren (ethischen) Bildungsauftrag gegenüber dem Netz wahrnehmen? Ausgangspunkt der einleitenden Überlegungen dieses Teils war die kirchliche Bildungsaufgabe. Bezieht man das Thema der Netzethik auf die Frage ethischer Bildung, so wird man – wie gesehen – die bewährten medienethischen Differenzierungen nicht gering achten und die – hier nur kurz skizzierten – unterschiedlichen Verantwortungsebenen vor Augen haben. Dabei empfiehlt es sich m. E. gerade im Blick auf die hier zugrundeliegende Perspektive ethischer *Bildung*, den genuinen kirchlichen Beitrag zu einer Ethik des Internet nun nicht zuerst in allgemeinen normativen Vorgaben oder gar dem Ruf nach gesetzlichen Verboten zu suchen. Vielmehr plädiere ich dafür, dass Kirche sich ihrerseits aktiv auf die Suche nach „Beispielen einer positiven Informationsethik" macht, wie dies oben von Margot Käßmann vorgeschlagen wurde.

Ich sehe *drei Gründe*, weshalb Kirche und Theologie gut daran tun, ihren spezifischen Bildungsbeitrag zu einer Ethik des Netzes nicht *primär* in Gestalt allgemeiner Geltungsgründe und abstrakter normativer

---

551 Vgl. dazu ausführlich bei A. König, Medienethik aus theologischer Perspektive, 2006, 252ff., und B. Derenthal, Medienverantwortung in christlicher Perspektive, 2006, 191ff.

Ansprüche zu entwerfen, sondern konkret und exemplarisch in jene Richtung zu entfalten, die mit den Stichworten „Integrity" und „Selbstformung" angedeutet ist:

i. *Inhaltlich* weisen die vorgestellten theologischen Argumentationsfiguren bereits in diese Richtung: Wie zu sehen war, betonen die unterschiedlichen Stellungnahmen und Studien fast durchweg die *anthropologische Dimension* als spezifisch theologischen und kirchlichen Beitrag zur Medienethik. Mit den Stichworten Gottebenbildlichkeit, Menschenwürde und Freiheit führen insbesondere die evangelischen Überlegungen auf den Weg, die Selbstverantwortung des Mediennutzers und der Mediennutzerin zu stärken. Andrea König hat dies in ihrer Studie, wie oben gesehen, nachdrücklich herausgearbeitet: *Medienethik aus christlicher Perspektive zielt auf die Wahrnehmung kommunikativer Kompetenz durch die menschliche Person.* Zu dieser kommunikativen Kompetenz im Umgang mit dem Netz gilt es Menschen in Würde und Freiheit zu befähigen.

> Dabei wird eine realistische theologische Ethik sich an dieser Stelle nicht über die Macht der Sünde hinwegtäuschen. Deshalb wird sie gerade das Wissen um die Gefährdungen und Verletzungen menschlicher Freiheit und den Missbrauch kommunikativer Kompetenz in der *incurvatio in se ipso* als Argument für die Notwendigkeit der unter d. beschriebenen medienrechtlichen und medienpolitischen Strategien sehen. Und dieses Wissen wird sie in medienpädagogischer Hinsicht jedenfalls davor bewahren, eine allzu naive und unbeschwerte Vorstellung von den Erfolgsaussichten bei der Herstellung der erhofften und erwünschten Medienkompetenz zu hegen.

ii. *Formal* ist ein Beitrag der Institution Kirche zur Ethik des Netzes am Proprium des kirchlichen Wesens auszurichten. Amt und Auftrag der Kirche orientieren sich an der Verkündigung der frohen Botschaft des Evangeliums, die das heilvolle eschatologische Kommen Gottes in den Mittelpunkt rückt. Von daher kann es nicht die *vorrangige* Aufgabe eines theologisch-kirchlichen Beitrags zur Netzethik sein, nach staatlichen Gesetzen und Verboten zu verlangen.[552] Vielmehr sollten die kirchlichen

---

552 In der Tradition der lutherischen Zwei-Reiche-Lehre betrachtet, wäre dies eine Verwechslung des Regiments, das *genuin* der Kirche aufgetragen ist. Dabei verdeutlichen die Hinweise zum vorherigen Abschnitt bereits auf ihre Weise, dass die Kirche sich auch gegenüber dem Reich und Regiment Gottes zur Linken

Beiträge zur ethischen Bildung die Möglichkeiten einer solidarischen Nutzung des Netzes in der Perspektive der herrlichen Freiheit der Kinder Gottes erkunden.

Ein solcher die Möglichkeiten des Netzes allererst erkundender Zugang der Institution Kirche nimmt ihre eigene eschatologische Orientierung ernst, wie sie von Hans G. Ulrich in das Konzept der explorativen Ethik gefasst wurde: Die Institution Kirche hat für die Ethik des Netzes die Antworten nicht einfach schon als vorzugebende parat, sondern muss diese erst in der Entwicklung des Netzes (mit) erkunden. Dabei wird sie in dieser Erkundung durchaus damit rechnen dürfen, aus ihrer eigenen Tradition „ethische Güter" für das Internet bereitstellen zu können. Umgekehrt wird sie aber, wo sie die Erkundung ernst nimmt, auch ihrerseits damit rechnen, *in, mit und unter* dem Netz neue Formen und Praktiken ethischer Existenz entdecken zu können. Die Schöpfung im Werden wahr und ernst zu nehmen, verträgt sich nicht mit der Haltung eines Staat und Gesellschaft gegenüberstehenden „Wächters", der sich von feststehenden Geltungsgründen aus als Richter in Sachen menschlicher Lebensführung versteht.[553] Für den kirchlichen Bildungsauftrag im Netz empfiehlt sich also in einer evangelisch-eschatologischen Perspektive nicht so sehr

---

in Verantwortung weiß und sich entsprechend für Ordnungen und Gesetze, Normen und Gebote einsetzt.

553 Darin berühren sich m. E. H.G. Ulrichs Überlegungen zu einer „explorativen Ethik" mit W. Hubers Bemühungen, die Kirche als „intermediäre Institution in der Zivilgesellschaft" zu verstehen: In Auseinandersetzung mit O. Dibelius' „Jahrhundert der Kirche" zeichnet Huber die über weite Teile des 20. Jahrhunderts im Protestantismus vorherrschende Vorstellung nach, dass die Kirche der Gesellschaft als „Wächterin" gegenüberstünde. Zwar ist dieses „Wächteramt der Kirche" gegenüber einer neulutherischen Vorstellung der „Eigengesetzlichkeit" des Politischen im Zuge der theologischen Auseinandersetzung mit dem Nationalsozialismus historisch wichtig geworden (vgl. W. Huber, Art. Kirche und Politik, EStL, 2006, 1139–1144), birgt aber im demokratischen Kontext die Gefahr, dass die Kirche sich selbst „staatsanalog" versteht. „Die staatsanaloge Vorstellung von der Volkskirche fügt aber der Aufgabe, Kirche für das Volk zu sein, je länger desto deutlicher schweren Schaden zu" (W. Huber, Kirche in der Zeitenwende, 1998, 269). Stattdessen komme es für die Kirche darauf an, sich der zivilgesellschaftlichen Wirklichkeit zu stellen und sich als – durchaus parteiische – Mitspielerin in pluralen gesellschaftlichen Aushandlungsprozessen zu verstehen (a.a.O., 269ff.; vgl. für das Verständnis der Kirche als Bildungsinstitution III.4.a).

die Rolle des „Sittenwächters", sondern vielmehr die des „Kundschafters" und des „Zeugen": „Die Schöpfung im Werden wahrzunehmen heißt, sie als immer wieder andere, immer wieder neue Schöpfung sich vollziehen zu lassen. Und deswegen hat der Kundschafter als Zeuge immer wieder auch etwas mitzuteilen und für etwas einzustehen, was andere noch nicht gesehen haben. Er ist Anwalt des Neuen."[554]

iii. Das *Medium selbst* verlangt „mündige Menschen" zu seiner „Selbst-Steuerung". Zwar entstammt die Forderung nach *Medienkompetenz* schon einer gegenüber dem Internet vorgängigen medienethischen (und -pädagogischen) Diskussion,[555] wird aber erst mit dem Internet im Sinne einer „positiven Informationsethik" vollends einlösbar, sofern die individuelle Verantwortung des Nutzers jetzt vom (zumindest überwiegend) passiven Modus des Rezipienten umgestellt werden kann (ja umgestellt werden muss) zur aktiven Mitgestaltung im Netz.

In der medialen Evolution von den „klassischen" Massenmedien Presse, Funk und Fernsehen zum Metamedium Internet lässt sich m. E. eine Parallele erkennen zu der von *Paine* und *Steinmann* konstatierten Entwicklung im Bereich von Wirtschaftsunternehmen und den zugehörigen Theorien der Unternehmensführung. Geht es hier um die Veränderung von traditionellen, hierarchieorientierten zu modernen, partizipationsorientierten und demokratischen Organisationen, so dort um den Schritt von zentralen Sendestationen zu einem dezentralen Netz, in dem (potenziell) jeder und jede Sender und Empfängerin zugleich ist.

Dabei ist hier wie dort wichtig zu sehen, dass der Übergang nicht in jedem Fall eine Wende um 180° bedeutet, als hätte vor dem Tag X nur das eine und danach das andere Modell gegolten. Auf die Mediennutzung bezogen: Auch vor dem Internet gab es Möglichkeiten der Nutzung des „Rückkanals", ob in Form von Leserbriefen oder indirekt durch den Einfluss von Einschaltquoten. Und doch wird erst mit der für das digitale Zeitalter charakteristischen Mischung von Massen- und Individualkommunikation (vgl. Blogs und soziale Netzwerke) die

---

554 J. v. Lüpke, Jenseits der Moral, EvTheol 69, 2009, 386. A.a.O., 385 entnehme ich den Ausdruck vom „Richter in Sachen menschlicher Lebensführung".
555 Vgl. dazu III.4.b!

Wechselseitigkeit von „Sendung" und „Empfang „ zum Programm.[556]

Steinmanns Überlegungen zur allmählichen *Organisations-entwicklung* scheinen mir von daher für unseren Zusammenhang entscheidend: So wie dort der Änderungsprozess zu einer ethisch sensiblen Unternehmung seinerseits schrittweise partizipativ und dialogisch auf den Weg gebracht werden muss, so ist hier eine ethisch sensible *Netzentwicklung* dadurch zu befördern, dass partizipative und dialogische Engagements im Netz selbst stattfinden bzw. dass geeignete Rahmenbedingungen dafür geschaffen werden, dass diese stattfinden können. Das vierte Kapitel wird dazu an einigen Beispielen aufzeigen, wie dies auch durch kirchliche Beiträge geschehen kann.

Die Entwicklung der Medien hin zum Metamedium Internet schraubt die Anforderungen an die Bildung, gerade auch die ethische Bildung seiner Nutzerinnen und Nutzer in die Höhe. Die nachgerade vom Medium selbst erwarteten partizipativen und dialogischen Engagements erfordern keineswegs nur technische Aspekte medialer Kompetenz, sondern verlangen nach der von Capurro mit Rückgriff auf Foucault für das Leben im Netz neu geforderten *Lebenskunst* als Fähigkeit zum reflexiven Umgang mit der Frage nach der eigenen Lebensführung. Die selbstverantwortliche Lebensgestaltung rückt auf diese Weise in den Mittelpunkt der mit der Dynamik des Netzes implizierten Bildungsaufgaben. – Womit wir auch von dieser Seite wieder bei der Anthropologie als einer Schlüsselstelle ethischer Bildung angelangt sind!

Exkurs: Notwendigkeit und Problematik der Rede von Verantwortung
In der Vorstellung der selbstverantwortlichen Lebensführung (und der damit für Foucault und Capurro stets verbundenen „Lebensformung durch soziale Praktiken") taucht das programmatische Stichwort wieder auf, auf das sich auch die philosophischen und theologischen Grundlagen von Medien- und Netzethik immer wieder stützen: *Verantwortung*. Der Begriff der Verantwortung bildet offenbar ein Scharnier zwischen der (medien-)ethischen Reflexion und der Beschreibung der

---

556 Vgl. neben den Hinweisen in den ersten beiden Teilen dieser Arbeit zur Bedeutung dieser Umstellung für kirchliche Kommunikation und Medienethik auch: R. Uden, Medienethik, 2004, 133ff.

ethischen Bildungsaufgabe, wie sie inhaltlich, formal und vom Medium her der Kirche mit dem Internet aufgegeben ist.

Nun begegnet der inflationären Rede von Verantwortung durchaus auch Kritik. So hinterfragt etwa aus theologischer Perspektive *HANS G. ULRICH* wie bereits angedeutet den herrschenden Verantwortungsdiskurs. Ulrich kritisiert den Verantwortungsbegriff und seine ethische Konjunktur deshalb, weil mit ihm der Vorstellung eines moralisch autonomen Subjekts Vorschub geleistet werde, das sein Handeln durch Begründungszusammenhänge zu legitimieren suche. Theologische Ethik aber solle nicht Begründungszusammenhänge und Regeln zu Legitimationszwecken fixieren, sondern vom Tun des Gerechten als einem bestimmten Tun reden, das eine neue Wirklichkeit des Zusammenlebens erschließe.[557]

Ulrichs Kritik weist zu Recht auf Gefahren hin, die mit der Rede von der Verantwortung verbunden sind: Diese Gefahren lauern vor allem dort, wo mit dem Begriff der Verantwortung die Suggestion einer autonomen, über sich selbst uneingeschränkt verfügenden Subjektivität befördert wird. Nicht nur, aber insbesondere auch aus theologischer Perspektive ist einer solchen Vorstellung ethischer „Selbstständigkeit" im Sinne eines autonomen Verfügenkönnens über das Tun des Guten bzw. des Gerechten zu widersprechen.[558] Solches Tun steht immer in je bestimmten Kontexten, Anlässen und Relationen, so gesehen greift zumindest eine eindimensionale Vorstellung von „Selbstverantwortung" zu kurz.[559] *JOHANNES FISCHER* hat darauf hingewiesen, dass sich eine besondere Problematik der Rede von Verantwortung dort zeigt, wo die Verknüpfung mit

---

557 H. G. Ulrich, Wie Geschöpfe leben, 2005, 254.

558 In historischer Perspektive ist dabei an den Wandel der Instanz zu erinnern, der gegenüber man sich verantwortet, wie er z. B. von G. Picht in seinen Studien zur Begriffsgeschichte beschrieben wurde: Die ursprünglich externe Instanz des Richters, bzw. Gottes wird in die menschliche Subjektivität verlagert und „als die Instanz, vor der sich der Mensch zu verantworten hat, erscheint sein eigenes Gewissen, das in der Verantwortung seiner Freiheit und damit seiner selbst bewusst wird. So wandelt sich Verantwortung vor Gott zur Selbstverantwortung; das Selbst verdoppelt sich und erscheint zugleich als Angeklagter und als Richter." (G. Picht, Rechtfertigung und Gerechtigkeit, 1980, 202).

559 Für die systematisch-theologische Begründung und Entfaltung eines angemessenen Begriffs menschlicher Selbstständigkeit ist hier nicht der Ort, vgl. dazu T. Zeilinger, Zwischen-Räume, 1999, 219–236!

der Vorstellung menschlicher Subjektivität in ethischer Hinsicht dazu gebraucht wird, „Verantwortungsethik" als universalen Begründungszusammenhang christlicher Ethik zu postulieren. „Problematisch wird es freilich da, wo die Verantwortung selbst, in Gestalt des Sich-verantworten-Müssens vor Gott, zur sittlichen Grundorientierung und zum Begründungsfundament christlichen Handelns gemacht wird. Die Freiheit christlichen Handelns besteht ja eben darin, dass der Christ das, was er tut, gerade nicht deshalb tut, weil er sich vor Gott dafür verantworten muss. ... Die Verantwortungsbeziehung zu Gott *begründet* nicht das christliche Handeln, sondern in ihr muss das christliche Handeln *gerechtfertigt* werden. Das bedeutet, dass es seine Orientierung und seine Veranlassung von etwas anderem her bezieht ... In theologisch-ethischer Perspektive ist Verantwortung in Liebe fundiert, nicht etwa umgekehrt."[560]

Wie Ulrich so weist auch Fischer die theologische Ethik darauf hin, dass sie gut daran tut, die geschichtlich-konkrete Situation für das ethische Nachdenken und das ethische Urteil ernst zu nehmen und diese nicht durch kategoriale Vorannahmen und Vorurteile in Gestalt abstrakter Prinzipien, und sei es das Prinzip „Verantwortung", in problematischer Weise zu ver-stellen.

Von daher erscheint mir für unseren Zusammenhang an Ulrichs Kritik etablierter Ethikdiskurse der Hinweis wesentlich, in theologischer Perspektive das (oben ausführlicher erläuterte) Moment des „(Neu-)Werdens der Wirklichkeit" in den „Streit um die Wirklichkeit" einzubringen: es geht in der ethischen Praxis nicht darum, vorher feststehende Urteile und Geltungsansprüche deduktiv auf den Gegenstand „Internet" anzuwenden, sondern allererst darum, gemeinsam zu entdecken, was in ethischer Hinsicht im Netz zur Sprache kommt, mithin sich zur Sprache bringt.

Gerade für diese Erkundung des Neuen eignet sich m. E. allerdings der Begriff der Verantwortung durchaus, vermag er doch den beziehungsreichen Zusammenhang abzubilden, in dem sich die individuelle Lebensführung bewegt. Deutlich

---

560 J. Fischer, Theologische Ethik, 2002, 133.

wird dies in demjenigen Gebrauch der Rede von Verantwortung, wie er in der evangelischen Theologie auf der Spur von DIETRICH BONHOEFFER anzutreffen ist. Bonhoeffer ging es mit seinen Überlegungen zur Struktur verantwortlichen Lebens gerade um die *Wirklichkeitsgemäßheit* und *Sachgemäßheit* des christlichen Lebens „als Antwort auf das Leben Jesu Christi".[561] Die Rede von der Verantwortung wandte er kritisch gegen abstrakte Prinzipien und begründungsorientierte Legitimationsansprüche: „Während alles ideologische Handeln seine Rechtfertigung immer schon in seinem Prinzip bei sich selbst hat, verzichtet verantwortliches Handeln auf das Wissen um seine letzte Gerechtigkeit. . . . Das letzte Nichtwissen des eigenen Guten und Bösen und damit das Angewiesensein auf Gnade gehört wesentlich zum verantwortlichen geschichtlichen Handeln."[562] Verantwortung wird hier verstanden als Wagnis, als sich selbst aufs Spiel setzendes „stellvertretendes Leben und Handeln" in beziehungsreicher Bindung an Gott und den „konkret Nächsten in seiner konkreten Möglichkeit."[563]

WOLFGANG HUBER und ULRICH KÖRTNER haben die Impulse Bonhoeffers aufgenommen und in eigenen Entwürfen evangelischer Sozialethik als Verantwortungsethik ausgearbeitet.[564] Beide nehmen die bei Bonhoeffer sichtbar werdende prospektive Perspektive, den Zukunftshorizont des Verantwortungsbegriffs, ernst, ohne den Gottesbezug der christlichen Rede von Verantwortung deshalb an die individuelle Subjektivität oder an gesellschaftliche Übereinkünfte auszuliefern.[565] Dabei versuchen Huber wie Körtner – auf durchaus

561 D. Bonhoeffer, Ethik, 1981, VI. Die Geschichte und das Gute, 227–278, Verantwortung als Antwort: 236.
562 A.a.O., 248f.
563 A.a.O., 240f.
564 W. Huber, Sozialethik als Verantwortungsethik, in: ders., Konflikt und Konsens, 1990, 135–157. U.H.J. Körtner, Sozialethik als Verantwortungsethik, in: ders. Evangelische Sozialethik, 1999, 65–79.
565 J. Fischer führt die von Picht gezeichnete Linie der neuzeitlichen Entwicklung der Verantwortungsvorstellung weiter: „Es scheint, dass sich unter heutigen Bedingungen noch einmal ein Wandel vollzogen hat gegenüber den vorausgehenden Stufen des verantwortungsethischen Bewusstseins, und zwar dadurch, dass die Differenz von primärem und sekundärem Verantwortungszusammenhang hinfällig wird. Genauer gesagt: Der primäre Verantwortungszusammen-

unterschiedliche Weise – gerade über den Verantwortungsbegriff die Perspektive individueller Lebensführung in ihrem
sozialethischen Horizont zu konturieren und so rechtferti-
gungstheologische Einsichten mit der von Bonhoeffer postulierten „Sachgemäßheit" im Blick auf die ethischen Probleme
der globalisierten neuzeitlich-technischen Zivilisation zu verbinden.

Im vorigen Abschnitt wurde bereits mit dem Verweis auf
RÜDIGER FUNIOKS Überlegungen die Leistungsfähigkeit des
Verantwortungsbegriffes im Bereich allgemeiner Medienethik
betont, um die Herausforderungen der medialen Entwicklung
ethisch differenziert und angemessen zu bearbeiten. Funiok
verweist ausdrücklich darauf, dass der von ihm gebrauchte
Begriff der Verantwortung ein formaler sei, der sich nicht von
inhaltlichen Vorgaben her bestimmt. Funioks medienethisches
Konzept versteht sich also als „schwaches" Verantwortungs-
konzept, das Verantwortung als regulativ-prozedurales, nicht
als inhaltlich-ethisches Prinzip einführt[566]

*Wo die Rede von der Verantwortung den Blick auf die
konkrete Situation und deren Erkundung nicht verstellt (in
dem sie vermeintlich eine von ihr nicht zu leistende materiale
Orientierung vorgibt), sondern vielmehr schärft (indem sie
ihrerseits anleitet, Vorgaben, Horizonte und Relationen
wahrzunehmen), erweist sie sich auch in der Perspektive auf
die Nutzerinnen und Nutzer als hilfreich, um die ethische
Bildungsaufgabe näher zu beschreiben, die sich der Kirche
mit dem Internet stellt. Geht es dabei doch um die Aufgabe,
Menschen dazu zu befähigen, ihre eigene Antwort im erkundenden Gespräch mit der Dynamik des Netzes zu finden.*

Entscheidend für die Ausbildung und Wahrnehmung der nötigen Selbstverantwortung im Netz erscheint mir aus christlicher Sicht dabei nicht

---

hang, innerhalb dessen sich die verantwortliche Person konstituiert – im religiösen Kontext: die Gottesbeziehung; auf der Stufe der Autonomie: das Gewissen –,
verlagert sich auf die Ebene menschlicher Intersubjektivität bzw. zwischen-
menschlicher Verständigung und wird also mit dem sekundären Verantwortungszusammenhang kongruent. Die in der Neuzeit ins Subjekt internalisierte dialogische Grundsituation der Verantwortung manifestiert sich damit wieder nach
außen." (J. Fischer u. a., Grundkurs Ethik, 2007, 390).

566 Cf. R. Funiok, Medienethik, 2007, 78f.

allein der Verweis auf deren in den theologischen Stichworten „Gott-ebenbildlichkeit", „Menschenwürde" und „Freiheit" immer wieder an-gesprochene anthropologische Begründung. Vielmehr verdienen m. E. Rafael Capurros Hinweise auf die notwendige Reflexivität der Lebens-führung gerade in recht verstandener verantwortungsethischer Hinsicht Beachtung.

Der von Capurro empfohlene Weg einer *Vernetzung als Lebenskunst* kann m. E. in christlicher Perspektive so verstanden werden, dass er die gemeinsame Suche nach dem meint, was auf uns zukommt. Wie sich der geschöpfliche Lebensraum in, mit und unter dem Internet kulturell aus-gestaltet, steht nicht schon vorher in Geltung, sondern stellt sich erst im Vollzug heraus. Das kirchliche Selbstverständnis als wanderndes Gottes-volk bewahrt die („alte") Institution Kirche davor, gegenüber dem („neuen") Medium Internet als Besitzerin zeitloser ethischer Wahrheiten aufzutreten. Vielmehr wird sich Kirche als wanderndes Gottesvolk auf dem Weg einer „explorativen Ethik" selbst nicht scheuen, allererst zu erkunden, wie Solidarität und Freiheit als „Tun des Gerechten" im Netz Gestalt gewinnen.[567]

Die angemessene Antwort gilt es in der Situation zu entdecken. Was es dafür an vorderster Stelle braucht, ist die gemeinschaftliche Bildung und Befähigung von Christinnen und Christen, um als „Kundschafter" und „Zeugen" im Netz „Vernetzung als Lebenskunst" praktizieren zu können.

Wie die Rede von Verantwortung erfordert auch der Begriff der *Lebenskunst* an dieser Stelle eine kurze Näherbestimmung. Das von Capurro beschriebene Verständnis von Lebenskunst im Kontext der Vernetzung unterscheidet sich durchaus von dem prominent gewordenen Lebenskunstkonzept, das – eben-falls auf den Spuren Foucaults – WILHELM SCHMID als phi-losophisches Programm vorgelegt hat. Capurro selbst weist darauf hin, dass das Konzept der Lebenskunst als prinzipielle Wahlfreiheit eines autonomen Subjekts bei Schmid, so an-regend es ist, letztlich die Gefahr eines „reaktiv-reaktionären" Potenzials in sich birgt. Capurro erkennt diese Gefahr dort, wo die Wahlfreiheit (in der Schmidschen Form der „Fundamen-

---

567 Beispiele hierfür werden im nächsten Abschnitt vorgestellt. Zu denken wäre an dieser Stelle auch an die Entwicklung ethischer Standards und Kodizes, wobei freilich das im Internet auffindbare Beispiel eines „Christian Internet Code of Ethics" nicht wirklich befriedigen kann (www.naznet.com/ethics, Abruf 26.11.2007).

talwahl") „sich auf die Bedingungen bezieht, unter denen sie selbst steht. Sie trivialisiert und instrumentalisiert dabei diese Bedingungen zu einem Gegenstand der Wahl und überhöht nach dem Muster der Moderne die Wahlfreiheit des Individuums."[568] Am Beispiel der medialen Vernetzung illustriert Capurro Schmids Missverständnis, als könne man wählen, ob man mit ihr leben wolle oder nicht: Die auch von Schmid betrachtete Lebensführung im kybernetischen Raum verzichte gerade auf die Rückendeckung durch das moderne autonome Individuum, wo sie sich auf eine neue Erfahrung des Selbst- und Mitseins im Horizont digitaler Vernetzung einlässt. Die eigentliche Herausforderung der „Vernetzung als Lebenskunst" besteht für Capurro darin, „nicht aus dem Netz auszusteigen oder sich ihm auszuliefern, sondern *sich als Vernetztsein* zu verstehen, in dem die räumliche und zeitliche Weite des *gemeinschaftlichen* Existierens im Horizont der digitalen Weltvernetzung erfahren und ausgeübt wird."[569]

Unter dem Titel „Christliche Lebenskunst" haben jüngst PETER BUBMANN und BERNHARD SILL einen Sammelband vorgelegt, mit dem sie aus christlicher Perspektive versuchen, „Lebenskunst" praxisorientiert als Leitbegriff für eine Anleitung zum christlichen Leben neu zu konturieren. In der Einleitung des Bandes beleuchten sie nicht nur die Begriffsgeschichte, sondern kommen auch auf den engen Zusammenhang zwischen der Rede von Lebenskunst und der Bildungsthematik zu sprechen, geht es doch bei einer christlich verstandenen Lebenskunst gerade nicht darum, alles Können einem autonomen Subjekt als „Organisator der Lebenskunst' (Schmid) zuzuweisen, sondern weisheitlich „Lebenswissen" als Lebenshilfe weiterzugeben, wie es der Hauptteil des Buches dann auch in einer Reihe von Zugängen und Themen unternimmt. Die passivische Konstitution christlicher Lebenskunst im Sinne verdankter Geschöpflichkeit kennzeichnet diesen Zugang: „Christliche Lebenskunst beginnt demnach als Kunst der Welt-Wahrnehmung im Lichte der Gotteserfahrung."[570]

568   R. Capurro, Ethik im Netz, 2003, 54.
569   Ebd.
570   P. Bubmann/B. Sill, (Hrsg.), Christliche Lebenskunst, 2008, 17. Vgl. zur kon-

Vor dem Hintergrund dieser Überlegungen scheint mir für den hier zugrundegelegten Begriff der Lebenskunst kennzeichnend, dass er um die „Dialektik" selbstverantworTlicher Lebensführung weiß: Es geht um ein Verständnis von Lebenskunst und Lebensführung, in dem die Alternative von Autonomie und Heteronomie gerade überwunden wird. „Bestimmt-Werden und Sich-Bestimmen sind hier also keine Alternative, sondern beides konvergiert im bewussten Sich-Bestimmen-Lassen."[571] *Keineswegs geht es mit einer so verstandenen (christlichen) Lebenskunst darum, sich passiv an externe Instanzen auszuliefern, sondern vielmehr darum, im dialogischen Engagement mit der ethischen Tradition und der aktuellen Situation reflexiv eine angemessene Antwort zu finden.*

Wer als Kundschafter unterwegs sein will, muss das zu erkundende Terrain kennenlernen wollen und können. In diesem Sinn gehört zur Erkundung ethischer Praxis und zur Kompetenzbildung im Netz der *gründliche Blick auf die empirische Wirklichkeit.* Die geforderte Sachkunde schließt dabei die *interdisziplinäre Vernetzung* unbedingt ein.[572]

---

zeptionellen Grundlegung in Auseinandersetzung mit den Lebenskunstkonzepten von Schmid u. a. auch den Aufsatz „Gemeindepädagogik als Anstiftung zur Lebenskunst" von P. Bubmann (Pastoraltheologie 93/2004, 99–114).

571 So formuliert J. Fischer für die christliche Lebensführung im Zusammenhang seines Verständnisses der „Geist-Dimension" als umfassenden Horizont sittlicher Orientierung und ethischer Reflexion, Theologische Ethik, 2002, 133). Treffend führt Fischer im Anschluss aus, dass sich damit ein bestimmtes Verständnis von christlicher Freiheit verbindet, das deren kommunikative und relationale Aspekte zum Tragen bringt: „Christliche Freiheit besteht nicht einfach darin, aufgrund eines Freispruchs vom Zwang der Selbstbehauptung und Selbstrechtfertigung befreit zu sein. Sie besteht vielmehr in einer auf das Ganze der Lebenswirklichkeit gerichteten Beziehungsfähigkeit, welche durch deren symbolische Strukturierung vermittelt und in der praktischen Erkenntnis des Glaubens angeeignet wird." (a.a.O., 146). Freiheit und Verantwortung sind also konstitutiv anders gefasst als im liberalen Modell!

572 Darauf macht im Kontext allgemeiner Medienethik auch R. Funiok mit Verweis auf H. Schmitz aufmerksam: „Es bleibt also festzuhalten, ‚daß man solange nicht von einer ethischen Orientierung sprechen kann, wie man nicht einen langen Blick auf die hier und jetzt vorliegende empirische Wirklichkeit geworfen hat.' (Schmitz 1996, 513) Die Methodik dieses Miteinanders von philosophischer Ethik und Fachwissenschaft ist für den Medienbereich noch wenig erprobt. Medienethik ist eine Bereichsspezifische Ethik ‚in statu nascendi'." (R. Funiok, Medienethik, 2007, 62).

Wenn unsere Überlegungen des ersten Teils zutreffen, gilt freilich auch für die ethische Bildung, dass das Sachkundig-werden des Kundschafters nicht im Überblick der distanzierten Beschreibung („Vogelperspektive"), sondern allenfalls im perspektivischen „Durchblick" der Teilnehmerperspektive („Maulwurfperspektive") zu gewinnen sein wird. Eine explorative Ethik als spezifischer Beitrag der theologischen Ethik zur Netzethik schließt den Verzicht auf *die eine,* Allgemeingültigkeit beanspruchende Position ein und akzeptiert die im ersten Teil dieser Arbeit herausgearbeitete Strittigkeit der Wirklichkeit, um sich mit der eigenen Perspektive in den (plurizentrischen, polykontexturalen und mehrdimensionalen) „Streit um die Wirklichkeit" einzumischen.

Die – notwendige – Diskurskritik wird sich aber in Aufnahme der Erwägungen des ersten Teils weder als die eine ethisch allein Gültigkeit beanspruchende Stimme zu Wort melden, so dass die Kirche als „moralische Wächterin" der Gesellschaft (und dem Medium) einfach „unbeteiligt" gegenüberstünde. Noch wird sie an eine „einheitliche Vernunft" appellieren können, um so ihrerseits Garantin der gesellschaftlichen Einheit zu sein. – Beide Tendenzen klangen gelegentlich in den vorgestellten römischen Stellungnahmen mehr oder weniger leise an.

Der Kundschafter ist immer auch „in eigener Sache" unterwegs. Somit fungiert er stets als Zeuge (vgl. oben). Der Erkundungsweg einer explorativen Ethik des Netzes kann deshalb nicht so verstanden werden, dass das prophetische Amt auf ihm keinen Platz mehr hätte. Vielmehr ergibt sich im Dialog zwischen der zu erkundenden Situation und dem mitgeführten Rucksack bis dato erworbener ethischer Handwerkskunst gerade das spezifische Urteil, das in die jeweilige Situation spricht.[573] – Die geforderte ethische Bildungsaufgabe der Kirche im Netz wird sich also nicht dabei begnügen wollen und können, Kundschafter ohne entsprechend gefüllten Rucksack in unbekanntes Terrain zu schicken. Sondern sie wird gerade vor dem Hintergrund der in und mit dem Netz neu geforderten Lebenskunst danach streben, die Voraussetzungen für den

---

573 In verantwortungsethischer Perspektive ist in diesem Zusammenhang an H. E. Tödts „Theorie ethischer Urteilsfindung" zu erinnern. (H.E. Tödt, Versuch zu einer Theorie ethischer Urteilsfindung, ZEE 21, 1977, 81–93) Vgl. dazu auch vom Verf.: T. Zeilinger, Bildung nach „Schema *e*", 2002.

angedeuteten reflexiven Umgang mit der eigenen Lebensführung zu vermitteln.

Blicken wir von hier aus abschließend noch einmal auf die im zweiten Kapitel vorgestellten Beiträge zurück, so ist festzuhalten, dass dort in Entsprechung zu den Überlegungen dieses Abschnitts durchgängig die individuelle Verantwortung und Kompetenz der Nutzerinnen und Nutzer in den Vordergrund gerückt wurde. Anders als es vielleicht aufgrund der Tradition des kirchlichen „Wächteramts" zu vermuten wäre, stehen keineswegs die sich mit den Stichworten „Compliance", Gehorsam und Befolgung verbindenden Aspekte im Vordergrund, sondern sehr viel stärker die sich um das Stichwort „Integrity" lagernden Themen Freiheit und Verantwortung.

Die mit dem Medium sich stellende Forderung nach individueller Medienkompetenz wird also zur Schlüsselstelle auch des theologischen Beitrags zur medienethischen Bildung. Warum es gerade dafür die Institution Kirche braucht, und welche ethischen Bildungsorte die Institution Kirche in einer integritätsorientierten Perspektive bereitstellt bzw. bereitstellen sollte, wird das nächste und abschließende Kapitel dieses Teils in den Blick nehmen.

4. Partizipation und dialogisches Engagement: Eigene ethische Bildungsorte der Kirche in integritätsorientierter Perspektive

Wenn die oben geforderte „ethisch sensible Netzentwicklung" dergestalt an Fertigkeiten und Fähigkeiten, Haltungen und Überzeugungen des Individuums gebunden ist, weshalb sollte dann von der traditionellen Institution Kirche hierzu ein besonderer Beitrag erwartet werden? Verbindet das Stichwort „Kirche" vielleicht nur mehr oder weniger zufällig Initiativen einzelner Engagierter und Kreativer im Netz? Wozu braucht es für den Weg einer ethischen „Bildung" des Netzes die Kirche als Institution? Es könnte ja durchaus so erscheinen, dass die „alte" dauerhafte Institution mit der Hierarchie verschwindet und die „neue" Netzanordnung auf eher temporäre Zusammenschlüsse von Individuen auf Zeit setzt. Mit anderen Worten: Weshalb ist ausgerechnet für die ethische Entwicklung des höchst „individuellen" Mediums Internet eine „allgemeine" Institution – und noch dazu die Kirche von Bedeutung?

Ich nehme dazu die diesem Teil zugrunde liegende Rede von der *Bildungsaufgabe* der Kirche wieder auf und bestimme diese zunächst durch das Stichwort der *Bildungsinstitution* näher, ehe im Folgenden die im pädagogischen Horizont prominente Forderung nach *Medienkompetenz* thematisch wird. Daran anschließend werden exemplarische Bildungsorte der Bildungsinstitution Kirche vorgestellt, an denen Kirche im Netz ihre Bildungsaufgabe in netzethischer Hinsicht wahrnimmt.

a. Die Kirche als Bildungsinstitution

In seiner *Kirchentheorie* hat der Kieler Praktische Theologe *Reiner Preul* vorgeschlagen, im Spektrum von Institutionen als „regelmäßige Formen gemeinsamen menschlichen Handelns" die Kirche näherhin als *Bildungsinstitution* zu begreifen.[574] Er greift damit einen Ausdruck auf, der umgangssprachlich eher unspezifisch zur Kennzeichnung des schulischen und außerschulischen Bildungswesens erscheint. Preul wählt den Ausdruck, „um die Kirche einer Gruppe von Institutionen zuzuordnen, die sich an das Bewusstsein, das Gefühl und das Erleben der Menschen wenden und somit in irgendeinem Sinne zu ihrer Bildung beitragen. Das sind die Institutionen des Bildungswesens (vom Kindergarten über die Schule bis zur Universität und Akademie der Wissenschaften), der Kunst aller Stilrichtungen und der öffentlichen Medien."[575]

Für seine Gliederung des „Spektrums von Institutionen" favorisiert Preul den in seiner Sicht bei Friedrich Schleiermacher und Eilert Herms beschrittenen Weg der systematischen Konstruktion gegenüber historischen Ableitungen, wie sie etwa von Herbert Spencer oder – als Weg fortschreitender Ausdifferenzierung – bei Niklas Luhmann oder auch Thomas Luckmann entwickelt worden seien.[576] In Schleiermachers Sys-

---

574 R. Preul, Kirchentheorie, 1997, 140ff; zur Definition von *Institution* bei Preul ebd., 129ff.

575 A.a.O., 141. Preul präzisiert seinen Vorschlag mit Bezug auf D. F. E. Schleiermachers Vorstellung von vier Sphären der Vergesellschaftung (Wissenschaft – Politik/Recht/Wirtschaft – Kunst/Religion/Kirche – freie Geselligkeit) und auf E. Herms Konzept von vier gleichursprünglichen Feldern innerhalb einer Schöpfungsordnung (Politik – Wirtschaft – Wissen – Religion). Im Anschluss an Herms' funktionale Bestimmung der gesellschaftlich notwendig zu befriedigenden Bedürfnisse sieht er die Kirche in hoher „Affinität zur Kunst und ihren Institutionen sowie – im nicht ganz so engen Sinne – zu allen empirisches Fakten- und Regelwissen produzierenden Institutionen." Die Bildungsinstitutionen habe es damit zu tun, das Bewusstsein (in den drei verschränkten Dimensionen von Welt-, Selbst- und Gottesbewusstsein) zu entwickeln, zu schulen, in bestimmte Richtung zu lenken, mit Mitteln der Kunst abzubilden, darzustellen und zur Aufführung zu bringen. Im Begriff der Bildungsinstitution werden so alle Institutionen gefasst, „deren Aufgabe in irgendeiner Weise das gemeinschaftliche oder individuelle Symbolisieren ist." (147).

576 Vgl. a.a.O., 141ff.

tematik entstehen vier Sphären der Vergesellschaftung in einer Matrix aus den Handlungsarten des Symbolisierens und Organisierens einerseits und des jeweiligen Charakters des Handelns als Universellem (Identischem) oder Individuellem andererseits: Wissenschaft entsteht durch identisches Symbolisieren, Staat, Recht und Wirtschaft durch identisches Organisieren, Kunst und Religion durch individuelles Symbolisieren und die Sphäre der freien Geselligkeit durch individuelles Organisieren.[577]

Mit der Betonung des Gefühls und des Erlebens in seinem Verständnis von Kirche als Bildungsinstitution lässt Preul unschwer seine Sympathien für das bei Schleiermacher zugrunde liegende Konzept erkennen, fasst der Begriff der Bildungsinstitution für ihn doch all diejenigen Institutionen zusammen, „deren Aufgabe in irgendeiner Weise das gemeinschaftliche oder individuelle Symbolisieren ist."[578] Insofern Bildungsinstitutionen nach Preul das „dreidimensionale Bewußtsein" von Weltbewusstsein, Selbstbewusstsein und Gottesbewusstsein nicht nur entwickeln und schulen, sondern auch abbilden und darstellen, also zum Ausdruck und zur Aufführung bringen, begegnet er auch dem naheliegenden Einwand, ein Verständnis der Kirche als Bildungsinstitution verenge das Verständnis der Kirche auf den didaktischen Aspekt: „Unsere eigene Bestimmung der Kirche als Bildungsinstitution hebt die Kirche über die Funktion der Schule hinaus: Es geht nicht nur um Schulung und Formung des christlichen Selbstverständnisses, sondern auch um dessen Ausdruck, Betätigung, Darstellung, Gestaltwerdung."[579]

Von Bildungsinstitutionen ist in prononcierter Weise auch in dem von Preul zitierten Gesellschaftskonzept von EILERT HERMS die Rede. Wie bereits in der Einleitung dieser Studie dargestellt, steht bei Herms dabei zunächst nicht der Begriff der *Institution,* sondern der der *Organisation* im Vordergrund, wenn und wo er Kirche als „System im Leistungsbereich weltanschaulich-ethischer Bildung" beschreibt. Herms sieht, dass der gesamte Bereich der Bildung, also seinem Konzept zufolge die Organisationen zur Hervorbringung technisch-orientierenden Wissens wie diejenigen zur Bereitstellung von ethisch-orientierendem Wissen, unter die faktische Abhängigkeit der beiden anderen sozialen Inter-

---

577 Vgl. zur ausführlichen Darstellung, die auch auf den Zusammenhang der Sphären und die wechselseitige Durchdringung aufmerksam macht, bei Preul, a.a.O, 143f.
578 A.a.O., 147.
579 A.a.O., 152. Preul formuliert dies in Aufnahme von Trutz Rendtorffs Überlegungen zur Kirche als „Schule des Christentums", die er im Blick auf das Verständnis des Gottesdienstes kritisiert.

aktionsbereiche, den der Politik und den der Wirtschaft, geraten ist.[580] Vor diesem Hintergrund stehen die Kirchen für ihn heute vor der Herausforderung, „zu erkennen, daß ihr mittel- und langfristiger sozialethischer Auftrag an hochentwickelten Gesellschaften wie den gegenwärtigen europäischen im Bereich der Bildung liegt, und zwar genau im Bereich derjenigen ‚Herzens'bildung, die zur ethisch orientierenden Gewißheit führt."[581]

Dieser Bildungsauftrag ist für Herms dabei keineswegs nur funktional als gesamtgesellschaftlicher Dienst der Kirche begründet, sondern erfährt seine inhaltliche Rechtfertigung darin, dass das *Ensemble der christlichen Kultusinstitutionen* das *Identitätszentrum* des *christlichen Gesamtlebens* bildet. Eben dieses Identitätszentrum ist nun aber seinerseits bleibend darauf angewiesen, durch *kirchliche Sozialisations- und Bildungsinstitutionen* tradiert zu werden: „*Das Proprium der Institution Kirche ist nicht die Pflege der Beziehungen zum Übernatürlichen (Irrationalen) und die Bewältigung von Grenzsituationen, sondern die Erbringung einer integralen Sozialisationsleistung.* Worauf es ankommt, ist die Erhaltung derjenigen Bildungsinstitutionen, die für die Regeneration der ethisch orientierenden Lebensgewißheit des christlichen Glaubens unabdingbar sind."[582]

In dem eben bereits zitierten Aufsatz „Vom halben zum ganzen Pluralismus" münden Herms' Überlegungen in das Plädoyer, sich als Kirche als Träger freier Schulen zu engagieren, um so dem eigenen Bildungsauftrag genauso wie der gesellschaftlichen Bildungsverantwortung gerecht zu werden. Nicht so sehr die Frage nach der Kirche als der einen Bildungsinstitution, sondern näherhin die Frage nach den sich aus dem kirchlichen Bildungsauftrag ergebenden *Bildungsinstitutionen* der Organisation Kirche leitet also das hier vorgestellte Bildungsverständnis.

Den öffentlichen, weit über ihren eigenen Raum hinausreichenden Bildungsauftrag der Kirche betont auch Wolfgang Huber in seinen Überlegungen zur Kirche als *intermediärer Institution*. Gegenüber einem *staatsanalogen* Verständnis der Kirche versucht auch Huber ähnlich wie Herms, der Kirche neuen Spielraum zu verschaffen. Auch für ihn soll

---

580 Vgl. z. B. E. Herms, Erfahrbare Kirche, 1990, 217f.
581 A.a.O., 220.
582 E. Herms, Kirche für die Welt, 1995, 396f. (Kursivierung im Original) Herms
     fährt fort: „Das sind über den Gottesdienst hinaus: die Institutionen der familialen
     und außerfamilialen (vorschulischen) Primärsozialisation, die Institutionen eines
     allgemeinbildenden Schulwesens, der Erwachsenenbildung und der seelsorgerlichen Lebensbegleitung."

sie sich in den *kulturellen, symbolisch vermittelten Verständigungsprozessen der Gesellschaft* verstehen. Sie könne dies dort, wo sie sich auf das Konzept der *Zivilgesellschaft* einlasse und ihre *intermediäre Vermittlungsaufgabe* wahrnehme: „Sie vermittelt zwischen den einzelnen und ihren gesellschaftlichen Lebenszusammenhängen; sie vermittelt aber vor allem zwischen den einzelnen und der geglaubten Wirklichkeit Gottes. In diesem doppelten und zugleich spezifischen Sinn ist die Kirche eine intermediäre Institution."[583]

Je stärker öffentliches wie privates Leben sich heute vor dem Horizont einer *Mediengesellschaft* abspielen, desto dringlicher ist die Gesellschaft ihrerseits darauf angewiesen, dass in der Zivilgesellschaft bestehende Institutionen Lernressourcen bereitstellen, die inhaltliche – und öffentlichkeitswirksame – Beiträge zur gesellschaftlichen Kommunikation leisten. Gerade weil sie selbst eine lange Tradition und Geschichte der Bildung verkörpert, ist die Kirche im Netz hier in besonderer Weise gefragt, „sich am Austausch der Ideen und Meinungen" in der Gesellschaft zu beteiligen.[584]

Auch Huber betont, dass es nicht ausreiche, den Ort der Kirche in der Gesellschaft einfach aus einem vorgegebenen Gesellschaftsbegriff abzuleiten. Vielmehr müsse dieser Ort theologisch begriffen werden.[585] *Was* es mit der kirchlichen Bildungsaufgabe auf sich hat, erschließt sich offenbar nicht aus der funktionalen Plausibilisierung, *dass* Kirche im gesamtgesellschaftlichen System eine unverzichtbare Rolle zu spielen hat. Die Pointe des kirchlichen Bildungsauftrags liegt vielmehr in den Inhalten, nicht im *Dass* der Institution, sondern im *Was* der Inhalte, die sie bezeugt. Weshalb die Kirche zu Recht als *Bildungsinstitution* zu beschreiben ist, kann von daher letztlich nicht allgemein, im Sinne einer allgemeinen Notwendigkeit bewiesen werden, sondern zeigt sich in den *gelingenden Beispielen,* in denen die Inhalte überzeugend zur Sprache kommen.[586]

Wie einleitend bereits dargestellt, orientiert in systematisch-theologischer Hinsicht auch *H. G. ULRICH* sein Verständnis von Ethik und In-

---

583 W. Huber, Kirche in der Zeitenwende. Gesellschaftlicher Wandel und Erneuerung der Kirche, 1998, 269.

584 W. Huber, Die Kirche als intermediäre Institution in der Mediengesellschaft, S. 137–150, in: C. Drägert und N. Schneider, Medienethik, 2001, hier: 148.

585 A.a.O., 146.

586 Auf die Bewährung durch das „gelingende Beispiel" zielt schlussendlich auch Herms in seinem Plädoyer für freie Schulen in kirchlicher Trägerschaft (E. Herms, Kirche für die Welt, 1995, 429).

stitutionen am Begriff der *Bildung*. Dabei tritt bei ihm gegenüber einer formalen Perspektive auf das Bildungsgeschehen die inhaltliche Bestimmung durch das Neuwerden im Christusgeschehen in den Mittelpunkt: „Der Gegenstand ‚Bildung' geht für die theologische Ethik verloren, wenn er nicht Neuwerden und Verwandlung einschließt, das Werden des Menschen im Neuwerden. Was immer Menschen sich aneignen und lernen, wie immer sie sich selber bilden oder bilden lassen, es wird die Frage sein, inwiefern sie darin die Geschöpfe Gottes bleiben, inwiefern sie paradigmatisch diejenigen bleiben, die sich bilden lassen."[587]

In dieser Perspektive geht es in und mit der Institution Kirche „um die erneuernde Erfahrung geschöpflichen Lebens, also um die rechte Form der *Bildung* gegenüber jeglicher Manipulation."[588] Bildung hat in christlicher Perspektive ihr Ziel also im Neuwerden des Geistes, und damit nicht in einer statischen Freiheit, sondern in der Befreiung, genauer dem Befreit-Werden zur Freiheit der Kinder Gottes. Die Bildungsaufgabe der christlichen Gemeinde besteht so verstanden darin, dieses Neuwerden von Wahrnehmung und Erkenntnis gegenwärtig zu halten. Geschieht dies primär in der gottesdienstlichen Praxis, so ist doch gerade auch für die Ethik eine so verstandene *Ethik der Bildung* als Zentrum zu sehen: „Sie setzt dort ein, wo die Veränderung der Existenzform geschieht durch das Neuwerden der Wahrnehmung, der Erkenntnis und des Denkens (Röm 12,2)."[589]

Kirche als Bildungsinstitution zeigt sich in diesem Sinn dann darin, dass mit ihr im Geflecht der Institutionen der Ort der Verheißung gegeben ist, an dem sich Bildung als Neuwerden von Wahrnehmung und Erkenntnis ereignet. Von hier aus leistet sie *inhaltlich* ihren unverzichtbaren Beitrag für die Gesellschaft. Wenn und weil Institutionen stets auf Interaktion und Mitteilung beruhen, braucht es die *bestimmte* inhaltliche

---

587 H. G. Ulrich, Wie Geschöpfe leben, 2005, 326f.

588 A.a.O., 465. Bei Ulrich steht die Aussage im Kontext einer Relektüre der 3-Ständelehre Luthers:
     „In der *Ecclesia* geht es um das Neuwerden *(conversio)* und die Annahme des Empfangenen gegenüber dem, was nur irgendwie, aufgrund dieser oder jener Plausibilitäten gilt, in der *Oeconomia* geht es um die Erprobung des von der fundamentalen Sorge befreiten Mitwirkens *in* Gottes guter Schöpfung *(cooperatio)* zur Einbeziehung des Nächsten und in der *Politia* geht es um die Erprobung des ermächtigten Handelns und *Handelns für andere* und die Kommunikation *(communicatio)* mit anderen gegen jede Form von Gewalt." (a.a.O., 451; Kursivierungen im Original; vgl. dazu auch oben in der Einleitung zum Begriff der Institution und einleitend zum Teil III.).

589 A.a.O., 327.

Stellungnahme, die nicht davor zurückscheut, in den Streit um die Wirklichkeit einzutreten.[590] Verantwortung übernehmen heißt in diesem Sinn, sich in bestimmter Tradition in den geschichtlichen Zusammenhang einer Verheißung zu stellen und (gemeinsam) nach der Antwort zu suchen, die dem Wort der Verheißung entspricht.

Ich entnehme den hier unter der Überschrift „Bildungsinstitution Kirche" in Auswahl dargestellten Überlegungen folgende zentrale Einsichten für die zur Diskussion stehende Frage nach der Bildungsaufgabe der Institution Kirche. Die Verknüpfung zu der Frage der Ethik des Netzes wird hier nur programmatisch angedeutet und in den weiteren Abschnitten aufgenommen und ausgeführt:

i. *Mit der Rede von der Kirche als „Bildungsinstitution" gelingt es Preul, in praktisch-theologischer Hinsicht im Anschluss an Schleiermacher in einer funktionalen Perspektive einen begrifflichen Rahmen für den möglichen Beitrag der Kirche als Institution und Organisation zur Entwicklung des Mediums Internet zu schaffen.[591]*

ii. *Preul betont mit Rückgriff auf Schleiermacher zu Recht die expressiven und darstellenden Momente im christlichen Bildungsverständnis. Wie gerade sie den institutionellen Beitrag der Kirche für eine Ethik des Netzes prägen können, gilt es in den noch darzustellenden Beispielen zu erkunden.*

---

590 Vgl. a.a.O., 445: „Die Ordnungen (die Institutionen, TZ), von denen hier die Rede ist, stehen – ganz im Gegenteil – gegen die Fixierung auf Strukturen, die sich selbst einer spezifischen Vergewisserung aus einer Beobachterposition verdanken. Demgegenüber sind die Ordnungen als Orte der Verheißung zu verstehen, und die Frage ist dann, welche ‚Antwort‘ dieser Verheißung entspricht."

591 Wie schon die Differenzierungen bei Herms zu zeigen vermögen, bleibt der in Preuls Rede von der Bildungsinstitution gebotene Rahmen freilich in systematischer Hinsicht (bewusst?) etwas unscharf.
Vgl. als einen Beleg für die Leistungskraft der Rede von *Bildungsinstitution* aber auch die im nächsten Abschnitt von Gapski und Gräßer aus systemtheoretischer Sicht gegebene „Arbeitsdefinition" von *Medienkompetenz:* Sie wird auf ihre Weise darauf hinweisen, dass die Selbstorganisation des Einzelnen sich immer im Kontext sozialer Systeme vollzieht. Der erste Teil der vorliegenden Arbeit hat mit seinen Untersuchungen zur medialen Dynamik gezeigt, dass auch die technische „Welt" des Internet nicht außerhalb sozialer Systeme zu stehen kommt. Gerade der mit der medialen Dynamik sich verbindende Wandel verlangt für seine Gestaltung seinerseits nach gegenüber dem Medium „jenseitigen" Institutionen, die benötigte individuelle „Medienkompetenz" bleibt auf Institutionen verwiesen, die ihrerseits gemeinsame Orientierung leisten, formieren und also bilden können. Die im Anschluss darzustellenden Beispiele aus der Praxis werden zeigen, dass hier der kirchliche Beitrag für die ethische „Bildung" des Netzes so vielfältig wie sinnvoll ist.

iii. Mit seiner Theorie dauerhafter sozialer Interaktionsordnungen in vier spezifischen „Kulturgebieten" gibt Herms der Organisation Kirche im Bereich ethisch-orientierender Lebensgewissheit (ebenfalls in funktionaler Perspektive, vgl. Schleiermacher und Preul) einen eigenen und einheitlichen Ort. Sein am Beispiel der Schulen entwickeltes Plädoyer für einen von ihren eigenen Bildungsinstitutionen instruierten Beitrag der Kirche zur öffentlichen Bildung verdient es, für die weiteren Überlegungen zu einer Ethik des Netzes beachtet zu werden.

iv. Vor dem Hintergrund der Überlegungen zum Kommunikationsbegriff im zweiten Teil dieser Studie eröffnet Hubers Hinweis auf den Begriff der intermediären Institution der kirchlichen Bildungsaufgabe im Gedanken der Vermittlung und Verständigung eine Dimension, die gerade angesichts der Entwicklung des Internet dem kirchlichen Beitrag zum „Austausch der Ideen und Meinungen" eine Spur zu weisen vermag.

v. Die von Ulrich erinnerte eschatologische Ausrichtung des christlichen Bildungsgedankens schärft die unaufgebbar inhaltlich bestimmte Aufgabe der Institution Kirche ein, über sich selbst hinaus zu verweisen auf das befreiende Wort, das die Welt sich nicht selbst sagen kann. Wenn und weil Bildung zuallererst aus dem Neuwerden der Wahrnehmung erwächst, wird die Institution Kirche nicht dadurch für die ethische Netzbildung wichtig, dass sie alle Antworten schon bei sich hat, wohl aber stellt sie qua ihrer „Vorgegebenheit" und „Kenntlichkeit" einen für den Weg der Bildung (des Netzes) notwendigen „Widerhaken" dar. Nur so erhält die Netzethik die nötigen Konturen.

Kirche wird also in ihrer netzethischen Bildungstätigkeit die expressiven und darstellenden Momente des eigenen Bildungsverständnisses zum Zug kommen lassen, sich der Aufgabe der Vermittlung von ethisch-orientierender Lebensgewissheit stellen, zu Vermittlung und Verständigung beitragen und eine weiterführende weil über sich selbst hinausweisende Perspektive einbringen. Wie die Überlegungen der vorausgehenden Kapitel gezeigt haben, findet die Bildungsinstitution Kirche den Zielpunkt ihrer Bildungsaufgabe im Netz in der Befähigung des und der Einzelnen zur selbstverantwortlichen Lebensführung. An dieser Stelle begegnet ihr immer wieder die Rede von der Medienkompetenz. Was aber ist damit im pädagogischen Kontext gemeint?

b. Medienkompetenz –
Eine Näherbestimmung der Bildungsaufgabe

Wie zahlreiche andere kirchliche Stellungnahmen betonen die bereits zu Beginn dieses Teils zitierten „Publizistischen Grundlinien" der bayerischen Landeskirche im Zusammenhang des Plädoyers für gestärkte Eigenverantwortung die Notwendigkeit der Vermittlung von Medienkompetenz, insbesondere für Kinder und Jugendliche.[592] Die seit den neunziger Jahren in einer breiteren Öffentlichkeit immer wieder als Schlüsselqualifikation für die Wissensgesellschaft geforderte *Medienkompetenz* ist bereits seit den siebziger Jahren ein nicht unwichtiges Stichwort der fachpädagogischen Diskussion.

Am einflussreichsten erwies sich dabei das von DIETER BAACKE entwickelte Verständnis medialer Kompetenz. Baacke unterscheidet Medienkompetenz in vier Dimensionen: *Medienkritik, Medienkunde, Mediennutzung* und *Mediengestaltung*.[593]

○ Die erste Dimension der *Kritik* umschreibt die (komplexe) Fähigkeit, die für Medien relevanten gesellschaftlichen Prozesse *analytisch* angemessen zu erfassen, *reflexiv* auf sich selbst und das eigene Handeln anzuwenden sowie *ethisch* beides, Analyse und Reflexion, sozial zu verantworten.

○ Die *Medienkunde* meint die Vermittlung von Wissen über die heutigen Mediensysteme sowie die technisch-instrumentellen Fähigkeiten, diese auch bedienen zu können.

○ Die Dimension der *Mediennutzung* zielt über die bloße Vermittlung technisch-instrumenteller Fertigkeiten hinaus auf die spezifische Anwendung, z. B. zur Information oder zur Unterhaltung. Dabei sind Aspekte rezeptiver und interaktiver Nutzung zu unterscheiden.

○ Mit der *Mediengestaltung* geht es um die Fähigkeit(en), Medien kreativ und innovativ zu verändern und zu entwickeln, beispielsweise in Form der eigenen Homepage oder des eigenen Weblogs.

---

592 Vgl. neben den einleitend in diesem Teil erwähnten bayerischen Aussagen z. B. die zitierte Äußerung von M. Käßmann und die Überlegungen in der Medienethik A. Königs, s. 2.b.ii.

593 Vgl. zu Baacke: A. König, Medienethik aus theologischer Perspektive, 2006, 356f., und R. Funiok, Medienethik, 2007, 173ff. Einen ausführlichen Überblick über die aktuelle sozialwissenschaftliche Forschung zur Thematik Medienkompetenz und Mediennutzung von Kindern und Jugendlichen bietet die Gesellschaft sozialwissenschaftlicher Infrastruktureinrichtungen GESIS-IT Bonn. Online verfügbar unter: www.sowiport.de/fileadmin/user_upload/PDF_Recherche_Spezial/Generation_Internet-final.pdf. (Stand April 2008; Abruf 10.7.2008).

Der umfassende Begriff der Medienkompetenz, wie ihn Baacke entwickelt hat, verdeutlicht die damit verbundene so integrale wie globale Aufgabe: Gemeint ist das gesamte Spektrum der Medien, die Vermittlung kann deshalb auch nicht auf eine pädagogische Instanz, z. B. die Schule beschränkt bleiben, Medienkompetenz ist vielmehr eine Aufgabe lebenslangen Lernens, die auf unterschiedlichen Wegen (erzieherisch, unterrichtlich, selbstorganisiert) anzustreben ist.

Im Unterschied zu der komplexen Aufgabenbestimmung wie sie Baacke formuliert hat, droht der öffentliche Diskurs um Medienkompetenz (durchaus auch unter Aufnahme der Forderung nach „lebenslangem Lernen") diese nicht selten auf die „systemkonforme" Nutzung und Anwendung von Wissen und Fertigkeiten im Umgang mit „neuen", digitalen Medien zu verengen, so als genüge eine bloß erzieherisch-unterrichtliche Vermittlung instrumenteller Vermögen zur Medienkunde und -bedienung, um medienkompetent zu sein.[594]

Baackes mehrdimensionales Konzept macht demgegenüber darauf aufmerksam, dass Medienkompetenz ebenso sehr immer schon vorauszusetzen wie zugleich immer erst zu entwickeln ist. R. Funiok fasst dies in folgendes Paradox: „Wir sind schon *medienkompetent* in dem Sinne, dass niemandem – aufgrund seiner Geistigkeit und seines Hineingewachsenseins in die Kultur (Enkulturation) – der Kern einer kritischen Beurteilungsfähigkeit abgesprochen werden darf. Wir müssen jedoch im vollen Sinne medienkompetent werden."[595] Die vier Dimensionen lassen dabei auch ohne nähere Beschäftigung bereits erahnen, dass sich an das medienkompetente Individuum im Gefolge dieses Konzepts recht komplexe Anforderungen stellen. Hier zeigt sich in der emanzipativen Orientierung am Ideal eines selbst-bewussten kritischen Umgangs des menschlichen Subjekts mit den Medien deutlich der reformpädagogische Ansatz Baackes.[596]

In der weiteren Diskussion wurde er in zweierlei Richtung ergänzt: Glaubte man in einer bestimmten Phase der öffentlichen Diskussion um Medienkompetenz, diese als neue, „technische" Kompetenz in Konkurrenz zu den etablierten „traditionellen" Kompetenzen des Lesens, Schreibens (und Rechnens) betonen zu müssen, so wird spätestens mit dem Internet wieder verstärkt der enge Zusammenhang von „digitaler'

---

594 Kritisch zu einem einseitig technischen Medienkompetenzbegriff auch: B. Derenthal, Medienverantwortung in christlicher Perspektive, 2006, 53.
595 R. Funiok, Medienethik, 2007, 175 (Sperrungen TZ, Kursivierung i.O.).
596 Vgl. dazu auch Röll, Pädagogik der Navigation, 2003, 42f.

Medienkompetenz mit der „analogen" Lese- und Schreibkompetenz betont.[597] Deutlich wird dies vor allem bei der neuerdings im Zusammenhang von Computerspielen und virtuellen Welten eigens bemerkten *Rahmungskompetenz:* Der reflektierte und kontrollierte Übergang von der einen zur anderen „Welt" erfordert auf seine Weise eine spezifische „Lektürekompetenz" im Sinne der Unterscheidung von ähnlichen Reizeindrücken und Präsentationen in verschiedenen „realen" und „virtuellen" Kontexten.[598]

Eine weitere Ergänzung erfährt Baackes Ansatz aus systemtheoretischer Perspektive. Vor dem Hintergrund der aktuellen mit dem Stichwort „Web 2.0" etikettierten Entwicklungen geben beispielsweise HARALD GAPSKI und LARS GRÄSSER folgende „Arbeitsdefinition": „Medienkompetenz ist die Fähigkeit zur Selbstorganisation eines Einzelnen oder eines sozialen Systems im Hinblick auf die sinnvolle, effektive und reflektierte Nutzung technischer Medien, um dadurch die Lebensqualität in der Informationsgesellschaft zu steigern."[599] Gapski und Gräßer versuchen mit ihrer Definition, den komplexen Wechselwirkungen zwischen individuellem Medienhandeln, mediengestützter Organisationsentwicklung und dem gesellschaftlichen Mediendiskurs gerecht zu werden: „Mit der Einführung von Web 2.0-Anwendungen in einer Bildungsinstitution beispielsweise sind Kompetenzentwicklungen verbunden: Gemeint sind damit nicht nur instrumentelle, methodische und soziale Kompetenzen der Lehrenden und Lernenden im Umgang mit diesem Medium, sondern auch Aspekte einer sich wandelnden Lernkultur und der Organisationsentwicklung der Bildungsinstitution."[600]

Wird der Begriff Medienkompetenz in der von Baacke vorgezeichneten Weite als umfassende Bildungsaufgabe verstanden, so ist zugleich deutlich, dass die explizit ethischen Fragen und Themen Teil dieser Bildungsaufgabe sind.[601] Ethik erscheint hier als unverzichtbares Im-

---

597 Vgl. dazu etwa den Sammelband von S. Krämer, Medien.Computer,Realität, 1998, 9ff.

598 Vgl. R. Funiok, Medienethik, 2007, 176 und 191.

599 H. Gapski und L. Gräßer, Medienkompetenz im Web 2.0, 2007, 27.

600 Ebd. Eine Antwort versuchen die beiden Autoren über den im Titel ihres Beitrags erwähnten Begriff der „Lebensqualität" zu geben.

601 R. Funiok, Medienethik, 2007, 173, weist zu Recht darauf hin, dass ethische Fragen in allen vier von Baacke bezeichneten Dimensionen medialer Kompetenz eine Rolle spielen. Dass der *ethische* Aspekt von Baacke explizit im Kontext der Dimension *Medienkritik* genannt wird, darf also nicht so verstanden werden, als wäre er nur dort von Belang. Interessant wie instruktiv ist hier vielmehr der Hinweis von Bernd Schorb, dass die explizite Nennung der ethischen Dimension

plikat der Bildung, darin treffen sich die hier vorgestellten Über-
legungen zur Medienkompetenz sowohl mit der im vorausgehenden
Abschnitt reflektierten Rede von der Kirche als Bildungsinstitution als
auch mit den allgemeinen Überlegungen zu „evangelischer Bildung"
am Beginn dieses Teils. In ethischer Hinsicht müssen dabei am Stich-
wort Medienkompetenz besonders die Dimensionen der Kritik und der
Gestaltung interessieren.[602] *Sie klangen in der oben skizzierten theo-*
logischen Perspektive unter den Vorzeichen der Diskurskritik und der
Erkundung dessen, was das „Tun des Gerechten" im Netz heißen kann,
bereits auf ihre Weise an.[603]

In dezidiert praxisorientierter Perspektive stellt deshalb der nächste
Abschnitt einige exemplarische Bildungsinitiativen (aus dem Umfeld
des bayerischen Projekts „Vernetzte Kirche") vor, die auf ihre Weise
aus kirchlicher Perspektive einen Beitrag zur Bildung von Medien-
kompetenz unternehmen bzw. unternommen haben. Die Beispiele sollen
exemplarisch verdeutlichen, welchen Beitrag die Institution Kirche zur
Bildung von Medienkompetenz leisten kann. Mit Blick auf die immer
wieder besonders diskutierte Bildung von Kindern und Jugendlichen
liegt hier ein Schwerpunkt, der freilich nicht einfach selbst gewählt ist,
sondern zugleich widerspiegelt, wo kirchliche Netzbildungsaktivitäten
ihrerseits erkennbar ethische Akzente setzen.

c. Ausgewählte kirchliche Bildungsinitiativen im Netz

Die im Folgenden dargestellten kirchlichen Bildungsanstrengungen stellen nur einen kleinen Ausschnitt aus einer im Ganzen unübersehbaren

---

im Kontext der Medienkritik bei Baacke als Indiz dafür zu lesen ist, dass in Zeiten
zunehmender Individualisierung die Reflexion der expliziten Erwähnung der
Ethik als Sozialverantwortung bedürfe; vgl. B. Schorb, Vermittlung von Medienkompetenz als Aufgabe der Medienpädagogik, 1997.

602 Hierauf weist auch Derenthal in ihren pädagogisch orientierten medienethischen
Überlegungen aus theologischer Perspektive hin, vgl. B. Derenthal, Medienverantwortung in christlicher Perspektive, 2006, 223.

603 Erinnert sei an dieser Stelle nochmals an das emanzipativ-kritische Moment in
der diskurskritischen Aufgabenbeschreibung von P. Patras theologischer Medienethik, vgl. oben 2.b.i. Derenthal formuliert in ihrem an Arens orientierten
medienethischen Konzept: „So setzen sowohl eine prophetisch-kritische Auseinandersetzung mit aktuellen Entwicklungen in den Medien als auch eine dialogische Verständigung über den zukünftigen gesellschaftlichen Umgang mit
Medien, insbesondere im Hinblick auf Fragen von Solidarität und Gerechtigkeit,
voraus, dass die Betroffenen über Argumente verfügen und sich auch in die Lage
von anderen hineinversetzen können. . . . Aus der Perspektive der theologischen

Fülle kirchlicher und theologischer Initiativen im Netz dar. Sie sollen die Möglichkeiten verdeutlichen, die die Institution Kirche hat, um im Internet spezifische Bildungsbeiträge zu leisten. Dabei stehen im Kontext dieses Teils *Aspekte ethischer Bildung* im Vordergrund, im Kontext dieser Arbeit in besonderer Weise Projekte, die *in Verbindung mit dem teilnehmend beobachteten Projekt „Vernetzte Kirche"* standen und stehen.

Bei der Auswahl der Beispiele und ihrer Anordnung leitet mich neben diesen Kriterien die Frage des Adressaten, auf den das Projekt bzw. die Aktivität jeweils zielt. Die am Stichwort der Medienkompetenz deutlich gewordene enge Verbindung der ethischen Bildungsaufgabe mit der Medienpädagogik legt es nahe, hierbei der Bildung von Kindern und Jugendlichen besondere Aufmerksamkeit zu schenken. Bewusst wird dabei mit den Beispielen ii. und iii. der engere Bereich der Nutzerethik überschritten und auch die Anbieterseite in Blick genommen. Die Aufgabe der Kirche, zu selbstverantwortlicher reflexiver Lebensführung im oben entwickelten Rahmen zu befähigen, wäre zu eng verstanden, würde sie nur auf die Nutzerseite bezogen. Sie richtet sich an alle Akteure im Netz, weshalb hier auch der – in praxi wesentlich von Seiten universitärer Theologie mit initiierte – Dialog mit den Anbietern als kirchliche Bildungsaufgabe in Sachen Netzethik betrachtet wird.

i. www.kirche-entdecken.de – Ein Angebot für Kinder

Das Projekt „Vernetzte Kirche" selbst hat in diesem Feld mit der Initiative „kirche-entdecken.de" in Gestalt einer Webseite für Kinder im Grundschulalter einen eigenen Bildungsbeitrag vorgelegt. Dieser soll hier nicht in der im Teil II.2. bereits beschriebenen Perspektive der Kommunikation des Evangeliums in seiner Funktion zur spielerischen Vermittlung von Glaubenswissen betrachtet werden,[604] sondern in seinem Beitrag zur Bildung einer Ethik im Netz. Der Projektbericht zu „kirche-entdecken.de" nennt ausdrücklich auch die Förderung der Medienkompetenz der Kinder als Ziel der Webseite.

Medienethik sollte der Einzelne dazu ermutigt werden, einmal zu überprüfen, inwiefern die eigene Identität einerseits unbewusst von Medien geprägt wird, welche Medien aber andererseits gezielt zur Orientierung und Selbstvergewisserung ausgewählt werden können." (a.a.O., 223).

604 Vgl. dazu oben II.2.c.ii.

Hierzu dienen auf der „instrumentellen" Ebene vor allem die Menü-
gestaltung und die Integration unterschiedlicher internetbasierter Kommunikationsmöglichkeiten (Multimedia-Anwendungen, Mailkontakt,
Grußkarten, Seriengeschichten, „Träumhimmel"...). Seit ihrem Start im
Mai 2005 hält die Webseite ihre Inhalte nicht nur zum *Lesen,* sondern
auch mit einer Stimme zum *Vorlesen* bereit. Auch Kinder, die sich mit
dem Lesen (noch) schwer tun, erhalten so Unterstützung. Die sorgfältig
gestaltete und von der Elster Kira begleitete Navigation durch die verschiedenen, ihrerseits als eigene „Räume" aufgebauten Unterthemen und
Anwendungen der Seite ermöglicht es Kindern im Grundschulalter eben
nicht nur, auf spielerische Weise die Institution Kirche und den Inhalt
Evangelium kennen zu lernen, sondern zugleich mit dem Medium Internet und seinen spezifischen Kommunikationsformen und -möglich-
keiten vertraut(er) zu werden.

Ethische Aspekte werden auf der Seite auch auf explizite Weise thematisiert: Ein eigener Menüpunkt hält „Tipps für sicheres Surfen im
Netz" bereit. Auf vier Unterseiten erhalten die Kinder Tipps zu Suchmaschinen, Datenangaben, Viren und Mailkommunikation im Netz. Seit
2006 gibt es zudem jeden September zum Weltkindertag ein eigenes
Quiz auf der Seite, das Kinderrechte thematisiert. Das Quiz und die
Surftipps richten sich wie auch andere Inhalte der Seite erkennbar nicht
ausschließlich an die Kinder, sondern zugleich an Eltern und Erzieher
und tragen so auch zur Bildung von deren Medienkompetenz bei.

ii. Im Dialog mit den Anbietern: „Zukunftswerkstatt Qualitätskriterien für Kinderangebote im Internet"

An der Erarbeitung des von der Kölner Agentur „kerygma" realisierten
Konzepts zu kirche-entdecken.de war neben der bayerischen „Vernetzten
Kirche", dem Amt für Jugendarbeit der ELKB und der Internetarbeit der
Hannoverschen Kirche auch die theologische Wissenschaft beteiligt: die
Professorin für Christliche Publizistik der Friedrich-Alexander-Univer-
sität Erlangen-Nürnberg, JoHANNA HABERER, und ROLAND ROSENSTOCK,
Juniorprofessor für Praktische Theologie/Religionspädagogik, Religi-
onsdidaktik und Medienforschung an der Ernst-Moritz-Arndt Universität
Greifswald. Beide Personen und Institutionen begegnen immer wieder,
wo es aus evangelischer Perspektive um Themen ethischer Bildung im
Netz geht.

2004 hoben Johanna Haberer und Roland Rosenstock gemeinsam mit
der Rundfunkarbeit der EKD und der Kommission für Jugendmedien-

schutz in München eine „Zukunftswerkstatt Qualitätskriterien für Kinderangebote im Internet" aus der Taufe, die sich seither jährlich dem Gespräch zwischen Kirche, Jugendmedienschutz und den Anbietern von Kinderseiten im Netz widmet.[605] Die Tagungsreihe bietet eine Plattform, um auf dem Weg der Thematisierung der *Qualität* von Internetangeboten für Kinder die an Erstellung und Aufsicht Beteiligten für ethische Themen zu sensibilisieren.

Dies vermag ein Blick auf die Themenpalette der Tagungen der Jahre 2004 bis 2006 zu illustrieren: Bei allen drei Tagungen klang der ethische Aspekt auf unterschiedliche Weise bereits im Titel an: „Kind bleiben – Kunde werden?" (2004) – „Wer trägt die Verantwortung?" (2005) – „Kinder und Internet in Europa: Andere Länder – andere Sitten" (2006). In den inhaltlichen Beiträgen standen neben rechtlichen Aspekten, Praxisbeispielen, Erfahrungsberichten aus der Prüfarbeit und vergleichenden Forschungsüberblicken stets auch explizit ethische Fragen zur Diskussion: so z. B. die Themen „Wertekommunikation", „Perspektiven der Verantwortung", „Code of Conduct", „Spannung von Medienaufsicht und Selbstverantwortung".

Mit der „Zukunftswerkstatt Qualitätskriterien für Kinderangebote im Internet" ist es im Verbund von Kirche und theologischer Wissenschaft gelungen, ein Gesprächsforum zu etablieren, auf dem im Diskurs mit Anbietern mittels des Stichworts *Qualität* ethische Fragen der Erstellung und Nutzung von Internetangeboten für Kinder kompetent thematisiert werden können.[606]

iii. Ein Qualitätssiegel im Internet: Der „Erfurter Netcode"

Ebenfalls in besonderer Weise auf die Anbieter von Internetseiten für Kinder zielt eine Initiative, die bereits 2002 auf Anregungen aus der katholischen wie der evangelischen Kirche sowie dem Land Thüringen und der Stadt am „Kinder-Medienstandort" Erfurt entstanden ist. Der gemeinnützige Verein „Erfurter Netcode e.V." setzt sich unter der Lei-

---

605 Die erste von mittlerweile drei Zukunftswerkstätten fand am 1.4.2004 in München statt, die zweite am 18.4.2005, vgl. www.tv-ev.de/themen_2780.html (Abruf 16.8.07); die dritte am 4.5.2006 (vgl. www.ekd.de/jugend/pm91_2006_jugendmedienschutz.html, Abruf 16.8.07). Die Dokumentation der ersten und zweiten Tagung ist verfügbar als blm-Publikation: BLM, Angebote für Kinder im Internet, 2005.

606 Zur internetbezogenen Verknüpfung der Qualitätsdiskussion mit ethischen Aspekten vgl. ausführlich: R. Rosenstock, Marken und Botschaften, 2005.

tung des Erziehungswissenschaftlers *BURKHARD FUHS,* Professor für Lernen und neue Medien an der Universität Erfurt im Fachgebiet Grundschulpädagogik und Kindheitsforschung, mittels eines selbst geschaffenen Qualitätssiegels für die Verbesserung der Qualität von Kinderseiten im Netz ein.[607]

Dazu hat der Verein Standards für die Verleihung eines Gütesiegels entwickelt, nach denen sich Seitenanbieter zertifizieren lassen können.[608] Mit dem Netcode-Siegel soll den Anbietern eine imagewirksame Orientierung und den Eltern ein Kriterium für kindgerecht gestaltete Internetseiten gegeben werden. Das Siegel wurde im Mai 2007 zum vierten Mal verliehen, neunzehn Kinderseitenangebote sind auf der Webseite aufgelistet, die sich mit dem „Känguruh-Emblem" des Erfurter Netcodes schmücken dürfen.[609]

Über Thüringen hinaus wurde die Initiative von Anfang an von der Evangelischen Rundfunkarbeit in Deutschland sowie von den im vorigen Abschnitt bereits erwähnten Wissenschaftlern Haberer und Rosenstock mit auf den Weg gebracht und unterstützt. Sie beide unterstreichen denn auch in ihren die Einführung des Netcodes beim „7. Thüringer Mediensymposion" im November 2002 begleitenden Statements das erklärte

---

607   Vgl. www.erfurter-netcode.de.

608   Die Zertifizierungskriterien finden sich im folgenden Kurztext des Erfurter Netcodes (www.erfurter-netcode.de/text_und_erlauterungen.html; Abruf 20.9.2007):

     „1. Selbstdarstellung: Eine kurze Selbstdarstellung des Anbieters sorgt für Transparenz und Vertrauen.

     2. Beachtung der Jugendschutzbestimmungen: Eine Zusammenfassung der bereits bestehenden gesetzlichen Bestimmungen sorgt für den notwendigen Überblick. Darüber hinaus sind Richtlinien beschrieben, die für die soziale und kognitive Entwicklung der Nutzer förderlich sind.

     3. Vermittlung von Medienkompetenz: Das Ziel ist, Kinder an die kompetente und eigenverantwortliche Nutzung und Gestaltung des Mediums Internet heranzuführen. Das Angebot soll interaktive Möglichkeiten, gekoppelt mit höchst möglicher Sicherheit bieten. Ein Angebot der Kommunikation zwischen Anbieter und Kind schafft zusätzliche Transparenz und fördert die Kompetenz-Entwicklung des Kindes.

     4. Werbung und Verkauf: Die klare Trennung von Inhalt und Werbung bzw. Verkauf und zusätzliche Hürden auf dem Weg zum Shop machen die besondere Bedeutung einer Kaufaktion deutlich.

     5. Datenschutz: Im Hinblick auf die gängige Internetpraxis und die Grauzone der gesetzlichen Bestimmungen zum Umgang mit Daten Minderjähriger soll die Datenschutzpolitik für jede einzelne Aktion transparent gemacht werden. Durch zusätzliche Sicherheitsmaßnahmen sollen die Daten so weit wie möglich geschützt werden."

609   So www.erfurter-netcode.de/netcode.html (Abruf 20.9.2007).

Ziel, durch die Etablierung eines Gütesiegels für Kinderseiten im Netz die *Eigenverantwortung der Anbieter für die Qualität von Seiteninhalten* zu stärken. Im aktuellen Prospekt der Initiative heißt es dazu: „Der Erfurter Netcode setzt bewusst auf die medienethische Auseinandersetzung mit den Anbietern und die Entwicklung von Qualitätsstandards und nicht vordergründig auf technische Maßnahmen oder Filterprogramme, die Kinder vor ungeeigneten Inhalten beim Surfen im Internet schützen sollen."[610]

Roland Rosenstock verweist in seinem Statement zur Vorstellung des Netcodes auf den anderen Ansatz, den die Initiative im Vergleich etwa zu der US-amerikanischen Entwicklung eines eigenen, vom übrigen Internet abgeschotteten und staatlich kontrollierten „Kinderinternet" (www.kids.us) wählt: „Der Erfurter Netcode möchte eine breite ethische Debatte mit Anbietern und Nutzern führen, mit welchen Inhalten und Formaten Kinderseiten im Internet gestaltet werden. Dabei soll im Hinblick auf die ‚Zielgruppe Kinder' nicht vom Verbot her – so wie der Grundcharakter des US Projektes ist – gedacht werden, sondern Kinder sollen an einen verantwortlichen Umgang im Netz transparent und spielerisch herangeführt werden."[611]

Sowohl von der Eigenart des Mediums Internet wie auch vom Verständnis des christlichen Glaubens her könne es dabei für Anbieter im Internet nicht genügen, sich allein mit einem „Minimalkonsens juristischer Verbote" zu begnügen, betont Johanna Haberer in ihrem Beitrag zu dem Thüringer Symposium. Vielmehr gelte es, auch für kommerzielle Anbieter, im Blick auf die Zielgruppe Kinder *den Bildungsgedanken dem Verkaufsgedanken zumindest gleichzustellen*. Damit es für Anbieter von Kinderseiten attraktiv wird, über das gesetzliche Mindestmaß hinaus an der Erziehung und Bildung von Kindern zu arbeiten und die Würde der Kinder zu achten, braucht es einen gesellschaftlichen Diskurs mit kommerziellen Anbietern, wie ihn der Erfurter Netcode institutionalisiert: „Wie sich solch ein Diskurs mit kommerziellen Anbietern gestalten kann, welche kommerziellen Interessen den Bildungsinteressen zuwiderlaufen, muss an einzelnen Auftritten diskutiert werden. . . . Die medienethische Forschung fragt einerseits nach dynamischen Standards, die der Entwicklung von Kindern und der Entwicklung des Mediums gerecht

---

610 S. 2 von www.erfurter-netcode.de/flyer_erfurter_netcode.pdf (Abruf 20.9.2007).
611 Die Dokumentation des Gründungssymposions und seiner Beiträge unter: www.erfurter-netcode.de/vorstellung.html, der Beitrag von R. Rosenstock: www.erfurter-netcode.de/erfurter_netcode_rosenstock.pdf, (Abruf 20.9.2007).

werden (und) fragt andererseits nach den Bedingungen der Kommerzialität im Netz."[612]

iv. Computermedienpädagogik:
„Mensch am Computer" – Josefstal

Für den Bereich der Jugendarbeit wähle ich den am Studienzentrum für evangelische Jugendarbeit in Josefstal bestehenden Schwerpunkt in Computermedienpädagogik „Mensch am Computer" (MaC).[613] Bereits 1984 begann der Pädagoge WOLFGANG SCHINDLER in Josefstal damit, Computer pädagogisch reflektiert für die außerschulische Bildungsarbeit zu „nutzen". Dass es dabei um weit mehr ging als um einen bloß instrumentellen Gebrauch des Mediums PC für medienunabhängige Inhalte, dass vielmehr das Medium selbst in intensiver Beziehung zu den Inhalten steht, sah Schindler von Beginn an. So schrieb er 1984 weitsichtig, für die Jugendarbeit müsse es mit dem Computer darum gehen, „Jugendlichen Ressourcen zugänglich zu machen, einen Umschlagplatz für Ideen zu schaffen. Kommt dann noch ein Modem, also ein Telefonanschluss, für den Computer hinzu, wird die Nutzung eines quasi unbegrenzten Informationsangebotes möglich. Was daraus entstehen könnte, ist ein Netzwerk, das die derzeitigen Möglichkeiten des Telefonierens und Briefschreibens weit übertrifft."[614]

Zwanzig Jahre später sieht Schindler in einer „Zwischenbilanz" zur Computermedienpädagogik, wie sie im Studienzentrum Josefstal in einer Vielzahl von Kursen mit Jugendlichen, vor allem aber auch mit bundesweit in der Jugendarbeit Tätigen durchgeführt wurde und wird, die technische Entwicklung digitaler, online vernetzter und editierbarer Medien als Beleg für die Möglichkeiten, die heute dem Anliegen der Reformpädagogik offenstünden, von einer (passiven) Kultur des Belehrt-Werdens auf eine (aktive) Kultur des Aneignens umzustellen. „Computermedienpädagogik wurzelt in einer emanzipatorischen Konzeption von Bildungs- und Jugendarbeit. Sie zielt im Kern auf die Verwirklichung

---

612 www.erfurter-netcode.de/statement_haberer.pdf (Abruf 20.9.2007). Vgl. auch die der Einführung des Gütesiegels ursprünglich vorausgehende Forschungsidee: www.erfurter-netcode.de/forschung.pdf (Abruf 20.9.2007).

613 Vgl. aktuell jeweils: www.josefstal.de/mac/index.htm.

614 Wolfgang Schindler, Computer in der Jugendarbeit, in: deutsche jugend, 3/1984, S. 131–138; zit. nach ders. Computermedienpädagogik – eine Zwischenbilanz, in: deutsche jugend 7+8/2005,, S. 24–36; online abgerufen unter www.josefstal.de/mac/days/2004/buch/wolfgang_schindler_cmp.pdf am 20.9.2007.

dieser alternativen Kultur des Lernens und Handelns, die seit der breiten Verfügbarkeit von Homecomputern – und später dem Internet – von einer wachsenden Gruppe einstiger Pioniere praktiziert wird."[615]

Auch wenn Schindler im Rückblick auf zwanzig Jahre Bildungsarbeit selbstkritisch einräumt, dass sich viele mit der Vernetzung von Computern verbundenen Hoffnungen bisher nicht erfüllt haben, hält das Josefstaler Programm die emanzipatorische Pädagogik fest, weil diese den Leitzielen der Jugendarbeit entspringt.[616] „Freiwilligkeit, Selbstbestimmung und Partizipation" lassen sich, so der Anspruch der Josefstaler Computermedienpädagogik, in einer computergestützten „Learning Community" realisieren, die „den Lernenden ein hohes Maß an Verantwortung für ihr Handeln auferlegen und – wo immer es möglich ist – anstatt einer Vorgabe von Zielen ein gemeinsames Aushandeln derselben favorisieren, um auf diese Weise die Fähigkeit zur Selbstorganisation auf der Gruppenebene zu steigern."[617] So versucht das Weiterbildungskonzept „MaC" auf seine Weise einen Beitrag zu einer Aufgabe zu leisten, von der der Darmstädter Pädagoge Franz Josef Röll in Josefstal 2005 sagte, es gehe heute in der Jugendpädagogik nicht mehr um das Unterrichten, gefragt sei das Aufrichten. Lehrer und Pädagogen müssten deshalb ihre Rolle neu als Mentor definieren.[618]

Entscheidend ist, dass Jugendliche Medien und Internet zur Verstärkung ihrer Fähigkeiten nutzen und einsetzen. Bildung und Medienkompetenz sind hier erkennbar mehr als technische Ausbildung und Wissenserwerb, die reflexiven und beurteilenden Fähigkeiten der Jugendlichen im Umgang mit Quellen und Informationen sind gefragt. Auch wenn die ethischen Aspekte in den vorangegangenen Beispielen expliziter thematisch waren: in integritätsorientierter Perspektive ist deutlich, dass sie auch an dieser Stelle von entscheidender Bedeutung sind.[619]

---

615 W. Schindler, Computermedienpädagogik – eine Zwischenbilanz, in: deutsche jugend 7+8/2005,, S. 27.

616 A.a.O., 25.

617 Gabi Reinmann-Rotmeier in: Schindler, Wolfgang/Bader, Roland/Eckmann, Bernhard (Hrsg.): Bildung in virtuellen Welten. Praxis und Theorie außerschulischer Arbeit mit Internet und Computer, Gemeinschaftswerk der Evangelischen Publizistik, Frankfurt/Main 2001, S. 288ff.; zitiert nach Schindler, Computermedienpädagogik, 26.

618 Vgl. Tagungsbericht vom 20.5.2005 auf: http://bildungsklick.de/a/14373/jugendliche-mit-medien-staerken/, Abruf 20.9.2007.

619 Weil das Josefstaler Beispiel die „Integrity-Aspekte" in gewisser Weise radikal in den Vordergrund rückt, sei zumindest darauf hingewiesen, dass auch im Bereich

d. Die Bildungsinstitution Kirche und die Ethik des Netzes

Die ausgewählten Beispiele des vorigen Abschnitts zeigen je auf ihre Weise, welche Möglichkeiten Kirche konkret hat, im Netz Initiative zur von ihr selbst in ethischer Hinsicht geforderten Stärkung der Eigenverantwortung zu ergreifen. Wenn sie auch auf sehr unterschiedliche Weise ansetzen und mit Kindern, Jugendlichen und Anbietern von Inhalten ganz verschiedene Zielgruppen adressieren, so treffen die vorgestellten Aktivitäten im Bemühen zusammen, Selbstverantwortung und Kompetenz derjenigen zu stärken, die sich im Netz bewegen.[620]

Dass die eben präsentierten Initiativen den Weg einer auf Freiheit und Verantwortung bezogenen integritätsorientierten Ethik repräsentieren, hat natürlich damit zu tun, dass sie, wie vorher beschrieben, in genau dieser Perspektive (im Sinne einer „positiven Informationsethik") ausgewählt wurden. Dies geschah, weil die bisherigen Überlegungen gezeigt haben, dass sowohl die Entwicklungstendenz des technischen *Mediums* „Internet" wie der kirchliche *Inhalt* „Kommunikation des Evangeliums" in Richtung einer partizipativen und dialogischen Kommunikationskultur weisen, die zu ihrer Entwicklung auf die Verantwortung und Kompetenz der Akteurinnen und Akteure im Netz angewiesen ist.[621] Dies wurde im vorausgegangenen dritten Kapitel dieses Teils (vgl. Capurros „Vernetzung als Lebenskunst") sowie in den Überlegungen des zweiten

---

der Jugendarbeit von evangelischer Seite durchaus auch die rechtlichen und „normativen" Aspekte thematisiert werden, vgl. z. B. die von den Jugendschutzbeauftragten von ARD und ZDF und der Medienarbeit von evangelischer und katholischer Kirche veranstaltete Jugendmedienschutztagung vom April 2005 in Mainz zum Thema „Zauberformel Medienkompetenz?", vgl. www.tv-ev.de/themen_3713.html (Abruf 20.9.2007).

620 Hingewiesen sei noch auf ein Beispiel „allgemeiner" ethischer Bildung aus dem Bereich der Nutzung des Internet für die Erwachsenenbildung: Mit dem Projekt „Treffpunkt Ethik" hat die Katholische Bundesarbeitsgemeinschaft für Erwachsenenbildung in Bonn seit 2003 eine Online-Lernplattform für ethisches Lernen aufgebaut. Sie kann von Erwachsenenbildungseinrichtungen, von Dozenten aber auch von einzelnen genutzt werden (vgl. www.treffpunkt-ethik.de). Die Erfahrungen der Projektphase sind dokumentiert in R. Bergold/H. Gisbertz/G. Kruip (Hrsg.), Treffpunkt Ethik. Internetbasierte Lernumgebungen für ethische Diskurse, 2007.

621 Welche Fortschritte die Entwicklung in diese Richtung macht, zeigt die voranschreitende Etablierung und Nutzung von Web 2.0 Techniken. Vgl. zu dieser Entwicklung in sozialethischer Hinsicht – wiederum von katholischer Seite! – das Forschungsprojekt von A. Filipovic („Social Software und Social Ethics"; vgl. http://gelogd.alexander-filipovic.de/2007/07/05/forschungsprojekt-social-software-und-social-ethics-in-den-startlochern; Abruf am 2.10.2007).

Teils zur Eigenart kirchlicher Kommunikation im Netz ausführlich begründet. Die vorangestellten Überlegungen wie die Beispiele selbst zeigen zugleich auch, dass ein Verständnis der Kirche als *Bildungsinstitution* einen hilfreichen Rahmen bietet, um die ethischen Aspekte – gerade auch in einer integritätsorientierten Perspektive – als ein Implikat der christlichen Bildungsaufgabe zu verstehen. Nach christlichem Verständnis zielt Bildung im Kern auf die *„Ermächtigung der Subjekte zu einem selbstbestimmten Leben . . .* Um dieses Ziel zu erreichen, müssen . . . *die Förderung von Individualität* und die *Förderung sozialer Kompetenz* (Beziehungsorientierung – Vom Anderen her denken – Befähigung zum Perspektivenwechsel) als prinzipiell gleichrangige Teilziele von Bildungsprozessen etabliert und . . . implementiert werden."[622]

Wie bereits in der Einleitung dieses Teils bemerkt, unterstreichen aktuelle Überlegungen zur christlichen Bildung dabei, dass zur kirchlichen Aufgabe der „Kommunikation des Evangeliums" unverzichtbar die sozialethische Aufgabe hinzugehört, zu Frieden und Gerechtigkeit in der Gesellschaft beizutragen.[623] In einer solchen Perspektive ist dann eine an Medienkompetenz und Stärkung der Subjekte orientierte ethische „Bildung" des Netzes und für das Netz immer auch eine Dienstleistung der Kirche an und gegenüber der Gesellschaft. Dem entsprechend formulierte schon die EKD-Studie zu den neuen Informations- und Kommunikationstechniken von 1985 „die Aufgabe: die technische Effizienz in den Dienst einer neuen verantwortlichen Sozialkultur stellen."[624]

Von den im Folgenden zusammenfassend skizzierten Aufgabenbeschreibungen sollte an dieser Stelle kein abschließender Überblick

---

[622] So von katholischer Seite die Münsteraner Sozialethikerin Marianne Heimbach-Steins (M. Heimbach-Steins, Menschenbild und Menschenrecht auf Bildung, 2003, 27; Kursivierungen im Original).

[623] Auch hier ist von katholischer Seite M. Heimbach-Steins zu nennen, die in ihren Untersuchungen zum Bildungsverständnis das *Menschenrecht auf Bildung* und die Fragen der *Beteiligungsgerechtigkeit* in den Mittelpunkt rückt. Sowohl die Erwartung ökonomisch funktionalisierter Bildung wie der Ruf nach Wertevermittlung greifen zu kurz, „solange sie nicht die eindeutige Priorität auf die Subjekte von Bildung(sprozessen) selbst legen, und zwar in dem dezidierten Sinne, sie als Verantwortungsträger für und mit ihren Fähigkeiten ernst zu nehmen einschließlich der sich daraus ergebenden Verpflichtung an Gesellschaft und Staat, Voraussetzungen zu schaffen, damit personale Fähigkeiten bestmöglich entwickelt werden können" (M. Heimbach-Steins, Menschenbild und Menschenrecht auf Bildung, 2003, 41).

[624] EKD-Studie 1985, 29.

*erwartet werden. Denn auch der Blick auf die kirchliche Aufgabe
ethischer Bildung im Netz entkommt nicht dem im Verlauf dieser Arbeit
immer wieder angesprochenen Faktum der Perspektivität, die (mit D.
Zillessen) allenfalls Durchblicke ermöglicht, aber keine Generalper-
spektive erlaubt.*[625] *Deshalb stelle ich in aller Knappheit fünf Schwerpunkte heraus, die sich mir vor dem Hintergrund der bisherigen Überlegungen als besonders dringlich darstellen:*

i. Christlicher Realitätssinn:
Eine nüchterne wie wache Sicht der Dinge

Aus den kirchenoffiziellen Studien und Worten zum Thema legt sich aus
meiner Sicht noch vor allen näheren inhaltlichen Bestimmungen pro-
pädeutisch eine scheinbar triviale, aber in der Praxis doch alles andere als
unwichtige Aufgabe der Institution Kirche gegenüber dem Medium Internet nahe: *Die kirchlichen Beiträge zur (ethischen) Bildung des Netzes
können in eine mitunter aufgeladene Debatte um Möglichkeiten und
Gefahren des Netzes christlichen Realitätssinn einbringen.* Der in den
weiter oben beschriebenen Dokumenten sichtbar gewordene nüchterne
Blick auf die *Ambivalenzen* der Mediengesellschaft und der sie begleitenden technischen Entwicklungen[626] trägt m. E. zu einer sachge-
rechten Einschätzung bei. Sie wird dadurch möglich, dass die Kirche
aufgrund ihrer eigenen Ausrichtung an der Kommunikation des Evangeliums innerweltliche Heilserwartungen an das Netz kritisch beurteilt:
Auch das Internet wird die (theologisch aus der Macht der Sünde zu
begreifende) Entfremdung menschlicher Kommunikation nicht aus der
Welt schaffen können *(„noch nicht")*.

Eröffnet der *christliche Realitätssinn* so eine kritische Perspektive
gegenüber allzu euphorischen Einschätzungen und Hoffnungen auf hu-
manere Gemeinschaftsbildung durch die weltweite Online-Kommunikation, so wird er deshalb keinesfalls in das von anderer Seite gern bereit-
gehaltene Horn einer moralisierenden Skandalethik blasen, aus dem es

---

625 Vgl. in Kritik einer verabsolutierten systemtheoretischen Perspektive auch H.G.
   Ulrich: „Die systemtheoretische Perspektive ist von vornherein auf die Beobachtung und Beherrschung aller Lebensverhältnisse gerichtet. Diese Beobach-
   ter- und Verwalterperspektive unterscheidet sich kategorial von der Perspektive
   derer, die handeln, das heißt der Perspektive einer Veränderung, die sich nicht
   absorbieren und nicht auf die zwingende Erhaltung der Systeme beziehen lässt."
   (H. G. Ulrich, Wie Geschöpfe leben, 2005, 451).
626 Vgl. v. a. Chancen und Risiken der Mediengesellschaft, 1997, s. o. 2.a.ii.

„Verfall!" tönt, sobald vom Internet die Rede ist. Vielmehr wird der christliche Realismus an dieser Stelle auch für das Netz damit rechnen, dass es – als Teil dieser Welt – für Neuwerden und Verwandlung durch den Geist Gottes „empfänglich" ist. Der je und je nötigen Diskurskritik tritt deshalb auch im Blick auf das Netz das „Tun des Gerechten" an die Seite: Es gilt, die Möglichkeiten des Netzes zu erkunden, um *„schon jetzt"* Kommunikation im Netz in der Freiheit der Kinder Gottes und im Horizont des Schaloms Gottes aktiv mitzugestalten.

Dieser spezifisch christliche Realitätssinn, der zugleich *(simul)* mit dem *„schon jetzt"* wie dem *„noch nicht"* rechnet, ist bei allen genaueren Aufgabenbestimmungen für den kirchlichen Beitrag zur Bildung einer Netzethik im Auge zu behalten. In den vorausgehenden Abschnitten wurde mit der *Integritätsperspektive* und der Forderung nach individueller Medienkompetenz die aktive Mitgestaltung bewusst in den Mittelpunkt gerückt. Auch wenn sie bei der folgenden Zusammenfassung wiederum den Ausgangspunkt bildet, kommt es doch entscheidend darauf an, sie nicht isoliert zu betrachten. Sichtbar wird dies in den folgenden Ausführungen unter anderem daran, dass im Zeitalter des Internet der Nutzer bzw. die Nutzerin nicht mehr nur als *Rezipient,* sondern immer auch als *Produzent* von Kommunikation in den Blick zu nehmen ist.

ii. Navigationskunst: Das rechte Maß finden und bilden

In pädagogischer Hinsicht betonen die vorgestellten Beiträge unter dem Stichwort der Medienkompetenz wesentlich die Eigenverantwortung der Nutzerinnen und Nutzer des Mediums Internet: Er oder sie muss sich die persönlich relevanten Inhalte aus einer unüberschaubaren Fülle an Informations- und Wissensbeständen auswählen und zusammenstellen. Die Vermittlung von Medienkompetenz zielt darauf, zur Wahrnehmung dieser Eigenverantwortung zu befähigen.

Dieser Aufgabe ordnen sich, wie gesehen, zahlreiche kirchliche Bemühungen zu, wird es doch in theologischer Perspektive mit den Stichworten „Würde" und „Freiheit" als besonders wichtig erachtet, dass Menschen im Umgang mit dem Netz kommunikative Kompetenz individuell wahrnehmen können. Dass dabei individuelle Voraussetzungen neuer – und komplexer – Art nötig sind, wird unter verschiedenen Stichwörtern diskutiert. So hat etwa der Darmstädter Medienpädagoge Franz Josef Röll mit *„Navigationskompetenz"* und *„Quellenkompetenz"* gleich zwei Begriffe vorgeschlagen, die spezifische Kompetenzen adressieren.[627] Für Röll ist dabei ebenso wie für eine theologisch begründete Medienpädagogik klar, dass es hierbei um umfassende und ganzheitliche Bildungsprozesse geht, die sich nicht auf den Erwerb technischer Fertigkeiten allein reduzieren lassen.

Worum es vielmehr – gerade angesichts der neuesten Entwicklungen im Internet (vgl. wiederum das Stichwort Web 2.0) – geht, ist die *Weiterentwicklung medialer Kompetenz als soziale Kompetenz:* Je mehr sich Kommunikation im Internet von der Einbahnstraße des One-To-Many-Modells der traditionellen Massenkommunikation hin zum Netz des One-To-One -Modells entwickelt, in dem tendenziell jeder als Sender und als Empfänger, als Produzent und als Rezipient fungiert, umso wichtiger wird die Entwicklung der von Capurro postulierten Lebenskunst im Netz als eine soziale Angelegenheit.[628]

Die Tradition christlicher Bildung hat mit ihrem Verständnis von Freiheit als bestimmter Freiheit hier ebenso Chance wie Aufgabe, zu einem gemeinsam Leben auf Zukunft hin zu befähigen: „Jeder Einzelne soll dabei auf dem Weg unterstützt werden, immer mehr zum Subjekt seines eigenen Lebens zu werden, also seine Freiheit aktiv zu gestalten

---

627 Das Stichwort „Navigationskompetenz" greift R. Funiok, Medienethik, 2007, 178, von F. J. Röll, Pädagogik der Navigation, 2003 (vgl. dort 363ff.) auf, von „Quellenkompetenz" spricht Röll nach einem Tagungsbericht vom 20.5.2005 (bildungsklick.de/a/14373/jugendliche-mit-medien-staerken/ (Abruf 20.09.2007): „Was Pädagogen den Kindern und Jugendlichen allerdings unbedingt beibringen müssten, sei Quellenkompetenz – eine ganz entscheidende Fähigkeit, um die aktuellen Medien effektiv nutzen zu können. ‚Wir müssen Jugendliche qualifizieren, im Netz zu recherchieren und die vielfältigen Ergebnisse auch beurteilen zu können', betonte der Professor. Schließlich sei nicht jede Information im Netz auch qualifiziert."

628 A. Filipovic weist im Kontext seines Forschungsvorhabens „Social Software and Social Ethics" darauf hin, dass die Entscheidung der New York Times, ihr ehedem nur gegen Entgelt zugängliches Archiv im Herbst 2007 für alle frei verfügbar zu machen, genau mit dieser Entwicklung begründet wurde: „Interessant finde ich die Begründung der New York Times, warum sie künftig ihre Inhalte gratis zur Verfügung stellt (via Wortfeld): Der moderne Leser liefert sich nicht mehr einer Zeitung(sredaktion) aus, um informiert und angeregt zu werden. Der Leser wird in Zeiten des neuen Netzes (Stichwort Web 2.0 bzw. social media und social software) über Suche, Blogs und Social Networks auf bestimmte Inhalte aufmerksam. Die New York Times reagiert also auf den Umstieg vom Push- zum Pull-Prinzip massenmedialer Kommunikation (den ich als generelle Herausforderung einer ‚Medienethik 2.0'verstehe) und auf das social web durch eine Erleichterung des Zugangs zu ihren Inhalten. Medienrezeption ist eine soziale Angelegenheit – das wird im Web 2.0 immer deutlicher." (http://geloggd. alexander-filipovic.de/, Abruf 30.10.2007).

und eine eigene Identität auszubilden, gleichzeitig aber auch lernen, die Freiheit der anderen zu respektieren und zu ermöglichen."[629]

Wie solche *Navigationskunst* als Kunst der individuellen Freiheit, in, mit und unter den Bedingungen des Netzes das rechte Maß zu finden, Gestalt gewinnt, haben einige der vorgestellten Beispiele anfangshaft zu zeigen vermocht. Ich vermute, dass sich noch weit mehr Möglichkeiten auftun, wo sich kirchliche Bildung mehr und mehr darauf einlässt, *Prozesse der Verständigung im Netz* zu erkunden.

Zum Wesen solcher Prozesse als Bildungsprozesse gehört es, dass nicht im Vorhinein feststeht, was als Ergebnis am Ende herauskommt. Es kann deshalb nicht genügen, feststehendes Regelwissen zu vermitteln. Vielmehr zielen solche Bildungsprozesse darauf ab, *Mündigkeit* und ethische *Urteilsfähigkeit* situationsadäquat zu ermöglichen, wie dies oben bereits in den anthropologischen Überlegungen zu einem reflexiven Umgang mit der eigenen Lebensführung unter den Stichworten Integrität, Freiheit und Verantwortung zum Ausdruck kam.[630]

> Zu solcher Mündigkeit und Urteilsfähigkeit gehört in der unter i. beschriebenen *realistischen* Perspektive zweifelsohne auch, das Bewusstsein für die Gefährdungen zu bilden, die (gerade) im Internet der menschlichen Verständigung durch deren Perversion qua menschlicher Bosheit und Selbstabschließung drohen. Auch und gerade in dieser Hinsicht lässt es die Dynamik des Mediums kaum zu, sich mit einem festliegenden „Kanon" bzw. „Kodex" bekannter und in der Öffentlichkeit breit diskutierter Formen des Kommunikationsmissbrauchs zu wappnen und damit „ein für allemal" gegen Gefährdungen und Missbrauch gerüstet zu sein.[631] Vielmehr gilt es, die geforderte

---

629 So zitiert Derenthal N. Mettes Zielvorstellung christlicher Bildung, vgl. B. Derenthal, Medienverantwortung in christlicher Perspektive, 2006, 222.

630 Ähnlich hat dies Friedrich Schweitzer für die Aufgabe ethischer Erziehung in pluraler Gesellschaft formuliert. Im Blick auf pädagogische Herausforderungen differenziert er dabei zwischen ethischer Erziehung und Bildung: „deutlich muss sein, dass ethische Erziehung heute so ausgelegt werden muss, dass sie Bildung einschließt, d. h. dass sie auf ethische Urteilsfähigkeit und Mündigkeit angelegt ist. Die bloße Übermittlung eines Regelwissens reicht nicht hin, um den Herausforderungen in der Pluralität gerecht zu werden." (vgl. F. Schweitzer, Ethische Erziehung in der Pluralität, 1999, 6).

631 Breit diskutiert wird dieser Missbrauch v. a. an den rechtlich fassbaren Themenbereichen, z. B. Kinderpornografie oder dem Ausspionieren von Kreditkartendaten. Ein theologischer Versuch, die Thematik mit der Forderung nach einem

Navigationskunst immer wieder (selbst)kritisch an der Unterscheidung des Gelingens und des Misslingens kommunikativer Freiheit zu prüfen, die durchaus auch dort vonnöten sein kann, wo mir der netzbasierte Dialog im „Social Network" einer Web 2.0-Anwendung die schnelle und einfache Ab- und Auswahl meiner Dialogpartner ermöglicht!

iii. Inklusion:
Anwaltschaft für die vom Ausschluss Bedrohten

Bereits die Aufgabe der Befähigung und Befreiung zur individuellen Navigationskunst kann nicht nur unter dem Leitbegriff der „Freiheit", sondern ebenso unter dem der „Gerechtigkeit" betrachtet werden, geht es doch mit der geforderten und zu fördernden Medienkompetenz in ethischer Hinsicht immer auch um eine gerechte Beteiligung an der sozialen Sphäre der Kommunikation.

Noch direkter tritt die Frage der *Beteiligungs- und der Zugangsgerechtigkeit* bei der nächsten Aufgabe hervor, die sich aus den bisherigen Überlegungen als kirchlicher Beitrag zur ethischen Bildung des Netzes aufdrängt: die Aufgabe der Integration derer, die drohen, „draußen vor der Tür" zu bleiben. Nicht nur wegen Robert Geisendörfers historischem Satz „Evangelische Publizistik kann etwas öffentlich machen, Fürsprache üben, Barmherzigkeit vermitteln und ihre Stimme leihen für die Sprachlosen" steht die Anwaltschaft für die gesellschaftlich Benachteiligten im Fokus kirchlicher Medienethik.[632] Im Bereich der katholischen Theologie bezeichnet der Begriff der „kommunikativen Diakonie" das kirchliche Engagement für die Berücksichtigung der politisch und wirtschaftlich Schwächeren oder gar Ausgeschlossenen im öffentlichen Diskurs,[633] im evangelischen Bereich hat Wolfgang Huber an die kirchliche Aufgabe erinnert, „auf Themen aufmerksam zu machen, die sonst in der medialen Öffentlichkeit unbeachtet bleiben."[634]

Medienpädagogisch wird es an dieser Stelle auch im Blick auf das Netz vorrangig um die Förderung benachteiligter Kinder und Jugend-

---

neuen „Ethik-Kodex für das Internet" aufzugreifen, findet sich bei A. Kolb, Die Fluchtgesellschaft im Netz, 2001.

632 Zu Geisendörfer vgl. I. Geisendörfer, Robert Geisendörfer. Für die Freiheit der Publizistik, 1978.

633 Vgl. P. Düsterfeld, Kommunikative Diakonie, 1988.

634 W. Huber, Kirche in der Zeitenwende. Gesellschaftlicher Wandel und Erneuerung der Kirche, 1998, 280.

licher durch Gemeinde- und Jugendarbeit gehen.[635] Im Blick auf das Thema *„Barrierefreiheit"* sind hier die vorbildlichen Bemühungen der EKD zu nennen, dieses Thema nicht nur für die Gestaltung eigener Webauftritte zu berücksichtigen, sondern auch durch Tagungen und Veranstaltungen ins öffentliche Gespräch zu bringen.[636] Ob die Gruppe der Senioren, insbesondere der „jungen Alten", auf die ein aktuelles EKD-Projekt zielt, in dieser Perspektive der Beteiligungsgerechtigkeit im Netz zu kurz zu kommen droht, könnte m. E. gefragt werden.[637]

Vor allem die katholische Kirche hat in ihren Überlegungen die *globalen Aspekte* des Themas vernetzter Kommunikation immer wieder angesprochen. Wo Kirche von der Aufgabe der Bildung von Medienkompetenz als Beteiligungskompetenz spricht, darf sie diese Perspektive nicht außer Acht lassen. Ein beispielhafter Versuch, die neuen Möglichkeiten des Internet zur ökumenischen Vernetzung zu nutzen, findet sich seit Juni 2007 beim Lutherischen Weltbund (LWB) in dessen „Jugend-Blog", der junge Christinnen und Christen aus allen Erdteilen vernetzt.[638]

iv. Perspektivenwechsel: Ein Beitrag zur diskursiven Steuerung

Indem Kirche gesellschaftlich Marginalisierte (bzw. von solcher Marginalisierung Bedrohte) in den Fokus der Aufmerksamkeit rückt, mischt sie sich ein und bewirkt eine Veränderung der Perspektive. Wolfgang Huber hat die Kirche deshalb (im unter iii. bereits erwähnten Zusammenhang)

---

635 Vgl. die allgemeinen Hinweise von B. Derenthal, Medienverantwortung in christlicher Perspektive, 2006, 49ff und 224: „. . .so wird deutlich, dass in erster Linie die Kinder und Jugendlichen medienpädagogisch gefördert werden müssen, die bei den derzeitigen Entwicklungen in der Mediengesellschaft benachteiligt werden." – Ein konkretes Beispiel aus der Internetarbeit der nordelbischen Kirche schildert B.-M. Haese, Cyberkids in der Gemeinde, 2000.

636 Eine umfangreiche Linkliste unter www.ekd.de/barrierefreiheit/links.html (Abruf 11.7.2008).

637 Mit der Seite www.unsere-zeiten.de bieten die Evangelisch-lutherische Landeskirche Hannovers, die Evangelisch-Lutherische Kirche in Bayern und die Evangelische Landeskirche in Baden seit 2008 eine vom Medienfonds der Evangelischen Kirche in Deutschland geförderte Plattform für die Generation „59plus" zu thematischem Austausch und interaktiver Vernetzung. Vgl. zu zielgruppenspezifischen Themen auch die Hinweise von R. Funiok zur mit zunehmdem Alter eingeschränkten Feinmotorik: R. Funiok, Medienethik, 2007, 188.

638 www.lwfyouth.org. Der Blog nutzt die Möglichkeiten sozialer Netzwerke wie Facebook. Auf der entsprechenden Seite sind im April 2010 mehr als 700 „Fans" verzeichnet. (vgl. www.facebook.com/LWFYouth; Abruf 8.4.2010).

als eine „*Institution des Perspektivenwechsels*" beschrieben: „In der Erwachsenengesellschaft bringt sie die Lage der Kinder, in der Arbeitsgesellschaft die Lage der Arbeitslosen, in der Leistungsgesellschaft die Stimme der Leistungsunfähigen, in einer Gesellschaft der Jugendlichkeit die Stimme der Alten zu Gehör."[639]

Im Blick auf die Entwicklung des Netzes sehe ich die kirchliche Aufgabe an dieser Stelle vor allem darin, durch das Einspielen solcher Perspektivenwechsel die diskursive Steuerung der Organisation von Kommunikation im Netz zu befördern. Was ich damit meine, kann an den geschilderten Beispielen der Zukunftswerkstatt „Qualität von Kinderseiten" und des Erfurter Netcodes deutlich werden: Hier wurden und werden *partizipative und dialogische Engagements* zum Netz inszeniert und praktiziert, die zu Selbstverpflichtungen beteiligter Akteure geführt haben und führen. So wird im interdisziplinären Diskurs der Prozess der Selbstverständigung im besten Falle über Absichtserklärungen hinaus auf regelgeleitete Vereinbarungen und Verfahren orientiert.

Dass dies in einer dialogisch auf Verständigung und Gespräch setzenden Weise geschieht, die zugleich durch ihre *Interdisziplinarität* den skizzierten Perspektivenwechsel kopräsent hält, ist für die Weiterentwicklung einer Ethik des Netzes deshalb besonders wichtig, weil keineswegs anzunehmen ist, dass die Dynamik der technologischen Entwicklung zum Stillstand kommt, sprich: dass ein Zustand erreicht werden könnte, an dem alle möglichen Konflikte bereits a priori durch Regelungen erfasst wären.

Vielmehr ist eine Ethik des Netzes nur dann realistisch, wenn sie mit dem Erscheinen neuer ethischer Konflikte rechnet. Deshalb gilt gerade auch für die Ebene der „Organisationsethik" des Netzes und den kirchlichen Beitrag hierzu, dass der Prozess ethischer „Netzbildung" durch Interdisziplinarität und Perspektivenwechsel „lebendig" gehalten werden muss, auch und gerade dadurch, dass das Strittige zur Sprache kommt. Ein solches „offenes" Verständnis der Verständigung und Regelung zu ethischen Aspekten des Netzes nimmt Pluralität ernst, ohne sie universalistisch zu überbieten oder reduktionistisch zu unterschreiten: Möglich ist je partielle Verständigung in der Pluralität.[640]

---

639 Huber, a.a.O., 280. Singularisch von „Perspektivwechsel" sprach programmatisch Michael Schibilsky, vgl. dazu auch die Ausführungen im Schlussteil dieser Studie!

640 So auch die schon erwähnte Beschreibung des ethischen Erziehungsauftrags in der Schule durch Friedrich Schweitzer: „Was bleibt, ist ein Weg gleichsam

307

v. Medien-Askese: Die Aufgabe der Entschleunigung

Den fünften und abschließenden der von mir besonders wichtig erachteten Beiträge der Kirche zur Bildung einer Ethik des Netzes lehne ich an Philippe Patras Plädoyer für *Abstandswahrung* und *Entschleunigung* an. Auch wenn ich Patras Konzept von personaler Autonomie als Abstand von den Gegebenheiten und Kontexten des jeweiligen Lebens kritisch sehe, stimme ich doch ganz mit seiner Schlussfolgerung überein, dass der Mensch sich gerade im (nicht zuletzt durch das Internet) repräsentierten Zeitalter der Beschleunigung reflexive Zeiträume sichern müsse. „Anderenfalls liefe sein Leben Gefahr, kursorisch zu werden."[641]

Ohne dass Patra explizit darauf Bezug nimmt, darf man im Hintergrund seines Plädoyers für Entschleunigung durchaus ROMANO GUARDINIS Versuch vermuten, die Dimension der Askese für die Moderne wiederzugewinnen. Guardini versteht Askese als den Versuch, „daß der Mensch sich selbst in die Hand bekomme. Dazu muß er das Unrecht im eigenen Innern erkennen und es wirksam angreifen . . . Straße, Verkehr, Zeitung, Rundfunk, Kino stellen Aufgaben der Selbsterziehung, ja der elementarsten Selbstverteidigung, die weithin nicht einmal geahnt, geschweige denn klar gestellt und in Angriff genommen sind . . . Überall kapituliert der Mensch vor den Mächten der Barbarei – Askese bedeutet, daß er nicht kapituliere, sondern kämpfe, und zwar an der entscheidenden Stelle, nämlich gegen sich selbst."[642]

Die bewusste Gewinnung kontemplativer und reflexiver Zeiträume ist gerade angesichts der im ersten Teil analysierten Dynamik des Netzes eine ethische Anstrengung und Aufgabe sui generis.

Dies mag auf *individueller* Ebene relativ schnell plausibel erscheinen, wo es um die bewusste Einschränkung des eigenen Medienkonsums geht. Jedenfalls beobachte ich eine (zumindest verbal) hohe Zustim-

---

zwischen christlicher Gemeinschaftsethik einerseits und universalistischer Ethik andererseits. Ich spreche von einer *(partiellen) Verständigung in der Pluralität.* . . . Erstens ist dieses Modell *prinzipiell* auf Pluralität eingestellt, d. h. es geht davon aus, dass Pluralität niemals ganz überwunden und auch nur in vorläufiger Form und immer wieder in Pluralismus überführt werden kann." (F. Schweitzer, Ethische Erziehung in der Pluralität, 1999, 5). Zum Konzept eines „Pluralismus aus Prinzip" siehe Eilert Herms' gleichnamige Ausführungen in E. Herms, Kirche für die Welt, 1995, 467ff.

641 P. Patra, Ethik und Internet – Medienethische Aspekte multimedialer Teilhabe 2001, 109.

642 R. Guardini, Das Ende der Neuzeit. Die Macht, 1995, 184. Die zitierte Schrift „Die Macht" erschien 1951 in der ersten Auflage.

mung, ja Forderung nach entsprechendem zeitlich begrenzten „Medien-fasten" bzw. Internetverzicht in ganz unterschiedlichen Seminaren und Gesprächen mit Studierenden wie mit im Beruf stehenden Führungs-kräften.[643]

Auf *institutioneller* Ebene findet dies m. E. darin seine Entsprechung, dass der kirchlichen Nutzung des Internet immer wieder – gerade auch außerhalb der hoch kirchenverbundenen Kreise – skeptisch mit dem Einwand begegnet wird, kirchliche Aufgabe sei doch die „direkte" und „unmittelbare" Kommunikation, nicht aber die medial vermittelte.[644] In dieser Skepsis spricht sich (neben allen für sich genommen möglicher-weise problematischen Vorurteilen) nach meiner Überzeugung immer auch eine Ahnung davon aus, dass Kirche in einer medial und technisch geprägten Gesellschaft „das Andere" einer kostbar gewordenen direkten „Vor-Ort-" und „Face-to-Face-" Kommunikation verkörpert. Inmitten einer Berufs- und Freizeitwelten zunehmend dominierenden Online-Kultur gewinnt die bewusste „Offline-Kommunikation" ihren eigenen Wert und ihre eigene Attraktivität.

So betrachtet leistet die (im zweiten Teil dieser Arbeit für den Online-Bereich reflektierte) Art und Weise kirchlicher Kommunikation über die „Körpersprache" der Kirche ihren eigenen Beitrag zur Ethik des Netzes. Auch wenn es zunächst paradox klingt: Es wäre gerade für diesen Beitrag der Kirche zur Ethik des Netzes fatal, wenn die kirchliche Kommunika-tion sich im Zuge möglicher Strukturveränderungen der *Potenziale per-sonaler Kommunikation vor Ort* begeben würde.[645] Denn sie beraubte so auch das Medium Internet eines wesentlichen Beitrags, um auf dem Weg der von Rafael Capurro postulierten „Vernetzung als Lebenskunst" das rechte Maß zu finden.

---

643 Besonders signifikat erscheint es mir in diesem Zusammenhang, dass in verschie-denen Lehrveranstaltungen die Studierenden das Thema eines bewussten, zeit-lich begrenzten Internetverzichts von sich aus einbrachten.

644 So forderten in einer von mir an der LMU in München im Jahr 2004 gehaltenen Übung einige Lehramtsstudierende mit Nachdruck als Proprium kirchlicher Jugendarbeit erlebnispädagogische „Real-Life"-Erfahrungen, gerade auch für jene Jugendlichen, die sich in ihrer Freizeit vorwiegend mit Computern und Computerspielen beschäftigen.

645 Die Bedeutung der Face-to-Face-Kommunikation – und damit vor allem der soziologischen Größe Ortsgemeinde beleuchten in kritischer Auseinanderset-zung mit dem EKD-Impulspapier „Kirche der Freiheit" verschiedene Artikel des Heftes 5/2007 der Zeitschrift „Evangelische Theologie"; vgl. zum Begriff der „Facetime" auch die Bemerkungen von C. Dinkel, Facetime – Chancen direkter Begegnung, 2007.

So begrenzt diese fünf Schwerpunkte für den kirchlichen Beitrag zur ethischen Bildung des Netzes erscheinen mögen: Sich auf sie zu konzentrieren, gibt genug zu tun bei der ethischen Erkundung des Netzes in christlicher Perspektive. Die Aufgaben noch einmal aufs Knappste zusammengefasst:

- *eine Sicht der Dinge im Netz zwischen Euphorie und Entsetzen befördern („christlicher Realitätssinn");*
- *zu selbstverantwortlicher, reflexiver Orientierung im Netz befähigen („Navigationskunst");*
- *für gerechte Beteiligung, gerade der Benachteiligten eintreten („Inklusion");*
- *eigene Beiträge zu partieller Verständigung zu leisten („Perspektivenwechsel");*
- *kontemplative Orte und Zeiten bereitstellen („Medien-Askese").*

e. Vier leitende Annahmen und ihre Konsequenzen

Der zum Ende kommende dritte Teil dieser Arbeit hat es unternommen, die der Kirche mit den neuen Informations- und Kommunikationstechnologien sich stellende Bildungsaufgabe exemplarisch am Thema „ethische Netz-Bildung" zu beschreiben. Die Metapher „ethische Netz-Bildung" wurde dabei so verstanden, dass vor dem Hintergrund der allgemeinen Überlegungen zu den Aufgaben der anstehenden bzw. im Entstehen begriffenen Bildung einer Internet-Ethik nach dem spezifischen Beitrag bzw. den spezifischen Beiträgen aus kirchlicher und theologischer Sicht gefragt wurde. In Verbindung mit der Anknüpfung an das unternehmensethische Plädoyer für eine integritätsorientierte Perspektive sehen die vorliegenden Überlegungen das Proprium einer evangelischen „Netzethik" in der Gestaltung exemplarischer Bildungsprozesse, um auf diesem Weg das Neuwerden der geschöpflichen Wirklichkeit auch „in, mit und unter" dem Medium des Internet explorativ zu erkunden und zu bezeugen. Auf diesem Weg sind die großen ethischen Versprechen der Tradition – Freiheit, Gerechtigkeit und Frieden – weniger abstrakt zu behaupten, als vielmehr konkret zu bewähren.

Zu dieser Bewährung gehört in ethischer und hermeneutischer Hinsicht die Überzeugung, dass die explorative Erkundung nicht als Einbahnstraße verstanden werden kann. Mit dem Neuwerden der geschöpflichen Wirklichkeit ernsthaft zu rechnen, heißt Entdeckungszusammenhänge zu erwarten, die von einer Bewegung in „beiden Richtungen" leben. Es wird also auf Dauer nicht ausreichen, die ethische Bildungsaufgabe lediglich mit dem Bild des „Transports" von anderweitig (z. B. traditionell) feststehenden ethischen „Gehalten" in den „neuen" Kontext Internet zu begreifen und zu beschreiben. Vor dem Hintergrund der Überlegungen des ersten Teils dieser Studie öffnet eine explorative Ethik die Augen auch für die umgekehrte Bewegungsrichtung und rechnet damit, dass im Medium des Netzes entstehende neue Praktiken insofern *ethikproduktiv* wirken werden, als sie ihrerseits die ethische Existenz spezifisch neu formieren. Im Ergebnis wird also mit einer charakteristischen *Transformation* der Ethik zu rechnen sein – auch wenn die *ethikproduktive* Richtung im Moment noch sehr viel mehr Desiderat denn beobachtbare Realität sein mag.

Der vorgelegte Versuch, die ethische Bildungsaufgabe der Institution Kirche in Bezug auf das Medium Internet dergestalt vom Inhalt der Kommunikation des Evangeliums her näher zu bestimmen, bezieht sich einerseits vielfältig und erkennbar zurück auf bereits in den Teilen eins und zwei dieser Arbeit formulierte Erkenntnisse. Zugleich liegen einige Annahmen zugrunde, die abschließend noch einmal expliziert seien. Mit den folgenden Thesen soll so auch der weitere Rahmen der Darlegungen sichtbar und mit den daraus sich ergebenden Folgerungen zur Diskussion gestellt werden.

i. Vom Sagen zum Zeigen: Ethische Bildung im Modus der Anschauung

Gegenüber einer vorrangigen Orientierung der Ethikbildung am Diskurs schlägt die hier vorgenommene Bestimmung der ethischen Aufgabe der Kirche für das Netz vor, zumindest komplementär den *Weg einer ethischen Bildung qua Anschauung* zu verfolgen und exemplarisch Orte solcher Bildung im Netz zu inszenieren und darzustellen. Schon die oben skizzierten Beispiele kirchlicher Bildungsinitiativen lassen ansatzweise die Potenziale erkennen, die sich auf einem solchen Weg „präsentativer Symbolisierung" der ethischen Bildung öffnen können.

Bereits im Zusammenhang der Bestimmung der Kirche als Bildungsinstitution war (mit Schleiermacher) davon die Rede, dass kirchliches Handeln als symbolisierendes Handeln es nicht nur mit „Bewusstsein". sondern stets auch mit „Gefühl" und „Erleben" zu tun hat. In philosophischer Hinsicht hat SUSANNE LANGER in Weiterführung von Ernst Cassirers Symboltheorie mit der Unterscheidung von präsentativen und diskursiven Symbolen eine Differenzierung zwischen einer Repräsentation im Bild und im Text vorgeschlagen: Während *diskursive Symbole* einen Sachverhalt in ein zeitliches Nacheinander von grammatischen Strukturen und Zeichen gliedern, bieten *präsentative Symbole* eine simultane und integrale Darstellung, die im Akt des Sehens synchron, komplex und ganzheitlich erfasst werden kann.[646]

Der bereits erwähnte FRANZ JOSEF RÖLL hat in seinen Überlegungen zur Navigationskompetenz zu Recht herausgearbeitet, dass Langers Hinweis auf die Reichhaltigkeit bildhafter Kommunikation mit Blick auf das Medium des Internet besonders erhellend ist. Denn er hilft, die am Medium immer wieder beobachteten Eigenarten (Hypertextstruktur, Multimedialität, Integration anderer Medien, . . .) in ihrer spezifischen Mehrdimensionalität besser zu verstehen: Das Internet „erschließt sich nicht über eine lineare Denk- und Wahrnehmungsstruktur, sondern viel eher über eine simultane, integrale Präsentation und entspricht daher der präsentativen Wahrnehmung."[647]

Dieser auch andernorts vielfach reflektierte Zug des Internet legt es m. E. vom Medium selbst her nahe, den kirchlichen Beitrag zur ethischen Bildung des Netzes stärker im Modus der Anschauung als in dem der Diskursivität zu suchen.[648]

Entscheidend für das hier entwickelte Verständnis des kirchlichen Beitrags zur Medienethik im Zeitalter des Internet ist aber nun die Überzeugung, dass es *nicht nur vom Medium „Netz", sondern in besonderer Weise auch vom Inhalt „Evangelium" her angezeigt ist, auf*

---

646 Vgl. S. K. Langer, Philosophie auf neuem Wege, 1965, 99ff.

647 F. J. Röll, *Pädagogik als Navigation. Eine Antwort auf wachsende Bildumwelten und digitale Kommunikation* (Artikel online unter www.mediageneration.net/ buch/mum/mum09.pdf; Abruf 14.7.2008, 6). Vgl. dazu ausführlich F. J. Röll, Pädagogik der Navigation, 2003, 27ff. zu „anschaulichem Wissen" und „präsentativem Denken"! Röll unterscheidet a.A.O., 45, mit Vilém Flusser das Kommunikationsmodell des *Netzes* vom dem des Baumes bzw. der Pyramide. Damit greift er zugleich auch auf Flussers Unterscheidung zwischen diskursiven und dialogischen Kommunikationsstrukturen zurück.

648 Eine solche Überlegung berührt sich mit dem II.4.a. bereits erwähnten kulturtheologisch orientierten Plädoyer Michael Moxters, sich vom Weg der Suche nach Sinn- und Religionshaltigkeit der medialen Unterhaltungswelt abzukehren und zu einer *Phänomenologie der Sinnlichkeit* hinzuwenden (vgl. M. Moxter, Medien – Medienreligion – Theologie, 2004, 48). Moxters Ausführungen sind m. E. auch deshalb so bemerkens- wie beherzigenswert, weil sie darauf verzichten, den beschriebenen Alternativen, z. B. von Diskurs und Anschauung, undialektisch zu folgen. Vgl. dazu in kritischer Präzisierung der Langerschen Alternative von Bild und Text auch T. Zeilinger, Zwischenräume, 1999, 123ff.

den Weg exemplarischen ethischen Lernens in „gemeinsamer, inter-pretierter Praxis" zu setzen. Mit anderen Worten: Würde die kirchliche Medienethik ausschließlich auf individuelle Bewusstseinsprozesse diskursiver Natur setzen, bliebe sie nicht nur hinter dem „neuen" Medium Netz, sondern zugleich auch hinter ihrem „alten" Inhalt Evangelium zurück.

Die von JOACHIM TRACK in seinen „Sprachkritischen Untersuchungen zum christlichen Reden von Gott" als Lehr- und Lernsituation des Glaubens beschriebene „gemeinsame, interpretierte Praxis" erfahrungsorientierter Vermittlung ist auch und gerade in ethischer Hinsicht nicht hintergehbar.[649] Denn in der christlichen Ethik kann es nicht um eine allgemeine Kenntnisnahme immer schon feststehender Geltungsansprüche gehen, vielmehr gilt es auch hier, in *gemeinsamer Praxis gemeinsame Erfahrungen gemeinsam zur Sprache* zu bringen.[650]

Nun ist der Weg gemeinsamer, interpretierter Praxis per se keineswegs ohne diskursive Anteile. Wohl aber unterscheidet er sich vom herkömmlichen Verständnis der Vermittlung im Vorhinein feststehender allgemeiner Inhalte, die es nur individuell anzueignen gelte. Vielmehr geht es in ethischer Hinsicht dabei m. E. um dasjenige Moment, das Hans G. Ulrich als *explorative* und *erkundende Suche nach dem Präsentwerden der neuen Schöpfung* bezeichnet. Diese Suche, i. e. gemeinsame, interpretierte Praxis als Lehr- und Lernsituation der ethischen Bildung, vollzieht sich *immer auch auf der Ebene gemeinsamer Imagination und Anschauung.* Im Sinne der geschilderten Erkundung der benötigten Lebenskunst im Netz plädiere ich deshalb dafür, dass Kirche – analog zu den unter d) geschilderten Bildungsinitiativen vermehrt eigene ethische Bildungsorte im Netz und zum Netz schafft.

---

649 J. Track, Sprachkritische Untersuchungen zum christlichen Reden von Gott, 1977, 323ff.

650 Ähnlich Tracks Bestimmung ebd.; im III.3.c schon kurz beschriebenen spezifischen Verständnis einer christlichen Diskursethik formuliert H.G. Ulrich diesen Sachverhalt wie folgt: „Der Diskurs gilt nicht dem Ausgleich von bestehenden Interessen und Verschiedenheiten, sondern dem Erkunden und Erproben dessen, worin die neue Schöpfung präsent wird. Darin besteht die Erkenntnisspannung dieser Ethik, und so erfüllt sie die Aufgabe einer diskursiven Ethik, die auf gemeinsame Erkenntnis ausgerichtet ist: die Erkenntnis in Gerechtigkeit. Es ist die Erkenntnis dessen, was dem anderen mitzuteilen ist, und daher überhaupt eine Erkenntnis, die die Verbindung mit dem anderen aufnimmt, und nicht ein zur Kenntnisnehmen dessen, was ist" (H. G. Ulrich, Wie Geschöpfe leben, 2005, 456).

Wie die vorgestellten Beispiele zeigen, ist es dabei nicht zuerst um ein feststehendes Gerüst von Antworten zu tun, sondern angesichts eines neuen Mediums vor allem um die Bereitschaft, gemeinsam und interdisziplinär nach den richtigen Fragen zu suchen – und um den Mut, die eigenen ethischen Intuitionen der Überprüfung und Bewährung auszusetzen. Dies kann nur durch das *Wagnis der eigenen Praxis* geschehen. Selbstverständlich wird ein solcher Weg ethischer Erkundungen im Netz notwendig fragmentarisch sein, die beschriebenen Beispiele unterstreichen das auf ihre Weise. Gerade darin nimmt ein Weg exemplarischer, modellhafter Anschauung die Unhintergehbarkeit der hinreichend beschriebenen Perspektivität wie die unvermeidliche Partikularität ernst. Genau so wird dann aber auch ein *Beitrag zum zivilgesellschaftlichen Diskurs zur Ethik des Internet* möglich, der sich nicht mit dem kleinsten Nenner verallgemeinerungsfähiger Normen begnügt, sondern wie „insular" auch immer – hoffentlich! – Wohnorte des Menschlichen im neuen öffentlichen Raum des Netzes schafft.

In eine ähnliche Richtung weisen die Überlegungen von ERIK BORGMAN und STEPHAN VAN ERP im bereits erwähnten Themenheft der Zeitschrift Concilium von 2005:

> „Eine religiöse Haltung gegenüber dem Internet besteht daher nicht darin, es als Medium für religiöse Botschaften zu benutzen (instrumentelles Missverständnis, TZ) oder das Internet selbst als religiöse Offenbarung zu betrachten (Missverständnis ‚Medienreligion', TZ). Vielmehr sollte es darum gehen, in diesem Medium ‚Wohnung' zu finden, um zu sehen, zu hören und zur Sprache zu bringen, was dort wirklich geschieht. . . .
>
> Neben einer . . . Ethik von Webverhaltensregeln . . . bedarf es dringend einer Ethik der durch Medien ermöglichten Verbundenheit. . . . Eine Ethik der durch Medien ermöglichten Vernetzung sollte im Blick haben, dass das Wesen des Menschen dadurch bestimmt ist, dass er unaufhörlich in Verbundenheit mit anderen und anderem lebt, was kein erster Schritt zur Überwindung oder zum Ignorieren von Geschichtlichkeit und Endlichkeit ist, sondern eine neue Weise geschichtlicher und endlicher Existenz. Theologisch ist das Internet nicht als eine Entleiblichung zu verstehen, sondern vielmehr als Mittel einer neuen Existenzweise im Dienst einer sich immer aufs Neue verleiblichenden Menschheit. So muss eine Ethik der

von Medien ermöglichten Verbundenheit versuchen, echte Wege zur Präsenz und Empfänglichkeit in einer immer aufs Neue sich verleiblichenden Umwelt zu finden."[651]

In einer solcherart inkarnatorischen Perspektive muss die präsentative Symbolik für den christlichen Beitrag zur Bildung der Netzethik eine wichtige Rolle spielen und die klassisch diskursiv orientierten Formen (vgl. die erwähnten Studien und Denkschriften, aber auch Konsultationsprozesse etc.) komplementär ergänzen.

M. E. werden in den vorliegenden Beiträgen zur Medienethik aus theologischer Sicht die Chancen der ethischen Bildung auf dem Weg der Anschauung zu wenig gesehen. So wichtig und richtig etwa die in diskursethischer Perspektive entwickelten medienethischen und medienpädagogischen Hinweise von Birgitta Derenthal sind, so wenig gerät bei ihr wie auch in den vorgestellten Überlegungen von Philippe Patra und Andrea König die Möglichkeit in den Blick, die ethische Bildungsaufgabe im Netz bewusst auf dem Weg exemplarischer Anschauung zu anzugehen.[652]

Mir erscheint es hier gegenüber einer einseitig diskursiven Orientierung, wie sie letztlich auch dem reformpädagogisch der Emanzipation des einzelnen Subjekts verpflichteten Konzept Dieter Baackes zugrunde liegt (vgl. oben zum Stichwort „Medienkompetenz") aussichtsreich, die *Möglichkeiten des ethischen Lernens durch Anschauung exemplarischer Modelle im Netz* zu befördern. Um im Bild der aktuellen EKD-Reformdiskussion zu sprechen: Lichtstarke „Leuchtfeuer" auf kleinen Inseln scheinen mir in der derzeitigen Situation der wichtigere (und realistischere) kirchliche Beitrag zur Netzethik als Konzeption und Bau eines einheitlichen Radarsystems.

ii. Die soziale Basis der Wahrnehmung kommunikativer Kompetenz

Zugleich sind und bleiben in der Konsequenz des bisher Gesagten die individuellen „Radarschirme" derer, die sich im Netz bewegen, die Schlüsselstelle, an der sich die allseits geforderte selbstverantwortliche Wahrnehmung kommunikativer Kompetenz zu realisieren hat.

---

651 E. Borgman, et al., Cyber Space – Cyber Ethics – Cyber Theology, 2005, 95f.
652 B. Derenthal, Medienverantwortung in christlicher Perspektive, 2006; zu König und Patra vgl. oben III.2.b.

Entscheidend für das Gelingen dieser individuellen Wahrnehmung kommunikativer Kompetenz im Medium des Internet (also etwa bei Patra die für das Internet geforderte Autonomie im Sinne der Ethik des mündigen Einzelnen) ist dabei m. E. die eben in inkarnatorischer Hinsicht bereits angesprochene soziale Verbundenheit: Die Wahrnehmung individueller Verantwortung ist auch und gerade im Netz ein soziales Geschehen – und sie bezieht sich immer auf vorgängige soziale Praxen, in die hinein sie verwoben ist.

Zwar sitzt im Medium des Internet jede und jeder „für sich" im eigenen Kämmerchen vor dem Bildschirm, aber das Netz von Bedeutungen und Interpretationen wird keineswegs allein, sondern vielmehr in der gemeinsamen Praxis gewoben, die auch im Internet eine soziale Praxis ist. Dies illustrieren, wie gesehen, aktuell die mit dem Stichwort „Web 2.0" bezeichneten Entwicklungen, die mit den erweiterten multimedialen Möglichkeiten individueller Mitgestaltung die soziale Dimension des Netzes besonders deutlich unterstreichen.

Individuelle Freiheit und individuelle Verpflichtung erwachen und erwachsen aus dem Angeredet-Sein. Im Medium des Internet bilden sich dafür derzeit neue Formen, die – vielleicht sogar deutlicher als im Autonomie-Paradigma der Moderne – den sozialen Zusammenhang abbilden, in dem sich die Wahrnehmung individueller *Verantwortung* als vielfältig vernetzte Antwort vollzieht.[653]

Der kirchliche Beitrag zur Ethik des Internet tut auf diesem Hintergrund gut daran, die dialogischen Momente auf dem Weg explorativer Ethik ernst zu nehmen und selbst sorgfältig zu pflegen. In diesem Sinn sind in den geschilderten Praxisbeispielen die interdisziplinären Elemente wie auch die Einbeziehung der theologischen Wissenschaft im emphatischen Sinne beispielgebend. Wünschenswert sind deshalb auf der Spur des hier vorgeschlagenen exemplarischen Lernens durch Anschauung mehr solcher Beispiele im Netz, die in der Art und Weise ihrer Gestaltung bereits die wechselseitige Verbundenheit demonstrieren, die für die gelingende Wahrnehmung kommunikativer Kompetenz unverzichtbar ist.[654]

---

653 Sichtbar wird dies u. a. darin, dass die Grenze zwischen „Nutzern"/„Konsumenten" und „Produzenten" (zumindest potentiell) immer mehr aufgehoben wird. Dies findet dann in der an Alvin Tofflers bereits aus den achtziger Jahren stammenden „Prosumer" angelehnten Wortschöpfungen wie „Prosument" oder „Produser" bzw. „Produtzer" seinen Ausdruck (vgl. „Vom Prosumer zum Produser", http://produsage.org/node/55; Abruf am 8.4.2010).

654 In konkreter Negation hieße dies, sich als Kirche das Geld für allgemeine – und

Je mehr solcher Beispiele es geben wird, umso mehr Möglichkeiten werden sich auch eröffnen, dem zu Beginn dieses Abschnitts bemerkten Desiderat nachzukommen und die Spur der Einbahnstraße des Transports von Ethik zu verlassen und der sich abzeichnenden *Transformation der Ethik* durch das Web auf die Spur zu kommen. Gerade die Entwicklungen in, mit und unter dem Stichwort *Web 2.0* zeigen, dass im Netz und aus dem Netz neue soziale Praxen entstehen, von denen erwartet werden darf, dass in und aus ihnen auch ethische Relevanz erwächst (vgl. nur die vorangegangenen Überlegungen zu einer „Ethik der Verbundenheit"!).[655]

Am Rande sei bemerkt, dass an dieser Stelle auch ein Beitrag zur Weiterentwicklung der Medienethik am Horizont erscheint: Das Internet als „Gegenstand", aber auch dessen multiprofessionelle und interdisziplinäre Reflexion bieten der Medienethik die Chance, auf dem eingeschlagenen Weg der Integration unterschiedlicher Perspektiven über professionsethische Ansätze hinaus voranzuschreiten.[656]

iii. Der dreifache Beitrag der Institution zur Netzwerdung des Netzes

Das Netz braucht zu seiner Entwicklung die Beiträge anderer Institutionen. Wenn der der Metapher „Netz" implizite Anspruch auf inklusive und anspruchsvolle Kommunikation gelingen soll (vgl. die von einer allgemeinen Ethik des Netzes beschriebenen Aspekte von Zugang, Beteiligung, Chancen, Qualität . . .) erfordert dies einen „heilvollen Widerpart" in Gestalt anderer Institutionen. Die vorausgegangenen Überlegungen plädieren dafür, im besonderen Amt der *ekklesia* eine Möglichkeit zu sehen, als Kirche diese gesellschaftliche Aufgabe im eigenen Interesse (um der Kommunikation des Evangeliums in seinen sozialethischen Horizonten willen) wahrzunehmen.

---

darin letztlich doch unverbundene – Formen der Ansprache auf „ethische Verantwortung im Netz" o. ä. zu sparen.

655 Vgl. z. B. das bereits erwähnte Forschungsprojekt „Social Software and Social Ethics" von A. Filipovic am Lehrstuhl von M. Heimbach-Steins in Münster.

656 Wie weit die Medienethik auf diesem Weg schon ist, zeigt R. Funioks Lehrbuch der Medienethik. A.aO., 177ff. klingt bereits an, dass das Feld der Netzethik auch auf die allgemeine Medienethik zurückwirkt. Auf eine analoge Entwicklung im Feld der Medizinethik macht aufmerksam: T. Roser, Spiritual Care, 2007, 74.

Zur ethischen „Bildung" des Netzes vermag die Kirche einen Beitrag zu leisten, so sie sich ihrerseits darauf einlässt, im Netz ethische Themen zu platzieren und auf Wegen exemplarischen Lernens bewusst zu *inszenieren*. Die Zukunftswerkstätten zu Qualitätskriterien für Kinderseiten im Netz und das Gütesiegel des Erfurter Netcodes sind hierfür gelungene Praxisbeispiele. Darüber hinaus weisen die anderen Beispiele (Kinderseiten und Computermedienpädagogik) darauf hin, dass der kirchliche Beitrag zur ethischen Bildung des Netzes mehr umfasst als lediglich die *explizite* Thematisierung ethischer Fragen. Mit ihren medienpädagogischen Initiativen (vgl. das Josefstaler Beispiel), aber auch mit der Art und Weise ihrer Selbstpräsentation im Netz (vgl. kirche-entdecken.de) leistet die Kirche – „im Modus der Anschauung" – im Netz wichtige Beiträge zur ethischen Bildung des Netzes.[657]

Die im zweiten Teil für die Betrachtung der kirchlichen Kommunikation im Netz fruchtbar gemachte *Polykontexturalität* erweist sich auch in Hinblick auf die Bestimmung der kirchlichen Bildungsaufgabe im Netz als hilfreich: Die Institution Kirche leistet ihren Beitrag zur Netzethik *zum einen* im Kontext des *explizit* ethischen Diskurses. *Zum zweiten* befördert sie mit ihrer eigenen pädagogischen und institutionellen Kommunikation im Netz *implizit* dessen ethische Bildung. Und *zum dritten* verkörpert sie in ihrer institutionellen Eigenständigkeit eine für die ethische Netzbildung ihrerseits unverzichtbare *Alterität*.

Inhaltlich haben das im vorangegangenen Abschnitt die Überlegungen zu Askese und Entschleunigung bereits deutlich gemacht. Methodisch interessant scheint mir daran die Beobachtung, dass in diesem Kontext das Moment der (prophetisch-kritischen) Diskurskritik seinerseits im Modus der Anschauung (über die „Körpersprache" der Institution Kirche, vgl. das zur Face-to-Face- und Vor-Ort-Kommunikation Gesagte) realisiert wird. Dies weist zurück auf den im ersten Teil bereits notierten Aspekt der ihrerseits mythischen Infragestellung mythischer Momente. Auf sie gilt es nun abschließend zu sprechen zu kommen.

---

657 Selbstverständlich ist hier noch an weitere Beispiele zu denken, die in dieser Perspektive befragt werden könnten. Vgl. etwa das Jugendportal www.young spiriX.de, das die Arbeitsgemeinschaft der evangelischen Jugend seit 2006 betreibt und das im März 2008 den „WebFishAward" der EKD erhalten hat, deren jährlich vergebene Auszeichnung für besonders gelungene christliche Internetangebote (vgl. www.ekd.de/webfish/webfish.html, Abruf am 20.5.2008).

iv. Ethische Orientierung im Netz kommunikativ platzieren und mythisch inszenieren

Die vorliegenden Überlegungen beanspruchen, einen Beitrag zu einer Theorie geeigneter kirchlicher „Bildungsorte" für ethische Bildung im Netz und zum Netz zu leisten. Sie tun dies auf dem Hintergrund der im ersten Teil vorgenommenen *mehrdimensionalen* Bestimmung der „in, mit und unter" dem Internet wirksamen medialen Dynamix(en). Zu dieser konstitutiven Mehrdimensionalität der Phänomenwahrnehmung gehört auf der einen Seite unverzichtbar die *begrifflich-diskursive Beschreibung,* für die im ersten Teil eine plurale Perspektive auf ein Bündel medial wirksamer Dynamiken entwickelt wurde. Zum anderen plädierte der erste Teil für eine zweite, mächtebewusste Perspektive der *mythisch-symbolischen Benennung* der medialen Eigendynamik des Internet im Singular. Als leitende Hintergrundtheorie stand dabei eine Theologie der Mächte und Gewalten Pate, die mit einer hier und jetzt durchaus unübersichtlichen und konfliktuösen Gemengelage der Turbulenz der Lebensbezüge rechnet, in der die Dynamik der Wirklichkeit nicht einseitig begrifflich stillgestellt wird.

In Analogie zu den Analysen des ersten Teils scheint es mir auch im hier zur Debatte stehenden Kontext ethischer Bildung sach- und phänomengerecht, diese doppelte Perspektive für die Frage des angemessenen Beitrags der Kirche zur gesellschaftlichen Aufgabe einer Ethik des Internet zur Geltung zu bringen: Keinesfalls sollen die sichtbar gewordenen diskursiven Beiträge und kommunikativen Bemühungen aus kirchlicher und theologischer Sicht in ihrer Bedeutung gering geschätzt werden. Auf sie kann und darf in einer verständigungsorientierten Perspektive nicht einfach verzichtet werden.

Sie sollten jedoch nicht von vornherein für wichtiger erachtet werden als die Suche nach eigenen exemplarischen Orten, an denen die christliche Erkundung einer dem Medium wie dem Evangelium gemäßen Kommunikation in gemeinsamer, interpretierter Praxis unternommen wird. Mögen diese Orte in der Außenperspektive des weiten Netzraumes noch so bedeutungslos oder „exotisch" erscheinen: Wo der Mut zu solcher „explorativen Ethik" in Kirche und Theologie wächst, leistet die Kirche einen zwar nicht notwendig unumstrittenen, aber unstrittig nötigen Dienst zur Netzwerdung des Netzes.

Schluss: Erträge und Anwendungen

Die vorliegende Studie basiert auf der wissenschaftlichen Begleitung und Beobachtung eines landeskirchlichen Internetprojekts. Wie einleitend geschildert, verbanden sich mit dem Projekt „Vernetzte Kirche" der Evangelisch-Lutherischen Kirche in Bayern große Hoffnungen, mittels neuer Technologien und dadurch eröffneter medialer Möglichkeiten Organisation und Kommunikation der Institution Kirche zu verbessern und der christlichen Verkündigung neue Horizonte zu verschaffen.

Ausgehend von der teilnehmenden Beobachtung des Projekts haben die drei Teile dieser Arbeit Bedingungen, Möglichkeiten und Aufgaben kirchlicher Kommunikation des Evangeliums in unterschiedlichen Zugängen mehrperspektivisch zu erhellen versucht. Just diese *Multiperspektivität* drängte sich an unterschiedlichen Stellen immer wieder auf, an denen es galt, den Beobachtungsgegenstand weiterführend zu beschreiben.

„Zu guter Letzt" seien nach dem dreifachen Betrachten der mannigfachen Verknüpfungen von Internet und Kirche die dabei zutage getretenen Texturen zusammenfassend zur Darstellung gebracht. Die verschiedenen Stichworte und Lesarten des Titels geben dabei die Perspektiven an. Die anstehende Schlussbetrachtung fasst zunächst die entscheidenden *theoretischen Gesichtspunkte* zusammen, die in der Betrachtung des Feldes „Kirche und Internet" wichtig wurden. Vor diesem Hintergrund entwickelt ein zweiter Abschnitt in anwendungsbezogener Perspektive die in der Darstellung bereits angedeuteten *Konsequenzen für das kirchliche Handeln* weiter. Ein letzter Abschnitt nimmt die Überlegungen des dritten Teils auf und fasst am Beispiel der Kirche zusammen, wie das Internet in *ethischer Hinsicht* zu seiner eigenen Netz-Werdung auf die Beiträge vorgängiger Bildungsinstitutionen angewiesen ist und bleibt. „In, mit und unter" der zusammenfassenden Darstellung soll zugleich ein kleines Glossar der entwickelten Begrifflichkeit entstehen, verbunden mit der Hoffnung, dass dieses in praktisch-theologischer Perspektive weitere hilfreiche Anknüpfungen im Netz der Interpretationen ermöglicht.

1. Mächte-Bewusstsein –
Die Macht zwischen Netz und Kirche

a. Mehrdimensionalität in der Betrachtung
empirischer Phänomene

Die im ersten Teil erarbeitete Analyse der mit der Entwicklung des Internet einhergehenden medialen Dynamik hat gezeigt, dass diese Dynamik nicht im Rahmen *einer* Beschreibungstheorie befriedigend interpretiert werden kann. Vielmehr legt der mitunter verwirrende Pural unterschiedlicher am und im Internet (im gesellschaftlichen Horizont wie im engeren Kontext des Projekts Vernetzte Kirche) beobachtbarer Dynamiken eine *mehrdimensionale Betrachtung* nahe.

Eine solche Betrachtungsweise eignet sich auch deshalb, weil sie m. E. problematische Engführungen bestimmter Erklärungstheorien vermeidet und auf diese Weise per se schon die – notwendige – *polykontexturale* Diskurskritik anbahnt. Das im ersten Teil der Studie entwickelte Plädoyer, mit Georg Picht den gewohnten Rahmen der beschreibenden Betrachtung empirischer Phänomene zugunsten einer Sensibilisierung für die – allenfalls im Namen *benennbaren* – *Vibrationen* der Wirklichkeit in Richtung der mythischen Dimension zu überschreiten, ist so gesehen im Kontext praktisch-theologischer Theoriebildung durchaus *auch* als Kritik an mitunter problematischen Einseitigkeiten subjekt- oder systemtheoretischer Provenienz zu lesen. Wie bei Picht und Merleau-Ponty zu lernen, bietet gerade die symbolsprachliche Perspektive der *mythischen Benennung im Namen* hier einen die Zeitlichkeit der Phänomene ernst nehmenden Zugang sui generis, der auch einer Theorie der Praktischen Theologie in phänomenologischer Hinsicht weiterführende Perspektiven eröffnen kann.[658]

Ohne damit die dargestellten Horizonte einer theologischen Rede von Institutionen und einer Theologie der Mächte und Gewalten ihrerseits in den Status von objektiven Beschreibungstheorien zu erheben, kommt ihnen nach meiner Überzeugung insofern auch in theoretischer Hinsicht eine unverzichtbare Funktion zu, als sie auf ihre Weise darauf aufmerksam machen, dass die teilnehmend beobachtete Dynamik auch mit differenziertester begrifflicher Beschreibung nicht objektivierend (im Modus

---

658   In anwendungsorientierter Hinsicht wäre hier über die Aspekte dieser Studie hinaus an die Rede vom „Engel der Gemeinde" in der Praxis der Gemeindeberatung und an liturgische Aspekte zu denken, vgl. T. Zeilinger, Zwischen-Räume, 1999, 368ff.

des „Überblicks") stillzustellen ist, sondern wir dieser Dynamik (wegen der Unhintergehbarkeit der Teilnehmerperspektive) allenfalls in *Durchblicken* aspekthaft ansichtig werden.

Eine Betrachtung der medialen Dynamiken im Horizont der biblischen Rede von Mächten und Gewalten benennt in mythisch-symbolischer Weise *die ambivalenten Erfahrungen, die wir mit dem neuen Leitmedium Internet machen: den Bann, in dem wir stehen, aber auch die kommunikativen Möglichkeiten, die sich neu bieten.*[659] Eine solche mächtebewusste Perspektive trägt bei zum Verständnis mancher Beobachtungen im Konfliktfeld zwischen „institutioneller" und „medialer" *Eigendynamik* in der Begegnung von Kirche und Internet und hilft bei der Wahrnehmung durchaus divergenter wechselseitiger *Formatierungen.*

Die Einsicht in Mehrdimensionalität und Multiperspektivität erweist sich noch in anderer Hinsicht als bedeutsam: Gerade weil dem Widerstreit der Deutungen medialer Dynamiken (als Teil der nicht zu sistierenden Dynamik der Wirklichkeit) nicht zu entkommen ist, ist das bewusste Einnehmen einer *Teilnehmerperspektive* im Sinne parteilicher Einmischung für Theologie und Kirche als „Mitspieler" im Medium Internet unverzichtbar. Das im dritten Teil entfaltete und gleich nochmals aufzugreifende Modell einer *Bildung durch Anschauung* erfüllt darin zugleich eine *orientierende* Funktion im Konflikt der Interpretationen. Auf der anderen Seite war in allen drei Teilen dieser Studie zu erkennen, dass es in verständigungsorientierter Perspektive auch weiterer, *beschreibender Perspektiven* bedarf, um diskursive Verständigung zu eröffnen.

b. Medialität und Institutionalität des Glaubens

Entgegen nach wie vor verbreiteter Vorbehalte und Skepsis gegenüber „den Medien" in der Kirche[660] hat die im zweiten Teil unternommene Reflexion des Kommunikationsbegriffes *Medialität als ein Konstitutivum des Glaubens* bestimmt. Ohne vermittelnde Repräsentation gibt es keinen Glauben, diese Einsicht bewahrt etwa davor, einen allzu prinzipiellen Unterschied zwischen – im Intensitäts- und Qualitätsgrad wohl zu unterscheidenden – Formen der Glaubensvermittlung (z. B. unter leiblich An- oder Abwesenden etc.) anzunehmen.

Die sich im Internet eröffnenden *Möglichkeiten synästhetischer Darstellung* via technischer Formen sind ernsthaft dahingehend zu explorie-

---

659 Vgl. als aktuelle Illustration der „Janusköpfigkeit" des Internet aus dem journalistischen Bereich. F. Schirrmacher, Payback, 2009.

660 Anregend dargestellt in: J. Haberer, Gottes Korrespondenten, 2004, 16ff.

ren, ob hier glaubwürdige personale Kommunikation repräsentiert und vermittelt werden kann. Kriterium der weiteren Erkundung dieses Zusammenhangs bleiben in christlicher Perspektive *Leiblichkeit* und *Vertrauen* als Grundlage menschlicher, personaler Kommunikation. Von daher sind die Themen ganzheitlich-sinnlicher Wahrnehmung und der intersubjektiven Überprüfbarkeit von Glaubwürdigkeit zentrale Anforderungen für die Prüfung neuer medialer Formen der Vermittlung des Glaubens. Glaub-würdige Vermittlung kommt nicht aus, ohne dass sich das Gegenüber (an-)greifbar macht, sie bedarf des zugewandten Gesichts.

Die im zweiten Teil von den praktischen Ergebnissen des Projekts Vernetzte Kirche aus unternommenen Klärungen zur Frage der Medialität des Glaubens konnten zugleich die Frage der *Institutionalität* weiterführend erhellen: Als *leibliches Wort* hat die Kirche teil an bestehenden Ordnungen und Strukturen, ist aber zugleich in eschatologischer Perspektive immer wieder zu kritischer Prüfung gerufen. So wenig sie von daher bewährte Einsichten von guter Haushalterschaft und gutem Management übergehen wird, so wenig wird sie sich mit einem Kommunikationsverständnis begnügen können, das sich *nur* über die Fortsetzung seiner selbst im Sinne systemtheoretischer Anschlussfunktionalitäten definiert.

Eine hilfreiche Näherbestimmung der spezifischen Institutionalität der Kirche konnte in den Begriffen *Communio* und *Konziliarität* gefunden werden, denen metaphorisch das Bild des *Netzwerkes* zur Seite gestellt werden konnte. Ein solches Verständnis ermöglicht, Individualität und Pluralität, Vielfalt und Einheit, Partizipation und entscheidungsfähige Struktur in einem Rahmen zu sehen, in dem sich Kirche in ihrer Gestalt wie in ihrer Gestaltung als ein charakteristischer *Verweisungszusammenhang* darstellt.

Für ein solches Modell wechselseitiger *Verbundenheit* (als *ein* Ausdruck ekklesialer Bindung) bietet das *handlungstheoretische* Verständnis von Kommunikation bei Jürgen Habermas mit den Gedanken expressiver intentionaler Mitteilung und verständigungsbezogener Partizipation wesentliche Anstöße. Zugleich bewährte sich auch bei der Analyse der kommunikativen Leistungen des beobachteten Projekts Vernetzte Kirche eine *polykontexturale* Vorgehensweise, die neben der handlungstheoretischen auch eine *systemtheoretische* und eine *informationstheoretische* Perspektive auf den Begriff der Kommunikation zur Geltung und so *Wirklichkeitsgemäßheit* und *Voraussetzungshaftigkeit* kirchlicher Kommunikation zum Ausdruck bringt.

c. Bildung durch Anschauung der Institution

Im dritten Teil fragte die vorliegende Studie nach den Beiträgen der Bildungsinstitution Kirche zur Formierung und Formatierung des Netzes in ethischer Hinsicht. Dabei wurde dafür plädiert, durch ein *explorativ-erkundendes Einmischen auf dem Wege der Anschauung* den klassischen Weg diskursiver Ethikbildung im Netz komplementär zu ergänzen.

Die Gründe für dieses Plädoyer liegen zum einen in der *Eigenart des Mediums Internet,* das sich weniger über lineare und diskursive Wahrnehmungsstrukturen erschließt, sondern besser über Susanne Langers Begriff der *„präsentativen Symbole"* verstanden werden kann, der eine simultane und integrale Darstellung und deren synchrone und ganzheitliche Erfassung in den Vordergrund rückt.

Zugleich rückt die Rede von der *Kirche als Bildungsinstitution* auf ihre Weise den Beitrag der *Anschauung* in den Mittelpunkt. Denn wenn und wo sich das kirchliche Verständnis von Bildung nicht einseitig auf den Aspekt der Bewusstseinsbildung reduziert, sondern (mit Schleiermacher) in einer integralen Perspektive die *Dimensionen des Gefühls und des Erlebens* einschließt, muss es für die Kirche bei der Wahrnehmung ihrer Bildungsaufgabe immer auch darum gehen, Orte bereitzustellen, an denen diese Dimensionen zur Anschauung kommen können.

Die besondere Herausforderung bei der Exploration und Erkundung geeigneter ethischer Bildungsorte im Netz besteht für die Kirche darin, dass es dabei nicht um die bloße Applikation im Vorhinein feststehender Inhalte gehen kann. Weil die „alte" Institution Kirche in, mit und unter der Begegnung mit dem „neuen" Medium Internet immer auch *auf der Suche nach dem Präsentwerden der neuen Schöpfung* ist, kommt sie nicht umhin, sich experimentell und fragmentarisch dem Wagnis gemeinsamer, interpretierter Praxis im Netz auszusetzen und sich so für die erneuernde Erfahrung geschöpflichen Lebens „am eigenen Leibe" offen zu halten.

Die im dritten Teil vorgestellten Praxisbeispiele konnten auf ihre Weise zeigen, dass gerade in ethischer Hinsicht eine konzentrierte medienpädagogische Arbeit an einer partizipativen und dialogischen Kommunikationskultur im Netz verheißungsvoll erscheint. In Capurros Rede von der *Vernetzung als Lebenskunst* bzw. unserer Forderung nach *Navigationskunst* kommt dabei die Aufgabe zur Sprache, mediale Kompetenz als soziale Kompetenz weiterzuentwickeln.[661]

---

661   Die Überlegungen des dritten Teils dieser Studie haben dabei aus verschiedenen

Die Betonung individueller Verantwortung und Kompetenz derer, die sich im Netz bewegen, ist im Kontext *vorgängiger sozialer Verbundenheit* zu lesen und zu bilden. Ihren Niederschlag findet die soziale Verbundenheit in Institutionen. Das Medium Internet (und sein angemessener Gebrauch) leben insofern davon, dass Institutionen zu seiner Netz-Bildung beitragen. Gerade die Institution Kirche hat an dieser Stelle nicht nur eine besondere Verantwortung, sondern auch besondere Möglichkeiten: Weil sie sich selbst schon lange im Bild des *Netzes* zu begreifen vermag (s. u. 2.b), verfügt sie über spezifische Erfahrungen, die es für die Entwicklung eines menschengerechten Internet fruchtbar zu machen gilt.

Der vorgeschlagene Weg der (Netz-)Bildung durch Anschauung der Institution ist dabei durchaus missverstanden, wo er als genitivus objectivus verstanden wird, so als ginge es darum, die Institution im Sinne der Selbstdarstellung zur Anschauung zu bringen. Richtig verstanden wird er (im Sinne des genitivus subjectivus) dort, wo die Institution Anschauung hervorbringt, mithin – wie gesehen notwendig partikulare -präsentative Beiträge zur allseits geforderten Medienkompetenz leistet. Wo der Kirche solche Beiträge gelingen, erfüllt sie im vorderhand wenig institutionsfreundlichen World Wide Web als *exemplarische Institution* eine unverzichtbare Funktion.

2. Kirche-Sein – Netz macht Kirche

Die Institution Kirche dient der Kommunikation des Evangeliums. Deshalb braucht und gebraucht sie zum Kirche-Sein der Kirche im 21. Jahrhundert das weltweite Netz des Internet. Die Untersuchung der Ergebnisse des bayerischen Projekts „Vernetzte Kirche" zeigt in praktisch-theologischer Perspektive, dass im Geflecht der Relationen zwischen Inhalt (Evangelium), Medium (Internet) und institutioneller Form (Kirche) gerade der in den Zielsetzungen des Projekts prominente Begriff der Kommunikation und seine Reflexion entscheidende Impulse dafür zu setzen vermögen, wie das technische Netz weltweit vernetzter Computer zur Erfüllung des kirchlichen Auftrags beizutragen vermag.

Dabei wurde deutlich, dass ein instrumentelles Verständnis der Indienstnahme des Netzes durch die Kirche keinesfalls ausreicht, um die beobachteten wie die zu erwartenden Wirkungen sachgemäß abzubilden. Vielmehr ist mit einer wechselseitigen Dynamik und Indienstnahme zu

---

Perspektiven immer wieder den wechselseitigen Zusammenhang von Ethik und Bildung herauszuarbeiten gesucht, vgl. z. B. III.4.b.

rechnen, die ihrerseits das Kirche-Sein der Kirche auf spezifische Weise prägt und prägen wird. Welche Prägungen und welche Empfehlungen sich aus der hier vorgelegten Beobachtung des Projekts Vernetzte Kirche im Kontext praktisch-theologischer Reflexion nahelegen, sei in den folgenden Abschnitten benannt.

a. Perspektivwechsel von der Institution zu den Menschen

Die vielleicht größte Herausforderung für die Kirche als Institution liegt in der sichtbar gewordenen Umstellung vom one-to-many-Modell der „klassischen" Medien zum many-to-many-Modell des Internet, das die privilegierte Auszeichnung der Senderposition wie gesehen (tendenziell) obsolet werden lässt. Einerseits scheint damit im Internet der die Moderne kennzeichnende Prozess der Individualisierung insofern an sein Ziel zu kommen, als (prinzipiell, nicht faktisch!) jede mit jedem in selbstbestimmten medialen Austausch treten kann. Zugleich kann die Herausbildung einer Netzhermeneutik auf postmoderne Weise auch als neuer Ansatz sozialer Verbundenheit interpretiert werden, wie an Rafael Capurros Überlegungen zu einer neuen Angeletik und einer Vernetzung als Lebenskunst erkennbar wurde.

Relativ unabhängig von der genaueren philosophischen und zeitdiagnostischen Interpretation bestätigen jedenfalls auch die Beobachtungen im Umfeld des bayerischen Landeskirchenprojekts den einschneidenden Perspektivwechsel, der mit dem neuen Medium einhergeht: *Die Nutzerinnen und Nutzer stehen im Zentrum des Kommunikationsgeschehens, nicht mehr länger zentrale Sendeinstanzen.*[662]

Wie gezeigt werden konnte, bieten sich damit der Kirche in evangelischer Tradition große Chancen, dass ureigene Grundeinsichten neu zur Geltung kommen. Zugleich birgt die Dynamik des Mediums für die Kirche nicht minder große Herausforderungen für etablierte Denk- und Handlungsweisen, wie sie auch am beobachteten Projekt wahrzunehmen waren. Diese Herausforderungen begegnen wie die Chancen in unterschiedlichen Bereichen des kirchlichen Lebens. Es gilt, die Chancen zu nutzen, ohne deshalb blind gegenüber den auch sichtbar gewordenen Gefahren zu sein.

---

662 In gewisser Weise bestätigen damit auch die hier vorgelegten Überlegungen zu Kirche und Internet den praktisch-theologischen Trend zur Wahrnehmung individuellen religiösen Lebens, auch wenn sie selbst aufgrund des anders gearteten Gegenstandsbezugs nicht weiter in diese Richtung vorstoßen.

- Das Internet öffnet (im Vergleich zu den bisherigen Medien) auf relativ unaufwändige Weise den medialen „Rückkanal". Die sich darin vollziehende Beschleunigung „hierarchieflacher" Kommunikation fordert die Kirche heraus, sich nicht zuerst von der (bürokratischen) Organisation her zu verstehen, sondern von den Menschen, denen die Verkündigung des Wortes Gottes gilt. Potenzialorientiert betrachtet, öffnet das Internet hier überraschend neue Möglichkeiten, Kirche an ihre ureigene „Institutionalität" zu erinnern.[663]
- Die Erweiterung der Möglichkeiten von Christinnen und Christen, sich an der Verständigung zum eigenen Glauben und dessen Darstellung zu beteiligen, ist positiv zu beurteilen und stellt die Kirche vor die Aufgabe, solche Beteiligung bei den von ihren Organen verantworteten Web-Angeboten so weit wie möglich anzustreben.[664]
- Die kirchliche Organisation selbst wird durch den sich mit der webbasierten Kommunikation einstellenden Perspektivwechsel herausgefordert, sich nicht von Zuständigkeiten und abteilungsbezogenem Denken, sondern prozesshaft von ihrem Ziel her zu begreifen. Ein Selbstverständnis der Kirche als Kommunikationsprozess kann hier dabei helfen, sich nicht zuerst als bürokratische Organisation zu denken, sondern der eigenen „Vermittlungsaufgabe" als *intermediäre Institution* gerecht zu werden.[665]

b. Das anhierarchische Moment des Internet

Im zweiten Teil wurden oben bereits die Ansätze in einem *konziliaren* Selbstverständnis der Kirche beschrieben, die es ermöglichen, die *anhierarchischen Momente* der Netzkommunikation in evangelischer Sicht durchaus positiv aufzunehmen: Das Netz kann in dieser Hinsicht als Bild

---

663 Dabei kann das Stichwort „Nutzer/in" durchaus daran erinnern, dass auch die Verkündigung des Evangeliums mit Gewinn einmal in einer nutzenorientierten Perspektive betrachtet werden kann!

664 Dass hiervon in publizistischer Hinsicht auch eine Verbesserung der Chancen für „Laien-Publizistik" erwartet werden darf, kommt gleich im nächsten Abschnitt zur Sprache.

665 Vgl. das entsprechende Plädoyer Reinhard Schmidt-Rosts. Er sieht den „Perspektiven-Wechsel" in der Interpretation der Medien darin, das Evangelium konsequent medial zu interpretieren und im Prozess christlicher Publizistik zur Geltung zu bringen (R. Schmidt-Rost, Christophorus? – Anfragen an das Medienverständnis der christlichen Publizistik, 2004, 93; s. o. II.3.d.).

für die kirchliche Selbststeuerung durch die gemeinschaftliche Auslegung der eigenen Lehre in einem wechselseitigen *Verweisungszusammenhang* gesehen werden.

Dabei braucht das Bild des Netzes in der Kirche keineswegs als neues Bild begriffen zu werden. Wenn man so will, ist Kirche selbst immer schon als ein Netz „gewoben".[666] Gerade die evangelische Kirche bietet so gesehen ein reichhaltiges Netz unterschiedlichster Strukturen und Prozesse, in denen sie lebt, handelt und entscheidet. Ein hierarchisches Modell vermag demgegenüber die Binnenpluralität evangelischer Verfasstheit keineswegs abzubilden.

Freilich hat auch die evangelische Kirche nicht nur Erfahrungen „vernetzter Kirche" im historischen Gepäck. Zugleich hat sie teil an der mit der konstantinischen Wende auf europäischem Boden gegebenen religiösen Monopolstellung der Kirchen. Der bis in die Rundfunkverträge der Bundesrepublik Deutschland hinein wirkende „Alleinvertretungsanspruch" der beiden großen Kirchen in Deutschland bildet in historischer Perspektive den wirkmächtigen Hintergrund für die Herausforderungen, die eine *plurale* Öffentlichkeit für die Kirchen in Deutschland auf ihrem Weg in die *Zivilgesellschaft* nach wie vor darstellt.[667]

Das Internet radikalisiert wie gesehen diese Pluralisierung. „Es wird ... immer weniger gemeinsam geteilte Medienwirklichkeit geben, sondern immer speziellere Zielgruppen und Mediensegmente. Das ist für eine Institution, die sich nach ihrem Selbstverständnis an alle wendet, besonders schwierig. Denn: ,alle' gibt es in der Mediengesellschaft nicht."[668]

---

666 Dies betrifft keineswegs nur die bekannte missionarische Metapher des Netzes der (Menschen-) Fischer in der Wirkungsgeschichte von Mt 4,18ff. par.

667 Vgl. dazu die im Verlauf dieser Studie wiederholt zitierten Überlegungen W. Hubers zum Thema.

668 M. Schibilsky, Kirche und evangelische Publizistik, 2001, 388. Wenn Wolfgang Stecks Diagnose der Medienreligion im Fernsehzeitalter zutrifft, dass „die Eigenlogik der medialen Reproduktionstechnik, in der die öffentliche Produktion und die private Rezeption der Wirklichkeit eine unauflösbare Symbiose miteinander eingehen, (...) auch der medial vermittelten Religionskultur ihren Stempel auf(prägt)" (W. Steck, Praktische Theologie, Bd. 1, 2000, 268), so ist zu erwarten, dass im neuen Jahrtausend auch die Eigenlogik der Internet-Medialität (many to many etc.) und die damit einhergehenden Umstellungen im Verhältnis von privat und öffentlich der Religionskultur ihren Stempel aufprägen werden, d. h. gegenüber der neuzeitlichen Egalisierung und Standardisierung religiösmoralischer Gehalte (Steck, ebd.) sind verstärkt *gruppenbezogene (Religions-) Moralen* zu erwarten.

Das Internet bietet in der hier von Michael Schibilsky beschriebenen Lage der Kirche zugleich neue Möglichkeiten, Pluralität *intern wie extern* sachgerecht abzubilden und zu gestalten:

– Die am Beispiel eines landeskirchlichen Veranstaltungskalenders exemplarisch sichtbar gewordenen technischen Möglichkeiten, die das Internet der Kirche bietet, um ihre *plurale Struktur adäquat darzustellen,* sollten von kirchlichen Einrichtungen und Gemeinden offensiv genutzt werden.

– Mit Intranets und „sicheren Kirchennetzen" sind Möglichkeiten zur Entwicklung einer partizipativen und dialogorientierten Gesprächskultur im „binnenkirchlichen" Raum gegeben. Ein besonderer Wert des bayerischen Intranets ist dabei in der programmatischen *Einbindung der ehrenamtlichen Mitarbeiterinnen und Mitarbeiter* zu sehen. Hier wird dem reformatorischen Grundsatz vom „Priestertum aller Getauften" vorbildlich entsprochen, indem Ehrenamtlichen in gleichberechtigter Weise Informationszugang und Interaktionsmöglichkeiten offen stehen.[669]

– Wie gesehen stehen Christinnen und Christen auf den kirchlichen Web-Seiten eine Fülle von Informationen zur Verfügung, die auf ihre Weise Bildung ermöglichen. Noch nicht wirklich eingeholt scheinen dagegen die von Gerhard Meier bereits 1998 angemahnten Möglichkeiten „dialogischer Auseinandersetzung", die das Internet nicht nur Theologen, sondern auch ‚Laien' eröffne.[670] Hier ist an die kirchlichen Web-Seiten, egal ob von landeskirchlicher oder gemeindlicher Seite die Frage zu richten, ob sie den *inhaltlichen Dialog* zu Glaubensthemen (s. u. d.) bereits ernsthaft beteiligungsorientiert unternommen haben.[671]

---

669 Ein Beispiel wie dies auf einer gemeindlichen Web-Seite unter Aufnahme der Möglichkeiten des „Web 2.0" realisiert werden kann, findet sich im Rheinland. Die Kirchengemeinde Meckenheim ist seit Beginn des Jahres 2010 mit einem blogorientierten Webauftritt online, zu dem Ehren- wie Hauptamtliche ihre Beiträge leisten (http://meckenheim-evangelisch.de).

670 G. Meier-Reutti, Zwischen Markt und Mandat. Kirche in der Mediengesellschaft, 17–28 in: W. Nethöfel und M. Schnell, Cyberchurch? Kirche im Internet, 1998. Meier sieht, dass das Internet „eine Möglichkeit (ist), den reformatorischen Grundsatz vom allgemeinen Priestertum aller Gläubigen in der heutigen Mediengesellschaft zu verwirklichen, und fordert dazu heraus, Christen hierfür auch theologisch zuzurüsten" (Zitat S. 926).

671 Immerhin lassen Beispiele wie das eben zitierte aus dem Rheinland bereits erahnen, wie die praktische Umsetzung eines beteiligungsorientierten inhaltlichen Dialoges auf Ebene der Kirchengemeinde aussehen könnte! – Gemeinsam

– Anders als im massenmedialen Paradigma von Hörfunk und Fernsehen wird es durch das Internet möglich, der in der Erwachsenenbildung seit langem bestehenden Forderung *zielgruppenorientierter Arbeit* im „elektronischen Raum" zu entsprechen. Die mit der Zielgruppenorientierung verbundene Absicht, die lebensgeschichtliche Wirklichkeit von Menschen im Rahmen kirchlicher Bildungsprozesse besser zu erreichen, kann und sollte im Web, gerade auch mit den unter dem Stichwort „Web 2.0" sich abzeichnenden neuen Möglichkeiten sozialer Netzwerke von der Kirche engagiert aufgegriffen werden. Aktuelle Projekte wie das Mediorenportal „www.unsere-zeiten.de" der EKD für die Generation der 59- bis 69-Jährigen verfolgen diese Absicht.[672] Die Überlegungen zum Begriff der Zielgruppe aus dem Bereich der Erwachsenenbildung weisen darauf hin, dass für einen Erfolg versprechenden Bildungsprozess die Zielgruppe als Ziel-Gruppe auch ein *gemeinsames Ziel* benötigt.[673] *Von daher sind die kirchlichen Bemühungen um zielgruppenspezifische Angebote im Netz kritisch zu prüfen, ob sie wechselseitige Verständigung zum Ziel ermöglichen – oder ob sie noch zu sehr im massenmedial-informationstheoretischen Paradigma von Sender und Empfänger denken, in dem die Zielgruppe lediglich Objekt kirchlicher Sendung bleibt.*

c. Ökumenizität: Das glokale Netz der Kirche

Noch in anderer Hinsicht werden die Wirkungen des Internet auf die Verweisungszusammenhänge des kirchlichen Netzes am Stichwort *Ökumene* deutlich: Weil rasche und (relativ) unaufwändige Interaktion und Kooperation durch das weltweite Netz vernetzter Computer jederzeit und aktuell auch in räumlicher Distanz möglich sind, ist globale Verbundenheit auch vor Ort lokal mit einem Mausklick zu realisieren.

---

vom Gemeinschaftswerk der Evangelischen Publizistik (gep) und dem evangelischen Magazin „Chrismon" betrieben wird seit 2009 die Seite „www.evangelisch.de". Sie versucht bewusst, neben einer evangelischen Informationsplattform (Bereiche „Themen" und „Kompass") auch eine evangelische Kommunikationsplattform (Bereich „Community") zu Themen von Glauben und Kirche im Netz zu bieten.

672 Siehe dazu einen Bericht aus www.medienmagazin-pro.de von 2008 (abgerufen unter www.christen-haigerseelbach.de/nachrichtenaktuell/5358089a410fac20f. html am 8.7.2008) und die Projektbeschreibung unter www.roland-rosenstock. de/projekt_59plus.pdf (Abruf am 8.7.2008) und oben III.4.d.iii.

673 Vgl. T. Vogt, Zielgruppen in der evangelischen Erwachsenenbildung, 1983.

Wie in der Untersuchung des beobachteten Projekts und seiner Kontexte zu sehen war, ist die Intensivierung der ökumenischen Dimension des Kirche-Seins der Kirche dabei durchaus nicht nur in globaler Perspektive, sondern in der Interaktion unterschiedlicher Sozialgestalten der Kirche an ganz verschiedenen Orten zu erwarten:

– Nicht nur die Beispiele der Kooperation mit Partnerkirchen aus dem Lutherischen Weltbund zeigen die *Steigerung der Reichweite* und die *Informationsfülle,* die der kirchlichen Kommunikation offenstehen. Zugleich steht die Fülle der Informationen in ihrer globalen Reichweite notwendig in einem Dauerkonflikt um das knappe Gut der Aufmerksamkeit der Nutzerinnen und Nutzer. Dies stellt institutionelle Informations- und Kooperationsplattformen wie kirchengemeindliche, landeskirchliche und andere kirchliche Webseiten vor die Aufgabe, ihrerseits der *Qualität ihres Webauftritts* hohe Aufmerksamkeit und Ressourcen zu widmen.

– Vor dem Hintergrund der Beobachtungen zum Thema *Digital Divide* ist an dieser Stelle darauf hinzuweisen, dass die „reichen Kirchen" im ökumenischen Kontext auch die Verpflichtung haben, an der „Zugangsgerechtigkeit" zu arbeiten: Wenn denn die Institution Kirche im 21. Jahrhundert das Internet zu ihrem Kirche-Sein (ge-)braucht, muss sie an der Eröffnung weltweiter Zugangsmöglichkeiten ein eigenes Interesse haben.[674]

– Im Blick auf die Frage der benötigten Ressourcen entlastend wirkt an dieser Stelle eine parallele Entwicklung, die auch am Projekt „Vernetzte Kirche" beobachtet werden konnte: Ökumenizität wird im Internet auch dadurch befördert, dass unterschiedliche kirchliche „Ebenen" in Kooperationen und Projekten zusammenwirken. *Der Ruf des EKD-Papiers „Kirche der Freiheit" nach „Kompetenzzentren" bzw. „Leuchtfeuern" sollte für die kirchliche Internetarbeit so aufgenommen werden, dass qualitativ hochwertige „Netzknoten" durch geeignete Kooperationen unter Einbeziehung vorhandener Kompetenzen gewährleistet werden.*[675]

---

674 Untersuchungen unterstreichen, dass es dabei nicht nur auf die Verfügbarkeit technischer Infrastruktur, sondern entscheidend auch auf genügend finanzielle Ressourcen bei erheblichen Teilen der Bevölkerung ankommt (vgl. Frank Patalong, Arm bleibt Offline, www.spiegel.de/netzwelt/tech/0,1518,564248,00.html vom 8.7.2008 mit Verweis auf eine Studie des nordamerikanischen Pew-Internet-Projekts vom Juli 2008 (abrufbar unter: www.pewinternet.org/pdfs/PIP_Broadband_2008.pdf).

675 Wie die bereits erwähnten aktuellen Projekte www.unsere-zeiten.de und www.

– Die Rede vom *glokalen* Netz der Kirche macht aber auch noch auf eine andere Entwicklung aufmerksam, die mit dem Internet einhergeht: Wie gemeindliche Webseiten und andere Beispiele zeigen, kann durch das Internet durchaus die Präsenz der Kirche im Nahbereich verstärkt werden. In dem Maß, in dem auch dieser Nahbereich zu Teilen ins Netz „auswandert", werden Kirchengemeinden im Internet nicht mehr nur informativ, sondern verstärkt auch interaktiv präsent sein müssen.[676]

d. Content is King: Die Botschaft tritt in den Mittelpunkt

„*Content is king.*" Vor allem zu Zeiten des ökonomischen Internet-Hypes zu Beginn des neuen Jahrtausends war es üblich, das hohe Lied der Web-Inhalte zu singen. Der begeisterte Sirenen-Gesang der „Dot-Com-Euphorie" verstummte zwar bald, doch ist die Bedeutung der Inhalte im Web inzwischen eher gewachsen. Stand vor zehn Jahren noch die Faszination der „Oberflächen" im Zentrum der Aufmerksamkeit, so treten die grafischen Oberflächen in den Formen des sozialen Mitmach-Netzes und den Zeiten von Web 2.0 eher in den Hintergrund, während die Inhalte neue Aufmerksamkeit erlangen. Diese Entwicklung des Internet trifft sich mit den oben entwickelten Überlegungen zu einem auftragsorientierten Kommunikationsbegriff: Die Verkündigung der Kirche gilt nicht sich selbst, sondern dem sie gründenden Wort. Nicht die kirchliche Selbstdarstellung ist das Ziel kirchlicher Präsenz in neuen Medien, sondern diese „sollten dazu genutzt werden, dem kirchlichen Auftrag gemäß die christliche Botschaft auf dem Markt der Meinungen zu vertreten und für andere, die keine Stimme haben, stellvertretend einzustehen."[677]

---

evangelisch.de zeigen, wird dieser Weg bereits begangen, nicht zuletzt wohl auch aus Gründen der benötigten Ressourcen! Im Sinne des vorigen Punktes darf dabei auch über den deutschen Rahmen weiter hinaus gedacht werden; vgl. die Konferenz der europäischen christlichen Internetbeauftragten (www.ecic.org).

676 Vgl. auch hier die sozialen Netzwerke, die unter dem Stichwort Web 2.0 gefasst sind, z. B. www.lokalisten.de. Über das eben gegebene Beispiel einer blogformatbasierten Gemeindewebsite aus dem Rheinland hinaus ist zu fragen, ob Kirchengemeinden sich in ähnlicher Weise in soziale Netzwerke einbringen sollen, wie dies z. B. im studentischen Kontext von Initiativgruppen der Studentenmission auf www.studivz.de gemacht wird.

677 G. Meier-Reutti, a.a.O., 26. Vgl. oben II.3.e: „Der Botschaftsbegriff und die Voraussetzungshaltigkeit christlicher Kommunikation", dort in Anknüpfung an D. Bonhoeffer, auf den auch G. Meier sich in seinem Beitrag bezieht.

– Sollten mit dem Medium Internet tatsächlich die Inhalte in neuer Weise in den Mittelpunkt treten, sind kirchliche Bemühungen in diese Richtung, wie das oben beschriebene Beispiel der Aktion *www.e-wie-evangelisch.de,* von besonderem Interesse. Die Leistungsfähigkeit dieses wie anderer Versuche institutioneller kirchlicher Kommunikation im Internet entscheidet sich daran, dass es gelingt, Partizipation am inhaltlichen Diskurs über den christlichen Glauben zu aktivieren.

– Zugleich verdeutlicht das Beispiel *e-wie-evangelisch.de* auf seine Weise, dass auch für Inhalte im Medium des Internet (wie für Inhalte in anderen Medien) bestimmte „journalistische" Formgesetze gelten. Auch das Medium Internet formatiert die in ihm abzubildenden Inhalte: Natürlich kann ich auch eine 200-seitige Studie wie diese Arbeit ins Netz stellen, aber zur Diskussion führen wird eher das den Bildschirmumfang nicht überschreitende „1'30"‘-analoge Format. Um Aufmerksamkeit und Partizipation zu erreichen, kommt es also durchaus darauf an, die Inhalte in einer Form darzustellen, die dem oben konstatierten „präsentativen Charakter" des Mediums entspricht.[678]

– Wenn die Kirche in dieser Hinsicht also zweifelsohne auch im Internet unter den haupt- und ehrenamtlich in ihr Engagierten „Öffentlichkeits"- und „Technik-Profis" brauchen wird, muss sie doch zugleich darauf achten, dass ihre inhaltliche Darstellung im Netz nicht durch diese überformt wird, sondern von denen geleistet wird, die dazu über den jeweiligen inhaltlichen Sachverstand verfügen.[679]

– Die Diskussion um den Stellenwert kirchlicher Publizistik kann hier nicht eigens geführt werden, ein kurzer Hinweis soll genügen: Roland Rosenstock hat in memoriam Michael Schibilsky dessen Plädoyer für eine Trennung von an kirchenamtliche Interessen gebundene Öffentlichkeitsarbeit und ungebundene kritische Publizistik erinnert: „Schibilsky war der Überzeugung, die Deutungskompetenz für die Wahrnehmung der Entwicklungen innerhalb von Kirche und Gesellschaft dürfe nicht denen überlassen werden, die

---

678 Unter „synästhetischen" Vorzeichen ist hier dann über Textpräsentationen hinaus an Bild, Ton und Bewegtbild zu denken, vgl. die seit 2008 erfolgten synästhetischen „Anreicherungen" von e-wie-evangelisch.de-Beiträgen in Form von „Podcasts" (Hörbeiträgen) und „Vodcasts" (Videoformate).

679 Problematisch erscheint in diesem Zusammenhang die Delegation inhaltlicher Beiträge an externe Webagenturen durch Abteilungen kirchlicher Öffentlichkeitsarbeit.

sie selbst hervorbringen."[680] Gerade weil die Kirche sich nicht bei ihrer Selbstdarstellung begnügen kann, sondern sich in kritischer Selbst-Distanz von dem sie gründenden Wort kritisch befragen lassen muss, sollten die Organe der verfassten Kirche an der Weiterentwicklung eines unabhängigen evangelischen Journalismus ein eigenes Interesse haben.[681] Auch für den Fall, dass dies nicht der Fall sein sollte, dürfte das Internet mit seiner eigenen Dynamik selbst einen passablen „Nährboden" dafür bereithalten, damit die nötige Kritik zum Zug kommen kann.

e. Risiken und Nebenwirkungen: „Wirkt innen wie außen"

Im Ergebnis bestätigen die Beobachtungen im Umfeld des Projekts Vernetzte Kirche in kirchentheoretischer Hinsicht die von Wolfgang Nethöfel früh als „Homologiegebot" formulierte Überlegung, dass die Wirkungen global vernetzter Informations- und Kommunikationstechnik die kirchliche Kommunikation *nach innen wie nach außen* in gleicher Weise betreffen. Es macht deshalb auch nur eingeschränkt Sinn, die Darstellung in dieser Zusammenfassung an der Unterscheidung von binnenkirchlichen und öffentlichen Aufgaben zu orientieren.

Vielmehr bringt das Netz des Internet am Netz der Kirche einen charakteristischen Wesenszug wieder neu zur Anschauung, auf den Dietrich Bonhoeffer – und auf seinen Spuren Wolfgang Huber – aufmerksam gemacht haben: Die Kirche verkündigt immer in „zweierlei Gestalt", durch das gesprochene Wort (die eigentliche „Verkündigung") und durch die Körpersprache ihrer eigenen Sozialgestalt.[682] Weder die „Sprache"

---

680 R. Rosenstock, Kommunikative Kompetenz in der Mitte des Alltags, 2006, 18f.

681 Vgl. die Definition des Dortmunder Journalistik-Wissenschaftlers Horst Pöttker: „*Die beste Öffentlichkeitsarbeit der Kirche ist ein evangelischer Journalismus, der sich als Dienst an der Mündigkeit des Nächsten versteht*" (H. Pöttker, Öffentlichkeitsarbeit und Publizistik, 1992, 27). Wieweit www.evangelisch.de hierfür schon ein Beispiel ist, wird die Zukunft zeigen, ebenso wieweit die Evangelischen Presseverbände für eine solche Aufgabe des *unabhängigen Journalismus* im Internet mit den entsprechenden Ressourcen ausgestattet werden, bzw. bei entsprechender Ausstattung sich ihre Unabhängigkeit bewahren können.

682 Huber spricht von der Sozialgestalt im Horizont seiner Reflexionen zum Thema „Kirche und Öffentlichkeit: „*Der wichtigste Beitrag der Kirche zur Entwicklung von Gesellschaft und Staat ist ihre eigene Sozialgestalt*" (W. Huber, Die Kirche und ihre Verflechtungen in die gesellschaftliche und politische Umwelt, 1987, 683). Vgl. II.4. zum evangelischen Grundproblem der institutionellen Gestalt der Kirche als Gestalt christlicher Freiheit!

der Verkündigung noch die „Körpersprache" der Institution können aber intern grundsätzlich anders verfasst sein als extern – und vice versa. Im Blick auf die *Organisation* der Institution Kirche hat die teilnehmende Beobachtung des landeskirchlichen Projekts Vernetzte Kirche gezeigt, dass die einheitliche technische Plattform des Internet vielfältige Wirkungen zeigt, die teilweise beabsichtigt waren, sich teilweise aber auch als eher unbeabsichtigte Nebenwirkungen erwiesen haben. Beabsichtigten Wirkungen wie im Projekt sichtbar gewordenen Nebenwirkungen sind Hinweise zu entnehmen, welche Konsequenzen die *integrale* Dynamik des Internet für die kirchliche Organisation haben kann:

– Die mit dem Medium einhergehende Beschleunigung und leichtere Zugänglichkeit ermöglicht eine *Verflüssigung organisatorischer Verfestigungen*. Etablierte Zuständigkeiten und Abteilungshierarchien können so – im Erfolgsfall – besser auf Aufgaben und Prozesse hin ausgerichtet werden. Wenn von der technischen Seite her tatsächlich *Interoperabilität* zwischen unterschiedlichen softwaregestützten Kommunikationsprozessen und Organisationsabläufen möglich wird, können Wissen und Kompetenz über temporäre Knotenbildungen und Vernetzungen in einer Netzwerkorganisation effektiv und zielorientiert organisiert werden. Gerade einer Flächen-Kirche bieten sich so in der auftragsbezogenen Arbeit in Projekten neue Chancen, um temporäre Querschnittskompetenzen zu bilden und für ihre Ziele zu nutzen. Zugleich steigen dabei die Anforderungen an eine gute und zielgerichtete Koordination der entsprechenden Aufgaben und Prozesse.

– Die Beobachtungen zum Projekt „Vernetzte Kirche" bemerkten einerseits den Ressourceneinsatz, der der computervernetzten Kommunikation eignet. Zugleich betonten sie unter Verweis auf das Stichwort der *„guten Haushalterschaft"* auch die Möglichkeiten, die sich der kirchlichen Organisation dort bieten, wo die Synergieaspekte tatsächlich genutzt werden. Sie stehen der Kommunikation der Organisation offen, wo Internettechniken in der Kirche – wie gesehen auf unterschiedlichsten Ebenen – konzertiert genutzt werden.[683] Aus den Erfahrungen des beobachteten Projekts kann nicht

---

683 In der bayerischen Landeskirche soll deshalb die IuK-Strategie unter das oben im Text erwähnte Schlüsselwort „Interoperabilität" gestellt werden, „d. h. der Fähigkeit zur Zusammenarbeit unterschiedlicher Systeme, Techniken und Organisationen, um u. a. die Voraussetzungen dafür zu schaffen, dass Daten und Informationen bereitgestellt und ausgetauscht werden können." (ELKB, Publizistische

genug betont werden, wie wichtig es ist, die Irritationen, die sich auf einem solchen Weg in einer bürokratischen Großorganisation unweigerlich einstellen, als Ausdruck der Lernfähigkeit der Organisation zuzulassen und zugleich an ihnen zu arbeiten. Nur auf diesem Weg können problematische Selbstabschließungstendenzen überwunden werden.

– Gerade weil der Prozess der Fortschreibung der eigenen Organisation in Reaktion auf geänderte (Umwelt-)Bedingungen wie gesehen nicht spannungsfrei vonstatten geht, noch gehen kann, braucht es in der charakteristisch komplex verfassten landeskirchlichen Struktur in besonderer Weise *Bildung und Qualifizierung:* Um die Chancen einer wirklich „vernetzten Kirche" nutzen zu können, müssen deren (haupt- wie ehrenamtliche) Mitarbeiterinnen und Mitarbeiter sich selbst kundig und ohne Berührungsängste im Netz bewegen lernen. Der oben beschriebene Perspektivwechsel will auch geschult und angeeignet sein, das damit verbundene Umdenken stellt die Kirche wie gesehen vor eine gewaltige Bildungsaufgabe.[684] „Intern" ist ebenso wie „extern" ein *erwachsenes* Verhältnis zur computergestützten Kommunikation vonnöten: „Was wir aber lernen müssen, ist ein reflektiertes, selbstbewusstes und eigenständiges – ich kann auch sagen: ein erwachsenes Verhältnis zu den Medien."[685] Die in diesen Worten von Michael Schibilsky allgemein formulierte Zumutung an *Medienkompetenz* gilt es auch und gerade innerhalb der kirchlichen Mitarbeiterschaft einzulösen.[686]

Grundlinien 2008 für die Evangelisch-Lutherische Kirche in Bayern 2008, 5.3., 13). Ein weiterer Aspekt ist auch die „crossmediale" Nutzung von „Content", vgl. ebd., 5.1, 10. Zum Thema guter Haushalterschaft s. o. II.3.e.iv.

684   Nicht immer wird es dazu *explizite* Fortbildung brauchen. Vielfach wird die Bildungsaufgabe sich auch im Gebrauch entsprechender Möglichkeiten vollziehen. So stellt z. B. das von verschiedenen Einrichtungen aus dem Bereich der bayerischen Landeskirche getragene berufsbezogene Online-Beratungsangebot www.kollegiale-beratung.net nicht nur eine Möglichkeit der kollegialen Beratung dar, sondern führt im Gebrauch derselben zugleich praktisch in die Internetkommunikation ein.

685   M. Schibilsky, Kirche und evangelische Publizistik, 2001, 386.

686   Dass zu einem solchen „erwachsenen" Verhältnis notwendig auch die Fähigkeit zur Kritik gehört, verdeutlicht Schibilsky in der Fortführung seiner Überlegungen, wenn er – auf das Internet bezogen – formuliert: „Aber wir werden die Medien nicht taufen und schon gar nicht heilig sprechen. Wir werden sie fachlich nutzen, kritisch beobachten, aber uns ihnen nicht unterwerfen, sondern uns zu Wort melden, wenn die Würde von Menschen gefährdet wird. Wir werden auch desillusionieren, wo das angebracht ist" (a.a.O., 388).

f. Die Kenntlichkeit der Institution – Vermittlung mit Gesicht

Der christliche Glaube ist und bleibt auf glaub-würdige Vermittlung angewiesen. Dies gilt wie gesehen auch und gerade für die mediale Kommunikation des Glaubens durch die kirchliche Institution. Das zugewandte Gesicht dieser Vermittlung wird in der weitgehend deregulierten Öffentlichkeit des Internet notwendig vielgestaltig sein. Aus verschiedenen, im zweiten Teil dieser Studie erörterten Gründen wird also keine kirchliche Webpräsenz dieses Gesicht *allein* darstellen können. Zugleich übersetzt sich die Vermittlung mit Gesicht wie gesehen notwendig immer auch in eine bestimmte Kenntlichkeit der Institution Kirche. Es gilt also, Erkennbarkeit und Repräsentanz der Institution, etwa auf der Ebene einer Landeskirche, auch im Netz einen identifizierbaren und zeitgerechten Ausdruck zu verschaffen.[687]

Wie die Beobachtungen im Umfeld des beschriebenen Projektes gezeigt haben, ist es freilich alles andere als ausgemacht, wie diese Kenntlichkeit der Institution realisiert werden kann, mit anderen Worten: wie das Gesicht einer Landeskirche im Netz Gestalt gewinnt. Die hier entwickelten Überlegungen weisen in Richtung einer *inhaltlichen Bestimmung in wechselseitiger Verbundenheit*. Diese unterscheidet sich vom Verständnis kirchlicher Internetpräsenz als eines bloßen *Angebots*: „Kirche ist ‚als Angebot' immer nur beschränkt interessant. Was sie wichtig und wertvoll macht, liegt außerhalb ihrer selbst. Sie ist Mittlerin zu einer religiösen Realität, die sie nicht selbst ist und über die sie nicht verfügt."[688]

In dieser Hinsicht genügt es dann nicht, eine kirchliche Internet-Seite (allein) daran zu messen, wie viele Seitenaufrufe sie erhalten hat: „Wenn das Internet ein Testfall der kirchlichen Kommunikation mit postmodernen Lifestyle-Scenes und konsequent individualistischen, eine dynamisch offene und radikal pluralistische Gesellschaft bildenden Menschen ist, so kann die erfolgreiche Kontaktaufnahme nicht alleiniger Maßstab sein. Die Probe ist nur dann bestanden, wenn es den kirchlichen Akteuren gelingt, als Kommunizierende *authentisch und wahrhaftig* zu sein."[689]

---

687 Vgl. dazu oben die Überlegungen in II.4. Die Geschwindigkeit der Entwicklungen im Internet zeigt hier die hinter dem Kriterium „zeitgerecht" verborgenen Anforderungen. Ehe man sich versieht, gilt es schon, sich auf die Möglichkeiten und Anforderungen des „Web 2.0" einzustellen, usw. . . .

688 Urs Meier, Fundamentalismus mit Umkehrschub. Die „Cyber-Church" wird zum Test für die zeitgenössische Kirche, S. 40–47 in: W. Neidhöfel und M. Schnell, Cyberchurch? Kirche im Internet, 1998, Zi. S. 44f.

689 A.a.O., 47 (Hervorhebungen TZ).

Wenigstens drei Hinweise seien noch gegeben, woran sich kirchliche Kommunikation im Netz in einer solchen Perspektive orientieren könnte:

– Die zunehmend gegebenen multimedialen Möglichkeiten sollten entschlossen genutzt werden, um verstärkt *personale Kommunikation* auf kirchlichen Webseiten zu ermöglichen. Blogs, Podcasts und Videos eröffnen hier auch institutionellen Seiten eine Kenntlichkeit mit Gesicht.[690] Das (massen)mediale Gesetz, dass Gesichter zählen, braucht vor dem Hintergrund der Überlegungen zur Bedeutung von Vertrauen und Glaubwürdigkeit nicht beklagt zu werden, sondern kann durchaus als Entsprechung zur unhintergehbaren Personalität des Grunds der Kirche gesehen werden.

– Die Institution Kirche sollte als „leibliches Wort" die partizipativen Möglichkeiten des Internet nutzen.[691] In einer evangelischen Perspektive gehört hierzu der Versuch, in der Gestaltung von Webpräsenzen *Beteiligungsmöglichkeiten sowohl „nach innen" wie „nach außen"* möglichst intensiv auszubauen. Je besser es gelingt, Vielfalt abzubilden und zu aktivieren, umso deutlicher tritt der wechselseitige Verweisungszusammenhang zutage, der zum Wesen der Kirche gehört.

– Weil zur Kenntlichkeit der Kirche Leiblichkeit und Vertrauen als Grundlage personaler Kommunikation gehören, werden kirchliche Seiten keinen ausschließlichen „Online-Shop" bieten können und wollen, sondern stets auch auf die Greifbarkeit möglicher „Offline-Erfahrung" von Kirche verweisen.[692]

3. Netz-Bildung – Netzmacht Kirche

Das Medium des Internet ist zu seiner eigenen Netzwerdung auf (Netz-)Bildungs-beiträge anderer Institutionen angewiesen. Die auf ihre Weise selbst immer schon vernetzte Institution Kirche kann hier als Bildungsinstitution exemplarische, erkundende Beiträge zur Bildung von Gerechtigkeit und Freiheit auf der Suche nach einem menschengerechten World Wide Web leisten. Auf dem Weg explorativer (Ethik-)Bildung nimmt sie so die ihrem Auftrag der Kommunikation des Evangeliums

---

690 Vgl. z. B. auf der landeskirchlichen Seite www.bayern-evangelisch.de die seit 2008 dort präsenten Podcasts des Pressesprechers der ELKB.

691 Vgl. zur Rede von der Institution Kirche als „leibliches Wort" II.4.a.iii.

692 Vgl. hierzu die differenzierenden Überlegungen in Teil II.4.b.iii. Eine Entsprechung zu dieser Überlegung kann in der „Gemeindesuche" gesehen werden, die in die meisten landeskirchlichen Webseiten integriert ist.

inhärente Aufgabe anwaltschaftlicher Mitgestaltung in der Medien-
gesellschaft wahr.

Die Untersuchung bisheriger kirchlicher Beiträge zur anstehenden ethischen Bildungsaufgabe im Internet sowie die Betrachtung der Eigenarten des Mediums und des kirchlichen Bildungsauftrags führen in der vorliegenden Studie zu dem Schluss, dass ein *exemplarischer Weg der Bildung eigener Anschauungsorte* in besonderer Weise geeignet scheint, um zur ethischen Netzbildung beizutragen. Im Umfeld des beobachteten Projekts Vernetzte Kirche konnten erste exemplarische Konkretionen solcher Anschauungsorte gefunden werden. Welche Einsichten und Empfehlungen sich mit dem vorgeschlagenen Weg für kirchliche Beiträge zur Bildung ethischer Netzkultur ergeben, sei abschließend noch einmal im Überblick benannt.

a. Explorative Bildung im Dialog

Die Überlegungen dieser Studie verstehen den Prozess ethischer Bildung als ein situatives und *exploratives* Zur-Sprache-Kommen dessen, was ist und was gilt. In einer solchen Perspektive ist theologische Ethik weniger auf abstrakte Fragen von Geltung bedacht, vielmehr sucht sie in ethischer Praxis zu erkunden, was sich zeigt.

Darin entspricht sie nicht nur der Orientierung an einer *Teilnehmerperspektive,* sondern greift zugleich eine dem Internet charakteristische Tendenz auf. Die auf Austausch und Reziprozität angelegte Struktur der many-to-many-Kommunikation verabschiedet sich von einem am Modell der Belehrung ausgerichteten Bildungsverständnis: An die Stelle des „passiven" Belehrt-Werdens tritt (wenn auch nicht immer faktisch, so doch zumindest tendenziell) die eigene, „aktive" Wissens-Suche, das Verstehen tritt vor das Verkünden.[693] Nicht mehr das Top-Down-Modell privilegierter Sprecherpositionen auf Katheder und Kanzel, sondern das kollaborative Netzwerk (z. B. in Wikipedia) zeigt die Richtung, in der Bildungsprozesse sich im Netz ausrichten.

Wo sie sich auf einen solchen Weg dialogisch-erkundender Bildung von Ethik begeben, müssen kirchliche Bildungsbemühungen im Netz

---

[693] Vgl. M. Wallich, @-Theologie, 2004, 68ff. In der technischen Sprache des Internet könnte dem noch der Unterschied von medialer Push- und Pull-Struktur an die Seite gestellt werden: Während erstere unidirektional vom Sender zum Empfänger verläuft (Fernsehen, Hörfunk), ist es in Pull-Medien der Nutzer, der selbst etwas anfordert, der Informationsgehalt wird nicht zu ihm hingeschoben, sondern von ihm selbst besorgt, „aus dem Netz gezogen".

einige grundsätzliche Einsichten voraussetzen und in entsprechende *Haltungen* überführen:

- Die Nutzerinnen und Nutzer sind nicht nur als Rezipienten und Objekte kirchlicher Bildungsbemühungen zu sehen, sondern müssen ihrerseits als Produzenten und Subjekte (ethischer) Bildung im Netz ernst genommen werden.
- Dies setzt voraus, dass das dialogische Moment ernsthaft gepflegt wird. Hierzu muss es zur Anschauung kommen können, durch das *Schaffen eigener Bildungsorte im Netz*. Dies geschieht am besten exemplarisch, wie an den im dritten Teil betrachteten Beispielen deutlich wurde. Je mehr solcher Beispiele kirchlicher Bildungspraxis im Netz sich auf den vorgeschlagenen Weg dialogischer Erkundung begeben, desto mehr darf auch damit gerechnet werden, dass ein solcher Dialog in ethikproduktiver Weise selbst zu neuartigen „Beispielen einer positiven Informationsethik" führt.
- Die beschriebenen kirchlichen Bildungsanstrengungen im Netz legen nahe, dass eine wichtige Voraussetzung für einen gelingenden Dialog darin beruht, bereits in Konzeption und Anlage des jeweiligen Projektes unterschiedliche Projektpartner mit spezifischen Kompetenzen zu beteiligen. Hierbei könnte auch die *Einbeziehung der theologischen Wissenschaft* einen Beitrag zu solchem Gelingen leisten, wenn und weil sie ihre Fähigkeit zur Diskurskritik in den Dialog einbringt, um falsche Selbstverständlichkeiten in Frage stellen zu helfen.

b. Medienkompetenz als individuelle Navigationskunst

Ausgehend von den anthropologischen Grundbegriffen *Würde* und *Freiheit* knüpfen die vorliegenden Gedanken zur ethischen Bildung im Netz an das Stichwort *Medienkompetenz* an und versuchen, es auf den Spuren des Begriffs der *Lebenskunst* (verstanden als Fähigkeit zu einem reflexiven Umgang mit der eigenen Lebensführung) mit der Rede von der *Navigationskunst* näher zu beschreiben.

Sie rückt die kirchliche Bildungsaufgabe in eine *integritätsorientierte* Perspektive, die sich um die Themen *Freiheit* und *Verantwortung* zentriert, insofern es im Prozess der Bildung von Navigationskunst darum geht, in, mit und unter den Bedingungen des Netzes zwischen Selbstentfaltung und Respektieren der Freiheit des anderen Menschen *das rechte Maß zu finden*. Von daher legen sich folgende Hinweise nahe:

– Weil mit dem Internet wie gesehen die Rolle des Mediennutzers bzw. der Mediennutzerin vom passiven Modus des Rezipienten zur aktiven Medienmitgestaltung im Netz umgestellt wird, sind die medienpädagogischen und medienethischen Bildungsanstrengungen der Kirche konsequent daran auszurichten, die *Eigenverantwortung der Nutzerinnen und Nutzer* zu stärken.

– Ethische Bildung muss Mündigkeit und Urteilsfähigkeit situationsadäquat und situationsspezifisch ermöglichen. Deshalb gilt es, die geforderte Navigationskunst so zu bilden, dass sie in die Lage versetzt, immer wieder (selbst)kritisch sowohl mit dem Gelingen wie mit dem Misslingen kommunikativer Freiheit zu rechnen. Darin vermag solche Bildung zum *rechten Unterscheiden* anzuleiten.

– Gerade im Bereich von Webseiten, die sich an Kinder und Jugendliche wenden, erscheint eine spezifische Bildungsaufgabe der Kirche im Sinne anwaltschaftlicher Mitgestaltung des Netzes darin, die *Eigenverantwortung und Selbstkontrolle der Medien-Anbieter* zu stärken. Gelungene Beispiele für Plattformen zu Engagement und Selbstverpflichtung konnten gezeigt werden.

c. Soziale Netzwerke als Zeichen der Verbundenheit

Sowohl die Entwicklung des Mediums Internet als auch die theologischen und philosophischen Analysen zu den Begriffen von Freiheit und Verantwortung haben gezeigt, dass mediale Kompetenz gerade im Internet als *soziale Kompetenz* weiterzuentwickeln ist. Nicht erst, aber dann doch besonders deutlich die mit dem Stichwort *Web 2.0* assoziierten sozialen Netzwerke zeigen, wie wichtig es ist, die Lebenskunst im Netz im Kontext *sozialer Verbundenheit* zu verstehen und zu bilden.

Was der oder die Einzelne kann bzw. können soll, kann er oder sie nur auf der Basis vorgängigen Angesprochen- und Eingebunden-Seins: Medienkompetenz als Navigationskunst ist immer schon durch vorgängige Kommunikation „von wo anders her" „vorgebildet", die Wahrnehmung individueller Verantwortung ist stets (auch) Antwort auf vorgängige soziale Praxen, in die hinein sie verwoben ist.

Der Beitrag der Institution Kirche zur Netzbildung ist an dieser Stelle wie gesehen vielfältig: Sie tritt dem Netz als exemplarische Bildungsinstitution gegenüber und erfüllt gerade so einen gesellschaftlichen Dienst. Dazu gehört sowohl die anwaltschaftliche „kommunikative Diakonie" in Fragen der Beteiligungs- und Zugangsgerechtigkeit. Aber auch die Förderung sozialer Kompetenz im Zusammenhang der geforderten

Navigationskunst ist eine medienpädagogische wie medienethische Aufgabe. Zu beiden Aspekten sozialer Verbundenheit lässt sich eine *Vielzahl von Aufgaben* erkennen:

- In pädagogischer Hinsicht ist zunächst an die dreifache Aufgabe zu erinnern, die Marianne Heimbach-Steins zur Förderung sozialer Kompetenz benannt hat: *Beziehungsorientierung – vom Anderen her denken – Befähigung zum Perspektivenwechsel.* [694] Gerade vor dem Hintergrund der zutage getretenen spezifischen Dynamiken des Mediums Internet scheint es besonders wichtig, die Fähigkeit zu bilden und zu entwickeln, sich in die Perspektive des (ggf. entfernten) Gegenübers hineinzuversetzen.

- Medienpädagogisch wird es bei den vorgeschlagenen exemplarischen Anschauungsorten aber auch darauf ankommen, die vorhandenen *Nutzungsklüfte* nicht aus dem Auge zu verlieren. Wie vor diesem Hintergrund *benachteiligte Kinder und Jugendliche* besonders gefördert werden können, wird zwar teilweise auch von anderen Institutionen, z. B. den Landesmedienanstalten, überlegt,[695] sollte aber auch bei der kirchlichen Projektarbeit auf der Agenda bleiben.[696]

- Veränderungen der sozialen Praxis sind auch bei den Zugangsmöglichkeiten für Menschen mit Behinderung zu beobachten. Beispielsweise eröffnen „barrierefreie Standards", wo sie bei der Seitengenerierung beachtet werden, im Internet gerade vielen sehbehinderten Menschen neue Möglichkeiten der sozialen Einbindung. Kirche ist hier nicht nur bei der Gestaltung eigener Webauftritte gefordert, sondern auch in der Realisierung dialogischer Partizipation im Netz, d. h der *aktiven Einbeziehung von Menschen mit Behinderung,* um die soziale Integration weiter voranzubringen.

---

694 M. Heimbach-Steins, Menschenbild und Menschenrecht auf Bildung, 2003, 27; vgl. oben III.4.d.

695 So z. B. auf der 11. Medienpädagogischen Fachtagung der Landesanstalt für Medien in Nordrhein-Westfalen im März 2007: „Medienkompetenz sozial benachteiligter Kinder und Jugendlicher" (s. www.lfm-nrw.de/aktuelles/lfm-veranstaltungen/fotos-fachtagung2007.php3; Abruf am 11.7.2008).

696 Z. B. im Zusammenhang der aktuellen Aktivitäten von EKD-Kirchen im Kampf gegen Kinderarmut; vgl im Bereich der Hannoverschen Kirche die Initiative „Zukunft(s)gestalten" (www.evlka.de/content.php? contentTypeID=994; Abruf 9.7.2008).

– Wo Kirche von der Aufgabe der Bildung von Medienkompetenz als Beteiligungskompetenz spricht, kann sie die *globalen Aspekte des Themas der Zugangsgerechtigkeit* nicht außer Acht lassen. Durch ihre Anwaltschaft für die vom Ausschluss Bedrohten repräsentiert sie gegenüber dem globalen Internet auf diese Weise die globale Reichweite sozialer Verbundenheit.

d. Christlicher Realitätssinn:
Eine differenzierte Sicht der Dinge

Um den vielfältig wirksamen Dynamiken in und um das Medium Internet zu begegnen, scheint in besonderer Weise eine Sicht der Dinge geeignet, die oben als *christlicher Realitätssinn* genauer herausgearbeitet wurde. Die christliche Unterscheidung der Zeiten (von Schöpfung und Neuschöpfung, von Sünde, Fall und Erlösung, . . .) ermöglicht eine *nüchterne wie wache* Sicht auf Chancen und Risiken einer webbasierten Mediengesellschaft.

Die Probleme der technischen Entwicklung und die Erfahrungen des Misslingens menschlicher Kommunikation brauchen in einer solchen Perspektive nicht übergangen zu werden. Die charakteristische *Erkenntnisspannung theologischer Ethik* wird sich allerdings nicht mit der nüchternen Analyse des *„noch nicht"* begnügen, sondern ist darauf aus, auch die Möglichkeiten des *„schon jetzt"* der Freiheit der Kinder Gottes und des Schaloms Gottes zu erkunden.

Gerade weil christliche Ethik und christliche Bildung an dieser Stelle mit Martin Luther um das *„simul"* wissen, werden sie sich, wie gesehen, differenzierte Betrachtungsweisen und Strategien zu eigen machen und den vorgeschlagenen Weg einer integritätsorientierten ethischen Bildung qua Anschauung durchaus ergänzen:

– Die hier gebotene Reflexion der teilnehmenden Beobachtung kirchlicher Projektarbeit ist per se diskursiv verfasst. Auch wenn es vom Medium Internet wie vom skizzierten Verständnis der Kirche als Bildungsinstitution her gute Gründe gibt, den präsentativen Zugang deutlich zu akzentuieren, sind und bleiben diskursive Beschreibungen und kritische Analysen ein unverzichtbarer Beitrag zur ethischen Orientierung. Für Kirche und theologische Wissenschaft wird also das Thema *Medienethik* in Forschung und Lehre mit dem Internet noch einmal wichtiger.[697]

---

697 Ein Beispiel, die theologische Perspektive an dieser Stelle ins interdisziplinäre

– Die weiterhin nötige diskursive Analyse findet auf der Handlungsebene eine Entsprechung darin, dass die Kirche(n) auch den *(medien-) rechtlichen und (medien-) politischen Aspekten* Beachtung schenken müssen. Gerade die beiden ethischen „Brennpunkte" *Zugangsgerechtigkeit* und *Inhaltsintegrität* zeigen, dass die anwaltschaftliche Rolle der Kirche auch im Kontext politischen und juristischen Handelns notwendig ist.

– Eine besondere kirchliche Aufgabe in der Entwicklung des Netzes erkennen die vorliegenden Überlegungen darin, als *intermediäre Institution* einen spezifischen Beitrag zu *Verständigung und Vermittlung* zu leisten. An verschiedenen Praxisbeispielen konnte gezeigt werden, wie *partielle Verständigung in der Pluralität* gelingen kann. Gerade wegen ihres anwaltschaftlichen und am Gedanken der Stellvertretung orientierten Selbstverständnisses kann die Kirche als *Institution des Perspektivenwechsels* (W. Huber) mit von ihr initiierten Foren, Zukunftswerkstätten etc. dazu beitragen, unterschiedliche Perspektiven und Interessen ins Gespräch zu bringen, das Strittige zu benennen und wechselseitige Vereinbarungen zu befördern. [698]

e. Die Aufgabe konkreter Bewährung

Der gesellschaftliche Dienst der Kirche und ihre spezifische Institutionalität würden freilich nur ungenügend erfüllt, wenn sie sich auf eine die Verständigung moderierende Rolle beschränken würde. Zum *heilvollen Widerpart* wird sie dort, wo Kenntlichkeit und Orientierung sich im konkreten Vollzug einstellen. Die vorliegenden Überlegungen bestimmen diese Kenntlichkeit bewusst *polykontextural:* Kirche erbringt ihren

---

Gespräch zu bringen, ist der zum Wintersemester 2008/2009 eingeführte Masterstudiengang „Medien – Ethik – Religion" durch die Abteilung für Christliche Publizistik an der Friedrich-Alexander-Universität Erlangen-Nürnberg (www. medien-ethik-religion.de).

698 Vgl. oben III.4.d.iv. Bernd-Michael Haese sieht in der *moderierenden* Rolle eine zweite Aufgabe der Kirche *neben* ihrer *orientierenden* Funktion: „Die Funktion der kirchlichen Internetangebote ist dann die Interpretation und Analyse der gegenwärtigen Lebenswelt im Licht des christlichen Wirklichkeitsverständnisses. Diese *orientierende Aufgabe* ist durch die Mediengesellschaft selbst zunehmend wichtiger geworden, die das Individuum vor ständig anwachsende eigene Interpretationsaufgaben stellt, die ihn oder sie tendenziell überfordern. Daneben aber tritt als zweite notwendige kirchliche Aufgabe, die religiösen Diskurse der verschiedenen Bevölkerungsgruppen zu beheimaten und zu *moderieren"* (B.-M. Haese, Reformation im Internet, 2004, 249).

Beitrag zu einer Ethik des Internet zum einen darin, dass sie sich *explizit* am netzethischen Diskurs beteiligt. Zum anderen trägt sie durch ihre medienpädagogische und institutionelle Kommunikation *implizit* zur ethischen Bildung des Internet bei. Und schließlich wird sie in ihrem besonderen Amt der ekklesia darin kenntlich, dass sie in ihrer institutionellen Eigenständigkeit eine für die ethische Netzbildung ihrerseits unverzichtbare *Alterität* repräsentiert.

In allen drei Kontexten geht es weniger darum, die inhaltliche Kenntlichkeit abstrakt zu behaupten als vielmehr *konkret zu bewähren*. Abschließend seien deshalb noch einige Hinweise zu dieser Aufgabe konkreter Bewährung gegeben.

– Die Kenntlichkeit kirchlicher Beiträge ist keineswegs so zu verstehen, als stünden die Antworten auf konkrete Herausforderungen schon im Vorhinein fest. Immer wieder war im Verlauf dieser Studie davon die Rede, dass auf den vorgeschlagenen Wegen nicht der objektivierende Überblick, sondern allenfalls perspektivische *Durchblicke* zu erwarten sind. Da die zu suchenden Antworten zuallererst aus dem Neuwerden der Wahrnehmung erwachsen, gilt es, der spezifischen Transformation ethischer Inhalte im Internet auf die Spur zu kommen. Nur so erhält die Netzethik die nötigen Konturen.

– Eilert Herms hat am Beispiel der Schule für Konturen in institutioneller Hinsicht plädiert und die Kirchen aufgefordert, einen von ihren eigenen Bildungsinstitutionen instruierten Beitrag zur öffentlichen Bildung zu leisten.[699] Auf der Spur seines Vorschlags sollte zum einen überlegt werden, den medienpädagogischen und medienethischen Aspekten in kirchlichen Schulen besonderes Augenmerk zu schenken. Zum anderen ermutigt Herms' Vorschlag dazu, gerade die implizite *„Herzensbildung"* mit entsprechend zielgruppenspezifischen Qualitätsangeboten und -plattformen im Netz durch kirchliche Initiative und Beteiligung zu fördern. Das Beispiel www.kirche-entdecken.de zeigt in ersten Umrissen, dass dies durchaus auch so erfolgen kann, dass im Web der Bezug zum „Ensemble der christlichen Kultusinstitutionen" (z. B. Gottesdienst) dargestellt (und zukünftig vielleicht auch hergestellt) wird – worin Herms, wie gesehen, die Mitte des spezifisch christlichen Bildungsauftrags erkennt.

---

699 S.o. III.4.a.

- „Kirchliche Äußerungen folgen traditionell dem Modell: ein Maximum an formaler Autorität, dem ein Minimum an Konkretion entspricht. Ein Gegenmodell könnte heißen: *Ein Optimum an Konkretion bei Bescheidung in der formalen Autorität.*"[700] Unabhängig davon, ob Wolfgang Huber seine 1982 niedergeschriebene Formulierung auch nach seiner Zeit als Bischof und Ratsvorsitzender noch so wiederholen würde, gibt sie einen wichtigen Hinweis für eine Richtung, bei der das Internet auf seine Weise Pate steht. Fordert doch der Wegfall privilegierter Sprecher-/Sender-positionen (noch) stärker dazu heraus, durch inhaltliche Konkretion und nicht durch formale Position zu überzeugen.
- Teil der konkreten Bewährung des kirchlichen Beitrags zur ethischen Bildung des Netzes ist schließlich auch die bewusste Sicherung kontemplativer und reflexiver Zeiträume. Die Stichworte *Askese* und *Entschleunigung* beinhalten dabei neben den individuellen Aspekten auch einen institutionellen Hinweis: Die Kirche bietet inmitten einer Berufs- und Freizeitwelten zunehmend dominierenden Online-Kultur ausgezeichnete Räume und Gelegenheiten zur bewussten Darstellung von Wert und Attraktivität personaler „Offline-Kommunikation". Diesen Schatz zu kultivieren, sollte sie bei aller Neugier auf die ethischen wie pädagogischen, die ekklesiologischen wie praktisch-theologischen Herausforderungen der Online-Kommunikation nicht vergessen!

Schlussplädoyer: Für eine das Netz erkundende Kirche

1. Die Kirche sollte die sich mit dem Internet bietenden Möglichkeiten nüchtern, wachsam, kundig und kompetent nutzen, um den eigenen Auftrag angemessen darzustellen und einladend zur Anschauung zu bringen.

Im Blick auf die anschauliche Darstellung des Glaubens sind die synästhetischen Möglichkeiten des Netzes zu erkunden, ohne dabei Leiblichkeit und Personalität als essentielle Bezugspunkte der kirchlichen Kommunikation aus den Augen zu verlieren. Experimentelle „Knotenpunkte", wie sie exemplarisch im untersuchten Projekt „Vernetzte Kirche" zu finden

---

700 W. Huber, Die Kirche und ihre Verflechtungen in die gesellschaftliche und politische Umwelt, 1987, 684 (Kursivierung T. Z.).

waren, scheinen hilfreich, um Möglichkeiten kirchlicher Kommunikation des Glaubens zu explorieren. Ein aktuelles Beispiel für die auch ökumenischen Möglichkeiten kooperativer Arbeit bietet www.wie-kann-ich-beten.de, ein interaktives Gebetsportal, das gemeinsam betrieben wird vom Erzbistum Hamburg, der Evangelisch-Lutherischen Landeskirche Hannover und der Evangelischen Radio- und Fernsehkirche im Norddeutschen Rundfunk NDR.[701]

2. Um im Internet zur Wahrnehmung individueller Verantwortung im Sinne einer „Vernetzung als Lebenskunst" zu befähigen, ist mediale Kompetenz als soziale Kompetenz zu bilden. Dabei kommt den Aspekten von Bewusstsein, Gefühl und Erleben im Sinne der „Herzensbildung" besondere Bedeutung zu.

Wie sehr dies gerade für die Bildungsarbeit mit Jugendlichen von Bedeutung ist, veranschaulichen aktuelle Überlegungen der im Jahr 2010 erschienen EKD-Handreichung „Kirche und Jugend" zur Notwendigkeit, Jugendlichen Räume religiöser Artikulation zu öffnen, nicht nur, aber auch und gerade „mediale Räume".[702] Dabei wird es darauf ankommen, nicht nur an populären Formen medialer Jugendkultur (vgl. die erwähnten Netzwerke wie Facebook oder Lokalisten) teilzunehmen. sondern die Jugendkultur auch selbst anschaulich durch eigene Bildungsräume mitzugestalten. Das jetzt auf www.evangelisch.de platzierte Jugendportal der Arbeitsgemeinschaft der evangelischen Jugend „youngspiriX" stellt wie oben notiert einen ersten Versuch in diese Richtung dar.[703]

3. Weil Kirche sich als Communio versteht, wird sie von ihrem Wesen her versuchen, gerade die mit dem Netz sich eröffnenden Möglichkeiten beteiligungsorientierter Kommunikation – intern wie extern – engagiert und dialogisch zu nutzen.

---

701 Das Portal wurde im April 2010 mit dem bronzenen „Webfish" der EKD für besonders ansprechende Seiten ausgezeichnet, vgl. www.ekd.de/aktuell_presse/news_2010_04_23_3_webfish.html; Abruf 27.4.10.

702 Kirchenamt der EKD (Hrsg.), Kirche und Jugend, 2010, 79.

703 Vgl. a.a.O., 30. Neben dem kirchlichen „Mitmachangebot" www.youngspirix.de sei noch auf www.netzcheckers.de und www.lizzynet.de als zwei weitere – nichtkirchliche – „Kreativportale" hingewiesen, bei denen das eigene Mitgestalten Programm ist.

348

Wie sich der Netz und Kirche verbindende Gedanke sozialer Mit-Teilung in entsprechend beteiligungsorientierten Projekten ausdrückt, kann vielleicht besonders gut am kooperativen Erfahrungs- und Wissensaustausch nachvollzogen werden, der im religionspädagogischen Bereich schon seit mehreren Jahren auf www.rpi-virtuell.net stattfindet: Die auf Beschluss der EKD-Synode im Jahr 2002 am Comenius-Institut Münster eingerichtete „überkonfessionelle Plattform für Religionspädagogik und Religionsunterricht der Evangelischen Kirche in Deutschland" hat sich zu einem intensiv genutzten Online-Forum mit reichhaltigen Material-, Austausch- und Zusammenarbeitsformen entwickelt.

Für den Bereich kirchlicher Arbeit im weiteren Sinn ist zu Pfingsten 2010 unter www.geistreich.de der Versuch gestartet, online eine „Sammlung von erprobten und innovativen guten Praktiken für kirchliches Handeln" aus Dekanaten/Kirchenkreisen und Gemeinden zusammenzutragen und so ein „Best-Practice-Netzwerk" zu entwickeln. Mit dem von der EKD, der Fernuniversität Hagen und dem Institut für Wissensmedien in Tübingen verantworteten Projekt soll am kirchlichen Beispiel auch der Beitrag von Web 2.0-Technologien zur Unterstützung der Zusammenarbeit in gemeinnützigen Organisationen erforscht werden, weshalb es u. a. vom Bundesministerium für Bildung und Forschung gefördert wird.[704]

4. Das Internet bietet der Kirche neue Möglichkeiten, ihre Aktivitäten konsequent an Zielgruppen auszurichten. Die Herausforderung besteht dabei darin, Zielgruppen nicht so sehr als Objekt kirchlicher Angebote zu sehen, sondern die Beteiligten als Subjekte in einem Prozess wechselseitiger Verständigung konziliar auf ein gemeinsames Ziel zu orientieren.

Die bereits erwähnte Handreichung der EKD „Kirche und Jugend" stößt mit ihren Überlegungen in eine ähnliche Richtung vor, wenn sie dazu auffordert, religiöse Ausdrucksformen Jugendlicher stärker in ihrer Eigenständigkeit wahrzunehmen und im Zusammenhang damit eine „Theologie der Jugend-

---

704 Vgl. zum Projektansatz und zum Forschungsprojekt: http://patongo.de (Zitatabruf: 14.4.2010).

lichen" einfordert.[705] Im Internet entspricht dem der Gedanke, entsprechende Foren für solche Diskurse und Dialoge zu eröffnen.[706] Freilich reicht es dabei nicht, nur eine (technische) Plattform zu bieten, vielmehr wird es entscheidend darauf ankommen, im entsprechenden Milieu sprachfähig und authentisch zu kommunizieren.[707]

5. Kirche nimmt ihre Verantwortung als exemplarische Bildungsinstitution in der Zivilgesellschaft dort wahr, wo sie Perspektivenwechsel im Netz befördert und so problematische Verengungen und Einseitigkeiten von Wahrnehmung und Moral zugunsten wechselseitiger Verweisung auflöst. Damit ergreift sie auf dem Weg stellvertretender, anwaltschaftlicher Diakonie Partei für diejenigen, die von Ausschluss und Benachteiligung bedroht sind.

Eine verheißungsvolle Perspektive dafür bietet der 2009 mit www.evangelisch.de gestartete Versuch der Verknüpfung eines deutschlandweiten evangelischen Nachrichtenportals mit Community-Funktionen.[708] Im Nachrichtenportal werden Agenturmeldungen und eigene redaktionelle Beiträge auf eine Weise arrangiert und präsentiert, die aktuelle Themen und christliche Perspektiven ins Gespräch miteinander bringt. Gelingt es beim weiteren Auf- und Ausbau der Seite, Portal- und Gemeinschafts-, also Informations- und Kommunikations-

---

705 Kirchenamt der EKD (Hrsg.), Kirche und Jugend, 2010, 79. Auch hierbei wird darauf zu achten sein, gruppenspezifische Identitäten ernst zu nehmen, ohne damit gruppenbezogene Moralen im exklusiven, abschließenden Sinn zu verstärken, vgl. Anm. 672 die Hinweise von W. Steck.

706 Vgl. für eine andere „Alterskohorte", die der 59- bis 69-Jährigen und deren Themen, das oben erwähnte Projekt www.unsere-zeiten.de. Ein Beispiel aus dem Bereich der Seelsorge ist das in Kooperation von bayerischer, hannoverscher und rheinischer Landeskirche gemeinsam mit der Vereinigten Evangelisch-Lutherischen Kirche Deutschlands und dem Gemeinschaftswerk Evangelische Publizistik betriebene Angebot www.trauernetz.de.

707 Ähnlich Kirche und Jugend, 2010, 79: „Die Auseinandersetzung mit Glaubensfragen Jugendlicher bedarf der Sprachfähigkeit und eigenen Klarheit bei ehrenwie hauptamtlichen Mitarbeitenden. In diesem Bereich sollten Anstellungsträger, sei es in der Jugendarbeit, sei es in Schulen, sei es in der Diakonie, sei es in den Gemeinden, größere – und gemeinsam vernetzte – Anstrengungen, zum Beispiel im Hinblick auf die Fortbildung der Mitarbeitenden, unternehmen. – Anstellungsträger sollten sich des Bedürfnisses von Jugendlichen nach authentischen Personen bewusst sein und entsprechende Personalpolitik betreiben."

708 Vgl. dazu III.4.

funktion noch intensiver aufeinander zu beziehen, so könnte eine Richtung kirchlicher Präsenz im Netz eröffnet sein, die innerhalb der Seite, aber auch in der Wirkung der Seite auf die weitere Netzöffentlichkeit den notwendigen Perspektivenwechsel nicht nur postuliert, sondern faktisch befördert.

6. Auch und gerade unter geänderten medialen Bedingungen kommt es auf die personale Vermittlung des Glaubens an („Vermittlung mit Gesicht"). Die Zukunft der Kirche entscheidet sich auch im Medium Internet daran, dass es ihr gelingt, das authentische und wahrhaftige Zeugnis der Einzelnen zu fördern und die dafür nötige Eigenverantwortung und mediale Kompetenz („Navigationskunst") zu stärken.

Auf das aktuelle Phänomen „soziale Netzwerke" bezogen: Es mag durchaus sinnvoll sein, dass auch kirchliche Organisationen auf Facebook eine Fanseite (als „Unternehmen") haben.[709] Für eine überzeugende, Vertrauen erweckende Kommunikation des Glaubens im sozialen Mitmachnetz wichtiger dürfte es aber sein, dass Christinnen und Christen sich als Person mit ihrem Glauben zu erkennen geben und so darauf ansprechbar werden.[710] Von daher gewinnt die Aufgabe der Bildung von Medienkompetenz für Mitglieder wie für Mitarbeitende ihr besonderes Gewicht.[711]

7. Die Kirche verkündigt und repräsentiert andere Orte und Zeiten als diejenigen, die dem Medium Internet eigen sind. Darin erfüllt sie mit ihrer Existenz einen „Dienst am Netz" und leistet so ihren Beitrag dazu, dass das Netz dem Menschen dienen kann.

---

709 Ein Beispiel aus den USA: Die seit der „General Assembly" im August 2009 bestehende Präsenz der „Evangelical Lutheran Church of America (ELCA)" bei Facebook zeigt die gewachsene Popularität der Seite (14362 „Fans" auf www. facebook.com/Lutherans; Abruf 13.4.2010).

710 Vgl. aus den Ergebnissen einer von der Akademie Bruderhilfe-Pax-Familienfürsorge beauftragten Studie „Kirchliche Sinnangebote im Web 2.0." des Fachbereichs Katholische Theologie der Goethe-Universität Frankfurt vom Juni 2009: „In Zeiten des Web 2.0 sind im Internet Personen gefragt. Es sind weniger Institutionen gefragt, die sich präsentieren, sondern alle Tools des Web 2.0 sind darauf ausgelegt, dass sich Personen authentisch präsentieren – und dies befürworten auch die Internetnutzer deutlich." (Studie online veröffentlicht unter: www.kirche-im-web20.de; Abruf 14.6.2009).

711 In volkskirchlicher Perspektive sind dafür die Differenzierungsleistungen neuzeitlicher Sprach- und Reflexionsfähigkeit nicht gering zu achten. Gerade sie in einem tendenziell auf Kürze und Oberfläche angelegten Medium attraktiv, authentisch und glaubwürdig zugleich zu präsentieren, stellt angesichts mancher

Kirche muss kontemplative und reflexive Orten und Zeiten nicht erst mühsam gewinnen, sondern findet sie vor. Diesen Schatz bringt sie mit ein, wo sie sich ins Netz begibt. Kirchliches Handeln im medialen Kontext Internet ist gut beraten, auf dem Weg der weiteren Erkundung des Internet diesem Schatz an Raum und Zeit im Netz und außerhalb des Netzes Aufmerksamkeit zu schenken. Ein konkreter Ausdruck dessen *im Internet* findet sich exemplarisch auf der Seite www.chat seelsorge.de: Ein mit Bild und Name identifizierbarer Seelsorger oder eine Seelsorgerin steht dort zu bestimmten Zeiten zum Online-Gespräch bereit.[712] – Aber auch jeder virtuelle Gebets- und Andachtsraum im Internet verweist seinerseits auf eine *außerhalb des Internet* gebildete Vorstellung von Kirchenraum und gottesdienstlicher Gemeinschaft, die dem Netz vorausgeht.

---

sehr seichten „Glaubensbekenntnisse" im Internet eine besondere Herausforderung dar.

712 Die Chat-Plattform wird von der Hannoverschen und der Rheinischen Landeskirche betrieben, es beteiligen sich Seelsorgerinnen und Seelsorger aus verschiedenen Landeskirchen, vgl. https://chatseelsorge evlka.de/v2/seelsorger.php (Abruf 15.4.2010).

Literaturverzeichnis

Gottfried Adam und Rainer Lachmann (Hrsg.), Gemeindepädagogisches Kompendium, Vandenhoeck & Ruprecht: Göttingen 1994 (2. Auflage).

Günther Anders, Die Antiquiertheit des Menschen. Band II: Über die Zerstörung des Lebens im Zeitalter der dritten industriellen Revolution, C. H. Beck: München 1980.

Edmund Arens, Was kann Kommunikation?, in: Stimmen der Zeit, Nr. 6 (2002): S. 411–421.

Petra Bahr, Art. Bildung, Bildungspolitik, in: Evangelisches Staatslexikon (Neuausgabe), hrsgg. v. Werner Heun u. a., Kohlhammer: Stuttgart 2006, S. 210–216.

Gregory Bateson, Ökologie des Geistes. Anthropologische, psychologische, biologische und epistemologische Perspektiven, Suhrkamp: Frankfurt/M. 1985.

Christof Bäumler, Art. Kommunikation/Kommunikationswissenschaft, in: Theologische Realenzyklopädie, hrsgg. v. Gerhard Müller u. a., Bd. 19, De Gruyter: Berlin/New York 1990, S. 384–402.

Holger Baumgard, Kirche in der Netzwerkgesellschaft. Gesellschaftsdiakonie als Herausforderung der Kirche (Ethik im Theologischen Diskurs 10), LIT: Münster 2005.

Oswald Bayer, Leibliches Wort. Reformation und Neuzeit im Konflikt, Mohr: Tübingen 1992.

Bayerische Landeszentrale für neue Medien (BLM) (Hrsg.), Angebote für Kinder im Internet. Ausgewählte Beiträge zur Entwicklung von Qualitätskriterien und zur Schaffung sicherer Surfräume für Kinder (BLM-Schriftenreihe) Reinhard Fischer: München 2005.

Ulrich Beck (Hrsg.), Perspektiven der Weltgesellschaft, (Edition Zweite Moderne) Suhrkamp: Frankfurt/Main 1998.

Ulrich Beck, Risikogesellschaft. Auf dem Weg in eine andere Moderne (edition suhrkamp 1365), Suhrkamp: Frankfurt/Main 1986.

Ulrich Beck, Was ist Globalisierung? – Irrtümer des Globalismus – Antworten auf Globalisierung, Suhrkamp: Frankfurt/Main 1997.

Eberhard Berg und Martin Fuchs (Hrsg.), Kultur, Soziale Praxis, Text. Die Krise der ethnographischen Repräsentation, (stw 1051) Suhrkamp: Frankfurt/Main 1993.

Ralph Bergold, Helga Gisbertz und Gerhard Kruip (Hrsg.), Treffpunkt Ethik. Internetbasierte Lernumgebungen für ethische Diskurse, W. Bertelsmann: Bielefeld 2007.

Sabine Bobert-Stützel, Art. Internet, in: Religion in Geschichte und Gegenwart, Handwörterbuch für Theologie und Religionswissenschaft, 4. Auflage, hrsgg. v. Hans-Dieter Betz u. a., Bd. 4, Mohr Siebeck: Tübingen 2001, S. 203f.

Robert Bogdan und Sari Knopp Biklen, Qualitative Research for Education: An Introduction to Theory and Methods, Allyn & Bacon: Boston/London/Sydney/Toronto 1982.

Gottfried Böhm (Hrsg.), Was ist ein Bild?, Wilhelm Fink: München 1995.

Thomas H. Böhm, Religion durch Medien – Kirche in den Medien und die „Medienreligion". Eine problemorientierte Analyse und Leitlinien einer theologischen Hermeneutik. (Praktische Theologie heute), Kohlhammer: Stuttgart 2005.

Norbert Bolz, Am Ende der Gutenberg-Galaxis. Die neuen Kommunikationsverhältnisse, Fink: München 1993.

Dietrich Bonhoeffer, Ethik. Zusammengestellt und herausgegeben von Eberhard Bethge, Chr. Kaiser: München 1981 (9. Aufl.).

Stefan Böntert, Gottesdienste im Internet. Perspektiven eines Dialogs zwischen Internet und Liturgie, Kohlhammer: Stuttgart 2005.

Erik Borgman, Stephan van Erp und Hille Haker, Cyber Space – Cyber Ethics – Cyber Theology, in: Concilium, Nr. 1 (2005).

Brenda E. Brasher, Give Me That Online Religion, Rutgers University Press: New Brunswick 2004 (2. Auflage).

Günter Breitenbach, Gemeinde leiten. Eine praktisch-theologische Kybernetik, Kohlhammer: Stuttgart 1994.

Sven-Erik Brodd, Stewardship Ecclesiology. The Church as Sacrament to the World, in: International journal for the study of the Christian church 2 (2002): S. 70–82.

Dieter Brosch und Harald Mehlich (Hrsg.), E-Government und virtuelle Organisation. Bedeutung für die Neugestaltung der sozialen Sicherungssysteme und Perspektiven für die Kommunalverwaltung, Gabler: Wiesbaden 2005.

Jann Brouer, Leiten statt verwalten. Projektmanagement, in: manager Seminare, Nr. 66/Mai (2003): S. 16–23.

Peter Bubmann und Bernhard Sill (Hrsg.), Christliche Lebenskunst, Pustet: Regensburg 2008.

Peter Bubmann, Gemeindepädagogik als Anstiftung zur Lebenskunst, in: Pastoraltheologie 93 (2004): S. 99–114.

Peter Bubmann, Wertvolle Freiheit wahrnehmen. Werteerziehung und ethische Bildung als religions- und gemeindepädagogische Aufgabe, in: Zeitschrift für Evangelische Ethik 46 (2002): S. 181–193.

Andre Büssing, Anita Drodofsky und Katrin Hegendörfer, Telearbeit und Qualität des Arbeitslebens. Ein Leitfaden zur Analyse, Bewertung und Gestaltung, Verlag für angewandte Psychologie: 2003.

Rafael Capurro, Ethik im Netz. Rafael Capurro und Petra Grimm (Medienethik) Bd. 2, Franz Steiner: Wiesbaden 2003.

Rafael Capurro, Informationsethos und Informationsethik. Gedanken zum verantwortungsvollen Handeln im Bereich der Fachinformation, in: Nachrichten für Dokumentation 39 (1988): S. 1–4.

Rafael Capurro, Informationsethik – Eine Standortbestimmung, in: International Review of Information Ethics 1 (2004): S. 4–10 (online unter: www.i-r-i-e.net/).

Lorne L. Dawson und Douglas E. Cowan (Hrsg.), Religion Online. Finding Faith on the Internet, Routledge (Taylor & Francis Books): New York/London 2004.

Bernhard Debatin, Digital divide und digital content: Grundlagen der Internetethik, in: Matthias Karmasin (Hrsg.), Medien und Ethik. Stuttgart: Reclam, 2002, S. 220–237.

Bernhard Debatin, Internet Neutralität bedroht, in: Newsletter des Vereins zur Förderung der Publizistischen Selbstkontrolle, 2006 (online unter: www.publizistische-selbstkontrolle.de/index.php?option=com_content&task=view&id=34&Itemid=50).

Bernhard Debatin, Metaphern und Mythen des Internet. Demokratie, Öffentlichkeit und Identität im Sog der vernetzen Datenkommunikation, Niemeyer: Tübingen 1997.

Birgitta Derenthal, Medienverantwortung in christlicher Perspektive. Ein Beitrag zu einer praktisch-theologischen Medienethik (Theologie und Praxis), LIT: Münster 2006.

Christoph Dinkel, Die Unverzichtbarkeit der Pfarrerin und des Pfarrers vor Ort. Facetime – Chancen direkter Begegnung, in: Deutsches Pfarrerblatt, Nr. 2 (2007): S. 76–81.

Astrid Dinter, Hans-Günter Heimbrock und Kerstin Söderblom (Hrsg.), Einführung in die Empirische Theologie. Gelebte Religion erforschen, Vandenhoeck & Ruprecht: Göttingen 2007.

Nicola Döring, Virtuelle Gemeinschaften als Lerngemeinschaften. Zwischen Utopie und Dystopie, in: Die Zeitschrift für Erwachsenenbildung 2001, S. 30–33.

Hans Dombois, Art. Institution. II. Juristisch. Rechtstheologisch. In: Evangelisches Staatslexikon, hrsgg. v. Hermann Kunst, Roman Herzog und Wilhelm Schneemelcher, Kreuz: Stuttgart – Berlin 1975, S. 1018–1022.

Christian Drägert und Nikolaus Schneider (Hrsg.), Medienethik. Freiheit und Verantwortung. Festschrift zum 65. Geburtstag von Manfred Kock, (Christliche Publizistik 1) Kreuz: Stuttgart 2001.

Peter Düsterfeld, Kommunikative Diakonie. Überlegungen zum Verhältnis der Kirche zu den Massenmedien, in: Funk-Korrespondenz, Nr. 13–14 (1988): S. 1–6.

Deutsche Bischofskonferenz und Ecclesia Catholica Consilium de Communicationibus Socialibus (Hrsg.), Ethik im Internet – Kirche und Internet mit Anhang: Botschaft zum 36. Welttag der sozialen Kommunikationsmittel 2002 – 22. Februar 2002, Sekretariat der Deutschen Bischofskonferenz: Bonn 2002.

Franz-Josef Eilers, Kurzer Kommentar zu den vatikanischen Veröffentlichungen zum Internet im Januar und Februar 2002, in: Communicatio Socialis 35, Nr. 1 (2002): S. 58f.

Markus Eisele, Online ohne Rücksicht? – Internet und Ethik, Vortrag an der FH Friedberg), Manuskript o. J., (online unter www.gep.de/internet/eisele/ethik.html).

Kirchenamt der EKD und Sekretariat der Deutschen Bischofskonferenz (Hrsg.), Chancen und Risiken der Mediengesellschaft. Gemeinsame Erklärung der Katholischen Deutschen Bischofskonferenz und des Rates der Evangelischen Kirche in Deutschland (EKD), „Gemeinsame Texte" Nr. 10, 1997.

Kirchenamt der EKD (Hrsg.), Die neuen Informations- und Kommunikationstechniken – Chancen, Gefahren, Aufgaben verantwortlicher Gestaltung. Eine Studie der Kammer der EKD für Soziale Verantwortung und der Kammer der EKD für Publizistische Arbeit, Gütersloher Verlagshaus: Gütersloh 1985.

Kirchenamt der EKD (Hrsg.), Kirche der Freiheit. Perspektiven für die Evangelische Kirche im 21. Jahrhundert: Hannover 2006.

Kirchenamt der EKD (Hrsg.), Kirche und Bildung. Herausforderungen, Grundsätze und Perspektiven evangelischer Bildungsverantwortung und kirchlichen Bildungshandelns, (Eine Orientierungshilfe des Rates der Evangelischen Kirche in Deutschland), Gütersloher Verlagshaus: Gütersloh 2009.

Kirchenamt der EKD (Hrsg.), Kirche und Jugend. Lebenslagen, Begegnungsfelder. Perspektiven, (Eine Orientierungshilfe des Rates der

Evangelischen Kirche in Deutschland), Gütersloher Verlagshaus: Gütersloh 2010.

Landeskirchenamt der Evangelisch-Lutherischen Kirche in Bayern (ELKB), Publizistische Grundlinien 2004 für die Evangelisch-Lutherische Kirche in Bayern: München 2004.

Landeskirchenamt der Evangelisch-Lutherischen Kirche in Bayern (ELKB), Publizistische Grundlinien 2008 für die Evangelisch-Lutherische Kirche in Bayern: München 2008.

Jaques Ellul, Ethique de la Liberté (Nouvelle série théologique), Ed. Labor et Fides: Genève 1973 (engl.: The Ethics of Freedom, übs. v. Geoffrey W. Bromiley, William B. Eerdmans: Grand Rapids, MI 1976).

Philip Evans und Thomas S. Wurster, Blown to Bits. How the New Economics of Information Transform Society, Harvard Business School Press: Boston 2000 (Boston Consulting Group).

Wolf-Eckart Failing und Hans-Günter Heimbrock, Gelebte Religion wahrnehmen. Lebenswelt – Alltagskultur – Religionspraxis, Kohlhammer: Stuttgart 1998.

Werner Faulstich (Hrsg.), Grundwissen Medien, Wilhelm Fink (UTB): München 1994.

Werner Faulstich, Mediengeschichte von 1700 bis ins 3. Jahrtausend (UTB basics) Bd. 2, Vandenhoeck & Ruprecht: Göttingen 2006.

Joachim Fetzer und Andreas Grabenstein, Thema: Wertemanagement in: Studienbrief der Hamburger Fern-Hochschule. Modul Management Fundamentals. Studiengang MBA General Management: Hamburg 2007.

Johannes Fischer u. a., Grundkurs Ethik. Grundbegriffe philosophischer und theologischer Ethik, Kohlhammer: Stuttgart 2007.

Johannes Fischer, Theologische Ethik. Grundwissen und Orientierung (Forum Systematik), Kohlhammer: Stuttgart 2002.

Uwe Flick, Triangulation. Eine Einführung, VS Verlag für Sozialwissenschaften: Wiesbaden 2004.

Karl Foitzik und Elsbe Goßmann, Gemeinde 2000. Wenn Vielfalt Gestalt gewinnt. Prozesse Provokationen Prioritäten, Gütersloher Verlagshaus: Gütersloh 1995.

Thomas Froehlich, A brief history of information ethics, textos universitaris de biblioteconomia i documentació, Nr. 13 (2004).

Rüdiger Funiok, Kirche und Medien, in: Grundbegriffe der Medienpädagogik, hrsgg. v. Bernd Schorb/Jürgen Hüther. KoPaed: München 2005, S. 203–210.

Rüdiger Funiok, Medienethik. Verantwortung in der Mediengesellschaft (Kon-Texte), Kohlhammer: Stuttgart u. a. 2007.

Harald Gapski und Lars Gräßer, Medienkompetenz im Web 2.0 – Lebensqualität als Zielperspektive, in: Praxis Web 2.0 – Potenziale für die Entwicklung von Medienkompetenz, hrsgg. v. Lars Gräßer und Monika Pohlschmidt. (Schriftenreihe Medienkompetenz des Landes Nordrhein-Westfalen). kopaed: Düsseldorf, München 2007, S. 11–34.

Clifford Geertz, Dichte Beschreibung. Beiträge zum Verstehen kultureller Systeme, Suhrkamp: Frankfurt/M. 1987.

Hans-Ulrich Gehring, Seelsorge in der Mediengesellschaft. Theologische Aspekte medialer Praxis, Neukirchener: Neukirchen-Vluyn 2002.

Ingeborg Geisendörfer (Hrsg.), Robert Geisendörfer. Für die Freiheit der Publizistik, Kreuz: Stuttgart 1978.

Hans Geser, Die Zukunft der Kirchen im Kräftefeld sozio-kultureller Entwicklungen, in: Sociology in Switzerland: Sociology of Religion. Online Publikationen. Zuerich, 1997 (http://socio.ch/relsoc/t_hgeser1.pdf).

Barney G. Glaser und Anselm L. Strauss, Grounded Theory. Strategien qualitativer Forschung, Huber: Bern 2005 (2. Aufl.).

Wilhelm Gräb, Sinn fürs Unendliche. Religion in der Mediengesellschaft, Chr. Kaiser, Gütersloher Verlagshaus: Gütersloh 2002.

Andreas Grabenstein, Wachsende Freiheiten oder wachsende Zwänge? Zur kritischen Wahrnehmung der wachsenden Wirtschaft aus theologisch-sozialethischer Sicht (St. Galler Beiträge zur Wirtschaftsethik) Bd. 22, Paul Haupt: Bern 1998.

Christian Grethlein, Kommunikation des Evangeliums in der Mediengesellschaft. Ingolf U. Dalferth (Forum Theologische Literaturzeitung), Evangelische Verlagsanstalt: Leipzig 2003.

Christian Grethlein, Mediengesellschaft. Eine Herausforderung für Praktische Theologie, in: Evangelische Theologie 63, Nr. 6 (2003): S. 421–434.

Albrecht Grözinger, Praktische Theologie und Ästhetik. Ein Beitrag zur Grundlegung der Praktischen Theologie, Chr. Kaiser: München 1987.

Romano Guardini, Das Ende der Neuzeit. Die Macht (Romano Guardini Werke), Matthias Grünewald: Mainz 1995 (3. Auflage der Werkausgabe).

Johanna Haberer, Gottes Korrespondenten. Geistliche Rede in der Mediengesellschaft, Kohlhammer: Stuttgart 2004.

Jürgen Habermas, Theorie des kommunikativen Handelns (Bd. 1: Handlungsrationalität und gesellschaftliche Rationalisierung, Bd. 2: Zur

Kritik der funktionalistischen Vernunft), Suhrkamp: Frankfurt/M. 1981.

Bernd-Michael Haese, Cyberkids in der Gemeinde. Aktive Internetarbeit an der Basis, in: Nordelbische Stimmen, Nr. 5 (2000): S. 11–15.

Bernd-Michael Haese, Hinter den Spiegeln – Kirche im virtuellen Zeitalter des Internet (Praktische Theologie heute), Kohlhammer: Stuttgart 2006.

Bernd-Michael Haese, Reformation im Internet. Medienspezifische kirchliche Kommunikation, in: International Journal of Practical Theology 8 (2004): S. 228–250.

Robert Hauptman, Ethical challenges in Librarianship, Oryx Press: Phoenix 1988.

Eberhard Hauschildt, Praktische Theologie – neugierig, graduell und konstruktiv, in: Praktische Theologie für das 21. Jahrhundert, hrsgg. v. Eberhard Hauschildt und Ulrich Schwab. Kohlhammer: Stuttgart 2002, S. 79–99.

Thomas Hausmanninger und Rafael Capurro, Netzethik. Grundlegungsfragen der Internetethik (Schriftenreihe des International Center for Information Ethics, ICIE Bd. 1), Wilhelm Fink: München 2002.

Marianne Heimbach-Steins, Menschenbild und Menschenrecht auf Bildung. Bausteine für eine Sozialethik der Bildung, in: Bildung und Beteiligungsgerechtigkeit. Sozialethische Sondierungen, hrsgg. v. Marianne Heimbach-Steins und Gerhard Kruip. Bertelsmann: Bielefeld 2003, S. 23–41.

Peter Heintel und Wilhelm Berger, Art. Institution, II. Sozialwissenschaftlich, in: Religion in Geschichte und Gegenwart, hrsgg. v. Hans von Campenhausen u. a., Bd. 4, Mohr: Tübingen 2001, S. 175–177.

Joan M.H.J. Hemels, Art. Kommunikation 1.–4., in: Evangelisches Kirchenlexikon, hrsgg. v. Erwin Fahlbusch u. a., Bd. 2, Vandenhoeck & Ruprecht: Göttingen 1989, S. 1343–1346.

Eilert Herms, Erfahrbare Kirche. Aufsätze zur Ekklesiologie, Mohr: Tübingen 1990.

Eilert Herms, Kirche für die Welt. Lage und Aufgabe der evangelischen Kirchen im vereinigten Deutschland, Mohr: Tübingen 1995.

Jörg Herrmann, Medienerfahrung und Religion. Eine empirisch-qualitative Studie zur Medienreligion, Vandenhoeck & Ruprecht: Göttingen 2007.

Jochen Hörisch, Eine Geschichte der Medien. Vom Urknall zum Internet, Suhrkamp: Frankfurt am Main 2004.

Jochen Hörisch, Gott, Geld, Medien. Studien zu den Medien, die die Welt im Innersten zusammenhalten, Suhrkamp: Frankfurt am Main 2004.

Wolfgang Huber, Die Kirche und ihre Verflechtungen in die gesellschaftliche und politische Umwelt, in: Handbuch der Praktischen Theologie. Bd. 4: Praxisfeld Gesellschaft und Öffentlichkeit, hrsgg. v. Peter C. Bloth. Gütersloher Verlagshaus: Gütersloh 1987, S. 677–684.

Wolfgang Huber, Freiheit und Institution, in : Evangelische Theologie 40 (1980): S. 302–315.

Wolfgang Huber, Kirche (Kaiser Taschenbücher), Kaiser: München 1988.

Wolfgang Huber, Kirche in der Zeitenwende. Gesellschaftlicher Wandel und Erneuerung der Kirche, Bertelsmann-Stiftung: Gütersloh 1998.

Wolfgang Huber, Art. Kirche und Politik, in: Evangelisches Staatslexikon (Neuausgabe), hrsgg. v. Werner Heun u. a., Kohlhammer: Stuttgart 2006, S. 1139–1144.

Wolfgang Huber, Konflikt und Konsens. Studien zur Ethik der Verantwortung, Chr. Kaiser: München 1990.

Gregor M. Jansen, Mensch und Medien. Entwurf einer Ethik der Medienrezeption (Forum Interdisziplinäre Ethik), Peter Lang: Frankfurt/Main u. a. 2003.

Hans Joas, Braucht der Mensch Religion? Über Erfahrungen der Selbsttranszendenz, Herder: Freiburg im Breisgau 2004.

Hans Joas, Die Entstehung der Werte (stw 1416), Suhrkamp: Frankfurt/M. 1999.

Wilfried Joest, Gesetz und Freiheit. Das Problem des tertius usus legis bei Luther und die neutestamentliche Parainese, Vandenhoeck & Ruprecht: Göttingen 1951 (4. Aufl.: 1968).

Papst Johannes Paul II, Die schnelle Entwicklung, Apostolisches Schreiben an die Verantwortlichen der Sozialen Kommunikationsmittel, Vatikan 2005.

Papst Johannes Paul II, Internet: Ein neues Forum zur Verkündigung des Evangeliums. Botschaft von Papst Johannes Paul II. zum 36. Welttag der sozialen Kommunikationsmittel, in: Communicatio Socialis 35, Nr. 1 (2002): S. 90–93.

Manfred Josuttis, Praxis des Evangeliums zwischen Politik und Religion. Grundprobleme der Praktischen Theologie, Chr. Kaiser: München 1988 (4. Aufl.).

Eberhard Jüngel, Unterwegs zur Sache. Theologische Bemerkungen, Chr. Kaiser: München 1972.

Margot Käßmann, Herausforderungen an unsere Verantwortung – Multimedia, Medien und Internet, 2004 (online unter www.ekd.de/vortraege/2004/040219_kaessmann.html).

Stephanie Klein, Erkenntnis und Methode in der Praktischen Theologie, Kohlhammer: Stuttgart 2005.

Anton Kolb, Die Fluchtgesellschaft im Netz. Neuer Ethik-Kodex für das Internet (Internet-Ethik), LIT: Münster 2001.

Anton Kolb, Reinhold Esterbauer und Hans-Walter Ruckenbauer (Hrsg.), Cyberethik. Verantwortung in der digital vernetzten Welt, Kohlhammer: Stuttgart – Berlin – Köln 1998.

Andrea König, Medienethik aus theologischer Perspektive. Medien und Protestantismus – Chancen, Risiken, Herausforderungen und Handlungskonzepte, Tectum: Marburg 2006.

Ulrich H. J. Körtner, Evangelische Sozialethik, Vandenhoeck & Ruprecht: Göttingen 1999.

Elmar Kos, Verständigung oder Vermittlung? Die kommunikative Ambivalenz als Zugangsweg einer theologischen Medienethik (Forum interdisziplinäre Ethik) Bd. 17, Lang: Frankfurt/Main Main u. a. 1997.

Larissa Krainer, Medien und Ethik. Zur Organisation medienethischer Entscheidungsprozesse, KoPäd: München 2001.

Sybille Krämer (Hrsg.), Medien-Computer-Realität. Wirklichkeitsvorstellungen und Neue Medien, (stw 1379) suhrkamp: Frankfurt/Main 1998.

Volkhard Krech, Art. Kommunikationstheorie, in: Religion in Geschichte und Gegenwart. Handwörterbuch für Theologie und Religionswissenschaft, hrsgg. v. Hans-Dieter Betz u. a., Bd. 4, Mohr Siebeck: Tübingen 2001, S. 1516f.

Thomas Kron (Hrsg.), Individualisierung und soziologische Theorie, Leske + Budric: Opladen 2000.

Joachim Kunstmann, Medienreligion. Praktische Theologie vor neuen Aufgaben, in: Evangelische Theologie 63, Nr. 6 (2003): S. 405–420.

Mareike Lachmann, Gelebtes Ethos in der Krankenpflege. Eine praktisch-theologische Studie biographischer Interviews, Kohlhammer: Stuttgart 2005.

Ernst Lange, Kirche für die Welt. Aufsätze zur Theorie kirchlichen Handelns. Rüdiger Schloz (Lese-Zeichen), Kaiser: München 1981 (Edition Ernst Lange).

Detlev Langenegger, Gesamtdeutungen moderner Technik. Moscovici – Ropohl – Ellul – Heidegger: Eine interdiskursive Problemsicht (Epistemata. Würzburger Wissenschaftliche Schriften. Reihe Philosophie. Band LXXV), Königshausen & Neumann: Würzburg 1990.

Susanne K. Langer, Philosophie auf neuem Wege. Das Symbol im Denken – im Ritus – und in der Kunst, Frankfurt/M. 1965 (3. Aufl. 1985; dt. Übersetzung des engl. Originals „Philosophy in a New Key", Cambridge/Mass. 1942).

Oliver Lepsius, Art. Institution (Juristisch), in: Evangelisches Staatslexikon (Neuausgabe), hrsgg. v. Werner Heun u. a., Kohlhammer: Stuttgart 2006, S. 1004–1009.

Herbert Lindner, Kirche am Ort. Ein Entwicklungsprogramm für Ortsgemeinden, Kohlhammer: Stuttgart 2000 (Völlig überarbeitete Neuausgabe, 1. Aufl. 1994).

Christian Lüders, Art. Teilnehmende Beobachtung, in: Hauptbegriffe qualitativer Sozialforschung, hrsgg. v. Ralf Bohnsack, Winfried Marotzki und Michael Meuser, Barbara Budrich: Opladen 2003, S. 151–153.

Johannes von Lüpke, Jenseits der Moral. Zu Hans G. Ulrichs Entwurf einer Ethik des geschöpflichen Lebens, in: Evangelische Theologie 69, Nr. 5 (2009): S. 382–391.

Niklas Luhmann, Die Gesellschaft der Gesellschaft (stw), Suhrkamp: Frankfurt/Main 1998.

Niklas Luhmann, Die Realität der Massenmedien, Westdeutscher Verlag: Opladen 1996 (2. erw. Aufl.).

James J. Lynch, Cyberethics. Managing the Morality of Multimedia, Rushmere Wynne: Harmill, England 1996.

Jean-Franois Lyotard, Der Widerstreit (Supplemente Bd. 6), Wilhelm Fink: München 1987.

Mirko Marr, Wer hat Angst vor der digitalen Spaltung? – Zur Haltbarkeit des Bedrohungsszenarios, in: Medien & Kommunikationswissenschaft 52 (2004): S. 76–94.

Marshall McLuhan, The Gutenberg Galaxy. The Making of Typographic Man, London 1962 (dt. Ausgabe: Die Gutenberg-Galaxis. Das Ende des Buchzeitalters, Bonn u. a. 1995).

Marshall McLuhan, Understanding Media, 1964 (dt. „Die magischen Kanäle").

Marshall McLuhan, Quentin Fiore und Jerome Agel, Das Medium ist Message, Ullstein: Frankfurt, Main 1969.

Michael Meyer-Blanck, Religion mit Substanz! Zu Wilhelm Gräbs Bestimmung der Religion in der Mediengesellschaft, in: Evangelische Theologie 63, Nr. 6 (2003): S. 468–479.

Käte Meyer-Drawe, Im Netz, in: Journal Phänomenologie 15 (2001), online unter: http://www.journal-phaenomenologie.ac.at/texte/jph15 sp2.html.

Nathan D. Mitchell, Rituale und die neuen Medien, in: Concilium, Nr. 1 (2005): S. 72–78.

Jürgen Mittelstraß, Auf dem Wege zu einer Reparaturethik? in: Ethik ohne Chance? Erkundungen im technologischen Zeitalter, hrsgg. v. J. P. Wils und Dietmar Mieth. Attempto: Tübingen 1991, S. 89–108.

Mary Modahl, Now or Never. How Companies Must Change Today to Win the Battle for Internet Consumers, HarperCollins: New York 2000.

Michael Moxter, Medien – Medienreligion – Theologie, in Zeitschrift für Theologie und Kirche 101 (2004): S. 465–488.

Wolfgang Nethöfel, Christliche Orientierung in einer vernetzten Welt, Neukirchener: Neukirchen-Vluyn 2001.

Wolfgang Nethöfel, Theologische Hermeneutik. Vom Mythos zu den Medien (NBST 9), Neukirchener: Neukirchen-Vluyn 1992.

Wolfgang Nethöfel, Vom Mythos zu den Medien. Christliche Identität im konsensuellen Wandel, in: Mythos und Rationalität, hrsgg. v. H. H. Schmid. (Veröffentlichungen der Gesellschaft für wissenschaftliche Theologie). Gütersloher Verlagshaus: Gütersloh 1988, S. 310–332.

Wolfgang Nethöfel und Matthias Schnell (Hrsg.), Cyberchurch? Kirche im Internet, Gemeinschaftswerk der Evang. Publizistik: Frankfurt a.M. 1998.

Peter Neuner/Franz Wolfinger (Hrsg.), Auf Wegen der Versöhnung, FS Heinrich Fries, Josef Knecht: Frankfurt/M. 1982.

Karl Ernst Nipkow, Bildung als Lebensbegleitung und Erneuerung. Kirchliche Bildungsverantwortung in Gemeinde, Schule und Gesellschaft, Gütersloher Verlagshaus: Gütersloh 1992 (2. Auflage).

Pippa Norris, Digital Divide. Civic Engagement, Information Poverty, and the Internet Worldwide. W. Lance Bennett und Robert M. Entman (Communication, Society and Politics), Cambridge University Press: Cambridge 2001.

Lynn Sharp Paine, Managing for Organizational Integrity, in: Harvard Business Review 72, Nr. 2 (1994): S. 106–117.

Goedart Palm, Zur Kritik der medialen Vernunft, Teil 6: Mediale Selbstgespräche, in: parapluie – elektronische zeitschrift für kulturen – künste – literaturen 2001 (online unter: http://parapluie.de/archiv/kommunikation/vernunft/index.html).

Päpstlicher Rat für die sozialen Kommunikationsmittel, Ethik im Internet. – Kirche im Internet, in: Communicatio Socialis 35, Nr. 1 (2002): S. 60–89.

Philippe Patra, Ethik und Internet – Medienethische Aspekte multimedialer Teilhabe (Stud. d. Moraltheol. Abt. Beihefte) Bd. 11, LIT: Münster 2001.

Matthias Petzoldt, Die Theologie des Wortes im Zeitalter der neuen Medien, in: Hermeneutik und Ästhetik. Die Theologie des Wortes im multimedialen Zeitalter, hrsgg. v. Ulrich H.J. Körtner. Neukirchener: Neukirchen-Vluyn 2001, S. 57–97.

Georg Picht, Kunst und Mythos. Mit einer Einführung von Carl Friedrich von Weizsäcker (Georg Picht: Vorlesungen und Schriften. Studienausgabe, hrsgg. v. C. Eisenbart), Klett-Cotta: Stuttgart 1986 (4. Aufl. 1993).

Georg Picht, Rechtfertigung und Gerechtigkeit – Zum Begriff der Verantwortung, in: Hier und Jetzt. Philosophieren nach Auschwitz, Bd. I, hrsgg. v. G. Picht. Klett-Cotta: Stuttgart 1980, S. 202–217.

Georg Picht, Über das Böse, in: Hier und Jetzt. Philosophieren nach Auschwitz, Bd. II, hrsgg. v. G. Picht. Klett-Cotta: Stuttgart 1981, S. 484–500.

Horst Pöttker, Öffentlichkeitsarbeit und Publizistik, in: Medium 3 (1992): S. 27–28.

Uta Pohl-Patalong, Von der Ortskirche zu kirchlichen Orten. Ein Zukunftsmodell, Vandenhoeck & Ruprecht: Göttingen 2006 (2. Aufl.).

Reiner Preul, Kirchentheorie. Wesen, Gestalt und Funktionen der evangelischen Kirche, de Gruyter: Berlin 1997.

Matthias Rath, Das Internet – die Mutter aller Medien, in: Klaas Huizing und Horst F. Rupp (Hrsg.), Medientheorie und Medientheologie, LIT: Münster 2003, S. 59–69.

Michael J. Reddy, The Conduit Metaphor: a case of frame conflict in our language about language, in: Metaphor and Thought, hrsgg. v. Andrew Ortony. Cambridge University Press: Cambridge 1979, S. 284–297.

Hans-Richard Reuter, Institution (Theologisch), in: Evangelisches Staatslexikon (Neuausgabe), hrsgg. v. Werner Heun u. a., Kohlhammer: Stuttgart 2006, S. 1009–1014.

Roland Robertson, Glocalization, Time-Space and Homogeneity-Heterogeneity, in: Global Modernities, hrsgg. v. Mike Featherstone, Scott Lash und Roland Robertson. Sage: London 1995, S. 25–44.

Heiko Roehl und Ingo Rollwagen, Club, Syndikat, Party – wie wird morgen kooperiert?, in: Zeitschrift für Organisationsentwicklung, Nr. 3 (2004): S. 30–41.

Franz Josef Röll, Pädagogik der Navigation. Selbstgesteuertes Lernen durch Neue Medien, Kopaed: München 2003.

Roland Rosenstock, Deutungskompetenz – Ein „kleiner historischer Streifzug" zu einem umstrittenen Thema – In memoriam Prof. Michael Schibilsky, in: epd-Dokumentation 19, 2005, S. 25–36.

Roland Rosenstock, Die Kirche und das Netz, in: Lesebuch Evangelische Publizistik, hrsgg. v. Johanna Haberer und Friedrich Kraft, Verlag Christliche Publizistik: Erlangen 2004.

Roland Rosenstock, Kommunikative Kompetenz in der Mitte des Alltags. Michael Schibilskys Impulse für die evangelische Publizistik, in: Praktische Theologie 41, Nr. 3 (2006): S. 186–194.

Roland Rosenstock, Marken und Botschaften. Kinderangebote im Internet und Wertekommunikation, in: Angebote für Kinder im Internet. Ausgewählte Beiträge zur Entwicklung von Qualitätskriterien und zur Schaffung sicherer Surfräume für Kinder, hrsgg. v. Bayerische Landeszentrale für neue Medien (BLM). Reinhard Fischer: München 2005, S. 89–102.

Roland Rosenstock, www.kirche-entdecken.de in: „Vielleicht hat Gott uns Kindern den Verstand gegeben". Ergebnisse und Perspektiven der Kindertheologie, hrsgg. v. Anton Bucher und u. a. (Jahrbuch für Kindertheologie). Calwer: Stuttgart 2006, S. 182–187.

Traugott Roser, Spiritual Care. Ethische, organisationale und spirituelle Aspekte der Krankenhausseelsorge. Ein praktisch-theologischer Zugang. Gian D. Borasio (Münchner Reihe Palliative Care), Kohlhammer: Stuttgart 2007.

Mary Rundle und Chris Conley (Hrsg.), Ethical Implications of Emerging Technologies: A Survey. Boyan Radoykov, (Geneva Net Dialogue) UNESCO (Information Society Division): Paris 2007.

Helmut Schelsky, Über die Stabilität von Institutionen, besonders Verfassungen. Kulturanthropologische Gedanken zu einem rechtssoziologischen Thema (1949), in: H. Schelsky, Auf der Suche nach Wirklichkeit. Gesammelte Aufsätze zur Soziologie der Bundesrepublik. Diederichs: München 1979, S. 38–63.

Michael Schibilsky, Evangelische Publizistik hat Perspektive, in: Zwischen Zeitung und Traktat. Evangelische Religionspublizistik, hrsgg. v. Gerhard Stoll und Schwanecke Friedrich. Luther-Verlag: Bielefeld 1995, S. 207–215.

Michael Schibilsky, Kirche in der Mediengesellschaft, in: Kirche und Medien, Bd. 16, hrsgg. v. Reiner Preul und Reinhard Schmidt-Rost.

(Veröffentlichungen der Wissenschaftlichen Gesellschaft für Theologie). Gütersloher Verlagshaus: Gütersloh 2000, S. 51–71.

Michael Schibilsky, Kirche und evangelische Publizistik in der Mediengesellschaft, in: Medienethik. Freiheit und Verantwortung. Festschrift zum 65. Geburtstag von Manfred Kock, hrsgg. v. Christian Drägert und Nikolaus Schneider. Kreuz: Stuttgart 2001, S. 381–396.

Michael Schibilsky, Medienethik – Vorlesungsreihe in der Münchner Universität, hrsgg. v. Michael Schibilsky 2003.

Michael Schibilsky, Trauerwege. Beratung für helfende Berufe, Patmos: Düsseldorf 1996 (5. Auflage).

Frank Schirrmacher, Payback. Warum wir im Informationszeitalter gezwungen sind, zu tun, was wir nicht wollen, und wie wir die Kontrolle über unser Denken zurückgewinnen, Blessing: München 2009.

Friedrich D. E. Schleiermacher, Über die Religion. Reden an die Gebildeten unter ihren Verächtern, de Gruyter: Berlin 1799 (hrsgg. von G. Meckenstock 2001).

Veronika Schlör, Cyborgs: Feministische Annäherungen an die Cyberwelt, in: Concilium, Nr. 1 (2005): S. 45–52.

Wilhelm Schmid, Philosophie der Lebenskunst. Eine Grundlegung, Suhrkamp: Frankfurt/M., 1998.

Wolf-Rüdiger Schmidt, Medien. 6. Medienreligion, in: Theologische Realenzyklopädie, hrsgg. v. Gerhard Müller u. a., Bd. 22, de Gruyter: Berlin/New York, S. 324–326.

Reinhard Schmidt-Rost, Christo-phorus – Anfragen an das Medienverständnis der christlichen Publizistik, in: Kontrapunkt. Das Evangelium in der Medienwelt, hrsgg. v. Reinhard Schmidt-Rost und Norbert Dennerlein. Ev.-Luth. Kirchenamt der VELKD· Hannover 2004, S. 81–95.

Reinhard Schmidt-Rost, Medium und Message. Zu ihrem Verhältnis in der christlichen Publizistik, in: Kirche und Medien, Bd. 16, hrsgg. v. Reiner Preul und Reinhard Schmidt-Rost. (Veröffentlichungen der Wissenschaftlichen Gesellschaft für Theologie). Gütersloher Verlagshaus: Gütersloh 2000, S. 84–121.

Wolfgang Schneider (Hrsg.), Die 100 Wörter des Jahrhunderts, Suhrkamp: Frankfurt/M. 1999.

Bernd Schorb, Vermittlung von Medienkompetenz als Aufgabe der Medienpädagogik, in: Medienkompetenz im Informationszeitalter/ Enquete-Kommission „Zukunft der Medien in Wirtschaft und Gesellschaft. Deutschlands Weg in die Informationsgesellschaft", hrsgg. v. Deutscher Bundestag. ZV Zeitungsverlag Service: Bonn 1997, S. 63–75.

Gerhard Schulze, Die beste aller Welten. Wohin bewegt sich die Gesellschaft im 21. Jahrhundert?, Hanser: München 2003.

Friedrich Schweitzer, Ethische Erziehung in der Pluralität, Loccum 1999 (online unter: http://www.rpi-loccum.de/download/eterz.rtf).

Christoph Schwöbel, Kirche als Communio, in: Marburger Jahrbuch Theologie VIII: Kirche, hrsgg. v. Wilfried Härle und Reiner Preul. (Marburger Theologische Studien). N. G. Elwert: Marburg 1996, S. 11–46.

Claude Elwood Shannon, A Mathematical Theory of Communication, in: Bell System Technical Journal 27 (1948): S. 379–423 und S. 623–656.

Claude Elwood Shannon und Warren Weaver, The Mathematical Theory of Communication, The University of Illinois Press: Urbana 1972 (5. Aufl.).

Julean A. Simon, Ansätze zu einem Speziellen Modell vernetzter Kommunikation in: Telepolis 1997 (online unter: www.heise.de/bin/tp/issue/r4/dl-artikel2.cgi?artikelnr=1133&mode=print).

Lisa Sonnabend, „Das Phänomen Weblogs – Beginn einer Medienrevolution?" (Magisterarbeit LMU München 2005. online unter: www.netzthemen.de/sonnabend-weblogs).

Richard A. Spinello, Cyberethics : Morality and Law in Cyberspace, Jones and Bartlett: Boston 2000.

Richard A. Spinello und Herman T. Tavani (Hrsg.), Readings in Cyberethics, Jones and Bartlett: Sudbury, MA 2004.

Wolfgang Steck, Praktische Theologie. Horizonte der Religion – Konturen des neuzeitlichen Christentums – Strukturen der religiösen Lebenswelt, Bd. 1, Kohlhammer: Stuttgart 2000.

Christian Stegbauer, Grenzen virtueller Gemeinschaft. Strukturen internetbasierter Kommunikationsforen, Westdeutscher Verlag: Wiesbaden 2001.

Christian Stegbauer und Alexander Rausch, Strukturalistische Internetforschung. Netzwerkanalysen internetbasierter Kommunikationsformen, Vs Verlag: Wiesbaden 2006.

Horst Steinmann, Unternehmensführung und Unternehmensethik, Manuskript eines Vortrags beim Kolloquium des Instituts persönlichkeit+ethik, Nürnberg 2006 (Veröffentlichung in Vorbereitung).

Horst Steinmann, Thomas Olbrich und Brigitte Kustermann, Unternehmensethik und Unternehmensführung. Überlegungen zur Implementationseffizienz der U.S.-Sentencing Guidelines, in: Verantwortung und Steuerung von Unternehmen in der Marktwirtschaft, hrsgg. v.

Heiner Alwart. (DNWE-Schriftenreihe). Hampp: München-Mering 1998, S. 113–152.

Bertelsmann Stiftung (Hrsg.), Was kommt nach der Informationsgesellschaft? 11 Antworten, Bertelsmann: Gütersloh 2002.

Heinz-Günther Stobbe, Art. Institution, in: Evangelisches Kirchenlexion, hrsgg. v. Erwin Fahlbusch und u. a., Bd. 2, Vandenhoeck & Ruprecht: Göttingen 1989, S. 694–700.

Anselm L. Strauss und Juliet M. Corbin, Grounded Theory: Grundlagen Qualitativer Sozialforschung, Beltz: Weinheim 1996.

Botho Strauß, Der Untenstehende auf Zehenspitzen, Carl Hanser: München 2004.

Marius Strecker, Die Kirche in der Informationsgesellschaft stärken. Chancen und Perspektiven des Projekts „Vernetzte Kirche", Nachrichten der ELKiB, Nr. 6 (2002): S. 189–192.

Marius Strecker (Hrsg.), Kirche und vernetzte Gesellschaft. Eine Studie im Auftrag der Evangelisch- Lutherischen Kirche in Bayern und der Rundfunkbeauftragten der Evangelischen Kirche in Deutschland, Hg. im Auftrag des Landeskirchenrates der Evangelisch-Lutherischen Kirche in Bayern (c) Presse- und Öffentlichkeitsarbeit/Publizistik (P.Ö.P.): München 2001.

Ulrich Thielemann, Compliance und Integrity – Zwei Seiten ethisch integrierter Unternehmenssteuerung. Lektionen aus dem Compliance-Management einer Großbank, in: Zeitschrift für Wirtschafts- und Unternehmensethik 6, Nr. 1 (2005): S. 31–45.

Günter Thomas, Medien – Ritual – Religion. Zur religiösen Funktion des Fernsehens, Suhrkamp: Frankfurt/M. 1998.

Günter Thomas, „Medienreligion. Religionssoziologische Perspektiven und theologische Deutungen", Magazin für Theologie und Ästhetik, Nr. 22 (2003) (online unter: www.theomag.de/22/gt1.htm).

Günter Thomas (Hrsg.), Religiöse Funktionen des Fernsehens? Medien, kultur- und religionswissenschaftliche Perspektiven: Opladen 2000.

Günter Thomas, Umkämpfte Aufmerksamkeit. Medienethische Erwägungen zu einer knappen kulturellen Ressource, in: Zeitschrift für Evangelische Ethik 47, Nr. 2 (2003): S. 89–104.

Heinz-Eduard Tödt, Art. Institution, in: Theologische Realenzyklopädie, hrsgg. v. Gerhard Müller u. a., Bd. 16, de Gruyter: Berlin/New York 1987, S. 206–220.

Heinz-Eduard Tödt, Versuch zu einer Theorie ethischer Urteilsbildung, in: Zeitschrift für Evangelische Ethik 21, 1977, S. 81–93.

Joachim Track, Erschließungen. Aspekte theologischer Hermeneutik, in:

Praktische Theologie als Topographie des Christentums. FS W. Steck, hrsgg. v. Eberhard Hauschildt. (Hermeneutica). CMZ-Verlag: Rheinbach 2000, S. 69–85.

Joachim Track, Sprachkritische Untersuchungen zum christlichen Reden von Gott (Forschungen zur systematischen und ökumenischen Theologie Bd. 37), Vandenhoeck & Ruprecht: Göttingen 1977.

Joachim Track, Versöhnte und versöhnende Frömmigkeit, in: Spiritualität. Theologische Beiträge, hrsgg. v. Herwig Wagner. Kohlhammer: Stuttgart 1987, S. 9–36.

Michael Trowitzsch, Technokratie und Geist der Zeit. Beiträge zu einer theologischen Kritik, J.C.B. Mohr: Tübingen 1988.

Sherry Turkle, Leben im Netz. Identität in Zeiten des Internet, Rowohlt-Taschenbuch-Verlag: Reinbek bei Hamburg 1999.

Ronald Uden, Kirche in der Medienwelt. Anstöße der Kommunikationswissenschaft zur praktischen Wahrnehmung der Massenmedien in Theologie und Kirche. (Studien zur Christlichen Publizistik Bd. 10), Christliche Publizistik Verlag: Erlangen 2004.

Hans G. Ulrich, Wie Geschöpfe leben. Konturen evangelischer Ethik (Ethik im Theologischen Diskurs Bd. 2), LIT: Münster 2005.

Ramona Vauseweh, Onlineseelsorge. Zur Präsentation von Seelsorge- und Beratungsangeboten im World Wide Web, CPV – Christliche Publizistik Verlag: Erlangen 2008.

Paul Virilio, Rasender Stillstand, Hanser: München 1992.

Theophil Vogt, Zielgruppen in der evangelischen Erwachsenenbildung, in: Handbuch der Praktischen Theologie. Band 3: Praxisfeld Gemeinden, hrsgg. v. Peter C. Bloth und u. a., Gütersloher Verlagshaus: Gütersloh 1983, S. 412–417.

Matthias Wallich, @-Theologie. Medientheologie und Theologie des Rests. Jochen Hörisch und Reiner Wild (Mannheimer Studien zur Literatur- und Kulturwissenschaft), Röhrig Universitätsverlag: St. Ingbert 2004.

Wolfgang Weber, Evangelisierung und Internet. Theologische Sicht auf ein neues Medium (Europäische Hochschulschriften), P. Lang: Frankfurt am Main ; New York; u. a. 1999.

Jürgen Werbick, Kommunikation, in: Lexikon für Theologie und Kirche, hrsgg. v. Walter Kaspar und u. a. Herder: Freiburg/Basel/Wien/Rom 1997, S. 214–215.

Amos N. Wilder, Jesus' Parables and the War of Myths. Essays on Imagination and Scripture, Fortress Press: Philadelphia 1982 (Edited, with a Preface, by James Breech).

Thomas Zeilinger, Bildung nach „Schema e". Ein Weg ethischer Urteilsbildung, in: C. Spitzenpfeil/V. Utzschneider (Hrsg.) Dem Christsein
auf der Spur, FS K. F. Haag, GPM: Erlangen 2002, 230–239.

Thomas Zeilinger, Markenzeichen im Netz. Überlegungen zu einer evangelischen Präsenz im Internet, in: Nachrichten der ELKB 59, Nr. 2
(2004): S. 57–59.

Thomas Zeilinger, Zwischen-Räume. Theologie der Mächte und Gewalten (Forum Systematik. Beiträge zur Dogmatik, Ethik und ökumenischen Theologie Bd. 2), Kohlhammer: Stuttgart 1999.

Autor

Thomas Zeilinger, geb. 1961 in Ansbach, Studium der Evangelischen Theologie und Philosophie in Neuendettelsau, Hamburg und Heidelberg. 1998 Promotion zur Deutung transindividueller Phänomene („Zwischen-Räume. Theologie der Mächte und Gewalten").
Pfarrer der Evangelisch-Lutherischen Kirche in Bayern und Organisationsberater. Partner und Trainer im Institut *persönlichkeit+ethik*. 2002 bis 2005 wissenschaftliche Begleitung des Projekts „Vernetzte Kirche" der Evang.-Luth. Kirche in Bayern. 2010 Habilitation an der Friedrich-Alexander-Universität Erlangen-Nürnberg.

Studien zur Christlichen Publizistik

Band VIII

Otmar Schulz: Freiheit und Anwaltschaft

Der evangelische Publizist Robert Geisendörfer –
Leben Werk und Wirkungen
375 S., 24,00 €

Band IX

Margita Feldrapp: Daily Talks als Lebenshilfe für die Gäste?

Ein medienkritischer Diskurs unter Berücksichtigung der Gastperspektive
87 S., 8,00 €

Band X

Ronald Uden: Kirche in der Medienwelt

Anstöße der Kommunikationswissenschaft zur praktischen Wahrnehmung
der Massenmedien in Theologie und Kirche
280 S., 21,00 €

Band XI

Julia Helmke: Kirche, Film und Festivals

Geschichte sowie Bewertungskriterien evangelischer und
ökumenischer Juryarbeit in den Jahren 1948 bis 1988
479 S., 25,00 €

Band XII

Daniel Meier: Kirche in der Tagespresse

Empirische Analyse der journalistischen Wahrnehmung
von Kirche anhand ausgewählter Zeitungen
456 S., 25,00 €

Band XIII

Matthias Bernstorf: Ernst und Leichtigkeit

Wege zu einer unterhaltsamen Kommunikation des Evangeliums
300 S., 20,00 €

Band XIV

Anne Kathrin Quaas: Evangelische Filmpublizistik 1948–1968

Beispiel für das kulturpolitische Engagement der evangelischen Kirche
in der Nachkriegszeit
576 S., 25,00 €

Band XV

Ramona Vauseweh: Onlineseelsorge

Zur Präsentation von Seelsorge- und Beratungsangeboten
im World Wide Web
620 S., 25,00 €

Band XVI

Siegfried Krückeberg: Die Hörfunkarbeit evangelischer Kirchen
in Europa zu Beginn des 21. Jahrhunderts
368 S., 24,00 €

Band XVII

Anna-Katharina Lienau: Gebete im Internet

Eine praktisch-theologische Untersuchung
542 S., 25,00 €

Band XVIII

Astrid Haack: Computerspiele als Teil der Jugendkultur

Herausforderungen für den Religionsunterricht
548 S., 28,00 €

Band XIX

Edgar S. Hasse: Weihnachten in der Presse

Komparative Analysen der journalistischen Wahrnehmung
des Christfestes anhand der „Weihnachtsausgaben"
ausgewählter Tageszeitungen und Zeitschriften (1955 bis 2005)
511 S., 25,00 €

CPV
Christliche Publizistik Verlag

Johanna Haberer / Friedrich Kraft (Hg.)

Lesebuch Christliche Publizistik

ISBN 978-3-933992-10-9, 240 S., fester Einband, 20 €

CPV
Christliche Publizistik Verlag
Geschäftsstelle: Bittlmairstr. 10 · 85051 Ingolstadt
Tel. 08 41 / 9 71 12 51 · Fax 08 41 / 3 79 62 19